말씀과 기도가 있는 구역 만들기 12

경건을 훈련하는 사람들

| 정명철 지음 |

쿰란출판사

머리말

    올 한 해는 힘이 들었습니다. 한 번도 경험해 보지 못한 코로나19라는 무서운 질병으로 온 세상이 흔들리고, 국가도 경제도 가정도 다 흔들리는 한 해를 살았습니다. 교회도 흔들렸습니다. '비대면 예배'라는 한 번도 경험해 보지 못했던 예배를 드렸습니다. 교회에 모이지 못하고 전도하기 어렵고 봉사하기 어려운 한 해를 살았습니다. 교회의 이웃을 섬기는 거의 모든 프로그램이 정지되었습니다.

    그러나 우리는 어려울수록 말씀을 더 가까이 해야 합니다. 더 많이 기도하고 찬송해야 합니다. 우리는 어려운 때일수록 하나님께서 들려주시는 음성을 듣고자 애써야 합니다. 그러면 우리에게 다가오시고 우리를 위로해 주시고 새 힘을 주십니다.

    이 설교집은 우리 성도들이 구역예배를 드리는 일에 쓰이도록, 그리고 하나님의 말씀을 되새김질하고 묵상하도록 하기 위해 쓰였습니다. 매년 설교집을 낸다는 것은 너무나 고통스러운 일입니다. 설교집에는 내가 먼저 주님의 음성을 듣고, 내가 먼저 은혜 받기 위해 일년 동안 지새운 밤들의 흔적이 있습니다. 이 말씀들을 우리 성도들이 읽고 이 어려운 시기에 은혜가 되고 위로가 되기를 바랍니다.

2021년 1월

정명철 목사

차 례

| 머리말 | ⋯ 2

1. 축복하는 사람들 (왕상 8:54-62) ⋯ 9
2. 내 증인이 되리라 (행 1:8) ⋯ 19
3. 매일 감사하는 말을 하겠습니다 (골 3:15-17) ⋯ 29
4. 매주 주일을 지키겠습니다 (출 20:8) ⋯ 40
5. 내 마음에 성전을 함께 지어가겠습니다 (고전 3:16-23) ⋯ 51
6. 복 받는 길로 갑시다 (신 4:39-40) ⋯ 62
7. 영적인 잠 (행 20:7-12) ⋯ 73
8. 그를 기억하리라 (막 14:3-9) ⋯ 83
9. 하나님 마음에 맞는 사람 (행 13:20-23) ⋯ 94
10. 왜 걷고 있습니까? (출 14:10-20) ⋯ 104
11. 주님을 위하여 해야 할 일 (마 25:31-40) ⋯ 115
12. 좋은 친구가 있습니까? (요 15:13-17) ⋯ 125

13. 내가 죽어야 삽니다 (요 12:24-26) … 135

14. 헛되지 않은 수고 (고전 15:50-58) … 143

15. 화평케 하신 예수 그리스도 (엡 2:14-22) … 152

16. 이제 가라 (출 3:1-10) … 162

17. 서로 사랑해야 제자입니다 (요 13:34-35) … 172

18. 자녀의 미래를 하나님께 맡기십시오 (삼상 1:26-28) … 183

19. 지키며 떠나지 말라 (잠 6:20-23) … 193

20. 복된 가정이 되십시오 (롬 16:3-5) … 203

21. 성령으로 살고 성령으로 행하다 (갈 5:16-26) … 213

22. 너와 네 온 집은 방주로 들어가라 (창 7:1) … 223

23. 나는 행복한 성도입니다 (신 33:29) … 234

24. 나는 은혜 받은 성도입니다 (고후 6:1-2) … 244

차례

25. 평화의 왕 (슥 9:9-10) ··· 254

26. 나는 성령 충만한 성도입니다 (갈 5:16-18) ··· 264

27. 나는 충성하는 성도입니다 (계 2:8-11) ··· 274

28. 우리를 형통케 하시리니 (느 2:11-20) ··· 283

29. 첫 번째 싸움 (출 17:8-13) ··· 293

30. 여호와께서 우리를 기뻐하시면 (민 14:1-10) ··· 304

31. 하나님께서 거하실 성소를 지으라 (출 25:1-9) ··· 314

32. 여리고 정복 (수 6:8-16) ··· 324

33. 아이 성의 실패 (수 7:1-5) ··· 334

34. 이 산지를 지금 내게 주소서 (수 14:6-15) ··· 344

35. 네가 개척하라 (수 17:14-18) ··· 354

36. 땅을 그려오라 (수 18:1-6) ··· 363

37. 오직 여호와 (수 24:14-18) ··· 374

38. 기드온의 삼백 용사들처럼 (삿 7:1-3, 16-18) ··· 384

39. 내 아버지의 집 (요 2:13-17) ··· 394

40. 감사로 그의 문에 들어가라 (시 100:1-5) ··· 402

41. 감사하십니까? (골 3:15-17) ··· 412

42. 좋은 땅이 되십시오 (마 13:18-23) ··· 421

43. 나의 구유는 어디에? (눅 2:1-7) ··· 431

44. 작은 구름에서 큰 비를 보라 (왕상 18:41-46) ··· 440

45. 마귀에게 틈을 주지 말라 (엡 4:25-27) ··· 450

46. 하나님의 성령을 근심하게 하지 말라 (엡 4:28-30) ··· 460

47. 지금까지 은혜입니다 (고전 15:10) ··· 470

축복하는 사람들

- **본 문**: 열왕기상 8장 54-62절(구 528쪽)
- **찬 송**: 551장(오늘까지 복과 은혜, 통 296장)
- **요 절**: "여호와를 찬송할지로다 그가 말씀하신 대로 그의 백성 이스라엘에게 태평을 주셨으니 그 종 모세를 통하여 무릇 말씀하신 그 모든 좋은 약속이 하나도 이루어지지 아니함이 없도다"(왕상 8:56).

솔로몬은 기원전 966년 모리아 산에서 성전 건축을 시작하여 7년 동안의 공사 기간을 거쳐 성전 건축을 완공하고 봉헌을 하였습니다. 우리 교회도 성전 건축을 선포하고 성전 건축위원회를 구성하여 7년 만에 성전을 건축하고 입당하게 되었습니다. 말씀을 묵상하다 보니 솔로몬이 성전을 건축한 것과 우리 교회 성전 건축과 비슷한 점이 많았습니다.

첫째, 성전 건축은 힘이 있다고 해서 하는 일이 아닙니다.
하나님께서 허락해 주셔야 하는 일입니다. 다윗은 자신은 왕궁에 거하는데 하나님의 지성소가 장막에 있는 것이 마음에 걸려 늘 안타까운 마음을 갖고 있었습니다. 그러나 하나님께서는 다윗에게 성전 건축을 허락하시지 않았습니다. "너는 전쟁을 하느라 손에 피가 많이 묻었다"는 것입니다. 이것은 성전 건축은 물질이 준비되었다고 해서 지을 수 있는 것이 아니라 하나님께서 허락하셔야 되는 일임을 말해 줍니다. 성전 건축은 마음으로 지어가는 것입니다. 사도 바울은 "너희 안에 성령이 계신 것과 너희가 하나님의 성전인 것을 너희가 알지 못하느냐"라고 하였습니다. 눈에 보이는 성전과 우리 마음의 성전이 함께 지어져 가야 합니다. 그래서 우리에게 성전 건축을 허락하신 하나님께 감사하며, 우리 마음속에도 하나님이 거하시는 아름다운 성전이 함께 지어져 가야 합니다.

둘째, 솔로몬의 성전 건축에는 최상의 것들을 엄선하여 사용하였습니다.

우리 교회를 사치스럽게 보이거나 가난한 사람들이 들어오기 부담스러운 성전이 되어서는 안 된다고 했습니다. 그러나 돌을 하나 붙여도 정결하고 좋은 것을 하려고 애를 썼습니다. 초기에는 화강석을 사용하는 설계를 했지만 건축 비용이 더 들어가더라도 이스라엘석으로 바꾸고 하나하나 후세에 물려줄 작품을 만들려고 힘을 썼습니다. 스카이라운지 식당 유리 하나를 달아도 쉽게 하지 않았습니다.

셋째, 솔로몬의 성전 건축은 방망이나 도끼 소리 철연장 소리가 나지 않도록 했습니다.

건축을 하는데 어떻게 소리가 나지 않을 수 있습니까? 하나님께서 이렇게 명하신 것은 영적인 의미가 있습니다. 하나님의 전에서는 성전을 건축하며 다른 소리가 나서는 안 된다는 말씀입니다. 성전 건축을 하다가 사람의 소리가 나고, 의견이 나누어지고, 다툼이 있고 그러면 이미 실패한 것입니다. 하나님께서는 그렇게 짓지 말라는 말씀입니다. 건축뿐만이 아니라 주의 전에서는 다른 세상의 소리가 나와서는 안 됩니다. 예수님께서는 "내 집은 만민이 기도하는 집이라"고 하셨습니다. 주의 전에서는 하나님의 음성을 듣고 하나님께 기도하며, 찬양하며, 영광을 돌리며, 성도들이 함께 축복하는 곳입니다. 우리는 솔로몬의 성전 건축을 보면서 교회를 향하신 하나님의 음성을 들을 수 있어야 합니다. 우리 교회도 성전 건축을 하면서 모든 것이 은혜요, 성도들이 기도할 때마다 성전 건축을 위해 기도하며 조용하게 이루어져 가는 것이 기적입니다.

넷째, 솔로몬의 성전에는 많은 방들이 있었습니다.
이전 성막에는 그러한 것들이 없었지만 성전을 위한 부속 건물들을 함께 지었습니다. 우리 교회도 지금 이 성전에는 사무실 정도밖에 없었지만 새 성전에는 많은 방들이 지어졌습니다. 1층에는 갤러리와 카페, 도서관, 체육시설, 행복을 파는 가게 등 많은 방들이 준비되었습니다. 이 방들은 세상과 교회를 연결시켜 주는 공간이 될 것입니다. 그래서 세상 사람들이 쉽게 교회를 들어올 수 있는 출입구가 될 것입니다. 그리고 성도들을 위한 많은 방들이 준비되었습니다.

다섯째, 솔로몬은 성전 건축을 향한 열망은 있었지만 능력이 부족했습니다.
그런데 하나님께서는 두로의 왕 히람을 보내주시고 그를 통해 성전 건축을 돕게 하십니다. 두로의 특산물인 백향목과 히람의 건축가들, 목수, 석수, 세공기술자 등이 대거 참여하여 성전을 건축합니다.

우리 교회도 성전을 건축하며 지나온 세월을 돌이켜보면 지금까지 하나님의 놀라우신 섭리와 기적의 연속이었습니다. 말로 다 간증할 수 없는 일들이 수없이 일어났습니다. 하나님께서 도우시는 분들을 보내주셨습니다. 인테리어를 하시는 분이 믿음이 좋은 분인데 대한민국 최고의 실력자입니다. 이분이 하시는 말씀이, "하나님의 전을 짓는 일인데 저는 신앙에 어긋나는 일은 못하겠습니다." 그래서 공사를 하다가도 마음에 안 들면 부수어 버렸습니다. 물론 공사기간이 늘어나고 비용이 더 들어가지만 성전을 짓는 마음이 그래야 합니다. 가만히 보니 솔로몬의 성전 건축과 우리 교회 성전 건축과 비슷한 점이 많습니다.

솔로몬은 성전을 건축하면서 보니 자신이 받은 은혜가 너무나 컸습니다. 그래서 감사하면서 성전을 지었습니다. 그리고 성전을 봉헌하면서 하나님께 기도드리는 내용이 열왕기상 8장입니다.

오늘 봉독한 말씀 앞에 솔로몬의 기도가 나오는데 솔로몬은 '주의 성전을 향하여 비는 기도를 들으시고 죄를 사하여 달라'고 기도합니다. '기근이나 전염병이나 적군의 침입이나 나라의 어려움이 있을 때에 이 성전을 향하여 손을 펴고 기도할 때에 응답해 달라'고 기도합니다. 이방인들도 이 성전에 와서 기도하면 들어주시길 기도합니다. 전쟁에 나갈 때에도 성전이 있는 쪽을 향하여 기도하면 들어주시길 기도합니다. '죄를 지어 포로로 잡혀가 이방나라에 포로로 있을 때에도 이 성전이 있는 쪽을 향하여 기도하면 들어주시고 용서하여 달라'고 기도합니다. 이 솔로몬의 기도가 우리에게 응답되는 은혜가 있는 한 해가 되기를 바랍니다.

오늘 말씀은 솔로몬이 무릎을 꿇고 손을 펴서 하늘을 향하여 기도하기를 마치고 일어나 백성들에게 축복한 내용입니다. 솔로몬이 백성들에게 한 축복의 메시지를 살펴보겠습니다.

1. "여호와를 찬송하라"고 했습니다.

모세에게 말씀하신 그 좋은 약속이 다 이루어져 이스라엘에 태평을 주셨으니 찬송하라고 했습니다. 오늘 우리도 하나님께 찬송할 것이 얼마나 많습니까? 찬송은 은혜 받은 자가 마땅히 해야 할 일입니다. 찬송은 기쁠 때 불러도 은혜를 받고 슬플 때 불러도 은혜를 받습니다. 세상의 가요는 노인들이 부르는 가요가 있고 젊은이가 부르는 가요가 있습니다. 그런데 찬송은 누구나 불러도 은혜를 받습니다. 세상 노래는 한 시간 같은 노래를 부르면 재미가 없습니다. 부를 힘이 나지 않습니다. 그러나 찬송은 부르면 부를수록 힘이 납니다.

찬송은 역사하는 힘이 있습니다. 그래서 찬송을 부르면서 마음의 상처도 치유가 되고 육체의 질병도 치유가 됩니다. 찬송은 하나 되게 하는 힘이 있습니다. 온 성도들이 함께 모여 찬송하면 한 성령님이 임하시고 하나가 됩니다. 찬송은 두려움을 이기고 고난을 이기는 힘을 줍니다. 성경을 보면 다윗은 찬송을 좋아하는 사람이었습니다. 즐거우나 슬프나 늘 찬송을 불렀습니다. 모세도 찬송을 불렀습니다. 바울과 실라는 감옥에서도 찬송을 불렀습니다. 감옥에서도 하나님을 찬송할 때에 하나님께서 감옥 문이 열리고 착고가 풀어지는 은혜를 주셨습니다. 여러분, 찬송은 하나님께서 우리에게 주신 선물입니다. 이 선물을 사용하지 않고 살아간다면 참으로 어리석은 사람입니다.

저는 젊은 시절에 바닷가에 형제들과 낚시를 갔다가 바닷가의 절벽에 고립된 적이 있었습니다. 밤이 깊어가며 파도가 쳐 올라오고 더 이상 도망갈 절벽이 없었습니다. 새벽쯤 되니 파도가 발목을 때립니다. 더 이상 올라갈 곳이 없었습니다. 미끄러운 바다절벽에 붙어 떨어지지 않으려고 애를 썼습니다. 동이 터오며 고깃배가 돌아올 때에 바닷가의 절벽에서 SOS 신호를 보내는 것을 한 고깃배가 보고 달려와 절벽 위로 끌어올려 주어 살 수가 있었습니다. 어부의 말이 "오늘밤은 파도가 잔잔하여 살았다"고 했습니다. 한 시간만 구조가 늦었어도 파도가 올라와 다 죽었을 것입니다. 그때 저녁부터 새벽까지 형제들과 함께 불렀던 찬양이 있습니다.

♪ 나의 등 뒤에서 나를 도우시는 주

이 찬양을 수백 번 불렀습니다. 이 찬양을 통해 위로를 얻었고 담대함을 얻었습니다.

♪ 찬송을 부르세요 찬송을 부르세요 놀라운 일이 생깁니다

여러분, 날마다 찬송을 부르시기 바랍니다. 하나님을 찬양하며 부르시기 바랍니다. 우리 교회에는 찬양이 넘치기를 바랍니다. 그러면 여러분의 인생에 놀라운 일이 생기게 될 줄로 믿습니다.

2. "우리와 함께 계시옵고 우리를 떠나지 마시오며 버리지 마시옵고" 라고 축복합니다.

구약성경에 복이라는 단어인 '바라크'(ברכ)는 '하나님께 경배한다'는 뜻의 단어입니다. 또 다른 단어인 '아쇠르'(אשר)는 '하나님이 우리와 함께 계신다'는 뜻입니다. 하나님께서 우리와 함께 계시고 하나님께 예배할 수 있는 것이 성경이 말하는 복입니다. 하나님께서 우리와 함께 계시면 마귀의 역사가 떠나갑니다. 평강이 찾아옵니다. 하나님께서 기뻐하시는 길로 가니 하는 일마다 형통하게 됩니다. 그래서 하나님께서 우리와 함께 계시는 것이 복입니다.

현대인들은 자꾸만 하나님을 떠나 죄가 많은 곳으로 갑니다. 유럽이 기독교로 부흥을 하고 미국이 예수 믿고 축복받는 나라가 되었

는데 이들이 하나님을 떠나가고 있습니다. 진실하게 하나님을 믿는 경건한 신자들이 자꾸 줄어듭니다. 우리 대한민국도 예수 믿고 축복을 받았는데 하나님을 떠나갑니다.

성경에 나오는 이스라엘 백성의 이야기와 너무나 똑같습니다. 로마서 1장에 "그들이 마음에 하나님 두기를 싫어하매 하나님께서 그들을 그대로 내버려두셨다"고 말합니다. 그 결과가 불의, 추악, 탐욕, 악의가 가득하고 시기, 살인, 분쟁, 사기, 악독이 가득한 자, 수군수군하는 자, 비방하는 자, 하나님께서 미워하시는 자 등 스물한 가지가 나옵니다. 하나님께서 떠나시면 마귀가 마음속에 온갖 악한 것이 일어나게 합니다. 그래서 우리는 솔로몬과 같이 "하나님, 우리와 함께 계시고, 우리를 떠나지 마시오며, 우리를 버리지 마시옵소서"라는 기도를 드려야 합니다. 여러분, 세상이 흔들리고 사람들이 변하여도 우리 모두 하나님과 동행하는 성도들이 됩시다.

3. 하나님의 말씀을 따라 살 것을 축복합니다.

솔로몬은 주의 길로 행하며 하나님께서 명하신 계명과 법도와 율례를 지키게 해달라고 이스라엘 백성을 축복하고 있습니다. 계명과 법도와 율례는 우리나라 말로는 잘 이해가 안 됩니다. 쉽게 말하면 계명은 613가지가 있는데, 그 기둥이 십계명입니다. 재미있게도 '하지 말라'고 하신 계명은 일 년과 같은 365개요, 고대의학에서 우리 지체를 248개로 분류했는데, '하라'고 하신 계명이 248개입니다. 이것을 어느 주경학자는 "일 년 365일 잊지 말고 죄의 길로 가지 말라, 우리 몸의 248개 모든 지체를 다 사용하여 하나님의 말씀에 순종하라는 뜻이다"라고 해석을 했습니다.

오늘 성경에 나오는 율례는 하나님께 드려지는 예배나 절기에 대한 것들입니다. 법도는 사회법으로 인간과 인간관계의 법입니다. 결국 하나님을 섬기고 하나님의 말씀을 따라 이 세상을 살아가는 모든 법을 의미하는 말입니다. 성경은 복이 다른 것이 아니라 하나님의 말씀을 따라 사는 것이 복임을 말하고 있습니다. 하나님의 말씀은 우리 인생의 길이요 진리요 생명입니다. 그래서 말씀이신 예수님께서 오셔서 "내가 곧 길이요 진리요 생명이다"라고 말씀하셨습니다. 말씀의 길로 따라가면 그 길이 복된 길이 됩니다. 길을 잘못 들면 큰일 납니다. 고생하게 되고 목숨을 잃을 수도 있습니다.

정말 중요한 것은 인생의 길입니다. 인생의 길은 잘못 들어서면 영원한 멸망으로 가게 됩니다. 진리가 어디에 있습니까? 동서양을 막론하고 성인들은 진리를 찾으려고 애를 썼습니다. 참 진리는 하나님 말씀에 있습니다. 여러분이 말씀을 따라 살면 진리의 사람이 됩니다. 생명이 무엇입니까? 하나님의 말씀을 담고 말씀대로 살아가면 그 말씀이 우리를 영원한 생명으로 구원으로 인도합니다. 주님은 우리의 길과 진리와 생명이 되시기 때문에 주님의 말씀을 따라 살면 인생의 문제가 해결됩니다.

현대인들은 엉뚱한 것을 가지고 문제를 해결해 보려고 합니다. 무기를 가지고 서로 죽이고 경쟁하고, 기술을 가지고 경쟁합니다. 그러면 해결이 됩니까? 그렇게 다른 사람을 이기기 위해서 살다 가는 것이 인생이라면 동물의 세계와 다를 바가 없습니다. 우리나라 정치를 보면 참 안타깝습니다. 왜 그렇게 싸우는지 모릅니다. 조금만 잘 되면 교만하고, 조금만 실수하면 헐뜯고 넘어뜨리려 합니다. 남을 이겨서 행복하게 되는 것이라면 그것은 참다운 행복이 아닙니다. 다른 사람도 행복하고 나도 함께 행복하게 살아야 합니다. 하나님의 말씀 아래 있는 성도들은 서로 원수가 없습니다. 누구를 이길 필요도 없고 죽일 필요도 없습니다. 함께 행복하고 함께 형통합니다. 우리는 말씀의 길을 따라가야 합니다. 그것이 축복입니다.

주의 말씀은 우리의 발의 등불이 되어 주시고 우리 인생의 길의 빛이 되어 주십니다. 올 한 해 말씀을 붙들고 살기 위해 기도하십시오. 하나님께서 우리 인생에 은혜 베풀어 달라고 간절히 기도하십시오. 우리 교회가 말씀이 풍성한 한 해가 되기를 원합니다. 말씀이 풍성하면 여러분의 인생이 함께 풍성해집니다.

오늘 솔로몬이 성전 건축을 마치고 백성을 축복하는 기도를 통해 우리는 하나님의 음성을 들었습니다. 이 축복이 여러분의 마음을 울리기를 바랍니다. "그렇다. 올 한 해 우리가 이 축복의 사람이 되겠다" 하는 믿음이 있기를 바랍니다. 그리고 특별히 성도들은 한 해 동안 서로를 축복하며 살아가는 것이 우리 교회 공동체가 함께 힘써야 할 주제입니다. 성경은 "축복하라. 그러면 너희가 복을 받을 것이다"라고 하였습니다.

올 한 해 이웃을 축복하시고 자녀를 축복하시고 남편과 아내를 축복하시고 서로를 축복하며 사시기를 바랍니다. 성도의 입은 권세가 있습니다. 축복하는 사람은 마음이 평안합니다. 향기가 있습니다. 축복하는 사람은 축복의 삶을 살게 되어 있습니다. 축복하는 사람은 축복의 사람들이 주변에 모여오게 되어 있습니다. 복음을 받은 사람이 왜 어둡게 삽니까? 왜 실망합니까? 하나님께서 그렇게 말씀하시는데도 왜 불평하며 삽니까? 왜 부정적인 사람들과 함께 거합니까? 새해부터 이러한 것들을 다 떠나 축복의 나라로 이사 가시기 바랍니다. 여러분, 이제 첫 주일을 시작합니다. 첫 주일부터 축복하고 마지막 주일까지 축복으로 마치는 우리 교회가 되기를 바랍니다.

적용

ⓐ 오늘 말씀의 주제 파악하기

ⓑ 오늘 말씀 중 은혜 받은 부분 나누기

ⓒ 삶에 구체적으로 적용하기

함께 드리는 기도제목

1. 올 한 해 여호와를 찬송하며 살아가는 한 해가 되게 하옵소서.
2. 새해에는 예배를 통해 하나님과 동행하는 한 해가 되게 하옵소서.
3. 하나님의 말씀을 따라 살아가는 한 해가 되게 하옵소서.

내 증인이 되리라

- **본 문**: 사도행전 1장 8절(신 187쪽)
- **찬 송**: 502장(빛의 사자들이여, 통 259장)
- **요 절**: "오직 성령이 너희에게 임하시면 너희가 권능을 받고 예루살렘과 온 유대와 사마리아와 땅 끝까지 이르러 내 증인이 되리라 하시니라"(행 1:8).

오늘 읽은 말씀은 사도행전의 주제라 할 만큼 중요한 말씀입니다. 사도행전은 말 그대로 사도들의 행전, 사도들이 행한 일을 기록한 책입니다. 그런데 정확히 말하면 사도들이 행한 일을 기록했다기보다는 성령님께서 사도들을 통하여 행하신 일을 기록한 책입니다. 그래서 성령님의 행전입니다.

성경 66권 중에서 사도행전은 '완성되지 않은 성경'이라고 이야기합니다. 사도행전은 지금도 계속해서 기록되고 있다는 말입니다. 어디에 기록되고 있습니까? 온 인류를 구원하시기 위한 하나님의 약속이 오늘 성도들을 통해서 이루어지는 것을 하나님 나라에서 계속해서 기록하고 있습니다. 우리의 이름들이 기록되고 우리가 주님을 위하여 헌신하고 있는 일들이 기록되고 있습니다. 여러분의 행한 일들이 천국에 기록된 것을 그때 가서 보시기 바랍니다.

사도행전은 누가에 의하여 기록되었는데, 누가복음에는 이 말씀이 기록되어 있지 않습니다. 누가는 예수님의 최후 지상명령을 누가 복음에는 기록하지 않고 사도행전에 기록했습니다. 지난 10년 동안 사도행전의 본문 말씀을 두 번을 전했습니다. 복음서에 기록된 예수님의 최후 말씀까지 하면 다섯 번 이상을 전했습니다. 앞으로도 또 전할 것입니다. 그것은 예수님의 최후 유언이요 지상명령인 이 말씀을 잊지 말아야 하기 때문입니다.

하나님께서는 이스라엘 백성에게 나타나셔서 같은 말씀을 반복하셨습니다. "잊지 말라"는 말씀입니다. 아브라함에게도 나타나셔서 "내가 너에게 하늘의 별과 같이 바다의 모래와 같이 후손을 주겠다" 하신 말씀을 몇 번이나 반복하셨습니다. 하나님께서 잊으셔서 그러신 것이 아니라 우리가 잊기 때문에 잊지 말라고 계속해서 반복해 주셨습니다. 하나님의 말씀을 반복해서 읽고 또 읽으면 그 말씀을 잊지 않게 됩니다. 그 말씀이 내 속에 들어와 역사합니다. 그래서 우리는 말씀의 사람으로 살아가게 되는 것입니다.

오늘 말씀은 우리로 말하면 유언입니다. 부모님이 돌아가시기 전 유언을 하는데 무슨 이야기를 합니까? 가장 중요한 이야기를 유언으로 합니다. 지금 숨이 넘어가는데 자식들을 모아놓고 사사로운 이야기를 할 정신이 없습니다. 가슴에 묻어두었던 이야기를 마지막에 합니다. 유언은 가장 중요한 말입니다. 예수님께서 세상을 떠나가실 때에 제자들에게 마지막으로 남겨주신 말씀이 예수님의 가장 중요한 말씀입니다. 그래서 이 말씀을 예수님의 유언이요 최후의 지상명령이라고 이야기합니다.

"오직 성령이 너희에게 임하시면 너희가 권능을 받고 예루살렘과 온 유대와 사마리아와 땅 끝까지 이르러 내 증인이 되리라 하시니라"(행 1:8).

복음을 땅 끝까지 전하라는 것이 예수님의 유언이요, 최후의 지상명령입니다.

그런데 가장 중요한 전제조건이 있습니다. "오직 성령이 너희에게 임하시면 너희가 권능을 받고"라는 말씀입니다. 복음은 권능이 있어야 전할 수 있습니다. '권능'은 헬라어로 '뒤나미스'(δύναμις)라는 단어인데, 여기서 '다이너마이트'라는 단어가 나왔습니다. 노벨은 다이너마이트를 발명한 후 가공할 폭발력에 놀랐습니다. 조그마한 다이너마이트를 바위 틈에 넣고 불을 붙이면 '쾅' 하는 소리와 함께 바위가 쩍쩍 갈라지고 돌이 날아다닙니다. 그 파괴력을 보면서 '뒤나미스'(δύναμις)라는 단어를 생각하여 '다이너마이트'라 이름 지었습니다.

권능은 이와 같이 작은 믿음일지라도 산을 옮기고 바다를 가르는 능력이 있습니다. 이 권능이 없으면 복음을 전하는 것이 가로막힙니다. 사탄 마귀는 복음 전하는 일을 제일 싫어합니다. 그래서 쉬지 않고 복음 전하는 일을 방해합니다. 아담과 하와로부터 시작된 마귀의 시험은 오늘도 계속되고 있습니다.

사도행전에도 수많은 마귀의 시험이 있습니다. 마귀는 교회 안에도 들어와 쉬지 않고 교인들을 속였습니다. 이때에 성령의 권능이 없으면 시험에 빠지게 됩니다. 성령님은 믿는 자 안에 오셔서 거하시고 마귀가 틈타는 것을 깨닫게 해주십니다. 그리고 이기게 해주십니다. 부흥회를 가보면 말씀을 전할 때에 꽉 막힐 때가 있습니다. 그때 '이 교회에는 마귀의 역사가 많구나!' 하는 것을 깨닫게 됩니다. 그때에 우리 중보기도대가 늘 기도하지만 제가 말씀을 전할 때에 더 기도해 달라고 부탁을 합니다. 그러면 저와 중보기도대가 멀리 떨어져 있어도 하나님께서 그 기도를 들으시고 성령님으로 그 가운데 오셔서 역사해 주십니다. 성령님이 주시는 권능이 역사하여 변화가 일어납니다.

예수 믿으면서 헛된 욕심을 갖는다면 마귀가 틈타는 것을 알아야 합니다. 영적으로 어두운 사람은 자신에게 마귀가 틈탄 것도 모릅니다. 그래서 마귀가 시키는 일을 합니다. 여러분, 악한 죄를 짓는 사람들은 자기들의 죄를 모릅니다. 조직폭력배들이 자기가 나쁜 짓을 하고 있는 줄 압니까? 학교에서 동료들을 괴롭히고, 돈을 빼앗고, 못된 짓을 하는 아이들이 자기들이 죄를 짓고 있다고 생각합니까? 아닙니다. 내가 힘이 세다고 생각합니다. 어떻게 하면 더 세력을 키우고 더 많은 죄를 지을까 생각합니다. 마귀는 이 세상의 온갖 곳을 다 돌아다니며 사람들로 하여금 죄를 짓게 만듭니다. 이것을 이길 힘은 성령님께서 주시는 권능에 있습니다.

문제가 있던 가정도 예수가 들어가면 가정에 평화가 찾아옵니다. 예수 안 믿었으면 열 번도 더 깨어졌을 가정들이 이곳에도 많이 있습니다. 가정이 서로가 원수가 되어 살고 서로 증오하다가 깨어지면 본인들도 불행해지고 아이들도 불행해집니다. 주변의 사람들도 함께 불행해집니다. 이것을 성령님께서 막아주십니다. 마귀는 직장에도 들어와 흔듭니다. 서로를 미워하게 만들고 은혜 받지 못하게 만듭니다. 미워하는 마음속에는 성령님께서 임재하시지 않기 때문입니다. 마귀는 사도행전 때에도 그랬듯이 교회 안에도 들어옵니다. 그래서 불평하게 만들고 교회가 해야 할 복음의 사명을 감당하지 못하게 만듭니다.

여러분, 마귀의 역사를 성령의 권능으로 이기는 우리 교회가 되기 바랍니다. 성령의 사람이 되기를 바랍니다. 성령 충만한 가정이 되기 바랍니다. 성령 충만한 교회가 되기 바랍니다. 교회가 성령 충만하면 우리 주님이 유언하신 것을 늘 기억하며 살게 됩니다.

주님께서 "오직 성령이 임하시면"이라고 사도행전 1장 8절에 말씀하신 것은 '이제 내가 떠나면 성령님이 너희에게 찾아와 함께하시겠다'는 말씀입니다. 권능을 받으면 증인이 된다고 하셨습니다. 증인은 내가 보고 듣고 경험한 것을 확실히 이야기하는 사람입니다. 재판정에서 증인으로 나가 내가 봤는지 안 봤는지 확실히 모르겠다고 하면 증인이 되지 않습니다. 증인은 분명해야 합니다. 그렇습니다. 우리는 내가 예수님을 만났다고, 내가 예수님 만나고 새사람이 되었다고, 내가 구원받았다고, 예수님은 반드시 다시 오신다고 확실하게 증언할 수 있어야 합니다. 어디에서 증인이 되어야 합니까?

첫째, 예루살렘입니다.

예루살렘은 내가 사는 곳입니다. 우리로 말하면 서울지역과 가까운 곳입니다. 우리 주변에는 교회가 많지만 예수 믿으라고 따뜻하게 전도 받지 못한 사람들이 많이 있습니다. 어떤 분이 절망에 빠져 자살하려고 했는데 주일날 온 가족이 웃으면서 교회로 가는 것을 보았습니다. 그것을 보고 교회에는 이렇게 웃을 일이 있는가 하여 죽기 전에 나도 교회에 한번 가보자 하고 예배에 참석했다가 큰 은혜를 받았습니다. 눈물로 예배를 드렸습니다.

우리 교회에도 예배드리면서 많이 우시는 분들이 있어 물어보면 교회에 처음 나왔다고 합니다. 그런 분들을 여럿 보았습니다. 이 사람도 한참을 울면서 예배를 드리고 교회 문을 나서면서 뭐라고 했는지 아십니까? "예수 믿는 사람들, 나쁜 사람이야"라고 했답니다. 이 좋은 예수를 믿으라고 자기에게 전하지 않았다는 말입니다. 여러분, '나쁜 사람'이란 소리 듣지 않으려면 복음을 전하시기 바랍니다. 우리가 그저 예수 믿으라고 하여도, 〈아름다운 신문〉 한 번 전해주기만 하여도 성령님께서는 그 손길을 통하여 다이너마이트와 같은 놀라운 일을 만드십니다.

한 구두수선공이 놀러오는 가난한 아이에게 복음을 전했는데 이 아이가 자라서 무디가 되었습니다. 무디가 유럽을 복음으로 흔들어 놓지 않았습니까? 어떤 목사님이 남산에 전도하러 가서 벤치에 앉아 있는 중년신사에게 전도를 했답니다. "고향이 어디입니까?" 했더니 "경북 점촌입니다" 대답했습니다. 그래서 고향 사람 만났다고 이야기를 시작했답니다. 목사님이 선배가 되니 이분이 "선배님 말씀이니 제가 피곤하지만 듣겠습니다"라고 했습니다. 그래서 복음을 전했답니다. 그랬더니 이분이 중소기업 사장인데 남산에 올라 담배 한 대 피우고 자살하려고 했다는 것입니다. 이분이 복음을 받고 회개하고 예수를 믿기로 했다고 합니다. 복음은 자살 직전의 사람의 인생을 바꾸는 능력이 있는 줄로 믿습니다. 우리의 인생을 바꾸는 능력이 복음에 있는 줄 믿으시기 바랍니다.

둘째, 유대는 우리 민족입니다.
우리나라에서 크리스천들이 예수의 증인이 되어야 합니다. 그래서 불신자들이 '예수 믿는 사람들이 훌륭하구나! 나도 믿어야 되겠구나!' 하는 생각을 가져야 합니다. 오늘 한국교회 안에 복음을 가로막고 있는 교회들이 많습니다. 이것은 우리의 책임입니다. 우리가 가슴을 치며 주님께 회개해야 할 문제입니다.

우리나라 선교 초기에는 복음이 들어올 때에 예수님이 민족의 희망이었습니다. 그래서 지도자들도 예수를 많이 믿었습니다. 조만식 장로님을 비롯하여 백범 김구 선생님도 감옥에서 성경쪼가리를 보고 예수를 믿었고, 최고의 지도자인 월남 이상재 선생님도 예수를 믿었으며, 좌측에 있던 여운형, 이동휘 장군까지 예수를 믿고 "예수님이 우리 민족의 소망이다"라고 말하였습니다. 그런데 지금 기독교를 우리 민족의 희망이라고 말하지 않습니다. 예수님이 변하셔서, 성령님의 능력이 약해져서 그렇습니까? 우리가 잘못해서 그렇습니다. 이 민족이 예수님을 희망으로 받아들일 수 있도록 복음을 위하여 예수님을 전하는 삶을 살아가시기를 바랍니다.

셋째, 사마리아입니다.

사마리아는 유대인들이 미워하던 곳이요, 소외된 곳입니다. 우리 민족이 싫어하는 나라들이 있습니다. 그곳에 가서도 복음을 전해야 합니다. 북한 땅에까지 복음을 전해야 합니다. 어려운 이웃들이 있는 곳에 가서도 복음을 전해야 합니다. 우리 교회 홈페이지를 보면서 우리 교인들이 영등포 역전의 노숙자들에게 밥을 제공하는 사진이 나와 있기에 보면서 가슴이 뭉클했습니다.

"내가 주릴 때에 너, 먹을 것을 주었느냐?"

우리 주님이 물으신다고 했습니다. 우리는 대답할 말이 있어야 할 것입니다. 우리 교회는 어려운 이웃들을 섬기는 분들이 많습니다. 남녀 선교회에서도 함께하고 개인적으로도 소년소녀 가장들을 헌금을 통해 섬기는 분들이 많습니다. 사마리아에 사는 그들에게 예수를 전하는 것입니다.

넷째, 땅 끝까지입니다.

'땅 끝까지' 아프리카 남미에 이르기까지, 오지에 이르기까지 복음의 증인이 되라고 명령하셨습니다. 우리 학생들이 태국으로 단기선교를 다녀왔습니다. 예수의 이름으로 산지족들과 함께 지냈습니다. 그곳에는 기독교 학교가 있습니다. 우리가 그 학교에 선교사도 파송하고 함께 경영하게 되었습니다. 그곳에 우리 자녀들이 먹을 것을 가지고 가고 학용품을 가지고 가는 것이 우리로서는 대수롭지 않을지라도 그들의 사회를 흔드는 힘이 있습니다.

50대 이상 되신 분들은 초등학교 다닐 때 옥수수 빵을 다 먹었습니다. 그 빵값이 얼마 되지 않을지라도 우리는 그 빵을 먹고 건강을 잃지 않았습니다. 그 빵이 어디에서 왔습니까? 외국의 교회에서 모금한 선교비가 전쟁 후 고통을 겪는 대한민국에 전해졌습니다. 빵을 먹은 이들은 빵값을 이제라도 갚으시기 바랍니다.

　지금 지구상에는 약 12,000여 종족이 살고 있습니다. 이중에 미전도 종족이 6,000여 개 가까이 됩니다. 이슬람권에 거의 70%가 있습니다. 이슬람권의 선교는 성령님의 권능, 다이너마이트와 같은 권능이 있어야 합니다. 그래서 우리의 뜨거운 기도가 함께해야 합니다.
　우리 한국교회는 선교에 대한 기도를 많이 해왔습니다. 시골교회에 이르기까지 선교에 대한 기도를 쉬지 않았습니다. 그래서 하나님께서 기도 응답을 주셨습니다. 우리나라가 축복을 받아 지금 외국인들이 우리나라에서 일하기 위해 수없이 많이 들어와 있습니다. 이슬람권의 사람들이 굉장히 많습니다. 우리가 이슬람지역에 가서 예수 믿으라고 하면 그들의 법을 어기는 것이 되고 감옥에 가게 됩니다. 이슬람 신자에게는 전도도 할 수 없습니다.
　그런데 우리나라에서는 아무 상관이 없습니다. 하나님께서 우리 기도를 응답하시고 전도의 대상자들을 보내주셨는데 우리가 기도는 해놓고 깨닫지 못하고 있습니다. 이슬람 국가에 가서 복음을 전하는 것도 좋지만 우리나라에서 전도하면 얼마나 쉽습니까? 하나님께서 기도의 응답을 주셨는데 깨달아야 축복의 문이 계속해서 열립니다. 바울은 마게도냐 사람이 서서 '우리를 도와달라'고 하는 환상을 보았습니다. 그 환상을 보고 마게도냐로 가기를 힘썼습니다. 오늘 많은 우리의 이웃들이, 땅 끝에 있는 사람들이 도와달라고 손짓하고 있습니다. 이 종의 설교를 들으며 여러분도 하나님께서 보여주시는 환상을 보게 되기를 바랍니다.

선교는 '가는 선교'와 '보내는 선교'가 있습니다. 다 가는 선교사가 되면 좋겠습니까? 아닙니다. 보내는 선교사도 있어야 선교할 수 있습니다. 우리가 바로 선교사입니다. 보내는 선교사입니다. 뒤에서 기도하는 선교사입니다. 선교는 예수님께서 최후 지상명령으로 주신 것입니다. 갈 수 없으면 보내라는 말이 있습니다. 우리 성도들은 모두가 선교를 위하여 기도하고, 선교를 위하여 살고, 선교를 위하여 보내는 선교사가 되기를 바랍니다.

📝 적용

ⓐ 오늘 말씀의 주제 파악하기

_____

_____

ⓑ 오늘 말씀 중 은혜 받은 부분 나누기

_____

_____

ⓒ 삶에 구체적으로 적용하기

_____

_____

🙌 함께 드리는 기도제목

1. 마귀의 역사를 성령의 권능으로 이기게 하옵소서.
2. 복음을 위하여 우리가 예수님을 전하는 삶을 살게 하옵소서.
3. 우리 모두가 선교를 위하여 기도하고, 선교를 위하여 살고, 선교를 위하여 '보내는 선교사'가 되게 하옵소서.

매일 감사하는 말을 하겠습니다

- **본 문**: 골로새서 3장 15-17절(신 327쪽)
- **찬 송**: 323장(부름 받아 나선 이 몸, 통 355장)
- **요 절**: "그리스도의 평강이 너희 마음을 주장하게 하라 너희는 평강을 위하여 한 몸으로 부르심을 받았나니 너희는 또한 감사하는 자가 되라"(골 3:15).

우리 교회 새해 실천목표 중 하나가 "매일 감사하는 말을 하겠습니다"입니다. 매일 감사하는 말을 하면 내 입술이 감사하는 입술이 되고, 우리의 마음이 감사로 가득 차게 되며, 우리의 인생이 감사하는 인생이 될 것입니다. 감사하는 체질이 될 것입니다. 어느 교회 새해 실천목표를 보니 첫 번째가 죽어도 예배, 둘째가 굶어도 십일조, 셋째가 쓰러져도 새벽기도, 넷째가 힘들어도 복음전도입니다. 참 대단한 교회라는 생각이 듭니다. 우리 교회는 새해에는 매일 감사하는 말을 하여 감사하는 영적인 체질로 변화되는 한 해가 되기를 바랍니다.

성경에는 '감사'라는 단어가 180회 이상 나옵니다. 그만큼 감사를 중요하게 말하고 있습니다. 오늘 말씀에도 "감사하라"고 하였고 "너희는 감사하는 자가 되라"고 하였습니다. "감사하는 자가 되라"는 말씀은 "감사의 체질"이 되라는 말씀입니다. 동양의학 중 사상의학을 보면, 체질을 이야기하는데 병이 많은 사람은 체질을 바꾸라고 말합니다. 체질을 바꾸라는 말은 몸의 근본상태를 바꾸라는 말입니다. 감기에 잘 걸리는 사람은 감기에 강한 체질로 바꾸고, 위가 약한 사람은 위가 강한 체질로 바꾸라는 말입니다. 몸만 그런 것이 아니라 모든 것이 그렇습니다. 부흥이 안 되는 교회는 부흥하는 체질로 교회를 바꾸어야 합니다. 주님께서는 부흥하라고 하셨는데 부흥이 안 되는 것은 반드시 이유가 있습니다. 부흥의 역사는 핍박받는 초대교회에서도 일어났고, 로마의 대 핍박 속에서도 일어났습니다. 그래서 로마에서 기독교가 국교로 인정이 되었습니다.

지금 한국교회가 부흥이 안 된다고 하는데 부흥이 안 되는 것은 이유가 있습니다. 우리 한국교회가 부흥이 안 되는 체질로 변화되어 버렸기 때문입니다. 복음보다 더 주장하는 것들이 교회 안에 자꾸 밀려들어 왔기 때문입니다. 교회는 오직 복음을 위해서 존재합니다. 복음이 무엇입니까? 죄 때문에 멸망받을 수밖에 없는 우리 인생들이 예수님으로 인해 생명을 얻은 것이 복음입니다. 영원히 죽을 자가 영원히 산다는 것보다 더 큰 복음, 곧 복된 소식은 없습니다. 내가 구원을 받고 이 복된 소식을 나아가서 전하는 것이 교회의 존재이유입니다. 그러면 나머지 것들은 하나님께서 기뻐하실 때에 우리 인생에 저절로 채워주십니다.

한국교회가 복음을 제일 중심에 놓았을 때에는 교회가 순결했습니다. 날마다 부흥했습니다. 성도들도 복음을 위해 살았습니다. 그런데 복음이 뒷전으로 밀려나니 부흥이 안 됩니다. 살길이 어디에 있습니까? 교회의 체질이 복음 중심으로 바뀌어야 합니다. 우리 성도들은 오직 복음을 붙잡고 절대로 놓치지 마시기 바랍니다.

여러분, 영적인 건강관리를 잘하셔야 합니다. 성경은 "죄 사함을 받고 거룩함을 입으라"고 말합니다. 우리 인간은 처음부터 거룩한 사람은 없습니다. 내 힘으로 거룩하게 되는 사람도 없습니다. 우리 주님이 죄를 사해 주셔야만 하나님으로부터 '너는 죄가 없다, 거룩하다' 인정을 받을 수 있습니다. 죄의 체질에서 거룩한 체질로 바뀌어야 합니다. 영적인 체질로 바뀌어야 합니다. 그래야 죄가 나를 주장하지 못합니다. 체질에 문제가 있으면 늘 병이 옵니다. 영적인 문제가 그렇습니다. 불평하는 체질, 부정적인 체질, 세상적인 것에 욕심이 많은 체질들은 늘 마귀가 틈을 탑니다. 그러므로 여러분은 올 한 해 말씀 중심으로 살아 영적으로 건강한 체질이 되시기를 바랍니다.

오늘 말씀에는 '감사'가 세 번 나옵니다.

1. "감사하는 자가 되라"고 했습니다(골 3:15).

"감사하는 자가 되라"는 말씀은 "감사의 체질로 바꾸라"는 뜻입니다. 데살로니가전서 5장을 보면 하나님의 뜻을 말하고 있습니다.

> "항상 기뻐하라 쉬지 말고 기도하라 범사에 감사하라 이것이 그리스도 예수 안에서 너희를 향하신 하나님의 뜻이니라"(살전 5:16-18).

항상 기뻐하는 체질로 바뀌어야 합니다. 미국 스탠포드 대학의 윌리엄 플라이 교수는 우리가 한 번 크게 웃으면 25번 윗몸일으키기를 하는 것과 같은 효과가 있다고 했습니다. 항상 기뻐하면 운동을 많이 하는 것과 같은 효과가 있다는 말입니다. "쉬지 말고 기도하라"고 하였습니다. 하나님께서는 이 세상에 문제도 주시고 해결책도 함께 주셨습니다. 문제를 만날 때에 해결책이 없으면 문제 가운데 살게 됩니다. 그 해결책이 무엇입니까? 기도입니다. 기도하면 하나님께서 문제를 해결해 주십니다. 우리는 무슨 일이 있든지 기도하면서 살아가는 기도의 체질이 되어야 합니다.

그리고 오늘 말씀과 같은 "범사에 감사하라"고 하였습니다. 기쁜 일이 있든 슬픈 일이 있든 항상 감사하라는 말씀입니다. 잘되어도 감사하고 길이 막혀도 감사하라는 말씀입니다. 건강해도 감사하고 아파도 감사하라는 말씀입니다. 범사에 감사하다 보면 감사하는 자가 됩니다. 새해에는 감사하는 자가 되기를 바랍니다. 세상 사람들의 감사는 조건적인 감사입니다. 잘되고 형통할 때에는 감사합니다. 그러나 안 되고 병이 들고 문제가 생기면 불평이 나옵니다. 그러나 하나님의 뜻은 무엇이든 감사하라고 하셨습니다. 무엇이든 감사하면 감사할 일이 생깁니다. 불평할 일이 있다고 해서 불평하면 영적으로 하나도 유익이 안 됩니다. 오히려 마귀가 틈타고 더 많은 불평거리가 찾아오게 됩니다.

어제도 어떤 분이 오셔서 "미워하는 한 사람이 있었는데, 그 사람을 위하여 기도하니 내 마음에 평안이 찾아왔어요"라고 하셨습니다. 그렇습니다. "원수를 사랑하라"는 말씀은 그 원수를 위한 것이 아니라 사실은 나를 위한 것입니다. 그래야 내 영혼이 평안하기 때문입니다. 왜 같은 인생을 살면서 찡그리고 살고, 미워하며 살고, 속상해하면서 삽니까? 감사하며 살면 얼마나 행복합니까? 얼마나 더 큰 축복이 임합니까? 그래서 하나님께서는 "감사하는 인생이 되라"고 말씀하셨습니다.

오늘 말씀에도 "그리스도의 평강이 너희 마음을 주장하게 하라"고 하였습니다. 평강이 얼마나 중요합니까? 가정에서 평강이 깨어지면 매일매일 괴롭습니다. 함께 밥을 먹어도 밥맛이 없습니다. 부부 가운데 평강이 깨어지면 내 옆에 오는 것도 싫습니다. 직장에서도 평강이 사라지면 출근하는 시간이 괴롭습니다. 나를 괴롭히는 상사의 얼굴이 하루 종일 떠올라 행복할 인생을 고통스럽게 만듭니다.

학교에서 왕따 당하는 학생들의 이야기가 언론에 자주 나옵니다. 악한 아이들이 약한 아이들을 괴롭힙니다. 돈을 빼앗고 때립니다. 얼마 전에도 아파트 옥상에서 한 학생이 같은 학교 아이들에게 맞다가 떨어져 죽었습니다. 자살했는지 맞다가 죽었는지 알 수는 없지만 그 죽은 학생의 옷까지 빼앗아 입었습니다. 그 학생은 아침이 밝아오는 것이 두려웠을 것입니다. 어머니가 걱정하실까봐 매일같이 맞으면서도 이야기하지 않았습니다. 그 학생은 괴롭힘을 받는 것 때문에 마음속에 평강이 없었습니다.

우리는 주변에 평강이 사라진 교회들을 봅니다. 얼마나 안타까운지 모릅니다. 매주일 교회에서 싸우다 보니 그리스도의 마음이 주장하지 못합니다. 그러니 주님의 영이 임하시지 않습니다. 말씀을 들어도 은혜를 받지 못합니다. 은혜가 메마르면 그다음에는 마귀가 주장하고 마지막에는 축복을 다 빼앗겨 버리고 맙니다. 우리는 주의 전에 나올 때에 우리 마음에 평강 주신 것이 얼마나 귀한 일인지를 깨닫고 또한 감사하는 자가 되어야 할 줄로 압니다. 우리는 이처럼 삶의 곳곳에서 평강이 사라지면 얼마나 고통스러운지를 잘 압니다. 그래서 평강을 위해서 기도합니다.

그런데 여러분, 가장 중요한 평강이 무엇입니까? 영혼의 평강입니다. 내 영혼을 마귀가 흔들고 찢고 있는데 깨닫지 못하고 살아간다면 심각한 영적인 병에 걸려있는 것입니다. 우리는 우리 영혼을 잘 관리해야 합니다. 이것을 성경은 신랑을 기다리는 신부로 표현합니다. 우리의 영혼을 잘 지켜 그리스도의 평강이 내 마음을 주장하게 해야만 우리는 주님이 오실 때에 등불을 들고 나갈 수가 있습니다. 여러분은 여러분의 마음에 그리스도의 평강이 주장하는 성도들이 되시기를 바랍니다. 그래서 감사하는 삶이 되기를 바랍니다.

2. "감사하는 마음으로 하나님을 찬양하라"고 했습니다(골 3:16).

감사하는 마음으로 하나님을 찬양하려면 오늘 말씀대로 "그리스도의 말씀이 너희 속에 풍성히 거하여야" 합니다. 여러분, 교회에 왜 나옵니까? 말씀을 듣기 위해서 나옵니다. 교회는 말씀이 이끌어 가는 곳입니다. 이것을 잊으면 안 됩니다. 우리 인생은 말씀을 떠나면 물고기가 물을 떠나는 것과 같이 죽습니다. 예배시간에 가장 권위 있는 시간이 언제입니까? 성경말씀을 봉독할 때입니다. 이 시간은 하나님의 음성이 내려오는 시간입니다.

구약시대에는 하나님의 음성을 직접 들으면 죽었습니다. 그런데 예수님께서 구약의 율법을 폐하여 주셨습니다. 우리는 누구나 다 대제사장만이 들어가던 지성소로, 예배의 자리로 나아갈 수 있게 되었습니다. 그래서 개혁교회를 지탱하는 중요한 신학적 교리가 만인제사장설입니다. 만인제사장설은 우리가 직접 하나님께 예배하게 되었다는 뜻입니다. 우리가 대제사장이 하던 것처럼 하나님 앞에 서서 말씀을 듣는 시간이 가장 중요한 시간입니다. 그러므로 하나님의 말씀이 낭독될 때에 우리는 떨림으로 말씀을 청종해야 합니다.

한국교회가 예전에 대해 배우지 못해 몰랐을 때에는 여성이나 어린아이가 성경말씀을 봉독하면 아래 강단에서 하게 했습니다. 그것은 몰라서 그랬던 것입니다. 개혁교회 전통에서 말씀을 봉독할 때에 대강단에서 말씀을 봉독하는 것은 말씀의 권위를 나타냅니다. 하나님의 말씀을 풀어서 전하는 것을 '설교'라 하는데, 이때 순서자들이 강단 아래로 다 내려가는 것도 하나님의 말씀이 들려지는데, 내가 감히 하나님 말씀 뒤에 서 있을 수 없다는 뜻입니다. 예수님은 말씀으로 병자를 고치시고 귀신을 내어 쫓으셨습니다. 말씀이 임하면 오늘도 마귀가 좋아하는 일들이 물러가게 됩니다. 왜 사람들이 악한 생각을 하고 도처에 분노와 분쟁이 있습니까? 그 속에 말씀이 없기 때문입니다. 오늘 성경은 "말씀이 너희 속에 풍성히 거하여"라고 말합니다.

여러분, 하나님의 말씀을 듣는 것을 사모하시기 바랍니다. 말씀이 들려질 때에 그 말씀에 마음과 생각을 굴복시키시기 바랍니다. 그러면 말씀이 여러분의 마음과 생각을 지키고 여러분을 인도해 준다고 하였습니다. 말씀이 풍성하게 거하면 하나님의 지혜를 주신다고 하였습니다. 그래서 서로 믿음으로 가르치고 권면하게 하십니다. 말씀으로 하면 거기에는 분쟁이 없습니다. 사탄이 물러가기 때문입니다. 말씀이 풍성한 사람은 시와 찬송과 신령한 노래로 하나님께 감사 찬송하게 됩니다. 말씀이 임하면 영과 진리로 예배하게 됩니다.

사람은 영과 진리로 예배할 수 없습니다. 말씀이 임하고 나를 주장해야 됩니다. 그래서 저절로 하나님께 감사하며 찬송하게 됩니다. 이것이 오늘 기록된 말씀입니다. 수학의 공식과 같이 하나님을 찬송하는 원리가 바로 여기에 있습니다. 말씀을 사모하셔서 그 말씀이 여러분을 인도하게 되기를 바랍니다. 말씀이 여러분을 인도하면 영과 진리로 예배드리게 됩니다. 그러면 하나님을 감사로 찬송하는 성도들이 됩니다. 여러분, 올 한 해 동안 하나님을 더 뜨겁게 찬송하며 살아가는 성도들이 되기를 바랍니다.

3. "하나님 아버지께 감사하라"고 했습니다(골 3:17).

"무엇을 하든지 말에나 일에나 다 주 예수의 이름으로 하라"고 했습니다. "주님의 은혜입니다. 주님께서 도와주셨습니다." 이런 말이 나와야 합니다. 주 예수와 반대말이 무엇인지 아십니까? '내가'입니다. 내가 했다는 것입니다. 나의 이름을 알아달라는 것입니다. 말의 영향력이 무섭습니다. 가정이 불행해지는 것도 살기 어려워서 그런 것이 아닙니다. 배고파서 그런 것도 아닙니다. 잘못 나간 말 때문에 불행해지고 이혼하고 그럽니다. 교회에서 시험 드는 사람들을 보면 다른 것 때문에 시험 드는 것이 아닙니다. 말로 시험에 듭니다.

사람들은 말을 하면서 담대해집니다. 말을 하다보면 행동이 됩니다. 행동을 하다보면 그것이 인생이 됩니다. 그러므로 우리는 복된 말을 해야 합니다. 억지로라도 복된 말을 하면 복된 행동이 나오게 되어 있습니다. 그러면 복된 인생이 됩니다. 선한 일도 악한 일도 다 말로 영향을 끼칩니다. 신앙생활을 하면서 가장 실패하는 것도 다른 것이 아닌 말입니다. 말로 죄를 짓습니다. 말로 하나님을 거역합니다. 말은 잘못하면 심판이 있습니다. 하나님은 우리의 말을 다 듣고 계십니다. 그리고 그 말대로 해주십니다.

> "그러므로 생명을 사랑하고 좋은 날 보기를 원하는 자는 혀를 금하여 악한 말을 그치며 그 입술로 거짓을 말하지 말고 악에서 떠나 선을 행하고 화평을 구하며 그것을 따르라 주의 눈은 의인을 향하시고 그의 귀는 의인의 간구에 기울이시되 주의 얼굴은 악행하는 자들을 대하시느니라 하였느니라"(벧전 3:10-12).

"좋은 날 보기를 원하는 자는 혀를 금하여 악한 말을 그치라"고 했습니다.

성경을 보면 하나님께서 살인죄나 강도죄보다 더 크게 보시는 죄가 말로 짓는 죄입니다. 참 이상하지요? 왜 그렇습니까? 말은 전염병처럼 집단적인 죄를 짓게 만듭니다. 말은 많은 사람을 죄짓게 만들고 죽게 만들기 때문입니다. 그리고 말은 마음에서 나오는 것이기 때문입니다. 마음이 틀렸으니 불평하고, 부정적인 말이 나오고, 악한 말이 나오고, 하나님을 거역하는 말이 나옵니다.

여러분은 올 한 해 악한 말을 하는 사람 만나지 말기를 바랍니다. 잠언 20장 19절을 보면 그런 사람을 사귀지 말라고 했습니다. 내 영혼을 귀히 여기는 사람은 그런 사람 옆에도 가지 않습니다. 전염되기 때문입니다. 내가 받은 은혜를 잃어버리게 되기 때문입니다. 초등학교 어린이가 지은 삼행시가 있습니다. 선생님께서 소나기로 삼행시를 지어오라고 했습니다.

소 - 소방차가 불을 끈다.
나 - 나는 신나게 구경했다.
기 - 기절했다. 우리 집이었다.

구경하는 것은 신나는 일입니다. 내 집이 타는 줄도 모르고 구경한 이야기입니다.

좋지 못한 것을 자꾸 보고 듣게 되면 그것은 결국 내 영혼의 집을 태우는 것이라고 어떤 목사님이 말씀하셨습니다. 그 말을 듣고 저는 목회를 하면서 교회에 대하여 불평하고, 말을 은혜 되지 못하게 하는 사람들을 멀리했습니다. 나중에 보니 그런 사람들 옆에 있으면 얼마나 내가 손해를 보게 되는지를 깨닫게 되었습니다. 은혜되지 않는 사람들을 만나면 힘이 들고 마음이 무거워집니다. 그러나 감사하는 말은 하나님을 기쁘시게 하고 사람들에게 힘을 줍니다.

어제도 저에게 감사하다고 말씀을 주신 성도님들이 여러분 계십니다. 전화를 하신 성도님도 있고, 문자를 주신 분도 있습니다. 어젯 밤 늦게 "목사님, 매생이 좋아하세요?" 하고 문자가 왔습니다. "예"라고 답장을 보냈지만 사실 저는 짠 음식을 별로 좋아하지 않습니다. 그러나 제가 좋아한다고 하트를 세 개 붙여서 보냈습니다. 그런 음식은 짜도 맛이 좋습니다. 부족한 종을 성도들이 사랑한다고 하고, 행복하다고 하고, 감사하다고 하고, 목사님 만나서 인생이 변했다고 하고, 맛있는 음식을 보니 목사님 생각이 난다는 그 말을 듣고 저는 오늘도 힘이 나서 말씀을 전하는 것입니다.

세상에서는 힘들게 하는 말을 들었을지라도 주의 전에 와서 성도들끼리 만나면 늘 서로에게 힘을 주는 복된 말을 하시기 바랍니다. 그러면 서로가 행복해집니다. 우리는 예수 믿고 말이 변해야 합니다. 기도하는 입술로, 찬양하는 입술로, 칭찬하는 입술로, 축복하는 입술로, 전도하는 입술로 날마다 말하시기를 바랍니다. 말은 훈련입니다. 억지로라도 말해야 합니다. 긍정으로 말하고 축복으로 말하시기 바랍니다. 특별히 감사하는 말을 매일 하시기 바랍니다. 그러면 하나님께서 여러분의 입술의 말대로 여러분의 인생에 갚아주실 것입니다.

"사랑합니다. 축복합니다. 기도합니다. 주님의 은혜입니다. 감사합니다." 이러한 복된 말이 올 한 해 여러분의 입술에 늘 있기를 바랍니다.

📝 적용

ⓐ 오늘 말씀의 주제 파악하기

_____

_____

ⓑ 오늘 말씀 중 은혜 받은 부분 나누기

_____

_____

ⓒ 삶에 구체적으로 적용하기

_____

_____

🙌 함께 드리는 기도제목

1. 올 한 해 말씀 중심으로 살아 영적으로 건강한 체질들이 되게 하옵소서.
2. 매일매일 감사하며 하나님을 더 뜨겁게 찬송하며 살아가게 하옵소서.
3. 우리의 입술이 기도하는 입술로, 찬양하는 입술로, 칭찬하는 입술로, 축복하는 입술로, 전도하는 입술로 변하게 하옵소서.

매주 주일을 지키겠습니다

- 본 문: 출애굽기 20장 8절(구 113쪽)
- 찬 송: 43장(즐겁게 안식할 날, 통 57장)
- 요 절: "안식일을 기억하여 거룩하게 지키라"(출 20:8).

우리 교회 새해 실천목표 중 두 번째가 "매주 주일을 지키겠습니다"입니다. 주일은 하나님께서 우리에게 주신 명령이요 축복의 약속입니다. 그러므로 우리는 한 해 동안 주일을 지키는 의미가 무엇인지를 깨닫고 하나님을 기쁘시게 하고 하나님께서 약속해 주신 축복을 받는 성도들이 되기를 바랍니다.

오늘 말씀은 십계명 중 제4계명의 말씀입니다. 학자들은 두 돌비에 한 편에는 하나님께 대한 네 계명을, 다른 한 편에는 인간과 인간 사이에 지켜야 할 여섯 계명을 기록하셨다고 보고 있습니다. 하나님께서는 이스라엘 백성을 출애굽시키시고 가나안 땅에 들어가기 전 모세를 통하여 십계명을 주셨습니다. 이 계명을 잊지 않고 지켜 살면 다시는 노예생활을 하지 않을 것이고, 또한 약속된 축복을 받게 될 것임을 약속하셨습니다. 그러므로 십계명은 은혜와 축복의 계명입니다. 십계명은 구약의 계명이 아니라 오늘도 변함없이 우리 인간이 하나님에 대하여 그리고 인간에 대하여 어떻게 행하여야 하는지를 말씀하는 가장 중심에 서있는 지침이 되는 것입니다.

어느 이단에서는 안식일을 지키라 하였는데 주일을 지키느냐고 하면서 안식일을 지켜야 한다고 말합니다. 성경에 유월절을 지키라 하였는데 기독교에서는 지키지 않으니 잘못된 것이라고 신자들을 미혹합니다. 그러는 그들은 구약에 명한 할례를 행합니까? 주일날에 구약에서 명하신 소와 양과 염소를 잡아 제사를 지냅니까? 그렇게 하지 않습니다. 안식일 논쟁은 성도를 미혹하기 위한 것입니다. 속지 마시기 바랍니다.

예수님께서는 "말세에는 미혹하는 자들이 많이 일어날 것이라" 하셨습니다. "많은 사람이 내 이름으로 와서 나는 그리스도라 할 것이다"라고 하셨습니다. 그렇습니다. 이단의 교주는 예수님의 자리에 서기 위해 이 같은 말들로 미혹합니다. 우리가 주일을 지키는 것은 성경적입니다. 예수님께서는 "내가 율법이나 선지자를 폐하러 온 것이 아니라 완전케 하려고 왔다"고 하셨습니다. 예수님은 "내가 안식일의 주인이다"라고 하셨습니다. 그 말씀대로 부활로 안식일을 완성하셨습니다.

예수님의 제자들은 안식 후 첫날 즉 예수님께서 부활하신 날에 모여 떡을 떼며 말씀을 전했습니다. 초대교회 성도들도 안식 후 첫날에, 즉 주일날에 모여 말씀을 들었습니다. 예수님께서 부활하신 주일을 공식적인 예배의 날로 지켜 나갔습니다. 그래서 '주일' 곧 '주님의 날'이 되었습니다. 우리 크리스천들은 일요일이라 하지 않고 주일이라 말하는 습관을 가져야 합니다. 주님의 날이기 때문입니다. 주일은 주님의 날이라는 뜻이요, 우리에게 죄 사함의 은총과 축복과 영원한 생명을 약속하신 복된 날입니다.

유월절도 그렇습니다. 구약의 유월절은 이스라엘 백성을 노예생활에서 해방시켜주신 하나님의 은혜를 잊지 말라고 명하신 절기입니다. 구약의 유월절은 유월절 어린양으로 오셔서 우리의 죄를 단번에 대속해 주신 예수님의 십자가 사건으로 완성이 됩니다. 그래서 우리는 예수님께서 완성시키신 부활절을 지킵니다.

우리는 율법으로 사는 사람들이 아닙니다. 율법은 늘 잘못하는 것만 지적합니다. 율법에는 용서가 없습니다. 율법으로 하면 아무리 열심히 해도 백점이 없습니다. 사람도 율법 같은 사람이 되어서는 안 됩니다. 율법은 가르치려 합니다. 잘못한 것을 지적합니다. 그러니 율법 같은 사람 옆에는 사람들이 가까이 가지 않습니다. 결국 비슷한 사람들만 모여서 다른 사람들을 비판하는 바리새인들처럼 됩니다. 우리는 율법을 십자가의 죽음으로 폐하시고 새로운 율법을 주신, 곧 예수님의 사랑의 법 아래 사는 사람들입니다. 그래서 오늘도 하나님 전에 나와 하나님을 뵙고 예배드리는 자가 되었습니다.

여러분, 사랑은 모든 것을 좋게 보아줍니다. 사랑하면 곰보자국도 아름다워 보입니다. 실수하는 것도 예쁘게 보입니다. 잘못하면 안타까워합니다. 사랑하기 때문입니다. 우리 주님께서 우리를 율법으로 보지 않으시고 사랑으로 보아주셨기에 이 자리에 나와 예배드리는 것을 감사하시기 바랍니다. 그리고 예수님의 사랑으로 살아가시기 바랍니다. 이 은혜를 깨달았기에 사도 바울은 갈라디아서 5장에서 "너희는 다시는 율법의 멍에를 메지 말라"고 했습니다.

하나님께서는 6일 동안 천지만물을 창조하시고 제 칠일을 복되게 하여 거룩하게 하시고 안식하셨다고 했습니다. 그리고 "안식일을 기억하여 거룩하게 지키라" 명령하셨습니다. "안식일을 기억하여 거룩하게 지키라"는 말씀은 "하나님께서 우리의 창조주이심을 잊지 말고 기억하라"는 말씀입니다. 어떻게 지킵니까? 이 날을 구별하여 지키는 것입니다.

'거룩'이라는 히브리어 '카도쉬'(קדש)는 '구별'이라는 뜻을 함께 가지고 있습니다. 구별하는 것이 무엇입니까? 여러 가지가 있습니다. 주일에는 새 옷을 갈아입고 나오십시오. 어떤 분은 좋은 옷을 옷장 속에 넣어놓고 헌옷만 입고 다니는 분들이 있습니다. 그래서 새 옷을 몇 번이나 입습니까? 아까워서 못 입다가 유행이 지나가면 못 입습니다. 갑자기 무슨 일이 생겨서 영원히 그 옷을 입지 못할 수도 있습니다. 주일날은 최고의 축일입니다. 그러므로 내 옷 중에서 가장 깨끗하고 가장 좋은 옷을 입고 나오셔야 합니다. 그것이 하나님 앞에 나오는 구별된 예의입니다. 또 주일에는 목욕을 하고 나오십시오. 우리가 결혼식을 하거나 무슨 잔치가 있으면 목욕을 합니다. 이발을 합니다. 이것이 잔치에 참여하는 바른 마음자세입니다. 우리가 주일이 하나님을 뵈옵는 천국잔치라고 정말로 믿는다면 정결하게 목욕을 하고 나오는 것이 거룩하게 구별된 모습입니다.

옛날에 공주지방의 시골교회에 이문기 장로님이라고 계셨는데, 당시는 시골에 사셨기에 집에 목욕탕도 없었고 따뜻한 물을 데워 목욕할 수 있는 여건이 잘 되지 않았습니다. 이분은 새벽기도에 나올 때에도 하나님을 만나는 데 마음의 준비가 중요하다고 생각하여 시냇가에 나가 목욕을 하고 교회에 왔습니다. 이분은 많은 은사를 받았습니다. 한겨울에도 얼음을 깨고 찬물로 몸을 씻고 예배드리러 왔습니다. 제가 어릴 적에 그분을 보면서 '하나님을 예배하는 마음을 저렇게 가져야 하는구나!' 하고 생각했습니다.

주일에는 결혼식장에 가는 것처럼 화장도 하고 머리도 다듬고 나오십시오. 이것이 다른 날과 구별된 것입니다. 헌금도 미리 준비하십시오. 하나님께서 한국교회를 특별히 복 주신 것은 우리 신앙의 선조들이 헌금을 드릴 때에도 그저 드리지 아니하고 헌 돈이지만 풀을 먹이고 다림질을 하여 하나님께 드렸습니다. 많은 돈이 있어서 드린 것이 아닙니다. 헌금을 드릴 때마다 구별된 정성으로 드렸습니다.

그리고 더 중요한 것은 마음을 구별해야 합니다. '이날은 주의 날이니 내가 기뻐하고 즐거워하리라. 하나님을 찬송하리라. 말씀을 힘을 다해 듣고 은혜와 축복을 받으리라' 하는 자세가 있어야 합니다. 주일에는 불의한 생각을 버리십시오. 주님을 자꾸 찾으십시오. 우리는 주일을 거룩하게 지냄으로 세상 사람들과 구별된 삶을 살아야 합니다.

> "만일 안식일에 네 발을 금하여 내 성일에 오락을 행하지 아니하고 안식일을 일컬어 즐거운 날이라, 여호와의 성일을 존귀한 날이라 하여 이를 존귀하게 여기고 네 길로 행하지 아니하며 네 오락을 구하지 아니하며 사사로운 말을 하지 아니하면 네가 여호와 안에서 즐거움을 얻을 것이라 내가 너를 땅의 높은 곳에 올리고 네 조상 야곱의 기업으로 기르리라 여호와의 입의 말씀이니라"(사 58:13-14).

안식일에는 발을 금하여 오락을 행하지 말라 하셨습니다. 이 말은 안식일은 너 자신의 즐거움을 위하여 사용하지 말고 하나님을 경배하기 위하여 사용하라는 말입니다. 그래서 "엿새 동안은 힘써 네 모든 일을 행할 것이나"(출 20:9)라고 하셨습니다. 6일 동안은 열심히 일하고 하루는 너를 위하여 일하지 말고 오직 하나님을 영화롭게 하기 위하여 구별된 날로 사용하라는 말씀입니다. 나머지 날들은 일도 하고 너를 위하여 여행도 하고, 운동도 하고, 영화도 보고, 오락을 하며 즐겁게 살지만 하루는 그러한 것들을 내려놓고 하나님께로 나아와 말씀을 듣고 은혜와 축복을 받는 날로 삼으라는 말씀입니다. 안식일을 거룩히 지키라는 거룩한 명령을 잘 기억하고 순종하시기 바랍니다.

안식일은 즐거운 날이라 했습니다. 여러분, 안식일에는 특별한 즐거움이 있습니다. 말씀을 듣는 것도 즐겁고, 찬송하는 것도 즐겁고, 성도의 교제도 즐겁습니다. 은혜 받는 것도 즐겁고, 축복을 받는 것도 즐겁습니다. 안식일은 장래 천국에 대한 모형입니다. 천국은 세상 걱정 근심이 없는 곳입니다. 성도에게는 안식일이 세상 근심 걱정을 내려놓고 주님의 말씀을 들으며 즐겁게 지내는 날입니다. 천국에는 아픔도 배고픔도 질병도 없습니다. 성도들에게 안식일은 주님 앞에 나와 치유를 받는 날입니다. 그래서 내 인생의 상처와 질병들이 치유받는 복된 날입니다. 그래서 주일을 천국으로 만들어야 합니다. 이 거룩한 주일에 성도들은 서로에게 천국이 되기를 바랍니다.

또 안식일에는 "사사로운 말을 하지 아니하며"라고 했습니다. 성도들은 평소에도 복된 입술이 되어야 하지만 안식일에는 특별히 구별하여 지켜야 합니다. 여러분, 안식일에는 듣는 사람에게 은혜 되는 말만 하십시오. 감사하는 말만 하십시오. 화평케 하는 말만 하십시오. 하나님을 찬양하는 말만 하십시오. 하나님께서 그렇게 구별하여 사용하라 명하셨기 때문입니다.

그리하면 우리에게 약속을 주셨는데 "여호와 안에서 즐거움을 얻을 것이라" 하셨습니다. 우리를 땅의 높은 곳에 올리신다고 했습니다. 존귀한 사람이 되게 하시겠다는 말씀입니다. 야곱의 기업으로 기르신다고 했습니다. 축복이 약속된 후손으로 지켜주시겠다는 것입니다. 이것을 반드시 지키시겠다는 뜻으로 "여호와의 입의 말씀이니라" 하셨습니다. 내 입으로 말한 것을 반드시 지켜 주시겠다는 강조의 약속입니다. 여러분은 모두 이 안식일의 축복을 누리며 살아가시기 바랍니다.

그리고 올 한 해 주일을 성수하시기 바랍니다. 안식일을 지킬 수 있는 것이 얼마나 큰 축복인지 깨달아야 합니다. 질병이나 사고나

무슨 문제가 있어 주일을 지키지 못한다면 얼마나 안타까운 일입니까? "올 한 해 주일성수할 수 있는 은혜를 주십시오. 주일을 거룩하게 지키기를 원합니다"라고 기도할 때에 하나님께서는 지킬 수 있는 은혜와 복을 주십니다.

우리 교회 부흥회로 오셔서 말씀을 전해 주셨던 지용수 목사님은 "머리와 몸이 가는 곳에 팔도 같이 가야지, 머리와 몸은 있는데 팔이 없으면 어떻게 하나? 주일에 다함께 모여 예배를 드리는데 한 사람이 바닷가에 낚시를 하러 간다면 그 사람은 몸에서 잘려 나간 낙지 다리와도 같다. 몸에서 잘려 나간 낙지 다리는 꾸물거리다 곧 죽는다"라고 하셨습니다. "꼭 교회 가서 예배드려야 하나? 인터넷으로 예배드리면 되지" 하는 사람도 있습니다. 현대인들은 쉽고 편한 것을 좋아합니다. 또 이런 현대인들에게 맞추어 쉽고 편한 교회, 쉽고 편한 예배를 만들어 나가기도 할 것입니다.

커피 한잔 마시면서 예배드리는 카페교회도 만들어졌고, 미국에는 자동차를 타고 와서 자동차 안에서 예배드리는 교회도 만들어졌습니다. 현대인들은 서로를 공개하지 않으려 합니다. 그래서 구역에도 속하지 않으려 합니다. 조용히 왔다가 예배만 드리고 가는 교인들이 늘어갑니다. 그러나 우리는 성경대로 살아야 합니다. 인간은 서로 만나지 않으면 뜨거워지지 않습니다. 함께 모여 기도하고 찬양할 때에 은혜를 더 크게 받습니다. 서로를 축복하며 기도할 때에 세상을 이기는 힘을 가질 수가 있습니다. 아무리 컴퓨터가 발달하고 문화가 발달하여도 예배를 대신할 수 있는 것은 없습니다. 기도도 인터넷이 대신해 주지 않습니다. 하나님은 우리가 하나님 앞에 거룩하게 나아갈 때 우리에게 찾아와 주시고 은혜와 긍휼을 베풀어 주십니다. 온 가족이 함께 나와 예배드릴 때 가정에 하나님의 역사하심이 임하게 됩니다. 그러므로 힘을 다하여 주일을 지키시기 바랍니다.

예수님께서는 "안식일이 사람을 위하여 있는 것이요 사람이 안식일을 위하여 있는 것이 아니니"(막 2:27)라고 하셨습니다. 이 말씀은 당시에 혁명적인 말씀이었습니다. 신성모독이었습니다. 그러나 예수님의 말씀대로 하나님께서는 사람을 위하여 안식일을 주셨습니다. 하나님의 자녀 된 우리는 안식일을 통하여 육적으로 쉼을 얻고 영적으로 죄 사함과 치유를 받고 은혜와 축복을 누리는 것입니다.

하나님께서는 사람을 창조하실 때에 일주일이라는 사이클을 주셨습니다. 과학자들의 연구에 의하면, 인간은 6일 동안 일하고 하루를 쉬어야 몸이 건강하다고 합니다. 인간은 이것을 인정하지 않고 "어떻게 하면 더 많이 일을 시킬 수 있을까?" 연구를 해왔습니다.

양계장에서도 하루 종일 환하게 불을 켜놓아 닭들로 하여금 정신을 잃게 만듭니다. 그래서 낮인지 밤인지 구별하지 못하고 알을 자꾸 낳습니다. 식용으로 돼지를 키우는 곳에 가보았더니 돼지들이 좁은 철창 안에 누워 있습니다. "왜 누워 있느냐?"고 했더니 일어나서 돌아다니면 살이 잘 찌지 않기 때문에 눕혀서 키운다고 합니다. 먹고 살만 찌도록 만들었습니다. 식용으로 개를 키우는 곳에도 가 본 적이 있는데 개의 고막을 강제로 상하게 만듭니다. 듣지 못하게 만듭니다. 그래서 먹는 것에만 신경을 쓰게 하여 살을 찌웁니다. 이런 것을 보면 인간이 참 악합니다.

그런데 사람은 그렇게 한다고 되지 않습니다. 1793년 프랑스 혁명이 일어난 후 기독교를 탄압하고, 주일을 지키면 벌금을 물게 하고 처벌을 했습니다. 열흘에 한 번 쉬도록 했습니다. 그랬더니 생산량이 늘어난 것이 아니라 오히려 더 떨어졌습니다. 아픈 사람들이 많이 나왔습니다. 그래서 일주일제로 다시 바꾸었습니다. 러시아에서도 주일을 없애기 위해 열흘에 한 번 휴일을 만들었는데, 오히려 문제가 많이 발생했습니다. 러시아에서도 할 수 없이 일주일로 다시

되돌렸습니다. 사람은 일주일에 하루를 쉬는 것이 가장 좋은 인체의 리듬이라고 합니다. 하나님께서 주일을 주시지 않았더라면 우리는 얼마나 피곤하고 힘이 들었겠습니까? 힘이 없는 사회적 약자들은 한 달 내내 일만 해야 했을 것입니다.

우리나라도 원래 쉬는 날이 없었습니다. 한 달 내내 일만 했습니다. 왕의 생일 같은 때나 쉴 수가 있었습니다. 매일 일을 하여도 늘 가난하고 못살았습니다. 그런데 이 땅에 복음이 전해지면서 우리는 모두가 주일에 쉴 수가 있게 되었습니다. 하나님을 믿지 않는 북한도 주일에는 쉬고 있습니다. 주일을 주신 것이 얼마나 감사한 일인지 모릅니다.

주일날에는 정신도 쉼을 얻어야 합니다. 엿새 동안 일하느라 정신이 없었다면 주일은 세상 근심 걱정을 내려놓고 성도의 교제도 하고 가족과 대화도 하며 주일을 지내야 합니다. 그래야 정신이 건강합니다. 무엇보다 주일은 영혼이 안식을 얻는 날입니다. 예수님이 오심으로 우리 죄를 사함 받은 날입니다. 그러므로 우리는 기뻐하며 즐거워하며 이날을 지켜야 합니다. 주일은 은혜와 축복이 임하는 날입니다. 하나님의 자녀들이 교회에 나와 하나님을 예배할 때에 우리의 죄를 용서해 주시고 상한 심령을 치유해 주십니다. 환자들이 병이 들어 병원에 갈 때에 병을 고침 받겠다는 소망을 가지고 갑니다. 그래서 의사선생님이 시키는 대로 합니다. 병원에 가서 내가 이렇게 해라 저렇게 해라 할 수 없습니다. 의사선생님의 지시대로 해야 살 수가 있습니다. 암 덩어리가 있다면 도려내고 약을 처방받아야 합니다.

여러분, 주일은 내 영혼의 병든 암 덩어리를 도려내는 날입니다. 약을 처방받는 날입니다. 그래야 우리 영혼이 살 수 있습니다. 주일날 하나님을 예배하면 내 영혼이 살 수 있다는 소망을 가지고 주님 앞에 나오는 여러분이 되시기를 바랍니다. 그러면 하나님께서 우리를 고쳐주시고 복을 주십니다. 주일을 지키면 우리에게 즐거움을 주신다고 했습니다. 세상에서 얻은 즐거움은 사라지는 날이 옵니다. 내 힘으로 얻은 것은 다 사라지는 날이 옵니다. 그러나 하나님께서 주신 즐거움은 영원합니다. 세상이 빼앗을 수가 없습니다. 하나님께서 주신 즐거움은 좋은 것입니다. 그리고 우리를 높은 곳에 올리신다고 했습니다. 우리를 존귀하게 해주시겠다는 약속의 말씀을 믿으시기 바랍니다.

광야에서 안식일 전날에는 만나를 두 배로 내려주셨습니다. 그리고 썩지 않게 해주셨습니다. 안식일에는 만나를 거두러 나가는 노동을 하지 않도록 해주셨습니다. 오늘도 하나님의 역사와 능력은 변함이 없으십니다. 주일날 쉰다고 손해 보지 않습니다. 이것은 하나님의 약속입니다.

어떤 불신자는 옆집에서 장사하는 예수 믿는 사람들이 주일날은 문 닫아 걸고 쉬면서 온 가족이 함께 예배드리러 가는 것을 보면서 처음에는 이해가 안 되었는데, 나중에 보니 자신에게 화가 나더랍니다. 일주일 동안 쉬지 않고 일하는 자기나 하루를 쉬는 예수 믿는 사람이나 버는 것에 차이가 없더랍니다. 왜 차이가 없습니까? 예수 믿는 사람은 쉬니까 마음과 몸이 건강해졌습니다. 쉬니까 즐겁고 행복합니다. 자녀들을 데리고 함께 시간을 보내니 자녀들이 행복하고 교육이 잘되었습니다. 하나님께서 복을 주시니 날마다 잘되는 길로 갔습니다. 할렐루야. 불신자가 그것을 보고 약이 올라 '나도 문 닫아 걸고 예수 믿어야 되겠다' 생각하고 교회를 나왔다는 간증을 들었습니다.

하나님은 하나님의 자녀들에게 은혜와 복을 주시기를 기뻐하십니다. 어떤 사람에게 주십니까? 안식일을 기억하여 거룩히 지키는 자녀들입니다. 여러분, 올 한 해 안식일을 기억하여 거룩히 지킴으로 즐거움과 복을 차지하는 성도들이 됩시다.

📝 적용

ⓐ 오늘 말씀의 주제 파악하기

ⓑ 오늘 말씀 중 은혜 받은 부분 나누기

ⓒ 삶에 구체적으로 적용하기

🙌 함께 드리는 기도제목

1. "안식일을 거룩히 지키라"는 거룩한 명령을 잘 기억하고 순종하게 하옵소서.
2. 온 가족이 힘을 다하여 주일을 지키게 하옵소서.
3. 올 한 해 안식일을 기억하여 거룩히 지켜 주일성수하여 즐거움과 복을 차지하게 하옵소서.

내 마음에 성전을 함께 지어가겠습니다

- **본 문**: 고린도전서 3장 16-23절(신 266쪽)
- **찬 송**: 283장(나 속죄함을 받은 후, 통 183장)
- **요 절**: "너희는 너희가 하나님의 성전인 것과 하나님의 성령이 너희 안에 계시는 것을 알지 못하느냐"(고전 3:16).

역사적으로 예수님께서 오시기까지 성전 건축은 네 차례가 있었습니다.

첫 번째 성전은 모세가 지은 광야에서의 성막입니다.
하나님께서는 모세에게 성막의 구조와 재료에 대하여 상세하게 지시하셨습니다.

"앙장 열 폭을 가늘게 꼰 베실과 무슨 색의 실로 하고, 휘장은 열 폭으로 만들고, 휘장 끝에는 고 쉰 개를 달고 그 고가 서로 마주보게 하고…"

성막은 단순한 건축에 대한 이야기가 아닙니다. 이 성막 건축을 통하여 하나님의 뜻을 알려주셨습니다. 번제단을 어떻게 해야 할지, 물두멍을 통하여 하나님께 나아갈 때에 어떻게 씻어야 하는지, 지성소에 아무나 들어가면 어떻게 되는지를 구체적으로 알려주셨습니다. 그러므로 성막은 건축에 대한 이야기가 아니라 하나님을 어떻게 섬겨야 하는지를 알려주신 말씀입니다.

두 번째 성전은 솔로몬 성전입니다.
솔로몬의 아버지 다윗은 늘 성전 짓기를 사모했지만 하나님께서 허락하지 않으셨습니다. '너는 전쟁을 통해 손에 피를 많이 묻힌 사람'이라는 것입니다. 하나님의 전은 힘이 있다고 지을 수 있는 것이 아니라 어떠한 사람에 의하여 지어져야 하는지 하나님의 뜻을 깨달을 수가 있습니다.

솔로몬은 정성껏 성전을 건축했습니다. 자기 방식대로 지은 것이 아닙니다. 하나님께서 다윗을 통해 보여주신 그대로 행하였습니다. 백향목과 돌을 금으로 입혀 속이 보이지 않게 했습니다. 돌도 외부에서 가공하여 맞추기만 하였습니다. 성전을 건축하는 동안 모든 잡소리가 나지 않도록 했다는 말입니다. 솔로몬의 성전 건축을 통해 우리는 성전은 하나님의 뜻대로 지어야 함을 깨달을 수 있습니다. 이 종이 늘 '성전 건축은 물질로 짓는 것이 아니라 기도로 짓는 것'이라고 하는 이유가 바로 여기에 있습니다.

세 번째 성전은 스룹바벨 성전입니다.
페르시아 왕 고레스는 바빌로니아를 멸망시킨 후 유대인 포로들을 고향으로 돌아가 성전을 건축하게 합니다. 고레스는 "여호와 하나님께서 온 나라를 내게 주셨으니 너희는 가서 여호와의 성전을 건축하라"고 조서를 내립니다. 예루살렘 성전에서 빼앗아왔던 기물을 찾아오고 금은 예물도 함께 주어 보냅니다. 금은 그릇만 5천 개가 넘었습니다. 이때 스룹바벨을 총독으로 임명하였는데, 스룹바벨은 바빌로니아에게 멸망당하지 않았다면 유다 왕이 될 사람이었습니다. 스룹바벨을 중심으로 고향에 돌아와 성전을 건축하는데 이들은 감격에 겨워 큰 소리로 울면서 때로는 멀리까지 소리가 들리도록 기쁨으로 웃으면서 성전을 건축했습니다.

그런데 성전 건축에는 시험이 있었습니다. 성전 건축을 방해하는 무리들이 있었습니다. 그 시험을 이기지 못하고 페르시아 왕 다리오 2년에 이르기까지 성전 건축이 중단되었습니다. 무려 15년 동안이나 공사가 중단되었습니다. 다리오 왕은 '다리우스 히스타페스 1세'인데 고레스의 아들이 폭정을 행하다 죽자 당시의 현자들이 세운 왕이 다리오 왕입니다. 그만큼 지혜롭고 덕이 많은 왕이었습니다.

하나님께서 이때 학개 선지자에게 임하셔서 말씀을 주셨습니다. "너희가 축복 받지 못한 이유가 어디에 있는지 알라"는 말입니다. 하나님께서는 내가 불어버렸기 때문이라고 말씀하십니다. 이에 말씀을 들은 스룹바벨이 감동을 받고 회개하고 페르시아를 방문합니다. 다리오 왕을 만나 성전 건축에 대한 도움을 약속받고 돌아와 방해하였던 세력을 이기고 그동안 중단되었던 성전을 완공하게 됩니다. 스룹바벨 성전을 통하여 우리는 성전 건축에는 늘 사탄의 방해가 있다는 것을 깨닫게 됩니다. 그리고 스룹바벨과 같은 헌신적인 지도자가 있음을 알게 됩니다.

네 번째 성전은 헤롯 성전입니다.

성전 가운데 가장 크고 웅장한 것이 헤롯에 의하여 지어진 성전입니다. 헤롯은 유대인들의 환심을 사기 위하여 스룹바벨 성전 터 위에 지었습니다. 이 성전은 하나님을 예배하기 위하여 지은 성전이 아니라 사람의 욕심에 따라 지어진 성전입니다. 그리고 예수님의 예언대로 이 성전은 돌 위에 돌 하나 놓이지 아니하고 다 무너져 버렸습니다. 주후 70년 로마의 디도에 의하여 예루살렘이 파괴되었고 로마의 병사들은 예루살렘 성전의 돌에 입힌 금을 벗겨내고 금을 찾기 위해 돌들을 다 분해했습니다. '무너져도 어떻게 돌 위에 돌이 하나도 놓이지 않을 수 있느냐?' 생각했으나 예수님의 말씀대로 이루어졌습니다.

예수님은 공생애를 시작하시면서 먼저 이 헤롯 성전을 찾아가셨습니다. 성전에서는 제물로 드리는 짐승을 판매하고 성전 세겔을 교환해 주는 장사꾼들이 판을 치고 있었습니다. 성전을 관리하는 제사장들과 관원들은 자기 집에서 짐승을 가져오면 무조건 트집을 잡아 불합격 판정을 내렸습니다. 먼 길을 끌고 온 짐승을 어떻게 하겠습니까? 그것을 싼 값에 성전 장사꾼들에게 팔고 다시 다른 양을 비싼 값에 사는 것입니다. 성전과 결탁한 장사꾼들은 매입한 양을 더 비싼 값에 팔아 폭리를 취했습니다. 성전 입장세도 일반 화폐를 사용할 수 없게 했습니다. 일반 화폐는 예물로 드릴 수 없게 했습니다. 세속적인 것은 거룩하지 않다는 것입니다. 그래서 성전 화폐로 바꾸어주면서 폭리를 취했습니다.

이것을 보시면서 예수님은 "내 집은 만민이 기도하는 집이다. 너희가 강도의 굴혈로 만들었도다"라고 분노하셨습니다. 그리고 이들을 채찍으로 내어 쫓으셨습니다. 그러고 나서 주신 말씀이 "너희가 이 성전을 헐라 내가 사흘 동안에 일으키리라"(요 2:19)는 말씀입니다. 유대인들이 "이 성전은 46년 동안 지었는데, 네가 어떻게 사흘 만에 일으키겠느냐?"라고 했습니다. 요한복음은 예수님의 말씀을 해석하여 놓기를 "예수는 성전 된 자기 육체를 가리켜 말씀하신 것이라" 했습니다. 헤롯의 성전이 가장 화려하고 웅장했지만 불과 얼마 지나지 않아 무너져 버렸습니다.

성전은 보이는 성전과 보이지 않는 성전이 있습니다. 두 가지 성전이 잘 지어져야 합니다. 말하기를 좋아하는 사람들은 "눈에 보이는 성전이 중요한 것이 아니라 보이지 않는 성전이 중요하다. 성전 건축을 할 필요가 없다"라고 이야기하기도 합니다. 여러분, 그런 말에 미혹되면 안 됩니다. 이원론적인 것이 아닙니다. 눈에 보이는 성전이 사라지면 영적인 암흑기가 함께 오는 것을 알아야 합니다.

이슬람 지역의 교회가 파괴되었습니다. 그다음에 무슨 일이 일어납니까? 기독교인들이 핍박을 당합니다. 예수를 믿으면 집에 불을 지르고 가족 중에서 예수를 믿으면 가족들이 죽입니다. 눈에 보이는 성전에서 예배드릴 수 없으니 마음의 성전도 함께 고통을 당하게 되는 것입니다. 공산주의 국가에서도 교회가 파괴되었습니다. 새로운 교회를 건축하는 것을 인정하지 않습니다. 동남아의 국가 가운데 기독교에 대하여 덜 호전적이라고 알려진 태국을 방문했더니 십자가가 별로 없습니다. 그 이유를 선교사님께 물었더니 새롭게 건축하는 교회에는 법적으로 십자가를 달 수 없다는 것입니다. 타 종교권에서 신앙생활을 하는 일이 너무 고통스럽습니다.

교회가 잘 지어지는 나라가 복을 받은 나라입니다. 지금 우리나라에서 교회가 새롭게 지어지고 있는 곳이 거의 없습니다. 우리는 이것을 쉽게 보면 안 됩니다. 이 나라에 은혜의 해가 저물어가고 있는 것입니다. 그래도 깨닫지 못하면 그다음에는 시험과 환난이 다가옵니다. 술집이 늘어나고 유흥시설이 크게 지어지는 나라가 잘되는 나라로 생각하면 안 됩니다. 교회가 잘 지어지는 나라가 미래가 있는 나라입니다.

여러분, 눈에 보이는 교회를 사랑하셔야 합니다. 우리나라 초대교회 성도들은 교회를 사랑했습니다. 틈만 나면 교회에 모여 찬송을 부르고 소리 높여 기도했습니다. 아이들도 학교에 갔다 오면서 교회에 들러 기도하고 갔습니다. 눈에 보이는 성전을 사랑한 것입니다.

왜요? 마음의 성전이 아름다웠기 때문입니다. 눈에 보이는 성전과 보이지 않는 성전을 이원론적으로 분리시키는 것은 잘못된 것입니다.

청교도들의 신앙이 아름다운 것은 그들은 오랜 항해 끝에 아메리카 대륙에 도착했을 때 배에서 내려 농토를 먼저 개간하지 않았습니다. 땅을 보러 다니지 않았습니다. 자기들의 거할 안전한 집을 짓지 않았습니다. 그들은 하나님을 예배할 예배당을 제일 먼저 지었습니다. 마음의 성전이 아름다웠기 때문입니다.

이스라엘 백성이 광야생활을 할 때에 하나님께서는 성막을 제일 앞장세우셨습니다. 성막이 가는 길을 뒤따라가게 하셨습니다. 하나님의 전을 중심으로 살라는 것입니다. 우리는 눈에 보이는 성전을 건축하였습니다. 성전 건축은 세상적으로 그저 잘 짓는 것이 아닙니다. 하나하나 의미가 있어야 합니다. 1층에 방을 정하는 것도 그저 정하는 것이 아닙니다. 복음의 통로를 통하여 하나님을 알지 못하는 이웃들이 성전으로 올라가도록 기도하며 지었습니다.

우리가 전도를 해보면 잘 되지 않습니다. 한 영혼을 살리는 일은 눈물이 나는 일입니다. 때로는 수모를 당하고 그만두고 싶을 때도 있습니다. 그런데 교회가 잘 되면 저절로 전도가 더 잘 되는 것입니다. 우리 교회가 더 잘되어야 합니다. 이 교회에 들어오는 모든 성도들의 얼굴에 웃음이 가득해야 합니다. 세상에서 상처받고 지친 영혼들이 우리 교회에 와서 은혜를 받고 상처가 치유되고 복을 받아야 합니다.

이스라엘 역사를 보면 성전이 무너질 때에 백성들의 삶도 함께 무너졌음을 알 수 있습니다. 그리고 이들을 회복시킬 때에는 성전에서 예배드릴 수 있게 해주셨고, 영적 부흥을 새롭게 해주셨습니다. 오늘도 그렇습니다. 우리 개인은 모두 약합니다. 내 힘으로 사탄과 맞서 싸울 수 없습니다. 백전백패입니다. 그러나 하나님께서는 교회를 통하여 능력을 주십니다. 사탄을 이길 수 있는 믿음을 주십니다.

저도 때로는 힘이 들고 괴로울 때가 있습니다. 외로울 때도 있습니다. 그러나 말씀을 준비하면서 하나님께 지치고 힘든 성도들에게 위로의 말씀을, 능력의 말씀을 허락해 주시기를 기도합니다. 이 교회에 하나님의 말씀이 샘솟듯 솟아올라야만 우리 성도들이 살 수 있기 때문입니다. 세상이 여러분을 인도하는 것이 아닙니다. 직장이 여러분의 인생을 인도하는 것이 아닙니다. 여러분을 살리는 곳이 주의 전입니다. 그러므로 주의 전을 사랑하시기 바랍니다. 주의 전이 잘 되기를 기도하시기 바랍니다.

마귀가 하는 일이 무엇입니까? 마귀는 주의 전을 무너뜨리기 위하여 뛰어다닙니다. 마귀는 뱀눈을 하고 뱀의 혀같이 입을 놀리며 주의 전을 흔들려 합니다. 축복의 전인 주의 전을 어떻게 지킵니까? 예수님처럼 오직 말씀으로 지켜야 합니다. 말씀에 은혜 받지 못하면 주의 성전이 무너집니다. 말씀으로 은혜를 받고 감사와 찬송으로 주의 전을 지은 성도들은 이 전에 나올 때마다 다른 사람이 알 수 없는 감동이 있을 것입니다. 남모르는 헌신으로 주의 전을 지은 성도들은 예배드릴 때마다 감격의 비밀이 있을 것입니다. 여러분은 주의 전을 사랑하고 이 전을 통하여 대대로 축복을 누리는 성도들이 되시기를 바랍니다.

두 번째 성전은 보이지 않는 성전, 마음의 성전입니다. 하나님께서는 성전을 지을 때에 건축물로만 말씀하신 것이 아닙니다. 하나님의 방식대로 지어야 하고 정성을 다해 마음으로 지어야 함을 말씀하셨습니다. 예수님께서는 더럽고 타락한 성전을 책망하시고 성전을 정화하셨습니다. "내가 사흘 만에 성전을 다시 세우겠다" 하신 것은 사흘 만에 부활하실 것을 말씀하신 것이요, 예수님께서 성전 자체인 것을 말씀하셨습니다. 그러므로 우리가 주님을 우리 마음에 모시면 우리도 하나님을 모신 거룩한 성전이 됩니다. 오늘 말씀이 바로 그것입니다.

> "너희는 너희가 하나님의 성전인 것과 하나님의 성령이 너희 안에 계시는 것을 알지 못하느냐 누구든지 하나님의 성전을 더럽히면 하나님이 그 사람을 멸하시리라 하나님의 성전은 거룩하니 너희도 그러하니라"
> (고전 3:16-17).

여러분, 지금 여러분의 마음속에 주의 영이 거하시는 줄로 믿습니다. 그러므로 여러분이 보이지 않는 성전입니다. 하나님께서 성전을 지을 때에 명하신 원리가 바로 여러분의 보이지 않는 마음의 성전에도 함께 이루어져야 합니다. 주의 전을 지을 때에 기도로 지어나가는 우리 교회가 되기를 원합니다. 찬송하며 지어야 합니다. 헌신하는 마음으로, 감사하는 마음으로, 기쁜 마음으로 지어야 합니다. 순결한 마음으로 사모하며 지어야 합니다. 주의 성전을 더럽히면 그 사람을 멸하리라 하셨는데, 어떤 사람이 더럽히는 사람입니까? 성령님이 떠나시게 하는 사람입니다.

오늘 성경은 이 말씀에 이어서 "자신을 속이지 말라"고 하십니다. 하나님께서 여러분에게 감동을 주실 때에 무시하면 안 됩니다. "하나님, 저는 어리석은 자입니다. 죄인입니다. 잠시도 제 힘만으로는 살 수 없습니다" 하고 엎드릴 때에 성령님은 여러분의 마음에 감동을 주십니다. 그 음성을 들으시기 바랍니다. 예배드릴 때에 말씀을 통하여 여러분의 인생의 길을 알려주십니다. 그 음성을 잘 들으시기 바랍니다. 그것이 속지 않는 길입니다.

마귀는 '속이는 자'라 했습니다. '너는 지혜 있다'고 속삭이는 마귀의 음성에 속지 않아야 합니다. 오늘 말씀에 "너희는 스스로 어리석은 자가 되면 지혜로운 자가 될 것이라" 했습니다. 속이는 사람은 '자신을 지혜 있다고 여기는 자'라 했습니다. 하나님은 이러한 사람들로 하여금 자기 꾀에 빠지게 하겠고 사람의 지혜를 헛것으로 아신다고 했습니다. 이 말씀은 주의 성전을 지어가는 원리를 말씀하시는 것입니다.

내 마음에 성전을 지어가려면 하나님 앞에 미련한 것이 좋습니다. 우리나라 초대교회의 성도들은 성전 건축을 할 때에 바보같이 미련하게 성전을 지었습니다. 잘못 지었다는 이야기가 아닙니다. 주님을 위하여 세상 사람들이 이해하지 못하는 헌신을 했다는 말입니다. 그 성도들의 헌신이 오늘의 한국교회를 세우고 대한민국을 세웠습니다. 여러분, 예수 믿는 것은 미련하게 믿는 사람이 승리합니다. 바보같이 믿는 사람이 더 큰 은혜를 받습니다. 손해 보는 사람이 더 많은 것을 얻습니다. 낮은 자리로 가는 사람이 상석에 올라가게 됩니다.

저는 가장 어렵고 힘든 자리는 제가 가장 신뢰하는 사람을 보냅니다. '이분이면 그리스도의 모습으로 섬기겠구나!' 하고 보냅니다. 어려운 자리에서 일하는 분들은 낮아져야 하기 때문입니다. 그 자리가 미련하게 일해야 하는 자리요, 바보같이 일해야 하는 자리입니다. 축복받는 사람은 그러한 곳에서 일을 하면서 더 낮아져서 내 육적인 뿌리를 잘라내고 참 포도나무의 열매를 맺게 되는 것입니다. 그래서 하나님께서 사랑하시고 더욱 크게 쓰시는 인물들이 되는 것입니다.

우리 교회가 함께 지켜야 할 목표 중 하나가 "내 마음에 성전을 함께 지어가겠습니다"입니다. 우리는 눈에 보이는 성전 건축을 하였습니다. 이제는 내 마음속에 보이지 않는 성전 건축을 아름답게 지어야 합니다. 더러운 것들, 하나님을 기쁘시게 하지 못하는 냄새나는 것들을 함께 정화하는 시간들이 되기를 바랍니다. 내 심령의 쓴 뿌리들을 뽑아내는 시간들이 됩시다.

성전은 하나님과 만나는 거룩한 자리입니다. 하나님의 은혜와 복이 임하는 자리입니다. 그러한 복된 자리를 여러분의 마음에 주셨습니다. 이 성전을 깨끗하고 거룩하게 지어 나갑시다. 여러분, 성전 안에 있으면 안전합니다. 성전은 은혜가 임하는 곳입니다. 하나님의 약속이 있는 곳입니다. 대를 이어 축복을 누리는 곳입니다. 성전을 통해 여러분이 영원한 성전이 있는 곳 천국까지 이르게 됩니다. 올 한 해 눈에 보이는 성전을 바라보며 하나님께 영광을 돌리고, 함께 보이지 않는 성전도 정결하게 건축되는 복된 한 해가 되기를 바랍니다.

📝 적용

ⓐ 오늘 말씀의 주제 파악하기

_____

_____

ⓑ 오늘 말씀 중 은혜 받은 부분 나누기

_____

_____

ⓒ 삶에 구체적으로 적용하기

_____

_____

🙌 함께 드리는 기도제목

1. 주의 전을 사랑하고 이 전을 통하여 대대로 축복을 누리게 하옵소서.
2. 마음의 성전을 하나님의 방식대로 짓고, 정성을 다해 짓게 하옵소서.
3. 보이지 않는 성전도 정결하게 건축되게 하옵소서.

복 받는 길로 갑시다

- **본 문:** 신명기 4장 39-40절(구 269쪽)
- **찬 송:** 325장(예수가 함께 계시니, 통 359장)
- **요 절:** "오늘 내가 네게 명령하는 여호와의 규례와 명령을 지키라 너와 네 후손이 복을 받아 네 하나님 여호와께서 네게 주시는 땅에서 한없이 오래 살리라"(신 4:40).

　성경을 보면 길에 대한 말씀을 많이 주셨습니다. '여호와의 길', '진리의 길', '정직한 길', '의인의 길', '맹인의 길', '야곱의 길', '형통한 길', '발람의 길', '악한 길', '택할 길', '바른 길' 등 수백 회 이상 길에 대한 말씀이 기록되어 있습니다. 예수님께서도 '내가 곧 길'이라고 말씀하셨습니다. 여기서 길은 도로를 말하는 것이 아닙니다. 우리 인생이 걸어가는 삶의 내용을 말씀하는 것입니다. 성경이 말하는 길은 많아도 도착지는 두 가지 길입니다. 하나는 생명이요, 다른 하나는 멸망입니다.

　고속도로에 두 차량이 달리고 있습니다. 길가에는 꽃이 만발해 있고 한편에는 아름다운 바닷가의 풍경이 있습니다. 그런데 한 차량은 신혼여행을 떠나는 신랑신부가 탄 차량이요 다른 하나의 차량은 감옥에 들어가는 죄수가 탄 차량입니다. 같은 길을 달려도 목적지가 너무나 다릅니다. 이것은 신랑신부와 죄수의 이야기가 아니라 우리 모두의 이야기입니다.

우리는 지금 인생의 길을 달려가고 있습니다. 지금 내가 가고 있는 길이 남들 보기에 잘되고, 물질적으로 부족함이 없으며, 문제가 없어 보여도 마지막에 도착하는 곳이 중요합니다. 우리는 누구나 축복의 길을 걸어가고 싶고 행복한 길을 걸어가고 싶어 합니다. 사업이 잘되는 길, 건강한 길, 존경받는 길을 걸어가고 싶어 합니다. 그 길을 누가 알려주는 것입니까? 세상에는 정답이 없습니다. 위로 하늘에나 아래로 땅에 이 길을 인도하시는 분은 여호와 하나님 외에는 없습니다. 오늘 성경은 이것을 알라고 말합니다.
　탕자는 자기 생각으로 행복의 길을 찾아보려고 했습니다. 돈이 있으면 된다고 생각했습니다. 자기 생각이 신이었고 돈이 신이었습니다. 그래서 아버지 유산을 받아 처분하고 그 돈을 들고 다른 도시로 갔습니다. 그곳에서 인기가 있었습니다. 많은 친구들이 있었습니다. 그러나 그들이 좋아한 것은 탕자가 가지고 있는 돈이었지 탕자 자신이 아니었습니다. 탕자에게 돈이 떨어지자마자 이들은 모두 떠나버렸습니다. 사람들이 이리저리 다 피해버렸습니다. 그래서 돼지가 먹는 쥐엄열매로 허기를 채우려 하나 주는 자가 없었습니다. 탕자가 아버지 품에 있으면 모든 것이 아들의 것인데 자신이 은혜 받은 자인 것을 몰랐습니다. 성도는 은혜의 길을 벗어나면 안 됩니다.

　은혜를 귀하게 여길 줄 알아야 합니다. 은혜의 길을 벗어나면 그다음에는 마귀가 내게 다가온다는 것을 알아야 합니다. 지금 아버지 하나님께서 우리를 지켜주시니 내가 자녀로 힘 있게 살고 있다는 것을 잊지 않아야 합니다.
　바로크를 대표하는 페테르 파울 루벤스라는 화가가 있습니다. 그는 놀랍게도 1617년에 한복 입은 조선시대의 한국인을 그렸는데, 이 그림이 미국의 폴 게티 미술관에 소장되어 있습니다. 루벤스는 성화를 많이 그렸는데 루벤스의 그림을 보면서 '사자를 죽이는 삼손'과 '삼손과 들릴라'라는 그림이 서로 교차가 되었습니다. 사자를 죽이는 삼손은 삼손의 강한 팔로 큰 사자의 입을 찢고 발로 사자를 밟고 있는 그림입니다.

그런데 '삼손과 들릴라'라는 그림을 보면 하나님의 사람으로 은혜를 입은 삼손이 한 여인의 품에 잠들어 있습니다. 삼손은 머리털을 잘라서는 안 되는 나실인이었는데 지금 잠들어 있는 삼손의 머리털을 가위로 자르고 있습니다. 밖에서는 병사들이 엿보고 있습니다. 이 사건 이후로 삼손은 힘을 잃게 되고 두 눈을 빼앗기고 연자 맷돌을 돌리는 나귀의 역할을 하는 비참한 신세가 되고 맙니다. 삼손은 사자의 입을 찢는 힘을 받았지만 정욕에 어두워 그만 비참한 인생의 길을 걸어갔습니다.

삼손은 하나님께서 주신 특별한 힘으로 이스라엘 백성을 보호하고 인도하는 사사의 역할을 받았는데, 그 길을 걸어가지 못하고 이방 여인 들릴라에 빠져 실패의 길을 걸어갔습니다. 이 대조되는 두 개의 그림은 '삼손은 그렇게 큰 은혜를 입은 사람이었는데 왜 그 길을 걸어갔을까?'라는 안타까운 마음을 갖게 합니다.

우리가 가진 것이 내 것이라고 생각하면 착각입니다. 내 자녀는 내 소유가 아닙니다. 언제든지 다 떠나갑니다. 내 남편, 내 아내는 내 것입니까? 어느 한순간에 떠나갈 수 있습니다. 내 물질, 내 지식 등 다 내 것이 아닙니다. 하나님께서 거두어가시면 내 것이 하나도 없습니다. 그러므로 우리는 하나님께서 인도하시는 길을 벗어나지 않고 걸어갈 때에 내게 주신 축복을 누리며 살아갈 수가 있습니다. 여러분, 하나님 말씀 안에서 여러분의 인생의 길을 걸어가시기 바랍니다.

인생의 문제는 점점 더 많아지고 복잡한 시대를 살아가고 있습니다. 엊그제 노회의 목사님 장로님들과 만나 대화하며 한국교회에 대한 걱정을 함께 했습니다. 한국교회는 이미 길을 잃어버렸습니다. 이단들이 이렇게 활개를 치는 것은 교회가 길을 잃어버렸기 때문입니다. 교회가 건강하면 이단들이 일어나지 못합니다.

한국의 초대교회 목사님들은 굶으면서 목회를 했습니다. 목회자의 길을 간다는 것은 고생하러 가는 길이었습니다. 구령의 열정에 불타는 마음이 없으면 신학교에 갈 수가 없었습니다. 내 속에서 불이 타올라 견딜 수 없으므로 목회자의 길을 걸었습니다. 그러니 보통 마음으로는 신학교에 갈 수가 없었습니다. 그런 목사님들이 목회할 때 한국교회가 영적으로 뜨거워졌습니다. 그래서 이런 목사님의 설교를 들으며 한국교회를 살리겠다고 수많은 젊은이들이 목회자의 길을 지원했습니다. 그 결과 신학교 들어가기가 고시 통과하는 것처럼 어려운 시대도 있었습니다. 신학교 앞에 고시학원도 생기고 다섯 번, 여섯 번 재수하다가 미국으로 유학을 가는 사람들도 있었습니다.

그런데 지금은 또 다시 신학교에 가는 사람들이 줄어들고 있습니다. 그것은 옛날처럼 배고파서가 아니라 한국교회를 향한 영적인 뜨거움이 사라졌기 때문입니다. 이것은 미래 한국교회의 분명하게 다가오는 위기입니다. 영적인 기근이 다가오고 있습니다. 우리 젊은이들이 신학교도 가야 합니다. 심령이 뜨거워져 견딜 수가 없어서 신학교에 가는 젊은이들이 우리 교회에도 많이 나올 수 있기를 바랍니다. 한국교회가 부흥하면서 교만하여 교리 가지고 수없이 싸웠습니다. 교단이 갈라졌습니다. 빌딩 하나에 간판을 건 교단들도 수없이 생겨났습니다. 지금 이것을 통제할 방법이 없습니다. 그러니 문제가 계속됩니다. 우리가 씨앗을 뿌린 대로 우리가 거두고 있습니다. 그러니 회개밖에는 해결방법이 없습니다.

호세아 선지자는 심판이 임박한 북이스라엘 백성을 향하여 30년 동안이나 회개하라고 하나님의 말씀을 외쳤습니다. 호세아 선지자는 이스라엘의 제사장들에게, 왕족들에게, 이스라엘의 모든 족속들에게 심판이 있을 것임을 선포했습니다. 그들의 행위가 하나님께로 돌아가지 못하게 하니 이것은 여호와를 알지 못하는 까닭이라고 했습니다. 그래서 "오라, 우리가 여호와께로 돌아가자"라고 외쳤습니다.

여러분, 하나님이 어떤 분이신지를 알지 못하면 하나님께로 돌아가지 못합니다. 하나님은 우리 인생의 주인이 되십니다. 하나님께로 돌아가기만 하면 우리 인생을 은혜로 가득 차게 해주십니다. 매 주일 은혜로 채워주십니다. 하나님 아버지의 은혜를 알지 못하고 떠나는 것이 가장 큰 죄입니다. 하나님 아버지를 떠나서는 어떠한 성공도 헛것입니다. 하나님을 떠나서는 어떤 인생의 문제 해결도 있을 수가 없습니다. 우리가 인생에 성공하고 축복을 받으려면 하나님의 도우심이 있어야 합니다. 하나님이 이기게 해주셔야 그것이 진짜 성공입니다.

성도들을 보면 여러 종류가 있습니다.

첫째, 잘되고 성공하면 그것 때문에 더욱 감사하고 겸손해지는 사람이 있습니다. 하나님의 은혜임을 깨달았습니다. 우리 교회에도 빈손으로 시작하여 큰 성공을 이룬 이후에 "제 평생에 매달 이런 선교 헌금을 드리고 이런 일을 하겠습니다. 목사님 축복해 주십시오" 하고 간증하신 분이 있습니다. 이분을 보면 얼마나 감사한지 모릅니다. 그저 보기만 해도 감사합니다.

둘째, 잘되고 성공한 이후에 교만해지는 사람들이 있습니다.

셋째, 실패하고 난 다음에 더 감사하고 겸손해지는 사람들이 있습니다. 세상 사람들 같으면 실패하고 난 다음에 더 낙심하고 부정적인 마음을 갖겠지만 하나님의 자녀들은 그렇지 않습니다. 우리 교회에도 큰 실패 후에 제가 볼 때에 믿음의 진보가 이루어진 분들이 많이 있습니다. 너무나 겸손해지고 말씀을 들을 때에 보면 눈이 초롱초롱합니다. 저를 보면 눈물이 글썽글썽합니다. 하나님의 은혜가 감사하다고 합니다. 하나님은 이런 분들에게 놀랍게도 다 기적의 은총을 베풀어 주셨습니다.

넷째, 실패하고 난 다음에 더 심령이 꼬부라지는 사람이 있습니다.

우리는 성공한 후에 첫 번째와 같은 사람, 실패한 후에도 세 번째 같은 사람이 되어야 합니다. 그러면 하나님은 이길 길을 허락해 주십니다. 우리가 가는 길에 원수마귀를 묶어주셔서 시험 들 길을 피하게 해주십니다. 우리의 삶을 계속해서 복된 길로 이끌어주십니다. 우리 하나님에 대해 말씀을 통해 잘 아는 여러분이 되시기 바랍니다. 여러분이 교회에 나오는 이유는 하나님을 알고 그 하나님의 말씀에 순종하여 말씀의 길로 가기 위함입니다. 내가 무엇을 하러 나오는 줄로 착각하면 안 됩니다. 하나님의 은혜를 깨달은 사람은 봉사하면서도 감사합니다. 나 같은 죄인이 용서함 받고 주의 일을 할 수 있는 것만 생각해도 감사한 것뿐입니다. 그런데 내가 무슨 일을 한다고 생각하는 사람은 불평이 나옵니다. 자기 자신이 한다고 생각하기 때문입니다.

오늘 말씀에 "위로 하늘에나 아래로 땅에 오직 여호와는 하나님이시요 다른 신이 없는 줄을 알아 명심하고"라고 했습니다. 우리의 인생을 인도하시는 분이 하나님입니다. 우리 교회를 이끌어 주시는 분도 하나님입니다. 이 사실을 알아 명심하시기 바랍니다. 성경에 기록된 하나님의 규례와 명령대로 살아가시기 바랍니다. 오늘의 시대는 자기 소견에 옳은 대로 살아갑니다. 신앙생활도 내가 최고라고 생각하고 내 생각대로 하려고 합니다. 우리 하나님이 최고여야 합니다.

우리 대한민국이 지금 잘 살고 있는 것 같지만 사실은 위기입니다. 대한민국이 정치문제로 나뉘어 서로 증오하고 있습니다. 윤리와 도덕이 사라지고 자녀들의 가치관이 물질 중심이 되었습니다. 아이들의 마음속에 애국심이 사라져 버렸습니다. 전쟁이 나면 나가서 싸우겠다는 청소년이 중국은 41.1%인데 우리나라는 10.2%였습니다. 이러한 때에 우리는 하나님께 돌아가야 합니다. 한국교회가 부흥할 때처럼 교회에 모여 하나님의 말씀을 듣고 순종하며 하나님께 부르짖어야 합니다.

교회는 우리를 다시 살리는 곳입니다. 교회는 내가 정결하게 씻기고 내가 은혜 받는 곳입니다. 우리의 죄를 자기 스스로 씻을 수 있는 사람은 이 세상에 한 사람도 없습니다. 하나님께 겸손하게 나아와 엎드리는 자만이 씻음을 받을 수 있습니다. 교회는 만민이 기도하는 집입니다. 교회는 기도로 이끌어 가는 곳입니다. 하나님의 주권을 인정하고 하나님께서 교회를 이끌어 나가시는 것을 인정하는 곳이 교회입니다. 여러분, 한국교회를 위하여 기도 많이 하셔야 합니다. 우리의 죄를 통회하고 자복하고 부르짖어야 합니다. 그것이 성경이 가르쳐주는 회복의 방법입니다.

말씀으로 사는 사람과 생각으로 사는 사람은 그 길이 점점 달라집니다. 출발은 미미합니다. 별로 달라 보이지 않습니다. 그런데 조금씩, 조금씩 앞으로 가면 점점 그 간격이 벌어져 나중에는 전혀 다른 길로 가게 됩니다. 제가 군 시절 초기에 '사격지휘병'이란 것을 했는데, 이것은 대포를 쏘는 것을 계산하는 역할입니다. 바람과 습도와 밀도 여러 가지를 계산에 넣고 어느 방향, 어느 각도로 사격하라고 명령을 내립니다. 그런데 1밀리를 잘못 계산하면 나중에 10여 킬로미터를 날아가면 전혀 엉뚱한 방향이 되고 맙니다. 그래서 적군의 앞에 있는 아군의 머리에 포탄이 떨어집니다. 여러분, 말씀으로 사는 사람과 그렇지 않는 사람은 마지막에 이렇게 달라집니다.

우리 교회는 오직 하나님이 여러분과 우리 교회와 세상을 주관하시는 줄로 믿고 하나님만 믿고 말씀의 길로 걸어가기를 바랍니다. 그러면 우리에게 복을 약속해 주십니다. "너와 네 후손이 복을 받아 네 하나님 여호와께서 네게 주시는 땅에서 한없이 오래 살리라" 하셨습니다. 여러분이 복을 받습니다. 우리 인생은 하나님께서 주신 이 땅의 삶을 사는 동안 잘되어야 합니다.

요한삼서 1장 2절에 "사랑하는 자여 네 영혼이 잘됨같이 네가 범사에 잘되고 강건하기를 내가 간구하노라"라고 말하십니다. 복을 받은 사람은 "네 영혼이 잘됨같이" 영혼이 복을 받습니다. 주일날이 기다려지고 하루하루가 감사한 나날입니다. 말씀을 들으면 아멘이 나오고 은혜의 비가 내립니다. 마귀 역사가 물러가니 늘 천사의 찬양이 나옵니다.

그다음에 "범사에 잘되고"라고 했습니다. 하나님께서 하는 일마다 형통한 길로 인도해 주십니다. 물질적으로 풍성하고 하나님께서 지혜를 주셔서 늘 복된 길로 가게 됩니다. 내 주변에 속 썩이는 사람들이 떠나가고 행복한 사람, 긍정적인 사람, 축복의 사람들이 몰려옵니다. 행복은 나 혼자 노력한다고 되는 것이 아닙니다.

어느 할아버지와 손자의 이야기입니다. 할아버지가 "얘, 저기 너네 담임 선생님 오신다. 빨리 숨어라. 너 오늘 학교 땡땡이쳤다며?"라고 하자 손자가 급하게 "아니요, 할아버지가 빨리 숨으세요"라고 말합니다. "아니 왜?" "저 선생님께 할아버지가 돌아가셨다고 했거든요."

이 유머를 읽으며 '참 행복한 할아버지와 손자다' 하는 마음이 들었습니다. 손자에게 도망가라고 하는 할아버지나, 할아버지가 돌아가셨다고 했으니 할아버지가 피하라고 하는 손자나 둘의 관계는 행복한 관계입니다. 우리 주변에 서로에게 실수를 하더라도 이렇게 편한 사람들만 있다면 얼마나 행복하겠습니까? 감사함으로 말이나 일이나 범사에 잘되는 복을 받으시기 바랍니다.

그다음에 "강건하기를" 그랬습니다. 나이가 들어가면 제일 큰 관심사가 건강입니다. 오늘 말씀에도 "네 하나님 여호와께서 네게 주시는 땅에서 한없이 오래 살리라"라고 하였습니다. 오래 산다고 좋은 것이 아닙니다. 건강하게 살다가 좋은 일만 보다가 하나님 품으로 걸어가는 것이 복된 삶입니다. 여러분에게 이 세 가지 축복이 임하기를 바랍니다.

여기에 네 번째 복이 있습니다. "네 후손이"라고 했습니다. 아버지보다 자녀가 잘되는 것이 복입니다. 후손이 건강하고 지혜롭게 자라는 것이 복입니다. 잘 되어서 이 땅에서 우뚝 서는 것이 복입니다. 자녀가 부모님의 자랑과 기쁨이 되는 것이 복입니다. 그래서 성경 곳곳에는 수없이 자녀의 복을 말씀하였습니다. 부모의 믿음생활에 따라 자녀가 복을 받는다는 말씀입니다. 저는 복을 많이 받은 목회자입니다. 우리 교회는 귀한 분들이 많습니다. 그저 믿음으로 순종으로 말씀을 따라오시는 분들이 많습니다. 그래서 성도들을 만나면 행복합니다. 손을 흔들면 행복합니다. 여러분도 저를 만나면 행복하다고 손을 흔들어주시기 바랍니다.

하나님께서는 우리 교회에 한국교회를 다시 살리는 꿈을 주셨습니다. 한국교회를 다시 살리는 선교와 교육을 향한 프로젝트를 시작할 것입니다. 이런 교회를 만난 것이 얼마나 큰 복인지 모릅니다.

그런데 왜 제가 이런 복을 받았습니까? 주변의 목사님들이 부모님 때문에 하나님께서 복을 주셨다고 이야기합니다. 맞는 말입니다. 부모님이 못 먹고, 못 입으면서 오직 복음을 위해 평생을 사시니 그 자녀 대에 이렇게 복을 받았습니다. 어머니는 목회의 길로 들어선 후 십여 년 만에 처음으로 얼굴에 바르는 로션을 써보셨다고 했습니다. 교인들이 생선을 가져다주면 여름에 냉장고가 없으니 쉽게 상해 버립니다. 그러면 "교인들이 준 것은 하나님께서 주신 것이니 버릴 수 없다" 하여 태워서 가루로 마셨습니다. 그렇게 헌신한 복을 자식 대에 받고 있습니다.

여러분, 하나님의 규례와 명령을 지켜 말씀대로 순종하며 사십시오. 말씀이 최고가 되어야 합니다. 말씀이 가르치는 대로 살리라 다짐하고 오늘 약속하신 복을 받는 길로 걸어가는 성도들이 됩시다.

📝 적용

ⓐ 오늘 말씀의 주제 파악하기

ⓑ 오늘 말씀 중 은혜 받은 부분 나누기

ⓒ 삶에 구체적으로 적용하기

🙌 함께 드리는 기도제목

1. 하나님 말씀 안에서 우리의 인생 길을 걸어가게 하옵소서.
2. 하나님의 말씀을 듣고 순종하며 하나님께 부르짖으며 살아가게 하옵소서.
3. 말씀이 가르치는 대로 살아 오늘 약속하신 복을 받는 길로 가게 하옵소서.

7

영적인 잠

- 본 문: 사도행전 20장 7-12절(신 223쪽)
- 찬 송: 284장(오랫동안 모든 죄 가운데 빠져, 통 206장)
- 요 절: "유두고라 하는 청년이 창에 걸터앉아 있다가 깊이 졸더니 바울이 강론하기를 더 오래 하매 졸음을 이기지 못하여 삼층에서 떨어지거늘 일으켜 보니 죽었는지라"(행 20:9).

사도행전 20장은 "소요가 그치매"라는 말씀으로 시작합니다. 사도 바울이 에베소 교회에서 복음을 전할 때에 유대인들은 바울을 죽이려 소요를 일으켰습니다. 그래서 바울은 에베소를 떠나 마게도냐와 헬라를 지나 드로아에 와서 주일날 예배를 드릴 때에 일어난 사건이 오늘 읽은 말씀 속에 나옵니다. 유두고라 하는 청년이 창에 걸터앉아 졸다가 떨어져 죽었던 사건입니다.

예배시간에 조시는 분들이 있고 주무시는 분들이 있습니다. 6일 동안 열심히 일하다가 지쳐서 피곤한 분들도 있을 것입니다. 주의 전이 얼마나 평안하면 잠이 오겠습니까? 집에서 주무시는 것보다는 교회에서 주무시는 것이 더 좋습니다. 걱정과 근심이 있으면 잠도 잘 오지 않습니다. 그러나 예배드리며 졸지 않으면 훨씬 더 좋습니다.

우리 교회는 감사하게도 예배시간에 조는 분들이 거의 없습니다. 제가 살펴보니 천 명에 두세 분입니다. 여러분은 조는 것으로 천 명

중에 1, 2, 3등 하지 마시기 바랍니다. 조는 분들을 보면 특징이 있습니다. 평소에 한두 번 졸기 시작하면 그때 정신을 바짝 차려야 하는데, 조는 것이 습관이 되는 분들이 있습니다. 그러면 제 마음속에 걱정이 됩니다. '저분이 졸기 시작하면 이제 습관이 되고, 그러면 앞으로 시험 들게 되는데…' 하고 기도하게 됩니다. 졸지 않던 분이 졸면 그다음에는 시험이 반드시 옵니다. 그래서 '언젠가 유두고의 이야기를 전해야 되겠다' 생각을 했는데 계속 미루다가 오늘 처음으로 졸지 말라는 말씀을 전하게 됩니다.

세상에서 제일 무거운 것이 눈꺼풀이라고 합니다. 눈꺼풀이 내려오기 시작하면 천근만근 무겁습니다. 눈꺼풀이 내려오기 시작하면 씨름선수도 역도선수도 눈꺼풀을 들어 올리지 못합니다. 저도 피곤할 때 운전을 하면 졸리는 것을 참지 못합니다. 꼬집어보고 때려보고 해도 소용이 없습니다. 일반도로라면 어디 주차장에라도 대고 잠을 잘 텐데 올림픽대로같이 주차할 곳이 없는 곳에서 막히기 시작하면 방법이 없습니다. 운전 중에 조는 것은 불과 몇 초입니다. 그 몇 초가 모두의 불행이 될 수가 있습니다. 그래서 기를 쓰고 졸지 않으려고 합니다.

오늘은 졸지 마시라고 퀴즈 하나 내겠습니다. 우리나라에서 잠이 가장 많은 연예인은 누구입니까? '이미자'입니다. 잠은 건강한 삶을 위하여 반드시 필요합니다. 성경은 "여호와께서 그의 사랑하시는 자에게는 잠을 주시는도다"(시 127:2)라고 했습니다. 그러나 예배시간에 잠드는 것은 단순한 잠에서 끝나지 않기 때문에 심각한 문제가 있습니다. 육체의 잠이 영적인 잠으로 연결되기 때문입니다. 오늘 부른 찬송에서도 "죄의 깊은 잠과 뜬세상의 꿈을 어서 깨어나라 나의 친구여 은혜 받은 날과 구원 얻을 때가 지금 온 세상에 선포되었네"(284장)라고 찬송합니다.

예배시간은 죄의 잠에서 깨어나는 시간입니다. 세상의 헛된 꿈에서 깨어나는 시간입니다. 언제라고 했습니까? "지금 온 세상에 선포되었네"라고 했습니다. 바로 '지금'입니다. 지금 깨어있어야 합니다. 세상에 가장 귀한 금이 세 가지가 있다고 했습니다. 소금, 황금, 그리고 지금입니다. 여러분은 예배시간마다 지금 깨어있어 구원의 은혜를 놓치지 않는 성도들이 되시기 바랍니다.

"그 주간의 첫날에 떡을 떼려 하여 모였다"고 했는데 이것은 주일날 성찬예식을 행하며 예배드리기 위하여 모였다는 말입니다. 초대교회에서는 주님의 날에 예배를 드렸습니다. 바울은 이튿날 드로아를 떠나야 하기 때문에 밤중까지 설교를 했습니다. 그런데 "유두고라 하는 청년이 창에 걸터앉아 있다가 깊이 졸더니"라고 했습니다. 바울은 글에는 능하나 말에는 졸하다는 비판을 들었습니다. 바울 사도 스스로 "내가 비록 말에는 부족하나 지식에는 그렇지 아니하니"(고후 11:6)라고도 했습니다. 그러니까 설교를 하는데 말을 잘 못하면 듣는 사람들이 지루했을 것입니다. 사도 바울은 온 몸과 마음을 바쳐 주님을 사랑한 사도였습니다. 유대인들에게 돌에 맞으면서도 깨어나면 다시 일어나 복음을 전한 사도였습니다. 그런 사도 바울도 말은 잘 못했답니다. 그래서 졸았을지도 모릅니다.

유두고가 졸다가 떨어져 죽은 것은 사도 바울의 문제가 아니라 유두고의 문제였습니다. 유두고를 보세요. 유두고가 어디에 앉아 있습니까? 삼층의 창에 걸터앉아 있었습니다. 중동의 더운 날씨에 좁은 집안에 사람들이 많이 앉아 있으니 그 열기가 얼마나 뜨거웠겠습니까? 더워도 나는 은혜 받겠다는 사람들은 사도 바울의 발 앞에 앉았습니다. 그런데 유두고는 날씨도 더우니 바람이 불어오는 삼층의 창가에 걸터앉았습니다. 참 시원했을 것입니다. '내가 자리를 잘

잡았다고 생각했을지도 모릅니다. 노인들 같으면 그런 자리가 있어도 걸터앉지 않았을 것입니다. 그러나 청년 유두고는 자신이 있었습니다. 얼마든지 균형을 잡고 앉아있을 수 있다고 생각했습니다. 그런데 그 자리는 위험한 자리였습니다. 떨어지면 죽는 자리였습니다.

1. 유두고의 첫 번째 문제는 자리를 잘못 잡았습니다.

우리가 신앙생활을 하는 데에 있어서 어디에 있느냐가 중요합니다. 시험들 자리에 있으면 그 자리를 빨리 벗어나야 합니다. 그 자리에 계속 있으면서 나는 시험에 안 들겠다고 하는 것은 어리석은 생각입니다. 이 세상에 시험이 없는 사람은 없습니다. 그러나 시험들 자리에 계속 앉아있는 사람이 있고 시험들 자리를 벗어나는 사람이 있습니다. 예수님께서도 "시험에 들게 마옵시고"라고 매일 기도하라 가르쳐 주셨습니다. 그러므로 우리는 매일 "하나님 도와주세요, 시험에 들지 않게 도와주세요. 저의 연약함을 도와주세요" 하고 기도해야 합니다. 시험은 내 힘으로 이길 수 없기 때문입니다.

성경에는 자리를 잘못 잡고 잠이 들어 실패한 사람들의 이야기가 나옵니다. 삼손은 이방 여인 들릴라의 무릎에서 잠이 들었습니다. 이것은 육체적인 잠뿐만 아니라 영적으로도 잠이 들었다는 것을 말합니다. 그 결과 하나님의 은혜에서 벗어난 자가 되고 말았습니다. 머리카락이 잘리고 하나님의 은혜가 떠나자 불행한 인간이 되었습니다. 두 눈이 뽑히고 연자 맷돌을 갈다가 마지막에 다곤 신전을 무너뜨리며 블레셋 사람들과 함께 자살을 했습니다.

요나도 니느웨로 가서 하나님의 말씀을 전하라는 선지자로 부르심을 받았는데 다시스로 갔습니다. 다시스로 가는 동안 풍랑이 일어 모두 죽게 되었는데 요나는 배 밑창에서 잠이 들었습니다. 지금 하나님의 사인을 보지 못하고 영적인 잠에 빠졌습니다.

베드로도 예수님께서 나와 함께 기도하자고 부탁하셨음에도 불구하고 잠이 들었습니다. 그래서 로마 병사들이 올 때에 시험에 들어 예수님을 버려둔 채 정신없이 도망가고 말았습니다.

유두고가 앉은 자리는 바람이 살랑살랑 불어오는 자리였습니다. 말씀도 지루한 데다가 바람이 불어오니 졸음이 몰려왔을 것입니다. 사람은 너무 힘들면 잠도 오지 않습니다. 오히려 사람들이 빼빼하게 모여 있는 앞자리에서 한 말씀도 놓치지 않기 위해 정신을 집중하였더라면 졸음이 올 수가 없습니다. 주님의 일에 너무 바쁜 사람은 내 힘으로 다 감당할 수 없어 늘 주님의 도우심을 구할 수밖에 없습니다. 이런 사람에게는 시험을 물리칠 능력을 주십니다. 곡식이 밭에서 자랄 때에 저절로 자라는 것이 아닙니다. 병충해가 찾아옵니다. 가뭄도 찾아옵니다. 잡초들이 옆에 다가와서 곡식의 영양분을 빼앗아 먹습니다. 잡초는 식성이 좋아서 남의 밥까지 다 뺏어먹습니다. 그런데 곡식이 어떻게 열매를 맺습니까? 농부가 가꿔주기 때문입니다.

예수 믿는 사람도 인생에 바람이 불고 시험이 오지만 그렇다고 그 시험 때문에 축복받지 못하는 것은 아닙니다. 우리 주님께서 나를 지켜주시기 때문입니다. 주님께서는 "네가 내 안에 거하면 나도 네 안에 있다"라고 말씀하셨습니다. 인생에 어떤 문제가 있어도 우리가 주님 안에 자리 잡으면 우리 주님께서 보호해 주십니다. 그러므로 우리는 시험들 자리를 떠나서 주님이 계신 곳으로 자꾸 나아가야 합니다.

여러분, 지금 있는 자리가 믿음의 자리입니까? 축복받을 자리입니까? 유두고와 같이 창문에 걸터앉아 있다면 일어나시기 바랍니다. 그리고 주님 옆으로 자리를 옮기시기 바랍니다.

2. 유두고의 두 번째 문제는 예배드리는 자세가 잘못되었습니다.

말씀을 들으며 졸았습니다. 운전할 때는 안 졸다가 예배시간만 되면 조는 것은 예배를 귀중하게 여기지 않기 때문입니다. 운전하다가 졸면 육체적으로 손해를 보고 죽기까지 합니다. 그렇습니다. 예배시간에 졸면 영적으로 손해를 보고, 죽기까지 합니다. 우리 교회 어떤 장로님은 예배시간에 졸면 다음 예배에 다시 참석을 하십니다. "졸았으니 하나님께 예배를 못 드렸습니다. 그래서 다시 드립니다"라고 하며 다시 예배를 드리십니다. 참 훌륭하십니다. 사탄은 성도를 시험할 때에 먼저 졸게 만듭니다. 조는 사람은 말씀을 못 받기 때문에 영적으로 약해질 수밖에 없습니다. 그래서 그다음에 사탄이 시험하여 먹잇감으로 만듭니다. 은혜가 떨어지면 그다음에는 저절로 마귀가 다루기가 너무 좋습니다.

주일 밤 어떤 여 집사님이 예배드리고 집에 가서 잠을 자다가 보니 남편이 옆에 없습니다. 찾아보니 거실에 남편이 우두커니 앉아있습니다. 아내 집사님이 남편 집사님에게 잠 안 자고 뭐하느냐고 물었습니다. 남편이 대답하기를 "아까, 목사님 설교 때문에 잠이 안 와"라고 했습니다. 교회를 다니기는 해도 믿음도 없고 설교말씀도 열심히 듣지 않던 우리 남편이 드디어 은혜를 받았구나 너무나 기뻐서 "여보, 설교를 듣고 감동을 받는 것도 좋지만 그래도 잠을 자야 내일 출근을 하지요" 그랬더니, 남편 집사님이 하는 말씀, "설교 시간 내내 너무 깊이 단잠을 잤더니 잠잘 시간이 되었는데도 잠이 안 오네" 그러더라는 것입니다. 우리 교회는 제가 말씀을 잘 못 전하더라도 졸지 않는 은혜가 있기를 바랍니다.

졸지 않으려면 몇 가지 방법이 있습니다. 첫째, 부부가 함께 앉아야 합니다. 우리 교회가 백년 가까이 된 교회라서 좋은 전통이 많습니다. 그런데 오래된 교회이다 보니 옛날에 앉던 방식대로 남성은 남성대로, 여성은 여성대로 따로 앉습니다. 여러분이 다른 교회에 이사 가서 등록을 하면 남편은 이쪽에 앉고, 아내는 저쪽에 가서 앉겠습니까? 그렇게 앉는 것이 더 이상합니다. 부부싸움을 하지 않았으면 함께 앉는 것이 정상입니다. 그러니까 다른 교회 목사님들이 우리 교회 오시면 "야, 신기하다" 그럽니다. 찬양대를 서는 경우는 할 수 없지만 솔선수범하여 함께 앉으시기 바랍니다. 그러면 부부가 더 행복해집니다. 부부가 함께 옆자리에 앉아있으면 옆에서 졸면 푹 찌를 수가 있어서 좋습니다.

둘째, 아멘을 계속하시면 됩니다. 말씀을 들을 때마다 은혜가 되고 축복이 되는 이야기가 나올 때 아멘 하다 보면 졸음이 도망가게 됩니다.

셋째, 내가 상습적으로 졸음이 오면 그때는 제일 뒷자리에 앉았다가 일어나시면 됩니다. 서서 예배드리며 졸 수는 없습니다.

넷째, 컨디션 조절을 잘 하셔야 합니다. 주일을 온전하게 보내기 위해 토요일에는 일찍 주무시는 것이 좋습니다. 그러면 하나님께서 건강을 주십니다. 운동선수들이 컨디션 조절을 위해 굉장히 노력합니다. 시합 당일에 최고의 컨디션을 만들기 위해서입니다. 여러분, '영적 컨디션'이라고 들어보셨습니까? 영적 컨디션이 좋아야 최고의 예배를 통하여 최고의 은혜, 최고의 약속, 최고의 축복을 받을 수 있습니다. 여러분의 영혼을 위해 영적 컨디션을 잘 만드시기 바랍니다.

다섯째, 바늘을 준비하셔도 좋습니다.

다른 사람은 졸지 않았습니다. 사도 바울의 설교에 집중했습니다. 옆의 졸던 사람이 꺼떡거리다가 유두고가 창문턱에 앉아 조는 것을 보았다면 졸지 말라고, 위험하다고 이야기했을 것입니다. 유두고 옆에 있는 사람도 유두고가 조는 것을 보지 못할 만큼 모두가 말씀에 집중을 했습니다. 바울은 이제 이튿날 드로아를 떠나야 합니다. 언제 또 말씀을 전할 수 있을지 모릅니다. 그래서 안타까운 마음으로 힘을 다하여 말씀을 전하다 보니 시간이 좀 지났습니다.

저도 말씀을 준비하고 나면 설교의 거의 두 배 분량을 준비합니다. 그리고 나머지 힘든 일은 설교에서 잘라내는 일입니다. 한 시간 안에 예배를 마치기 위하여 설교를 잘라내다 보면 안타깝습니다. 이 본문에서 이 말씀을 전해야 하는데 저 말씀도 전해야 하는데, 이 말씀은 중요한 말씀인데 3분 이상 딱딱하게 말씀을 전하면 '새신자들이 졸면 어떻게 하나? 오늘 말씀에 복음이 어떻게 전해졌는가? 너무 신학적이지 않는가? 시험 드는 사람이 있으면 어떻게 하나?' 이렇게 하나하나 잘라내는 일이 어렵습니다.

그러나 사도 바울은 그럴 여유가 없습니다. 오늘 예수님에 대한 것을 다 전해야 합니다. 내게 주신 은혜와 환상으로 보여주신 것과 성령님의 감동으로 지시하시는 것들을 다 전해야 합니다. 그러다보니 밤중까지 이어졌습니다. 그런데 유두고라 하는 청년이 졸다가 삼층에서 떨어졌으니 이제 난리가 났습니다. 성경을 보니 "일으켜보니 죽었는지라"라고 했습니다.

사도행전은 누가가 기록한 책입니다. 누가는 직업이 의사였습니다. 의사가 죽은 사람을 눈으로 보고 판정하는 법은 없습니다. 맥을 짚어보고 눈을 열어보고 판정을 합니다. 의사가 볼 때에 죽었다고 기록했으니 죽은 것입니다. 은혜로운 자리가 갑자기 찬물을 끼얹은 것처럼 조용해져 버렸습니다. 유두고는 이 은혜로운 자리, 모든 성도들이 은혜를 받는 자리에, 성령의 불이 타오르는 자리에 찬물을 끼얹었습니다. 우리 교회는 서로에게 찬물을 끼얹는 교회가 되어서는 안 됩니다. 우리 교회는 서로를 축복하는 교회가 되기를 바랍니다.

서로를 위하여 기도하고 함께 행복한 교회가 되기를 바랍니다. 서로를 성령으로 뜨겁게 만드는 교회가 되기를 바랍니다.

3. 졸던 사람에게도 하나님의 은혜가 있습니다.

"바울이 내려가서 그 위에 엎드려 그 몸을 안고 말하되 떠들지 말라 생명이 그에게 있다"라고 했습니다. 바울이 내려가서 '이제 큰일 났다, 어떻게 하나?' 걱정하고 안절부절못한 것이 아닙니다. 그 위에 엎드렸습니다. 이것은 무엇을 말합니까? 하나님께 기도했습니다. "하나님, 살려주세요. 여기서 사고가 나면 복음을 어떻게 전합니까?" 하고 안타까운 마음으로 기도하였습니다. 이 기도의 강력함을 여러분도 느낄 수 있기를 바랍니다. 하나님께서는 사도 바울의 마음속에 응답을 주셨습니다. "그래, 다시 살려 주마" 하나님의 음성을 듣고 바울은 담대히 일어나 "생명이 그에게 있다"라고 선포하였습니다.

유두고가 다른 곳에서 떨어졌다면 다시 사는 은혜를 누리지 못했을 것입니다. 비록 졸았지만 예배의 자리에 있었기 때문에 은혜와 기적을 체험하는 인물이 되었습니다.

교회는 와서 졸더라도 은혜의 자리입니다. 졸면서도 은혜를 입는 자리입니다. 아마 유두고는 다음부터는 예배시간에 절대 졸지 않았을 것입니다. 여러분, 예배시간에 깨어 있으시기 바랍니다. 말씀 듣는 일에 깨어 있고, 찬양하는 일에 깨어 있고, 기도하는 일에 깨어 있으시기 바랍니다. 그러면 영적으로 건강해집니다. 졸지 않습니다. 영과 진리로 예배드릴 수가 있습니다. 주의 종을 통해 주신 약속의 말씀이 다 내 것이 됩니다. 여러분, 깨어 예배를 드리다가 신랑 되신 예수님께서 오실 때에 등불 들고 나가 주님을 맞이하는 성도들이 됩시다.

📝 적용

ⓐ 오늘 말씀의 주제 파악하기

_____

_____

ⓑ 오늘 말씀 중 은혜 받은 부분 나누기

_____

_____

ⓒ 삶에 구체적으로 적용하기

_____

_____

🙌 함께 드리는 기도제목

1. 인생에 어떤 문제가 있어도 주님 안에 자리 잡아 주님의 보호를 받게 하옵소서.
2. 서로를 위하여 기도하고 함께 행복한 교회가 되게 하옵소서.
3. 깨어 예배를 드리다가 신랑 되신 예수님께서 오실 때에 등불 들고 나가 주님을 맞이하게 하옵소서.

그를 기억하리라

- **본 문:** 마가복음 14장 3-9절(신 80쪽)
- **찬 송:** 211장(값비싼 향유를 주께 드린, 통 346장)
- **요 절:** "내가 진실로 너희에게 이르노니 온 천하에 어디서든지 복음이 전파되는 곳에는 이 여자가 행한 일도 말하여 그를 기억하리라 하시니라"(막 14:9).

우리는 지금 사순절 기간을 지내고 있습니다. 우리는 사순절 기간 동안 예수님의 말씀과 사역을 깊이 묵상하고 기도하며 주님께로 더 가까이 나아가는 시간이 되어야 할 것입니다. 예수님께 가까이 나아가 예수님을 만난 사람들은 문제의 해결을 얻었습니다. 이들에게는 공통점이 있었습니다. 부끄러움을 이기고 뽕나무 위로 올라간 삭개오, 죽음을 각오하고 군중들 가까이 다가와 예수님을 소리 높여 불렀던 열 명의 한센병 환자들, 귀신들린 아들의 질병을 고침받기 위해 예수님 앞에 엎드렸던 아버지, 딸의 질병을 치유하기 위해 모욕을 참은 어머니 등 이들은 간절한 마음을 가지고 예수님께 나왔고, 예수님의 음성을 들었습니다.

오늘 우리도 간절한 마음을 가지고 예수님께 나올 때 주님이 우리를 만나주시고 음성을 들려주십니다. 오늘도 예배를 통하여 주님의 음성을 듣는 여러분이 되시기를 원합니다.

오늘 성경에는 간절한 마음으로 예수님께 나와 예수님의 칭찬을 받고 성경에 기록된 한 여인이 나옵니다. 예수님께 향유 옥합을 부어드린 사건은 예수님의 공생애 초기와 공생애 말기에 십자가 사역을 앞에 두고 두 번 나옵니다. 누가복음 7장을 보면 예수님께서 한 바리새인의 집에 가셨을 때에 죄를 지은 한 여인이 울면서 예수님의 발을 눈물로 적시고 발에 입 맞추고 향유를 부어 예수님의 발을 씻었습니다. 예수님께서는 이 여인에게 "평안히 가라, 네 죄 사함을 받았느니라"고 말씀해 주셨습니다. 학자들은 예수님의 공생애 초기에 기름을 부은 여인은 창녀였다가 예수님으로 인해 생명을 구하게 되었던 막달라 마리아라고 추측하지만 확실한 것은 아닙니다.

두 번째로 마가복음 14장에 베다니 시몬의 집에서 식사하실 때에 예수님의 머리에 향유를 부은 여인이 나옵니다. 요한복음 12장에 같은 사건이 나오는데 이 여인을 요한복음에서는 나사로의 누이인 마리아라고 기록하고 있습니다. 오늘 말씀은 가치가 굉장한 것을 예수님을 위해 부었다는 것을 말하는 것이 아닙니다. 성경에 나오는 여인이 힘을 다해 예수님께 향유를 부었고, 이 향유는 예수님의 장례를 준비하는 거룩한 쓰임을 받는 예물이 되었습니다.

오늘 우리도 이 여인의 모습을 통해서 예수님께 칭찬을 받고, 역사에 기억이 되는 성도들이 되기 바랍니다. 예수님께 칭찬받는 믿음, 예수님을 위해 쓰임 받는 헌신, 모든 이에게 기억되는 이 여인의 모습은 무엇입니까?

1. 자기 자신을 깨트렸습니다.

마리아가 부은 향유는 성경에 '순전한 나드'라고 나오는데 히말라야 고산지대에서 자라는 식물입니다. 이 식물의 뿌리를 정제하여 만든 향유로 휘발성이 강해서 옥합에 넣어 밀랍으로 밀봉하여 보관을 했습니다. 이 향유는 구하기도 어렵고 매우 고가여서 여성들의 결혼 지참금으로 사용이 되었습니다. 옥합은 헬라어 성경에 '알라바스트론'(αλαβαστρον)이라 기록되어 있는데, 조각에 사용되는 부드러운 재질의 대리석입니다. 대리석을 통으로 깎아 향유 같은 것을 넣어 보관했습니다. 이 옥합은 가룟 유다가 말한 대로 삼백 데나리온 정도 되었는데, 요즘으로 말하면 몇천만 원의 가치가 있는 것이었습니다.

예수님께서는 벳새다 들녘에서 저녁 늦게까지 말씀을 전하셨습니다. 군중들이 집에 돌아가다가 기진하여 쓰러질까 염려하여 빌립에게 먹을 것을 가져오라고 하셨습니다. 이때 빌립은 이백 데나리온으로도 부족하다고 했습니다. 당시 모였던 군중은 장정만 해도 오천 명이기에 학자들은 약 이만 명으로 추측을 하는데 이만 명이 식사할 금액이 이백 데나리온이면 오늘 성경에 나오는 삼백 데나리온의 가치가 얼마나 굉장한 것인지를 우리는 짐작할 수가 있습니다.

나사로의 누이인 마리아가 이 정도 되는 향유를 모으기 위해서는 평생을 다 소비했을 것입니다. 자신의 전 재산이었습니다. 당시 여인들이 결혼 지참금으로 향유를 모았듯이 결혼 지참금이었을 수도 있습니다. 마리아는 이것을 깨트렸습니다. 그리고 예수님의 머리에 부었습니다. 성경 다른 곳을 보면 예수님 앞에 엎드려 머리카락으로 예수님의 발을 씻었다고 했습니다. 여인의 머리카락은 가장 귀중한 것입니다. 예수님의 발에 향유를 붓고 머리카락으로 발을 씻었습니다. 수건으로 씻을 수도 있었습니다. 옷자락으로 씻을 수도 있었습니다. 그런데 머리카락으로 씻었다는 것은 최고의 감사의 표현이요, 헌신의 표현입니다.

옥합을 밀랍으로 밀봉한 것은 점점 굳어져 입구를 깨트려야만이 향유를 꺼낼 수가 있습니다. 옥합이 귀한 것입니까? 향유가 귀한 것입니까? 옥합은 향유를 위해 필요한 것입니다. 향유가 필요할 때는 옥합을 과감하게 깨트려야 사용할 수가 있습니다. 신앙생활은 옥합을 깨트리는 것입니다. 시간의 옥합, 물질의 옥합, 나 자신의 자존심의 옥합 등 이 옥합을 깨트릴 때에 향기가 납니다. 크리스천의 향기는 자신의 옥합을 깨트릴 때 납니다.

우리 교회는 이웃을 위해 많은 일을 하는 교회로 알려져 있습니다. 이웃을 위한 일이 무엇입니까? 나 자신의 옥합을 깨트리는 것입니다. 시간의 옥합을, 물질의 옥합을, 자존심의 옥합을 주님을 위해 깨트리는 것입니다. 노숙인들을 위해, 어려운 이웃들을 위해 나가서 헌신하는 분들이 있습니다. 사랑의 집수리를 통해 헌신하는 분들도 있습니다. 이러한 헌신은 나 자신을 깨트려야 할 수 있습니다. 그럴 때에 예수의 향기가 납니다. 교회 안에서도 나를 깨트려 성도들 가운데 향기가 나게 하는 분들이 있습니다. 차량으로, 식당에서, 교회학교로, 전도와 기도와 찬양으로, 물질로, 각양 모양으로 헌신하기 위해서는 나 자신을 깨트려야 합니다.

오늘 마리아의 헌신은 누가 보아달라고 하는 것이 아닙니다. 인정해 달라는 것이 아닙니다. 그저 주님께 감사하여 자기도 모르게 자신의 옥합을 깨트렸습니다. 사람들이 보아달라고 하는 헌신은 불평이 나오게 되어 있습니다. 여기에는 향기가 없습니다. 마리아는 다른 사람들을 본 것이 아닙니다. 마리아는 주님을 바라보았습니다. 여러분, 신앙생활은 주님을 바라보는 것입니다. 시선을 주님께로 두는 사람은 불평하지 않습니다. 감사할 것밖에는 없습니다. 주님을 바라보는 사람은 늘 행복합니다. 성령이 충만합니다. 주님께 더 드리지 못해 죄송한 마음뿐입니다. 내 자녀를 사랑하면 자녀에게 있는 힘을 다해 나의 것을 주면서도 더 주지 못해 안타깝습니다. 음식을 해주면서 재료비가 얼마가 들어갔는가를 생각하지 않습니다. 맛있게 먹는 것을 보면 기쁩니다. 안 먹는 것이 안타깝지 먹는 것이 아깝지 않습니다. 사랑이 없을 때에 재료비가 생각나고, 많이 먹는다고 미운 생각이 들게 됩니다.

마리아는 향유 옥합을 깨어 주님께 드리면서도 아까운 마음이 들지 않았습니다. 오히려 전 재산을 드리면서도 감사하여 눈물로 예수님의 발을 적셨습니다. 이것이 헌신하는 믿음이요, "이것이 기억되리라"고 예수님께 칭찬받은 믿음입니다. 우리는 사순절에 주님을 깊이 생각하며 이 여인의 헌신을 바라보아야 합니다. 여러분, 우리 교회는 주님을 위해 나의 향유 옥합을 깨트리면서도 눈물로 드리는 교회가 되기를 원합니다. 감사로 드리는 교회가 되기를 원합니다.

2. 헌신에는 기회가 있습니다.

오늘 예수님은 예루살렘으로 입성하시기 전 마지막으로 베다니에 오셨습니다. 마리아가 향유 옥합을 깨트려 주님께 부은 후 주님은 예루살렘으로 들어가 제자들과 마지막 유월절 식사를 하시고 십자가로 나아가셨습니다. 바리새인과 유대인의 종교지도자들은 예수님을 잡기 위해 혈안이 되어 있었습니다. 이러한 시기에 예수님을 모신 시몬도 대단한 사람입니다. 성경에 시몬은 "나병환자 시몬"이라고 3절에 기록되었는데 정확히 말하면 '나병환자였던 시몬'입니다.

당시에 나병은 불치의 병이었고 천벌로 여겨졌습니다. 나병에 걸리면 율법에 의해 가족을 떠나야 했고 성 안에 들어오지도 못했습니다. 당연히 예배도 드릴 수가 없었습니다. 사회적으로 종교적으로 가정적으로 희망이 없는 사람들이었습니다. 영화 〈벤허〉에도 나오듯이 사람들이 다니지 않는 계곡에 모여 살면서 사람들이 던져주는 빵을 주워 먹으며 살았습니다. 나병환자가 길을 가다가 사람들 눈에 띄게 되면 부정하다고 외쳐야 했고, 사람 사는 곳에 가면 종교법에 의해 돌에 맞았습니다.

그런데 이 나병환자가 예수님의 소문을 듣고 목숨을 걸고 예수님께 나아와 고침을 얻었습니다. 그래서 가정으로 돌아갈 수 있게 되었습니다. 이 은혜를 잊지 않았습니다. 나병환자 시몬은 바리새인들이 예수님을 죽이려 한다는 사실을 알고 있었습니다. 그럼에도 자기 집으로 초청하여 잔치를 벌였습니다. 시몬은 바리새인들이 자신을 핍박할 것을 두려워하지 않았습니다. 해를 받을 것을 두려워하지 않았습니다. 시몬의 집에서 열린 잔치는 십자가로 나아가시는 예수님을 위한 마지막 잔치였습니다. 시몬은 예수님을 대접할 기회를 놓치지 않았습니다. 그리고 마리아도 예수님께 헌신할 기회를 놓치지 않았습니다. '다음번에 하지'라고 생각했더라면 영영 기회가 없었을 것입니다. 오늘의 말씀이 성경에 기록되지 못했을 것입니다. 주님께 드리는 기회는 늘 기다리고 있는 것이 아닙니다.

저는 목회 초기에 성도들이 병원에서 상태가 좋지 않다는 소식을 듣고 '가보아야겠다'는 마음이 드는데 '지금 너무 바쁘니 다음 주에 가보자' 혹은 '내일 가보자' 생각하다가 임종 시에 가보지 못한 적이 몇 번 있었습니다. 그리고 깨달음이 오고 회개를 했습니다. '이것은 성령님께서 주시는 감동인데, 아무리 힘들어도 가보아야 되겠다' 결심을 했습니다. 주의 종을 세우신 이유가 성도들을 천국으로 인도하는 것인데, 사명을 감당하지 못하면 어떻게 합니까? 불충성한 종이 되고 맙니다. 지방에 가는 고속도로를 달리다가 마음에 감동이 와서 다시 돌아온 적도 있습니다. 기도를 해드리고 돌아섰는데, 그날 밤에 돌아가셨다는 소식을 들은 적도 있습니다.

지금은 성도들이 너무 많아 부목사님들이 함께합니다마는 부목사님들께도 마음에 감동이 오면 즉시 달려가라고 당부를 합니다. 주의 종들이 마지막에 주님을 바라보라고, 천국을 바라보라고, 힘을 내라고 기도하도록 기회를 주시는 것입니다.

여러분, 신앙생활에서는 같은 기회가 반복해서 생기는 것이 아닙니다. 마리아는 생각하지 못했지만 마리아가 부어드린 향유는 예수님의 장례를 준비하는 거룩한 기름이 되었습니다. 예수님을 위해 헌신한 사람들이 성경에 여럿이 나오지만 마리아는 예수님의 장례를 위해 기름을 부은 귀한 역할을 하게 되었습니다. 마리아가 대단한 사람이 아닙니다. 굉장한 일을 하던 사람도 아닙니다. 그런데 그 헌신이 예수님의 장례를 준비하는 가장 귀한 헌신이 되었습니다. 마리아는 그의 마음속에 찾아온 감동의 기회를 놓치지 않고 자신의 옥합을 깨트렸기 때문입니다. 그래서 성경의 역사에 남는 귀한 인물이 되었습니다.

주님은 우리에게 굉장한 것을 요구하시는 것이 아닙니다. 나의 마음속에 감동을 주실 때에 그 기회를 놓치지 않고 주님을 위해 헌신하는 여러분이 되기를 바랍니다. 이웃을 위한 헌신으로, 교회를 통해 하는 기도와 전도와 찬양과 많은 사역으로 나의 시간과 몸과 물질을 깨트려 작은 헌신이 드려질 때에 주님은 그 헌신을 굉장한 헌신으로 받아주실 것입니다.

3. 그를 기억하리라 칭찬해 주셨습니다.

예수님께서는 "그는 힘을 다하여 내 몸에 향유를 부어 내 장례를 미리 준비하였느니라"(막 14:8) 말씀하셨습니다. 마리아가 칭찬받은 이유는 향유를 붓는 데 힘을 다하였기 때문입니다. 힘을 다한 것은 옥합이 무거워서가 아닙니다. 옥합을 깨트리기 힘들어서가 아닙니다. 이 옥합에 자신의 감사와 정성과 미래까지도 들어가 있었기 때문입니다.

여기서 성경은 또 한 사람을 기록하고 있습니다. 사람들은 마리아가 향유를 허비하였다고 비난하고 있습니다. 성경 다른 곳을 보면 가룟 유다가 이 일의 주동이었습니다. 가룟 유다는 다른 제자들을 선동했습니다. 요한복음 12장을 보면 그는 "이 향유를 어찌하여 삼백 데나리온에 팔아 가난한 사람들에게 주지 아니하였느냐?"라고 말합니다. 요한은 기록하기를 "그가 이렇게 말함은 가난한 자들을 위함이 아니요 도둑이기 때문에 돈궤를 맡아 거기 넣는 것을 훔쳐가기 때문"이라고 했습니다. 그는 똑똑한 사람이었습니다. 작은 물병 하나만큼도 안 되는 크기의 향유를 보면서 삼백 데나리온의 어마어마한 금액을 계산할 만큼 머리가 좋은 사람이었습니다.

그런데 그 좋은 머리를 잘못된 곳에 사용했습니다. 오늘 말씀 바로 뒤 10절에 가룟 유다는 예수님을 팔기 위해 대제사장에게로 갔습니다. 유다의 실패는 예수님을 바라보지 않았기 때문입니다. 예수님께 감사하지도 않았고, 예수님을 사랑하지도 않았습니다. 유다는 자신의 성공을 원했습니다. 성경은 기록하기를 '이러한 유다의 마음 속에 마귀가 들어갔다'고 했습니다.

단테의 《신곡》을 보면 가룟 유다는 지옥의 가장 아래에 들어갔다고 했습니다. 유다는 역사에 가장 치욕스런 이름의 대명사가 되고 말았습니다. 배신자의 아이콘이 되고 말았습니다. 가룟 유다도 기억에 남는 사람이 되었지만 인류 역사상 가장 최악의 이름으로 기억에 남게 되었습니다.

그러나 마리아는 가장 영광스러운 이름으로 기억에 남게 되었습니다. 예수님께서 "내가 진실로 너희에게 이르노니 온 천하에 어디서든지 복음이 전파되는 곳에는 이 여자가 행한 일도 말하여 그를 기억하리라"(막 14:9) 말씀하신 대로 오늘도 우리는 이 여인의 행한 일을 말하며 그를 기억하고 있습니다.

교회 역사가인 라투렛은 교회를 지켜온 사람들은 "신학자도 아니고 정치가도 아니다. 부유한 사업가도 아니다. 심지어 목회자도 아니다. 이름 없이 빛도 없이 주님께 사랑을 바친 수없이 많은 성도들, 바로 그들이 교회를 지킨 주인들이었다"고 했습니다. 그렇습니다. 교회는 주님을 사랑하여 자신의 옥합을 깨트리는 한 사람 한 사람 성도들에 의해 세워져 왔고, 계속해서 세워집니다. 기독교는 내가 무엇을 얻기 위해 믿는 세상종교가 아닙니다. 나를 대속하시고 구원으로 인도하시는 주님의 은혜에 감사하여 내 몸과 마음을 드리는 것입니다.

우리 교회 출신의 김석균 목사님이 작사한 찬양에 이런 가사가 나옵니다.

> ♪ 당신의 그 섬김이 천국에서 해같이 빛나리
> 당신의 그 겸손이 천국에서 해같이 빛나리
> 당신의 그 믿음이 천국에서 해같이 빛나리
> 그 충성이 천국에서 해같이 빛나리
> …그 순종이…그 사랑이…그 찬송이…
> 그 헌신이 천국에서 해같이 빛나리
> 주님이 기억하시면 족하리…
> 예수님 사랑으로 가득한 모습
> 천사도 흠모하는 아름다운 그 모습
> 천국에서 해같이 빛나리
> 천국에서 해같이 빛나리

여러분, 우리는 시몬같이 영원히 죽을 죄에서 구원받은 사람임을 잊지 말아야 합니다. 우리는 마리아같이 주님의 은총을 체험한 사람임을 잊지 말아야 합니다. 우리는 이 사순절에 주님을 바라보며 마리아같이 우리의 섬김으로, 겸손으로, 믿음으로, 충성으로, 순종으로, 사랑으로, 찬송으로, 헌신으로 주님의 칭찬을 받고 역사에 기억되고, 마지막에 천국에서 해같이 빛나는 성도들이 됩시다.

📝 적용

ⓐ 오늘 말씀의 주제 파악하기

ⓑ 오늘 말씀 중 은혜 받은 부분 나누기

ⓒ 삶에 구체적으로 적용하기

🙌 함께 드리는 기도제목

1. 주님을 위해 나의 향유 옥합을 깨트리면서도 눈물로 드리는 교회가 되게 하옵소서.
2. 나의 마음속에 감동을 주실 때에 그 기회를 놓치지 않고 주님을 위해 헌신하게 하옵소서.
3. 주님을 바라보며 마리아와 같은 헌신으로 주님께 칭찬받는 성도들이 되게 하옵소서.

하나님 마음에 맞는 사람

- **본 문**: 사도행전 13장 20-23절(신 210쪽)
- **찬 송**: 331장(영광을 받으신 만유의 주여, 통 375장)
- **요 절**: "폐하시고 다윗을 왕으로 세우시고 증언하여 이르시되 내가 이새의 아들 다윗을 만나니 내 마음에 맞는 사람이라 내 뜻을 다 이루리라 하시더니 하나님이 약속하신 대로 이 사람의 후손에서 이스라엘을 위하여 구주를 세우셨으니 곧 예수라"(행 13:22-23).

세계적인 컨설팅 회사인 'Mckinsey & Company'에서는 "오늘의 시대는 인재전쟁이다"라고 했습니다. 기업이 잘되려면 사람을 잘 써야 합니다. 그래서 기업마다 능력이 있고 열정도 있는 사람을 찾기 위해 애를 씁니다. 포항제철을 세계적인 기업으로 일군 박태준 장로님 같은 분이 회사의 직원으로 들어온다면 얼마나 좋겠습니까?

우리 교회에서도 사무직원을 구하면서 디자인을 전공한 사람을 찾는데, 사람 찾기가 너무 어렵습니다. 대통령이 되면 제일 먼저 하는 일이 사람을 찾는 일입니다. 장관들을 임명해야 하고 수천 명의 사람들을 임명해야 합니다. 좋은 사람이라고 추천을 받았는데 청문회를 통하여 망신을 당하는 일들도 많이 일어납니다. 교회에서도 사람을 잘 세워야 합니다. 사람을 통해 일하기 때문입니다.

사람을 세우는 일이 얼마나 중요한지 '은사배치론'이라는 학문의 영역도 생겨났습니다. 이분이 정말로 하나님의 뜻을 이루어나가는 데 합당한 은사를 가졌는지, 성품이 어떠한지, 능력이 있는지를 신학적인 측면에서 연구하는 학문입니다. 은사는 하나님의 주권인데 성도들에게 주신 은사를 통하여 교회를 더욱 건강하게 세워갑니다. 기계는 두 가지를 놓고 서로 비교하면 쉽습니다. 컴퓨터의 성능이 어떤 것이 더 뛰어난지를 알려면 두 개를 놓고 경쟁을 시켜보면 됩니다. 그런데 사람은 그렇지 않습니다. 사람은 시시각각 변하기 때문입니다.

저는 부교역자를 선택할 때 능력보다도 자세를 더 중요하게 봅니다. 하나님의 일을 하려는 자세가 되어 있을 때 능력은 하나님께서 무한하게 부어주시는 것이기 때문입니다. 모자라는 것도 채워주시고 필요한 사람도 붙여주시기 때문입니다. 그러나 자세가 잘못되면 하나님께서 함께하시지 않기 때문에 오히려 시험에 들게 됩니다.

오늘 성경에도 서로 다른 길을 가는 두 사람이 나옵니다. 사울과 다윗입니다. 사울은 사람들의 마음에 맞는 사람이었습니다. 키도 크고 용모도 수려하고 거기다가 겸손하기까지 하여 사람들은 사울을 왕으로 세우기를 원했습니다. 하나님께서는 왕을 원하신 것이 아니라 사사를 통하여 이스라엘 백성을 다스리기를 원하셨습니다. 사사는 하나님의 말씀을 전하기도 하고 재판을 하기도 했습니다. 전쟁의 시기에는 앞장서서 전투를 이끌기도 했습니다. 사사는 계급적인 존재가 아니었습니다. 그런데 이웃 부족들이 왕을 세우고 군대를 세웁니다. 왕이 군인들을 훈련시킵니다. 그 모습을 보니 이스라엘 백성이 위축이 되기도 하고 부럽기도 했습니다. 그래서 자신들에게도 왕을 달라고 하였습니다.

그러나 하나님께서는 사무엘 선지자를 통하여 "너희는 너희를 모든 재난과 고통 중에서 친히 구원하여 내신 너희의 하나님을 오늘 버리고 이르기를 우리 위에 왕을 세우라 하는도다"(삼상 10:19)라고 하셨습니다. 사무엘상 12장에서는 "너희가 왕을 구한 일 곧 여호와의 목전에서 범한 죄악이 크다"라고 말씀하셨습니다. "나 여호와가 너희의 왕이 되어 너희를 지켜주는데, 너희는 눈에 보이는 왕을 원한다"는 말씀입니다. "너희들이 원하니 왕을 세워주겠다. 그러나 그 왕이 너희들의 자녀들을 종처럼 부릴 것이고 자녀들을 데려다가 일을 시킬 것이다"라고 하셨습니다.

하나님께서 세우신 나라는 지배하고 지배당하는 일이 없습니다. 모두가 함께 가족 형제처럼 살아가는 나라입니다. 왕은 곧 권력을 의미합니다. 왕에게는 군대가 있습니다. 군대나 권력이 모두에게 정의롭기는 불가능합니다. 이 세상이 그렇지 않습니까? 세상은 조금만 힘이 강해도 그 힘을 약자들을 향해 사용합니다. 많이 가진 사람들이 적게 가진 사람들을 무시하는 일들이 있습니다.

사울 왕이 그렇게 되었습니다. 처음에는 그토록 겸손했던 사울이 나중에는 군대를 자기의 사욕을 위해 부렸습니다. 백성들이 다윗을 찬양하자 불쾌하게 생각했습니다. 하나님의 사람 사무엘의 말도 듣지 않았습니다. 사무엘을 통하여 전쟁에서 승리한 후 짐승을 전리품으로 끌어오지 말라고 했음에도 불구하고 살진 짐승들을 끌어왔습니다. 급기야는 제사장만이 할 수 있는 제사를 친히 집례했습니다. "내가 왕이니 이 정도는 할 수 있다"고 교만해졌습니다.

왜 이런 일이 일어났습니까? 하나님께서 사울 왕을 버리셨기 때문입니다. 언제 사울 왕을 버리셨습니까? 순서를 잘 알아야 합니다. 그가 교만해졌을 때 이미 버리셨습니다. 하나님께서 사울 왕을 버리시니 그의 마음속에 악령이 들어왔습니다. 그래서 고통스러워했습니다. 성령이 충만하여 예언까지 했던 사울이 악령이 들어 그의 마음을 주장하니 얼마나 안타까운 일입니까? 하나님께서는 '내가 사울을 세워 왕 삼은 것을 후회한다'고 하셨습니다.

여러분, 하나님으로 후회하시게 하면 안 됩니다. 저는 많은 사람들이 문제를 일으키는 것을 보면서 "하나님, 이 종이 혹시나 하나님의 영광을 가리거나 하나님의 뜻대로 목회하지 못한다면 차라리 먼저 생명을 거두어 가 주세요" 하고 기도한 적이 여러 번 있습니다. 사울 왕같이 하나님을 후회하게 할 바에야 잘 하고 있을 때 떠나는 것이 복되기 때문입니다. "내가 너를 세운 것을 기쁘게 생각한다. 내가 너를 세운 것을 자랑스럽게 생각한다." 이런 칭찬을 받는 여러분이 되시기를 바랍니다.

이미 사울 왕의 마음과 생각이 하나님의 뜻을 떠났습니다. 이미 하나님은 다윗을 준비하셨습니다. 다윗이 사울 왕의 옆에서 악기 드는 자가 되었을 때 이미 하나님의 새로운 계획이 시작되었습니다. 사울 왕의 무기 드는 자 옆에서 하프를 연주하면 사울 왕을 괴롭히는 악귀가 사라졌습니다. 하나님께서는 이미 사울 왕을 버리기로 작정하고 다윗을 준비시키셨습니다. 다윗은 목동 출신입니다. 왕으로 세운다 하여도 나라를 통치하는 방법을 모릅니다. 그래서 왕의 옆에서 모든 정치와 군사를 통치하는 것을 훈련시키셨습니다.

우리는 여기서 두 사람의 이야기를 보게 됩니다. 한 사람 사울은 처음은 훌륭했으나 나중이 좋지 않은 사람입니다. 그는 이스라엘의 초대 왕이라는 영광스러운 자리에 올랐지만 마지막에는 하나님의 품을 떠나고 그의 아들들과 함께 전쟁터에서 비참하게 목 매달리는 죽음으로 끝을 맺습니다. "교만은 패망의 선봉이요 거만한 마음은 넘어짐의 앞잡이니라"(잠 16:18)고 했습니다. 사울 왕의 인생이 비극으로 끝나는 것은 그의 교만 때문이었습니다.

여러분, 우리가 하나님께 끝까지 영화롭게 쓰임 받는 비결이 여기에 있습니다. 하나님 앞에서 겸손하시기 바랍니다. 나 같은 죄인이 죄 사함을 받고 구원의 백성이 된 것에 대해 늘 감사하는 마음을 잊지 마시기 바랍니다. 겸손하면 주의 일을 하면서도 늘 감사합니다. 늘 행복합니다. 상처받을 일도 없습니다. 내가 부족하고 내가 연약한데 모든 것이 감사한 것뿐입니다. 처음의 마음, 처음의 자리를 지키는 것이 어렵습니다. 한 쪽 발은 세상에 놓고 다른 한 쪽 발은 교회에 놓고 살다보면 생각이 바뀌게 됩니다. 우리가 사는 세상은 어떠한 일이 일어날지 아무도 모릅니다. 어정쩡한 믿음으로 살다보면 흔들릴 일이 생깁니다. 나는 오직 주님만을 주인으로 모시고 살겠다고 다짐해야 합니다. 그런 사람을 하나님께서 지켜주십니다.

두 번째 사람 다윗이 그런 사람입니다. 하나님께서는 다윗을 "내 마음에 맞는 사람"이라고 하셨습니다. 개역성경에는 "내 마음에 합한 사람"이라고 했습니다. 마음에 딱 들어맞는다는 뜻입니다. 세상에는 그런 것이 없습니다. 새 차가 마음에 들었는데 또 새로운 차가 나오면 마음이 바뀝니다. 마음에 드는 옷도 오래 입어 낡아지면 새 옷이 더 마음에 듭니다. 사람은 더 그렇습니다. 여러분의 가정에서 남편과 아내가, 자녀가 마음에 딱 들어맞습니까? 마음이 맞지 않을 때도 있고, 서운할 때도 있습니다. 그런데 하나님께서는 다윗을 보실 때 '내 마음에 맞는 사람'이라고 하셨습니다. 그것은 하나님은 우리 마음의 중심을 보시기 때문입니다.

사무엘은 하나님의 명령에 따라 이새의 집에 가서 기름을 부으려고 했습니다. 왕의 기름을 붓는다는 말입니다. 이새의 큰아들 엘리압이 그 앞에 섰을 때 사무엘은 "여호와의 기름 부으실 자가 과연 주님 앞에 있도다"라고 마음에 감탄했습니다. 그런데 하나님은 "그의 용모와 키를 보지 말라 내가 이미 그를 버렸노라 내가 보는 것은 사람과 같지 아니하니 사람은 외모를 보거니와 나 여호와는 중심을 보느니라"(삼상 16:7) 말씀하셨습니다.

내가 좀 부족해도 괜찮습니다. 모자라도 괜찮습니다. 내 마음의 중심이 온전히 하나님께 있으면 하나님은 그것을 중요하게 보십니다. 이새는 아들들을 차례로 사무엘 앞에 내세웠으나 하나님께서는 기름 붓는 것을 허락하시지 않았습니다. 의아하게 생각한 사무엘 선지자가 더 아들이 없느냐고 하자 비로소 들판에서 양을 치고 있던 다윗을 데려왔습니다. 다윗은 아버지 이새로부터도 왕이 될 재목으로 인정받지 못했습니다.

그런데 하나님께서 다윗을 택하신 이유가 어디에 있습니까? 다윗은 이스라엘이 블레셋과 전쟁할 때에 골리앗을 보고 이스라엘의 모든 군대가 두려워 떠는 것을 보고 분노했습니다. 여호와의 이름을 조롱하는 것을 보고 참지 못하여 골리앗을 상대하기 위해 나갔습니다. 사람 눈치를 본 것이 아닙니다. 내 목숨을 먼저 생각한 것이 아닙니다. 그 중심에 하나님의 이름을 조롱하는 것을 참지 못하는, 하나님의 이름을 위해 자신을 바치는 마음이 있었습니다. 하나님께서는 이스라엘의 수많은 사람 가운데 다윗을 보셨습니다. "네가 내 마음에 꼭 든다. 내가 너의 인생을 책임져 주겠다. 내가 너를 지켜주겠다" 하셨습니다. 이때부터 다윗의 드라마가 시작되었습니다. 여러분, 하나님께서 "내가 너를 책임져 주겠다" 하시면 여러분의 인생의 드라마가 시작됩니다. 이 축복의 비밀을 깨달으시기 바랍니다.

다윗은 문제가 없습니까? 다윗의 일생을 보면 그는 사람을 많이 죽인 자였습니다. 전쟁의 장수였습니다. 그래서 성전을 짓는 것을 사모했지만 허락받지 못했습니다. 왕이 된 후 사울 왕의 딸인 미갈을 아내로 데려왔습니다. 미갈은 이미 결혼하여 남편이 있었습니다. 그런데 왕의 권력으로 오라 하니 남편 발디엘이 울면서 먼 길을 따라 왔습니다. 다윗이 남의 가정에 몹쓸 짓을 하였습니다.

그것뿐입니까? 밧세바가 목욕하는 모습을 보고 탐하여 남편 우리아를 전쟁터의 최선봉에 서게 하여 죽게 했습니다. 혼자 싸우다 죽게 하라고 지시를 내렸습니다. 다윗의 37인의 용사 가운데 한 사람을 죽이는 살인죄를 범하였습니다. 죽을 때에 자기에게 해를 끼친 인물들을 손보라고 아들에게 유언을 합니다. 용서하지 못하는 인간이었습니다. 때로는 하나님의 뜻을 떠나 교만하여져서 인구조사를 하기도 했습니다. 자식을 편애하기도 했습니다. 인간은 이렇게 다 단점이 있습니다. 저도 여러분도 단점이 있습니다. 그래서 주님은 다른 사람의 허물을 보지 말라고 하셨습니다.

하나님은 다윗의 허물을 보신 것이 아닙니다. 그 중심을 보셨습니다. 다윗은 도피생활을 할 때에도, 아들이 반역하였을 때에도, 백성들이 배신하고 반란을 일으켜 자신을 죽이려 할 때에도 결코 하나님을 원망하거나 불평하지 않았습니다. 오히려 하나님께 감사하고 영광을 돌리고 찬양을 쉬지 않았습니다. 그래서 오늘 우리에게 주옥같은 시편을 남겨주었습니다. 이것이 다윗의 중심입니다.

그런데 사울 왕은 하나님의 사람 사무엘이 하는 이야기를 듣지 않았습니다. 그의 심령의 문이 막혀버렸습니다. 그래서 하나님의 버림받은 자가 되고 말았습니다. 다윗은 죄를 지었을 때 나단 선지자가 찾아가 다윗의 죄를 지적했습니다. 밧세바를 취하고 우리아를 죽게 한 것이 죄라는 것입니다. 사람들은 모를지라도 하나님께서는 다 아시는 무서운 죄입니다. 이 죄를 지적할 때에 다윗은 어린아이같이 울면서 회개했습니다.

분명히 기억하셔야 합니다. 죄 때문에 구원받지 못하는 것이 아니라 회개하지 않아 구원받지 못합니다. 회개하는 자에게는 용서가 있고 치유가 있습니다. 다윗도 실수하고 죄를 범하는 인간이었지만 회개하는 사람이었습니다. 회개란 하나님께로 돌아온다는 뜻입니다. 그래서 다윗은 늘 기도하는 사람이 되었습니다. 평생에 찬양하는 사람이 되었습니다. 다윗은 "여호와는 나의 목자"라고 고백했습니다. 이 고백은 다윗이 하나님을 어떻게 바라보았는지를 보여주는 말입니다.

예수님께서도 "나는 선한 목자다"라고 말씀하셨습니다. 그렇습니다. 우리는 모두 양입니다. 양은 자기의 길을 모릅니다. 자기가 길을 가면 구덩이에 빠지고 가시덤불에 걸리고 사나운 짐승들에게 잡혀 먹히고 맙니다. 하나님은 양처럼 목자를 따르는 다윗을 통해 당신의 뜻을 다 이루겠다고 하셨습니다. 다윗을 통해 이스라엘을 최고의 나라로 만드셨습니다. 유럽과 아프리카 접경에 이르기까지 조공을 받았습니다. 국력만 강해진 것이 아닙니다. 백성들이 하나님의 말씀으로 살게 되었습니다. 그리고 다윗의 후손으로 예수 그리스도를 이 땅에 보내주셨습니다.

다윗은 이스라엘 역사 가운데 유대인들에게 가장 사랑받는 인물이 되었습니다. 이스라엘 국기에는 큼지막한 별이 하나 들어 있는데 그 별이 바로 '다윗의 별'입니다. 오늘도 유대인들은 다윗 같은 지도자가 다시 나타나기를 기도하며 국기에 다윗의 별을 새겨 넣었습니다. 다윗은 목동 출신으로 하나님의 마음에 맞는 자가 되어 최고의 축복을 받은 사람이 되었습니다.

하나님께서는 사람을 통하여 일하십니다. 나라를 세우실 때에도 모세 같은 사람, 요셉 같은 사람, 다니엘 같은 사람을 통해 하나님의 뜻을 이루어 가십니다. 교회도 사람을 통하여 세우십니다. 교회 역사에 나타난 인물들은 처음부터 뛰어난 사람들이 아니었습니다. 하나님께서 세우실 때에 뛰어난 인물이 되었습니다. 하나님께서 세우신 인물들을 통해 교회를 행복하게 하십니다. 부흥케 하십니다. 복의 통로가 되게 하십니다. 문제를 해결해 주십니다.

하나님은 오늘도 다윗같이 마음에 맞는 사람을 찾으십니다. 여러분, 다윗같이 순수한 마음으로 하나님 앞에 나오시기 바랍니다. 나의 중심이 하나님의 말씀 안에 거하도록 겸손하시기 바랍니다. 하나님은 겸손한 자만을 안아주십니다.

우리는 다윗을 통해 하나님의 그릇으로 쓰임 받는 사람이 되는 비결을 배울 수 있습니다. 우리 모두 하나님께 '내 마음에 맞는 사람'이라고 인정받아 귀하게 쓰임 받는 성도들이 됩시다.

📝 적용

ⓐ 오늘 말씀의 주제 파악하기

ⓑ 오늘 말씀 중 은혜 받은 부분 나누기

ⓒ 삶에 구체적으로 적용하기

🙌 함께 드리는 기도제목

1. 항상 겸손하게 하나님의 마음에 합한 사람으로 살아가게 하옵소서.
2. 나 같은 죄인이 죄 사함을 받고 구원의 백성이 된 것에 대해 늘 감사하는 마음을 잊지 않게 하옵소서.
3. 우리 모두 하나님께 '내 마음에 맞는 사람'이라고 인정받아 귀하게 쓰임 받는 성도들이 되게 하옵소서.

10

왜 걷고 있습니까?

- **본 문:** 출애굽기 14장 10-20절(구 104쪽)
- **찬 송:** 359장(천성을 향해 가는 성도들아, 통 401장)
- **요 절:** "여호와께서 모세에게 이르시되 너는 어찌하여 내게 부르짖느냐 이스라엘 자손에게 명령하여 앞으로 나아가게 하고 지팡이를 들고 손을 바다 위로 내밀어 그것이 갈라지게 하라 이스라엘 자손이 바다 가운데서 마른 땅으로 행하리라"(출 14:15-16).

출애굽의 사건은 단순한 유대인의 애굽 탈출기가 아닙니다. 우리는 출애굽을 통해 깨달아야 할 사실이 있습니다.

첫째, 하나님께서 역사를 주관하신다는 사실을 깨달아야 합니다.
당시 애굽의 강력한 군사력은 누구도 이길 수가 없었습니다. 그러나 그 군대를 가진 애굽도 하나님의 능력을 벗어날 수는 없었습니다. 하나님께서는 열 가지 재앙을 통해 인간의 역사와 자연현상까지도 하나님의 손안에 있음을 보여주셨습니다. 그리고 이스라엘 백성을 구름기둥과 불기둥으로 인도해 주셨습니다. 광야에서 물이 필요할 때에는 광야의 반석에서 물이 나오게 하셨습니다.
우리는 세상의 힘 앞에 두려워합니다. 힘 있는 사람들을 따라가려고 합니다. 그러나 우리는 출애굽기를 통해 하나님을 따라가야 하는 것만이 우리가 살 수 있는 길임을 깨달아야 합니다.

둘째, 출애굽기를 통하여 죄와 용서를 깨달을 수 있어야 합니다.

이스라엘 백성이 애굽에서 노예가 된 것은 하나님을 떠났기 때문입니다. 구약의 역사를 보면 이스라엘 백성이 하나님의 말씀을 떠날 때 기근으로, 염병으로, 전쟁으로 깨닫게 하셨습니다. 그러다가 죄가 가득 차고 회개가 없을 때에 노예로 끌려가게 하셨습니다. 그래서 이스라엘로 하여금 깨닫고 다시 돌아오게 하심을 우리는 구약의 이야기를 통해 알 수 있습니다.

사람이 굉장히 똑똑한 존재인 것 같은데 사실은 미련하고 교만한 존재입니다. 조금만 살 만하면 자기의 힘으로 사는 줄 알고 우상을 섬기고 하나님의 말씀을 거역한 것이 인간의 역사입니다. 이 죄에 대하여 구약의 시대나 지금이나 하나님은 징벌을 주십니다. 그 징벌은 죄를 지었으니 벌을 받으라는 것이 아니라 깨닫고 돌아와 은총의 자녀로 살아가라는 것입니다.

이스라엘 백성이 기근이 와도 깨닫지 못하고 염병이 일어나도 깨닫지 못하면 전쟁을 주시고 마지막에는 노예생활로 깨닫게 하셨습니다. 인간은 고통스러울 때에 비로소 자신의 연약함을 알게 됩니다. '내가 모든 것을 한다'고 생각했는데 사실은 '내가 할 수 있는 것이 아무것도 없구나!' 하는 것을 깨닫게 됩니다. 건강도 내 마음대로 되는 것이 아닙니다. 자식도 내 마음대로 안 되고, 사업도 내 마음대로 되는 것이 아닙니다. 사람관계도 내 마음대로, 뜻대로 되는 것이 아닙니다. 모든 길이 막힐 때 인간은 하나님 앞에 엎드리게 됩니다. 그러면 하나님께서는 진정으로 회개할 때 언제든지 용서하시고 새로운 길을 열어 주시는 하나님이심을 우리는 출애굽기를 통해 알 수 있습니다.

셋째, 출애굽 사건은 구원 사건의 예표입니다.

하나님께서는 이스라엘 백성이 자신들의 힘으로는 절대로 해결할 수 없는 노예생활에서 해방시켜 주셨듯이 우리의 힘으로는 절대로 해결할 수 없는 죄의 문제에서 해방시켜 주시고 영적인 가나안 땅 천국으로 우리를 인도해 주십니다.

넷째, 광야 길은 우리의 인생을 깨닫게 합니다.

광야 길은 어려운 길입니다. 가도 가도 끝이 없는 길입니다. 끝없이 가야 하는 길입니다.

안식월을 맞아 인도의 선교지와 네팔을 다녀왔습니다. 인도의 선교사님이 사역하는 미조람 지역은 가는 데만 이틀이 걸리는 지역입니다. 비행기를 세 번이나 갈아타고, 두 시간이 넘도록 절벽에 붙은 산길을 달려야 했습니다. 안전장치도 없는 산길은 쉬지 않고 커브길이 계속되었는데 자칫 마주 오는 차를 피하려다 좁은 길 밖으로 벗어나게 되면 끝이 보이지 않는 낭떠러지로 떨어지게 됩니다. 사고가 나면 시체도 찾지 못한다고 합니다. 실제로 절벽 아래로 내려갈 수가 없기 때문에 시체를 찾아올 수가 없습니다.

선교사님이 사역하는 미조람 지역은 제가 볼 때에 꿈을 찾을 수가 없는 곳이었습니다. 미조람 지역에는 우리 협력선교사님 한 분밖에 없습니다. 절벽에 지어진 집들이 끝이 없었고 청소년들은 술과 마약에 빠져 있었습니다. 그곳에서 에이즈환자들을 위해, 알코올중독자들을 위해, 현지인들의 미래를 위해 농장을 만들고 사역하는 선교사님을 보며 '우리가 더 많이 기도해야 되겠다'는 감동이 왔습니다.

인도로 출발하기 전 한 성도님이 한 달 월급을 인도 선교를 위해

가지고 왔는데, 그 헌금을 전달하면서 얼마나 기뻤는지 모릅니다. 네팔도 비슷한 환경이었습니다. 네팔에 있는 신학교를 방문하는 길은 지프로도 가기 힘든 길이었습니다. 한국의 미세먼지가 심각하다고 하는데, 네팔 시내는 매연으로 가득 차 있어 눈이 매웠습니다. '이번 안식월에 어려운 곳을 가보아야겠다' 하는 생각을 가지고 있었는데 '우리는 정말 감사하면서 살아야겠구나!' 하는 감동과 깨달음을 가지고 돌아왔습니다.

그곳의 많은 사람들이 거리마다 가득 차 있고 모두가 광야와 같은 길을 걷고 있었습니다. 그 광경을 보면서 오늘 전할 설교말씀이 떠올랐습니다. '왜 걷고 있느냐?'는 말씀입니다. '무엇을 하러 걷고 있느냐?'는 말씀입니다. 오늘도 우리는 걸어가고 있습니다. 이스라엘 백성이 광야 길을 40년을 걸었듯 우리도 하루하루 인생길을 걷고 있습니다.

1. 왜 걷고 있는지를 잊지 않아야 합니다.

이스라엘 백성이 지금 애굽에 있었다면 벽돌을 굽고 노예생활을 해야 했습니다. 희망이 없는 삶입니다. 그런데 지금은 희망을 향해 걸어가고 있습니다. 조금만 더 걸으면 하나님께서 약속하신 그 가나안 땅이 기다리고 있습니다. 그런데 눈앞에 어려움이 오니 가나안을 잊어버렸습니다. 이집트의 노예생활에서 해방된 것이 자기 힘으로 된 것이 아니었습니다. 전적인 하나님의 능력이었습니다. 그런데 애굽의 군대가 추격해올 때 자신들의 힘으로 해보려 하니 두려움이 찾아왔고 불평하게 되었습니다. 이스라엘 백성이 애굽의 노예로 살아갈 때에 희망이 없는 삶을 살았습니다.

그런데 하나님께서는 이들을 해방시켜 주셨습니다. 이들에게 가나안 땅을 약속해 주셨습니다. 이스라엘 백성이 광야 길을 걷는 이유는 가나안 땅에 들어가기 위함이었습니다. 그곳은 노예가 없는 곳입니다. 일한 만큼 먹을 수 있는 곳입니다. 예배도 마음껏 드릴 수 있는 곳입니다. 하나님의 자녀로 축복의 삶을 누리며 살 수 있는 곳입니다.

그런데 이들은 왜 걷고 있는지를 잊어버렸습니다. 그 내용이 오늘 읽은 말씀에 나옵니다. 바로는 이스라엘 백성을 해방시킨 것이 너무 속상했습니다. 그래서 이들을 다시 잡아 노예로 쓰기 위해 병사들이 병거를 타고 쫓아옵니다. 이때 이스라엘 백성은 심히 두려워하여 하나님께 부르짖습니다. 하나님께 부르짖는 것까지는 괜찮은데, 모세에게 뭐라고 하는가 하면 "애굽에 매장지가 없어서 당신이 우리를 이끌어 내어 이 광야에서 죽게 하느냐 어찌하여 당신이 우리를 애굽에서 이끌어 내어 우리에게 이같이 하느냐 우리가 애굽에서 당신에게 이른 말이 이것이 아니냐 이르기를 우리를 내버려 두라 우리가 애굽 사람을 섬길 것이라 하지 아니하더냐 애굽 사람을 섬기는 것이 광야에서 죽는 것보다 낫겠노라"(출 14:11-12)고 말합니다.

이 짧은 말 속에 이들의 불신앙을 볼 수가 있습니다. 지금까지 하나님께서 베풀어주신 놀라운 기적을 체험하며 광야 길을 걸었으면서도 잠시 어려움이 오자 하나님께 불평하였습니다. 노예생활을 할 때에는 하나님께 살려달라고 울부짖었는데 이제는 차라리 노예가 낫다는 말을 거침없이 합니다. 이런 불신앙의 모습을 가졌기에 이들은 가나안 땅의 주인이 되기에 합당하지 못했습니다. 그래서 하나님께서는 열흘이면 갈 수 있는 길을 40년간이나 걷게 하셨습니다.

우리가 사는 이 세상은 광야와 같은 곳입니다. 이 세상은 여러분으로 하여금 하나님을 잊어버리게 만드는 곳입니다. 우리가 사는 세상이 행복한 일들만 있습니까? 그렇지 않습니다. 모래바람이 불고,

낮에는 뜨거운 열기와 밤에는 추위가 찾아오는 이 세상은 광야와 같은 곳입니다. 독사와 전갈이 있는 곳입니다. 성도들에게 조금만 틈이 있으면 마귀가 물려고 덤비는 곳입니다. 오늘 또 어떤 일이 우리에게 일어날지 모릅니다. 그래서 평소에 하나님을 꼭 붙들고 있어야 됩니다. 여러분, 손해가 나도, 어려움이 있어도 하나님을 잊지 마십시오. 유혹이 찾아와도 하나님의 말씀을 잊지 않는 성도들이 되시기를 바랍니다.

2. 가나안 땅을 향해 가야 합니다.

이들이 왜 광야 길을 걸어야 했습니까? 광야 길을 지나야만 가나안 땅이 있기 때문입니다. 우리가 천국 길로 가기 위해서는 반드시 걸어야 할 길이 있습니다. 이 길은 피할 수 있는 것이 아닙니다. 이 길을 성경은 '좁은 길'이라고 말합니다. 좁은 길은 많은 사람이 가는 길이 아닙니다. 쉽게 갈 수 있는 길도 아닙니다. 다른 사람들은 주일에 놀러가고 자신의 즐거움을 위하여 살 때에 우리는 하나님께 예배드리기 위해 나왔습니다. 불신자들이 불신앙의 삶을 살고 불의한 모습으로 살아가더라도 우리는 믿음의 사람답게 살아야 합니다. 그러나 이 길을 반드시 지나가야 가나안 땅이 있습니다.

같은 날, 같은 길을 걸어가면서도 여호수아와 갈렙 같은 긍정적인 사람도 있었고 불평하는 사람들도 있었습니다. 처음에는 불평만 하던 이들도 고라 같은 사람이 앞장서자 함께 반기를 들었습니다. 모세와 아론이 한 편에서 향로를 들고 하나님 앞에 서있고, 다른 한 편에는 250명의 반역의 대표가 향로를 들고 하나님 앞에 섰습니다. 하나님께서는 고라와 다단과 아비람과 함께 반기를 든 자들 모두와 소유를 땅이 입을 벌려 삼켜버리게 하셨습니다. 이들과 합세하였던

250인이 향을 피우다가 이 광경을 보고 두려워 도망칠 때에 하나님께서는 이들을 불로 사르셨습니다.

　모세는 자기 민족을 위해 차라리 자기 이름을 천국명부에서 지워달라고 간청할 만큼 백성을 사랑했던 지도자입니다. 그런데 이들에 대해서는 달랐습니다. 하나님께 저들이 바치는 제물도 바라보지 말기를 간청했습니다. 이들은 가나안 땅을 차지할 자격이 없었던 사람들입니다. 결국 이들의 죄 때문에 이스라엘 백성 만 사천칠백 명이 반기를 들지 않았지만 염병으로 죽었습니다. 누구의 죄 때문입니까? 가나안 땅을 향해 가라 하셨는데, 그것을 잊어버리고 다른 곳을 가려고 했기 때문입니다.

　성경은 길갈로 가지 말고 벧엘로도 가지 말며 하나님을 찾으라고 하였습니다. 여러분, 이 세상에는 길이 많습니다. 부산을 가려 해도 길이 수없이 많습니다. 길이 막히면 내비게이션이 골목길까지 찾아 빨리 가는 길을 알려줍니다. 인생을 사는 방법도 수없이 많습니다. 일하는 곳도 많습니다. 사람들은 각자의 길을 가고 있습니다. 그러나 천국으로 가는 길은 샛길이 없습니다. 지름길도 없습니다. 오직 한길로만 가야 합니다. 그 길은 주님이 인도하시는 길입니다.

　한번은 인천에 갔다가 우리 교인이 병원에 입원해 있어서 들르려고 내비게이션을 작동시켰는데 불과 1km만 가면 되는 길을 돌아가게 하더니 고속도로로 인도를 합니다. 경인고속도로로 서울까지 와서 다시 돌아가라고 인도를 합니다. 길은 막히는데, 시간 약속이 있어 그만 인천에 다시 돌아가지를 못했습니다. 두 여자 말을 잘 들으면 실패하지 않는다는 우스갯소리가 있는데, 첫째는 아내의 말을 잘 들으면 되고, 또 한 여자는 내비게이션에 나오는 그 여자랍니다. 그런데 내비게이션도 믿을 게 못 됩니다. 아내는 믿을 수 있습니까? 아내 때문에 잘못되는 사람도 많습니다.

그러나 우리 주님이 인도하시는 길은 절대로 잘못될 수 없습니다. 잘되는 사람은 주님이 인도하시는 길을 따라가면 더 잘됩니다. 불행한 사람도 주님께서 인도하시는 길로 따라가면 행복해집니다. 절망에 빠진 사람도 주님께서 인도하시는 길로 따라가면 희망을 얻게 됩니다. 실패한 사람도 주님께서 성공의 길로 인도해 주십니다. 그래서 최종 목적지가 어디입니까? 가나안 땅, 천국입니다. 여러분, 우리의 가는 길은 세상 사람들이 가는 길과 다릅니다. 우리가 걸어가는 마지막에 천국 문이 기다리고 있다는 것을 잊지 말고 살아가시기를 바랍니다.

3. 하나님은 우리를 도우십니다.

모세는 불평하는 백성들을 향해 "너희는 두려워하지 말고 가만히 서서 여호와께서 오늘 너희를 위하여 행하시는 구원을 보라 너희가 오늘 본 애굽 사람을 영원히 다시 보지 아니하리라 여호와께서 너희를 위하여 싸우시리니 너희는 가만히 있을지니라(출 14:13-14)라고 외칩니다. 이들은 애굽을 두려워했습니다. 애굽에서 노예로 사는 동안 애굽 사람들은 공포의 대상이었습니다. 그래서 이들을 보자 싸울 생각조차 하지 못했습니다. 이것이 노예근성입니다. 400년 동안이나 노예로 살았으니 정상적인 생각이 안 되는 것입니다. 그래서 바로의 군대가 달려오는 병거소리만 듣고도 혼이 빠져나갈 것처럼 두려움에 빠져 하나님께서 지금까지 도우신 것을 잊어버렸습니다.

하나님께서는 이 노예근성을 뿌리 뽑고 하나님의 자녀답게 만드시기 위해 이들을 40년 동안 광야에서 훈련시키셨습니다. 그래서 40년이 지난 후 부정적인 사람들은 광야에서 다 죽고, 여호수아와 갈렙 같이 긍정의 사람과 함께 가나안 땅에 들어가서는 그곳에 사는 강한 거민들과 두려움 없이 전투를 치렀습니다.

하나님은 세상을 향해 담대히 싸워나가는 사람들과 함께해 주십니다. 하나님께서는 믿음으로 살려고 하는 자에게 기적도 베풀어 주십니다. "여호와께서 너희를 위하여 싸우시리니 너희는 가만히 있을지니라"고 했습니다. 하나님께서는 애굽 사람들이 하나님의 백성 이스라엘을 핍박한 것을 잊지 않으셨습니다. 이스라엘 백성은 하나님께 죄를 지어 노예생활의 벌을 받았지만 애굽 사람들은 하나님의 자녀들을 못되게 대접했기 때문입니다. 그래서 이들을 물속에 수장시키셨습니다.

성경을 읽어보면, 이 모든 것이 하나님의 놀라운 섭리입니다. 그래서 하나님의 섭리를 깨달은 사람은 불평하지 않습니다. 절망하지도 않습니다. 세상이 강하여도 물러서지 않습니다. 싸움은 내가 하는 것이 아닙니다. 우리의 인생을 내 힘으로 사는 것이 아닙니다. 내 힘으로 살아가려고 하는 사람은 나보다 더 강한 상대가 다가올 때 두려워합니다. 그러나 믿음으로 사는 사람은 어떠한 상황에서도 세상을 두려워하지 않습니다. 하나님께서 인도하실 줄로 믿기 때문입니다.

오늘 성경을 보면 하나님께서는 모세에게 명하여 지팡이를 들고 손을 내밀어 바다가 갈라지게 하라고 명하셨습니다. 그리고 모세의 손에 역사해 주셨습니다. 이스라엘 백성은 갈라진 바닷길로 걸어 행진을 했고, 이스라엘 백성이 있는 곳에는 불기둥으로 밤을 밝혀 주셨습니다. 애굽의 군대가 있는 곳에는 구름기둥과 흑암을 세워 이들이 움직이지 못하게 하셨습니다. 성경을 자세히 보면, 하나님의 사자가 옮겨갈 때 구름기둥과 불기둥도 옮겨갔습니다. 하나님의 영이 함께 거하셨다는 말입니다.

여러분, 우리는 영적인 애굽에서 하나님의 은혜로 떠나온 사람들입니다. 이스라엘 백성이 마지막 열 번째 재앙이 내려 애굽의 장자들과 동물의 첫태생까지 죽임을 당할 때에 이스라엘 백성은 모두가 살았습니다. 유월절 어린양의 피를 문설주와 지방에 바른 이스라엘 백성의 집은 죽음의 사자가 넘어갔습니다. 그렇습니다. 오늘도 우리는 유월절 어린양으로 오신 예수님의 십자가의 피를 믿는 것은 우리의 마음의 문에 주님의 십자가의 보혈을 바르는 것입니다. 주님의 보혈의 공로를 믿는 자는 세상의 힘이 어찌할 수 없습니다.

이스라엘 백성이 광야에서 하나님의 은총을 입었듯이 주님의 은혜를 입은 우리들이 인생의 광야 길을 갈 때에 하나님께서 보호해 주십니다. 여러분, 세상의 길이 막히고 힘든 일이 있을 때에 낙심하지 마십시오. 가만히 있어 하나님의 손을 기다리십시오. 가만히 있으라는 말씀은 떠들지 말고, 불평하지 말고 하나님을 바라보라는 말입니다. 기도하라는 말씀입니다. 그러면 구름기둥과 불기둥으로 여러분을 지켜주십니다. 악한 무리들로부터도 여러분을 지켜주십니다.

광야 길을 가는 여러분, 지금 우리 인생은 광야와 같은 인생길을 걸어가고 있는 것을 잊지 마시기 바랍니다. 가나안 땅을 향해 날마다 걸어가고 있음을 잊지 마시기 바랍니다. 하나님의 은혜에 감사하고 능력을 의지하며 나아가 영적인 가나안을 차지하는 성도들이 됩시다.

📝 **적용**

ⓐ 오늘 말씀의 주제 파악하기

ⓑ 오늘 말씀 중 은혜 받은 부분 나누기

ⓒ 삶에 구체적으로 적용하기

👏 **함께 드리는 기도제목**

1. 손해가 나도, 어려움이 있어도, 유혹이 찾아와도 하나님의 말씀을 잊지 않게 하옵소서.
2. 우리가 걸어가는 마지막에 천국 문이 기다리고 있다는 것을 잊지 않고 살아가게 하옵소서.
3. 하나님의 은혜를 감사하고 능력을 의지하며 나아가 영적인 가나안을 차지하게 하옵소서.

주님을 위하여 해야 할 일

- **본 문:** 마태복음 25장 31-40절(신 45쪽)
- **찬 송:** 447장(이 세상 끝날까지, 통 448장)
- **요 절:** "임금이 대답하여 이르시되 내가 진실로 너희에게 이르노니 너희가 여기 내 형제 중에 지극히 작은 자 하나에게 한 것이 곧 내게 한 것이니라 하시고"(마 25:40).

사순절 넷째 주일입니다. 우리는 사순절에 예수님의 말씀을 더 깊이 묵상하고 주님께 가까이 가는 절기가 되어야 합니다. 예수님께서는 마태복음 24장에 종말의 날에 있을 일을 말씀하셨습니다. 이단들이 일어나 미혹할 것이고, 곳곳에 전쟁과 기근과 지진이 있고, 많은 사람들이 시험을 받을 것이라 하셨습니다. 그러나 끝까지 견디는 자는 구원을 얻으리라고 하셨습니다. '그리스도가 여기 있다, 저기 있다' 하여도 믿지 말라고 하셨습니다.

주님께서 오실 때에는 해가 어두워지고 달이 빛을 내지 아니하며 별들이 하늘에서 떨어질 것이라 하셨습니다. 이때에 주님은 구름을 타고 능력과 큰 영광으로 오실 것이라 하셨습니다. 주님은 공중에서 오실 것이기 때문에 자칭 그리스도라 하는 이들은 모두가 가짜입니다. 기독교의 핵심은 종말신앙입니다. 종말이 없다면 우리가 선하게 살려고 애쓰지 않아도 되고 적당히 재미있게 살다가 가면 될 것입니다.

예수님께서는 종말의 날에 있을 일을 말씀해 주시고 이어서 무화과나무의 비유, 밭에 있던 두 사람과 맷돌을 갈던 두 여인의 이야기 등 종말에 대한 말씀을 주시고, 25장에서도 계속해서 천국에 대한 말씀을 주셨습니다. 열 처녀의 비유, 달란트를 맡은 종들의 비유를 말씀해 주시고 이어서 주신 말씀이 오늘 본문입니다. 그러므로 오늘 말씀은 선한 일을 하라는 데 초점이 있는 것이 아니라 '천국에 합당한 자'에 대한 말씀입니다. 예수님께서 재림하실 때에 사람들을 구분하실 것이라고 하셨습니다. "목자가 염소와 양을 구분하는 것같이 오른편에 양을 두고 왼편에 염소를 둘 것이라"고 하셨습니다.

　이것은 심판을 말씀합니다. 양과 염소는 같은 울타리 안에 있지만 둘의 특성이 다릅니다. 양은 순하고 목자를 따릅니다. 그런데 염소는 어떻습니까? 가까이 다가가서 만지려고 하면 들이받습니다. 고대 근동에서는 양과 염소를 한 울타리 안에 키운답니다. 양들은 서로 모이는 습성이 있어서 무더운 열기 속에서도 자꾸 모여 뭉쳐 있다 보면 숨이 막혀 죽기도 하고 문제가 일어납니다.

　그런데 염소를 한 우리 안에 넣어놓으면 이 염소가 훼방꾼입니다. 남들이 모여 있는 것을 못 봅니다. 이리저리 다니면서 뿔로 양을 공격합니다. 그러면 양들이 이리저리 흩어집니다. 염소의 못된 습성이 양을 살립니다. 이것은 영적인 의미가 있습니다.

　교회 안에도 양과 염소가 있습니다. 다 양 같은 사람만 있으면 좋겠지만 하나님께서는 염소 같은 사람도 넣어 놓으십니다. 그러면 염소 같은 사람은 이리저리 다니면서 양같이 온순한 교인들을 뿔로 받습니다. 괴롭습니다. 그러면 어떻게 합니까? 양은 목자를 찾습니다. 기도합니다. 염소는 양으로 하여금 기도하게 만드는 역할을 합니다. 목사도 어려움이 없으면 간절한 기도를 하지 않습니다. 괴롭고 힘들어야 더 기도합니다. 그것이 인간입니다.

무엇을 말씀합니까? 하나님께서는 교회에 염소 같은 사람도 보내셔서 시험거리를 주시니 성도들이 기도하게 됩니다. 그래서 성도들을 강하게 믿음으로 단련시키십니다. 여러분, 내가 주님을 따라가다가 염소 같은 사람들이 나를 시험하여도 시험 들지 마시기 바랍니다. 더 굳게 주님을 붙잡고 믿음이 강하여지는 여러분이 되시기를 바랍니다.

다윗이나 야곱같이 위대하게 쓰임 받은 사람도 못된 사람들에 의하여 시험을 받았습니다. 그리고 괴로울 때마다 더 기도하여 믿음의 사람으로 성장했습니다. 이것이 성경적입니다. 그렇다고 해서 우리 교회 성도들을 강하게 연단시키려고 여러분이 염소의 역할을 하지는 마시기 바랍니다. 마귀는 염소 같은 사람들을 이용합니다.

오늘 성경에 나오는 염소는 악한 자를 말합니다. 평소에는 양과 한 우리에 삽니다. 그러나 주님께서 오실 때에 양과 염소를 갈라 구분하여 놓겠다고 하셨습니다. 주님은 오른편에 앉은 자들에게 이렇게 말씀하십니다. "내 아버지께 복 받을 자들이여 나아와 창세로부터 너희를 위하여 예비된 나라를 상속받으라"(마 25:34)고 하십니다. 천국에 함께 거하자는 말씀입니다. 천국은 창세로부터 예비되었습니다. 믿음으로 사는 자들을 위하여 준비되었습니다. 우리 모두 복 받을 자가 되고 천국을 유업으로 차지하는 성도들이 됩시다.

그 이유를 35절 이하를 보면 "내가 주릴 때에 너희가 먹을 것을 주었고 목마를 때에 마시게 하였고 나그네 되었을 때에 영접하였고 헐벗었을 때에 옷을 입혔고 병들었을 때에 돌보았고 옥에 갇혔을 때에 와서 보았느니라"(마 25:35-36)고 말씀하십니다. 이 말씀을 보면 이해가 안 되는 내용이 있습니다. 구원은 믿음으로 얻는 것인데, 오늘 예수님께서 주시는 말씀은 가난한 자들에게 혹은 병든 자와 옥에 갇힌 자에게 선행을 베푼 것이 주님께 한 것이고 그 이유로 구원을 얻는다고 하니 이해가 안 됩니다. 야고보서에도 행함이 있어야 구원을 받는다는 말씀이 나옵니다. 우리는 이 말씀을 잘 깨달아야 합니다. 믿음이 무엇입니까? "내가 믿습니다" 하면 그것이 믿음입니까? 하나님이 계신 것이 믿어지면 그것이 믿음입니까? 성경은 그것을 행함이 없는 믿음이라고 말합니다. 믿기는 믿지만 따라가지 않습니다.

예를 들면 우리 앞에 두 길이 있는데, 오른편 길로 가야 산다는 것을 내가 압니다. 내가 살려면 어느 길로 가야 합니까? 오른편 길로 가야 합니다. 그 자리에 앉아있든지 왼편 길로 가면 죽습니다. 믿음이 그렇습니다. 믿는다는 것은 하나님의 말씀의 길을 따라가는 것이 진짜 믿음입니다. 예수 믿으면서도 악한 일을 행하는 사람들이 있습니다. 믿지 않는 사람들보다 더 못된 일을 하는 사람들도 있습니다. 어떤 분들을 보면 저렇게 살다가 하나님께서 갑자기 부르시면 어떻게 하려고 그러는지 안타까울 때가 있습니다. 이 사람들은 하나님이 살아계신 것을 믿으면서도 "이 길로 와야 산다" 하시는 음성을 들으면서도 반대의 길로 가는 사람들입니다. 염소와 같은 사람들입니다.

교회에 다닌다고 다 양이 아니요, 다 믿음으로 사는 사람들이 아닙니다. 여러분, 교회를 다니는 이유를 분명히 아셔야 합니다. 교회를 다니는 제일의 목적은 구원받기 위해서입니다. 그다음에 하나님께서 주시는 은혜도 누리고 축복도 누립니다.

믿음에는 반드시 열매가 있습니다. 믿음의 사람은 성령님이 내 마음속에 들어와 나를 주장해 주십니다. 그래서 성령으로 사는 사람은 성령의 열매를 저절로 맺게 됩니다. 성령의 아홉 가지 열매는 성령님이 내 마음을 주장해 주셔서 맺는 것이지, 내가 내 힘으로, 내 능력으로 맺는 것이 아닙니다. 바리새인은 내가 하려고 하다가 실패하였습니다.

그러면 오늘 예수님께서 말씀하신 선한 일은 어떤 의미를 가지고 있습니까? 이것이 바로 믿음으로 사는 사람들의 열매입니다. 그래서 믿음으로 사는 사람은 악하지 않습니다. 세상을 따라가지 않습니다.

1. 주님은 "내가 주릴 때에 너희가 먹을 것을 주었고"라고 말씀하십니다.

우리 주변에는 어려운 이웃들이 많이 있습니다. 굶주리는 사람들이 있습니다. 지금도 지구상에는 8억 이상의 인구가 굶주리고 있고 매년 일천만 명 이상이 굶주림과 치유 가능한 질병으로 죽어가고 있습니다. 아프리카에 있는 어느 선교사님 말씀을 들어보니, 영양상태가 얼마나 안 좋은지 한국의 영양제 몇 알만 먹여도 누워있던 사람들이 벌떡벌떡 일어난다고 합니다. 우리 형제들인 북한 땅의 자녀들도 영양실조에 걸려 있습니다. 남과 북의 평균키가 10cm 이상 차이가 납니다. 북한의 남성들이 남한 여성들보다 평균키가 작습니다. 그러니 몸무게는 말할 필요도 없습니다.

우리는 살 빼려고 몸부림을 치는데, 북한의 형제들은 굶주려 죽지 않기 위해 몸부림을 칩니다. 우리는 굶주리는 이웃들에 대하여 외면하지 않아야 합니다. 우리 교회는 북한의 형제들에게 매년 먹을 것을 보내고 있습니다. 선교단체에서는 일부러 좋은 것을 보내지 않습니다. 좋지 않은 밀가루로 검은 빵을 직접 만들어 보냅니다. 그래야 일반 어린이들에게 간다고 보기 때문입니다.

노숙하는 사람들을 섬기는 일이나 어려운 이웃들을 섬기는 일에 소문은 내지 않지만, 그곳에 가서 섬기는 성도님들도 있고 또한 여러분의 헌금을 통하여 쉬지 않고 일을 하고 있습니다. 가난한 나라의 한 마을 어린이들에게 매일 먹을 것을 제공하는 우리 성도님도 있습니다. 하루 한 끼만 먹어도 영양실조에 걸리지 않기 때문입니다. 성전 건축을 하면서도 이러한 일에 재정을 줄이지 않았습니다. 그것은 예수님께서 명령하셨기 때문입니다. 우리가 주님 앞에 섰을 때에 "그들에게 한 것이 내게 한 것이다"라고 말씀하실 것이기 때문입니다.

2. 주님은 "목마를 때에 마시게 하였고"라고 말씀하십니다.

지구상에는 마실 물이 없어 고통당하는 이웃들이 많습니다. 목이 마를 때에 물을 마시지 못한다는 것은 고통스러운 일입니다. 유니세프의 보고에 의하면, 가뭄과 전쟁 등으로 마실 물이 없어 고통당하는 사람들이 지구상에 1억 8천만 명 이상이 있다고 발표했습니다. 이들에게 물을 주는 것이 주님께 행하는 일입니다. 우리 성도님들이 우물을 파달라고 헌금하신 분들이 많습니다. 그런데 사실 우물이 그렇게 쉽게 파지는 것이 아닙니다. 우물을 파도 말라버리는 경우가 허다합니다. 그래서 우리 교회는 가능한 정수시설을 해주기 위해 노력하고 있습니다.

3. 주님은 "나그네 되었을 때에 영접하였고"라고 말씀하십니다.

예수님 당시에 타지에서 먹을 것을 찾아온 사람들은 도움이 없으면 굶어죽을 수밖에 없었습니다. 나그네를 영접한다는 것은 생명을 살리는 일이었습니다. 오늘도 우리나라에는 돈을 벌기 위해 온 외국인 노동자들이 많습니다. 이들이 나그네입니다. 우리 한국에는 이들에 대한 인권침해가 너무 많습니다. 억울한 일을 당하고 모욕을 당해도 어디 가서 하소연할 곳이 없습니다. 이러한 사람들을 위해 한국교회는 오래전부터 많은 일을 해왔습니다. 교회가 없었다면 이들은 정말로 힘들었을 것입니다. 우리 교회도 외국인 노동자들의 인권을 위해 일하는 여러 기독교 단체들을 섬기고 있습니다.

새 성전을 건축할 때 우리 교회 건축현장에서 일하는 분들도 거의 모두가 외국인들이었습니다. 어려운 일은 다 외국인이 합니다. 공사 중에 특별히 무더웠던 때에 이분들에게 아이스크림도 사주고 수박도 사주고 그랬습니다. "내가 나그네 되었을 때에 영접하였다"라는 주님의 말씀이 떠올랐기 때문입니다. 공산주의 국가에서 온 이분들은 '다른 현장에서 일할 때에는 안 그랬는데, 교회는 좋은 곳이구나!' 하는 마음을 가졌을 것입니다. 우리 성도들이 있는 곳에도 많은 외국인 노동자들이 있을 것입니다. 이분들을 함부로 대하지 마시기 바랍니다. 주님을 대하듯 따뜻한 마음으로 대해 주시기 바랍니다. 우리가 가서 선교하기는 힘들어도 우리나라에 찾아온 이들에게 선교하기는 쉽습니다. 그러므로 이들에게 따뜻하게 대해 주시고, 함께 기도해 주시기 바랍니다.

4. 주님께서는 "헐벗었을 때에 옷을 입혔고"라고 말씀하십니다.

우리나라는 지금 옷이 넘쳐나고 있습니다. 유행이 지나면 입지 않습니다. 얼마 전 양복을 입고 한 회의에 참석을 했는데 목사님 양복이 촌스럽다고 합니다. '이상하다. 이 양복이 10년이 넘어 오래되기는 했지만 괜찮은 양복인데, 왜 그럴까?' 생각을 했습니다. 그래서 물어보니 요즘 나오는 바지는 주름이 한 개밖에 없다고 합니다. 그런데 저의 바지를 보니 주름이 세 개나 됩니다. 그리고 바지통이 문제인 대통령이 입은 것처럼 좁고 좀 올려 입는다고 합니다. '아 그렇구나!' 그래서 바지들을 모두 꺼내어 수선 집에 보내어 통을 좁게 하고 밑을 좀 잘랐습니다. 그랬더니 유행에 비슷하게 되었습니다. 옷 팔아 먹으려고 옷 만드는 사람들이 머리를 많이 씁니다.

우리는 옷이 남아 버리는데 걸칠 옷이 없어 고통당하는 나라들이 많습니다. 선교회의 지원으로 아프리카에서 유학 왔다가 돌아가는 학생들이 가방에 짐을 많이 넣어가지고 가는데 보니까 항공료가 너무 많이 나옵니다. 가방을 열어보니 헌 구두, 버린 신발 이런 것들이 가득 차 있었습니다. 그것을 보고 보내주면서도 마음이 아팠습니다.

5. 주님은 "병들었을 때에 돌보았고"라고 말씀하십니다.

  병이 들어도 치료받을 수 없는 사람들이 제일 고통스럽습니다. 특히 희망을 가지고 살아야 할 아이들이 질병으로 일어서지 못하는 일은 너무나 고통스러운 일입니다. 우리 교회에서 시작한 사랑의 천사운동은 이 일을 위해 시작되었습니다. 그리고 지금까지 많은 사람들을 치료해 주었습니다. 얼마 전에도 전쟁터에서 발을 잃은 어린이들을 위해 목발을 지원하는 일을 알아봐 달라고 부탁을 했습니다. 이번에 인도를 방문하면서 일부러 테레사 수녀님이 임종환자들을 섬겼던 곳을 찾아가 보았습니다. 그곳은 방문이 금지되어 있는데 특별히 부탁을 하여 내부를 돌아보게 되었습니다. 임종을 앞둔 환자들, 에이즈 환자들, 거리에서 죽어가는 사람들을 데려다가 돌보는 곳인데 전 세계의 사람들이 와서 그곳에서 섬기고 있었습니다. '냄새 나는 그곳에서 하루 종일 섬기는 이들이 천사구나!' 하는 생각을 했습니다. 주님께서는 그것이 주님께 한 일이라고 말씀하십니다.

6. 주님은 "옥에 갇혔을 때에 와서 보았느니라"라고 말씀하십니다.

  당시의 감옥은 지금의 감옥과는 다릅니다. 인권이 없습니다. 먹지 못해 굶어죽을 수도 있습니다. 억울하게 갇힌 사람들도 있습니다. 감옥에 갇힌 사람들은 희망이 없습니다. 위로가 필요하고 사랑이 필요한 사람들입니다. 이런 이웃들이 우리에게 많습니다. 어려운 이웃들을, 고통당하는 이웃들을 우리가 주님의 이름으로 섬길 때에 주님의 향기가 온 땅에 퍼져나갈 것입니다. 불고기집에 갔다가 나오면 내 몸에서 고기 냄새가 납니다. 그 냄새를 사람들이 저절로 맡게 됩니다.

그렇습니다. 여러분이 예수 믿고 예배를 드리고 돌아가면 저절로 예수님의 향기가 나야 합니다. 그렇게 예수님의 향기를 나타내며 살다가 우리는 예수님 앞에 설 때가 옵니다. 그때에 예수님은 우리를 오른편에 세우시고 귀한 일을 하였다고 칭찬해 주실 것입니다.

교회는 다른 목적을 위해 다니는 곳이 아닙니다. 하나님을 만나고 그 말씀에 순종하며 살기 위해 다닙니다. 그리고 주님 앞에 설 때에 주님의 인정을 받기 위해 노력합니다. 오늘 말씀 바로 뒤를 보면 왼편에 세워진 자들에게는 "저주를 받은 자들아 나를 떠나 마귀와 그 사자들을 위하여 예비된 영원한 불에 들어가라"(마 25:41) 말씀하십니다. 이들은 어려운 이웃들에게 곧 주님께 선한 일을 행하지 아니하였기 때문입니다.

여러분, 사순절을 지내며 우리는 주님의 말씀과 주님의 행하신 일을 더 깊이 묵상하고 순종해야 합니다. 지금까지 나만을 위해 살았다면 시선을 이웃을 위해 돌리고 이웃과 함께 살아가는 우리 성도들이 되시기를 바랍니다. 그리하여 "내 아버지께 복 받을 자들이여 나아와 창세로부터 너희를 위하여 예비된 나라를 상속받으라"(마 25:34) 하는 주님의 음성을 꼭 듣는 성도들이 됩시다.

📝 적용

ⓐ 오늘 말씀의 주제 파악하기

ⓑ 오늘 말씀 중 은혜 받은 부분 나누기

ⓒ 삶에 구체적으로 적용하기

🙏 함께 드리는 기도제목

1. 더 굳게 주님을 붙잡고 믿음이 강하여지게 하옵소서.
2. 사순절을 보내면서 주님의 말씀과 주님이 행하신 일을 더 깊이 묵상하고 순종하게 하옵소서.
3. 우리의 시선을 이웃에게 돌리고 이웃과 함께 살아가게 하옵소서.

좋은 친구가 있습니까?

- **본 문:** 요한복음 15장 13-17절(신 175쪽)
- **찬 송:** 90장(주 예수 내가 알기 전, 통 98장)
- **요 절:** "이제부터는 너희를 종이라 하지 아니하리니 종은 주인이 하는 것을 알지 못함이라 너희를 친구라 하였노니 내가 내 아버지께 들은 것을 다 너희에게 알게 하였음이라"(요 15:15).

성경에는 행복한 친구를 둔 인물들의 이야기가 나옵니다. 목숨을 걸고 서로를 사랑한 다윗과 요나단의 우정, 신앙을 지키기 위해 서로 격려하며 사자 굴에까지 들어간 다니엘과 풀무불에 들어간 세 친구들, 중풍에 걸린 친구를 위해 지붕을 뚫고 예수님께 나아온 친구들이 있는가 하면 욥의 세 친구와 같이 욥이 어려움을 겪을 때에 더 마음을 아프게 했던 친구들도 있습니다. 솔로몬의 아들인 르호보암 왕은 젊은 친구들의 말을 듣고 폭정을 행한 결과 이스라엘 12지파 중 10개 지파가 반기를 들고 일어나 나라가 분열되었습니다. 헤롯과 빌라도는 원래 원수였으나 예수님을 처형하는 악한 일로 인해 그날부터 친구가 되었다고 했습니다.

어떤 친구를 두느냐에 따라 우리의 인생의 미래가 바뀝니다. 맹자의 어머니는 아들이 누구와 만나느냐에 따라 인생이 바뀐다는 이치를 알았기 때문에 아들을 위하여 세 번씩이나 이사를 했습니다. 우리나라는 유교적인 영향 때문에 친구라 하면 같은 나이를 생각하는데, 서양식의 친구 개념은 나이가 별로 문제가 되지 않습니다. 청년과 노인도 친구가 될 수 있습니다. 그래서 젊은 사람이 노인을 '내 친구'라고 소개하기도 합니다.

어느 교회에서 목사님이 주일학교 설교를 하시면서 예수님은 우리의 친구가 되셨다고 하시며 목사님도 여러분의 친구라고 했답니다. 그랬더니 초등학교 꼬마 하나가 그날부터 목사님만 보면 "어이, 친구" 하고 손을 흔들며 지나간답니다.

세상에는 두 종류의 친구가 있다고 합니다. 첫째는 음식이나 약 같은 친구로, 매일 대하여도 또 대하고 싶고 유익을 주는 친구입니다. 둘째는 질병과 같은 친구입니다. 그래서 나를 병들게 하는 친구입니다. 사람은 친구의 영향을 받을 수밖에 없습니다. 생선가게에 하루 종일 있다가 나오면 온 몸에 생선냄새가 납니다. 나도 모르게 전염됩니다. 그 생각과 사상이 나도 모르게 전염됩니다. 어떤 사람인지를 알려면 그 친구를 보면 압니다. 사람들은 자신과 코드가 맞는 사람끼리 만나기 때문입니다.

저는 우리 성도들도 누구와 가까이 만나는가를 유심히 봅니다. 다른 곳에서 이사 오신 분들이 누구와 만나 교제하는 것에도 유심히 봅니다. 감사하게도 전도하고 기도생활 많이 하시는 분들을 만나서 함께 매일 전도하러 다니시는 것을 보면 얼마나 감사한지 모릅니다. 이분들은 친구를 잘 만나 이생과 내생의 복을 하나님으로부터 약속받았기 때문입니다. 전도하는 사람을 만나면 나도 전도하는 사람이 됩니다. 기도하는 사람을 만나면 나도 기도하는 사람이 됩니다. 그러므로 감사하는 사람, 말씀을 사모하는 사람, 주의 일에 힘쓰는 사람, 신앙의 긍정적인 사람을 만나야 복된 인생이 됩니다. 좋은 사람, 좋은 친구 만나는 것이 큰 축복입니다.

그러므로 복된 사람 만나기를 늘 기도해야 하고 내 자녀들이 믿음의 사람, 긍정적인 인생을 살아가는 사람을 만나기를 기도해야 합니다. 나 혼자 신앙생활을 하는 것이 아닙니다. 나 혼자서 은혜 받는 것도 아닙니다. 내 주변이 복되면 그 사람 때문에 내가 은혜를 받고 내가 축복의 사람으로 계속해서 살게 됩니다.

오늘 여러분은 내 주변에 어떤 친구가 있는지를 돌이켜 보시기 바랍니다. 그 친구가 하나님께서 기뻐하시는 사람인지, 영적으로 순결한 사람인지를 먼저 바라보아야 합니다. 그 친구가 내 인생에 영향을 미치게 되기 때문입니다. 또한 우리 모두 내 주변의 만나는 사람들에게 선한 영향력을 끼치는 친구가 되기를 바랍니다.

오늘 예수님은 우리를 향해 '내 친구'라고 하셨습니다. 우리 예수님께서 내 친구가 되어 주신다니 얼마나 행복합니까? 세상에서도 든든한 친구를 두면 마음이 안심이 됩니다. 재벌회사의 회장이 내 친한 친구라면 돈 걱정할 필요가 없을 것입니다. 격투기 세계 챔피언이 내 친구라면 그 친구와 함께 길을 갈 때에 밤길을 걸어도 안심이 됩니다. 그런데 우리 예수님이 내 친구가 되어 주신다고 하니 우리는 험한 인생길을 걸어도 안심이 됩니다. 친구를 위해 목숨을 버리면 이보다 더 큰 사랑이 없다고 하셨는데 예수님께서 우리를 친구로 삼아 주시고, 우리를 위해 목숨을 십자가에서 내주셨습니다. 그런데 어떤 사람을 친구라 하십니까?

1. "너희는 내가 명하는 대로 행하면 곧 나의 친구라"(요 15:14).

교회에 나오는 것은 예수님의 말씀을 따라 살기 위해서입니다. 이 세상의 수많은 사람들이 각기 다양한 곳에 살고, 각기 다른 직업을 가지고 다른 음식을 먹으며 살아도 인생은 두 가지 길밖에 없습니다. 하나는 생명의 길이요, 다른 하나는 멸망의 길입니다. 주님을 따르는 데 손에 쟁기를 잡고 뒤를 돌아보는 자는 하나님의 나라에 합당치 않다고 하셨습니다. 왜 신앙생활을 하면서도 복잡하고 고민이 많습니까? 뒤를 돌아보기 때문입니다. 앞만 보고 가는 사람은 복잡할 것이 없습니다.

성경에는 인생 문제의 해답이 있습니다. 믿음생활 잘하는 법이 성경에 기록되어 있습니다. 은혜 받는 비결도 성경에 다 나와 있습니다. 축복받는 비결, 행복한 가정이 되는 비결, 시험을 이기는 비결 등 모든 비결이 성경에 다 나와 있습니다. 성경 말씀에 중심을 두고 살면 문제가 사라집니다. 하나님께서 약속하신 대로 문제를 사라지게 해주시기 때문입니다. 여러분, 신앙생활에 승리하고 예수님의 친구가 되고 싶습니까? 말씀을 듣고 그 말씀대로 따라 사십시오. "내가 명하는 대로 행하면 곧 나의 친구라", 우리 주님께서 말씀하셨기 때문입니다.

저는 말씀을 전할 때에 늘 본문 말씀을 풀어서 전합니다. 내 지식을 전하는 것이 아니기 때문입니다. 목사는 하는 일이 여러 가지가 있지만 그 중에 제일 중요한 일은 말씀을 전하는 일입니다. 목사는 하나님의 집에서 밥을 짓는 식모입니다. 잡곡밥이 필요한 사람에게는 잡곡밥을, 죽이 필요한 사람에게는 죽을 준비합니다. 주일날은 모든 성도들이 다 참석하는 날이니 초등학생도 잘 소화할 수 있도록 준비하여 말씀을 전합니다. 그래서 주일날 말씀 전하는 것이 제일 어렵습니다. 신앙적으로 보면 유치원생도 있고, 중·고등학생도 있고, 박사도 있고, 건강한 사람도 있고, 상처 받은 사람도 있는데 모든 사람들이 다 은혜 받으려면 어떻게 전해야 되는지가 어렵기 때문입니다.

교육전도사 시절에 말씀을 준비하는데 철학책도 읽고 신학서적도 읽고 '신학적', '철학적' 하며 말씀을 준비했습니다. 나중에 목회하면서 그때 기록해 놓았던 설교를 읽어보고 얼마나 부끄러웠는지 모릅니다. 말씀은 다른 것을 전하는 것이 아니라 하나님의 말씀을 그저 풀어서 전하면 그다음에는 하나님께서 역사하시는데 내가 무엇을 해보려고 했기 때문입니다. 이 종이 말씀을 준비하며 기도하는 것은 "하나님, 오늘 말씀을 전할 때에 모든 성도들이 다 알아듣고 잘 소화하여 건강한 성도들이 되고 은혜의 삶을 살게 하여 주시옵소서! 그래서 모두가 영적으로 풍성하여 시험 드는 사람이 없게 하시고 모두가 천국백성으로 자라게 하여 주시옵소서!" 하고 기도합니다.

예수 믿으면서 머리 쓰는 것이 아닙니다. 천국은 어린아이 같지 아니하면 결단코 들어가지 못한다고 하셨습니다. 저는 분명히 성경의 말씀을 전합니다. 우리 예수님께서 '결단코'라고 하셨으니 정말 못 들어갑니다. 세상에서 다른 것 하려고 예수 믿는 어리석은 사람이 되어서는 안 됩니다. 그저 말씀을 사랑하고 말씀을 따라 사십시오. 그래야 예수님의 친구가 되고 예수님과 동행하는 인생이 될 수 있습니다. 저는 하나님께서 주신 말씀을 전하고, 여러분은 그 말씀을 듣고 순종함으로 우리 모두를 예수님께서 친구로 삼아주셔서 신앙의 승리자가 되기를 바랍니다.

2. "너희가 나를 택한 것이 아니요 내가 너희를 택하여 세웠나니"(요 15:16).

여러분, 인간의 선택은 늘 변합니다. 처음에 좋던 물건도 싫어지게 되고 집도 차도 그렇습니다. 사람도 그렇습니다. 늘 좋은 사람으로 남아있는 경우가 많지 않습니다. 친구는 어떻습니까? 중·고등학교 시절 평생을 함께 갈 것 같은 친구들이 지금은 어디에 살고 있는지도 모릅니다. 사람의 선택은 늘 변하기 때문입니다. 여러분의 힘이 빠져 보십시오. 사업에 망하고 돈도 떨어지고 병들면 친구도 다 떠나갑니다. 인생은 바람에 나는 겨와 같습니다. 그런데 우리 주님이 택하시면 영원히 변치 않으십니다. 우리 주님은 여러분의 기도를 들어 응답해 주시고, 불쌍히 여겨주시고 여러분을 다시 일으켜 세워 주십니다.

저는 신학을 하다가 마음이 변하여 다른 길로 가려고 했습니다. 다시는 신학교에 돌아가지 않겠다고 책까지 친구들에게 다 나누어 주고 자퇴서를 쓰고 신학교를 떠났습니다. 그런데 부모님은 늘 이야기하시기를 "너는 날 때부터 서원했고, 응답을 받았고, 주의 종으로 바치기로 매일 쉬지 않고 기도했으니 도망갈 수 없어"라고 말씀하셨습니다. 그 말이 정답입니다. 하나님께서 택하시면 그 약속을 변개하지 않으십니다. 저는 그 길을 떠난다고 생각했는데 나중에 생각해 보니 모든 일들이 목회를 위해 준비하는 기간들이었습니다. 신학교에서 배울 수 없었던 것들을 훈련시키시는 사관학교였습니다. 지나 놓고 보니 그렇습니다.

그것을 깨달은 다음부터는 철저하게 내 힘으로 다른 것을 붙잡지 않으려고 했습니다. 저를 불쌍히 여기시고 일꾼 삼아주신 것은 복음 전하라고 하신 것이기 때문에 오직 복음만을 전하기 위해 애를 썼습니다. 옛날에는 사람이 대단한 줄 알고 사람을 두려워했지만 지금은 오직 전능하신 여호와 하나님이 제일이신 줄로 알고 하나님만을 두려워합니다. 그랬더니 하나님께서 다 이루어주십니다.

여러분, 내가 예수님 붙들려고 하면 그 손을 놓칩니다. 뉴스에서 40m 높이의 고공 타워크레인에서 밀린 임금을 달라고 농성을 벌이던 노동자가 힘이 빠져 떨어지는 장면을 보았습니다. 다행히 생명을 구했습니다. 손을 놓치지 않기 위해 힘을 써도 내 힘이 다 떨어지니 어쩔 수 없었습니다. 여러분, 잘 기억하십시오. 내 힘으로 예수 믿으려고 하면 안 됩니다. 그러면 떨어지는 날이 옵니다. 내가 교회에서 무엇 한다고 생각하는 사람은 다 시험에 드는 날이 옵니다. 주의 일은 내 힘으로 하는 것이 아니라 성령님께서 주시는 힘으로 해야 합니다. 나도 모르게 따라갑니다.

아직 성령님을 만나지 못하셨습니까? 하나님은 애통하며 구하는 자를 외면하지 않으십니다. 말씀을 듣고 아멘 하고 "성령님께서 내 마음에 오시옵소서!" 간절히 구하면 여러분의 심령에 임하십니다. 하나님께서 약속하셨기 때문입니다. 주님께서 내 안에 임하시고 내 손을 잡아주셔야 우리는 복된 인생이 될 수 있습니다.

여러분이 예수 믿은 것이 아닙니다. 여러분이 도립교회를 택한 것이 아닙니다. 여러분이 열심히 하여 직분 받은 것이 아닙니다. 하나님께서 택하여 세우셨습니다. 하나님께서는 이스라엘 백성에게 말씀하시기를 "내가 택한 야곱아"(사 41:8)라고 하십니다. 하나님께서 택하셨다는 말씀입니다. 그리고 이어서 "버러지 같은 너 야곱아"(사 41:14)라고 말씀하십니다. '너는 원래 버러지 같은 존재이지만 내가 택하였다'는 말씀입니다. 그렇습니다. 우리는 버러지 같은 존재인데 하나님께서 택하셨기에 "나의 벗 아브라함의 자손아"(사 41:8)라고 불러주셨습니다. 그리고 약속의 말씀을 주십니다.

> "두려워하지 말라 내가 너와 함께함이라 놀라지 말라 나는 네 하나님이 됨이라 내가 너를 굳세게 하리라 참으로 너를 도와주리라 참으로 나의 의로운 오른손으로 너를 붙들리라"(사 41:10).

우리 하나님께서 우리와 함께하시고, 도와주시고, 굳세게 하시고,

오른손으로 붙들어주시면 안전한 줄로 믿으시기 바랍니다.

3. "이는 너희로 가서 열매를 맺게 하고 또 너희 열매가 항상 있게 하여 내 이름으로 아버지께 무엇을 구하든지 다 받게 하려 함이라"(요 15:16).

우리를 친구로 삼아주신 것, 그리고 우리를 택하여 주신 것은 우리로 열매를 맺게 하려고 하신 일입니다. 예수님께서는 모든 것은 열매로 안다고 하셨습니다. 우리는 매일같이 열매 맺는 인생을 살고 있습니다. 지금도 우리는 하나님 나라의 열매를 맺고 있습니다.

어떻게 열매를 맺어야 합니까? 예수님께서는 "나는 포도나무요 너희는 가지라 그가 내 안에, 내가 그 안에 거하면 사람이 열매를 많이 맺나니 나를 떠나서는 너희가 아무것도 할 수 없음이라"(요 15:5) 하고 말씀하셨습니다. 우리가 열매를 맺으려면 주님 안에 접붙임을 받은 인생이 되어야 합니다. 내가 맺은 열매는 다 떠나갑니다. 지금 내가 무엇을 한다고 뛰어다니지만 나이가 들어보십시오. 내가 좋아하던 것들도 다 떠나갑니다. 내게서 떨어져 나갑니다. 자식이 최고인 줄 알고 자식을 위해서 모든 것을 다 투자하는데 그런다고 되는 줄 아십니까? 자식도 다 내게서 떨어지게 됩니다. 나이 80세가 되고, 힘이 떨어지면 할 수 있는 것이 거의 없습니다.

그런데 자식을 주님께 바친 사람은 자식을 통해 믿음의 열매를 맺습니다. 나이가 들어도 내 평생에 주님을 위해 헌신하며 맺은 열매가 익어가기 시작합니다. 그래서 주님 안에서 열매를 맺은 사람은 나이가 들어가도 천국의 열매를 바라보며 추수할 날을 기쁨으로 기다리는 인생이 됩니다. 그것뿐이 아닙니다. 주 안에서 열매를 맺는 사람에게는 오늘 축복의 약속이 있습니다.

"내 이름으로 아버지께 무엇을 구하든지 다 받게 하려 함이라"(요 15:16).

하나님께서는 우리 인생이 복된 결실을 거두는 인생이 되기를 기뻐하십니다. 그래서 '너와 함께한다, 너를 지켜준다, 붙들어준다, 이기게 한다'고 약속을 주십니다. 믿음으로 사는 사람은 축복의 길을 걸어가게 됩니다. 여러분, 무엇을 구하든지 다 받기를 원하십니까? 주 안에서 믿음으로 열매를 맺으시기 바랍니다. 주님을 위해 눈물을 흘리며 씨를 뿌리시기 바랍니다. 주님께서 세우신 이 교회에 감동을 주는 사람이 되기를 바랍니다. 교회를 사랑하고 성도를 사랑하시기 바랍니다. 그리하여 우리의 기도가 응답받는 축복의 인생으로 살아가는 성도들이 됩시다.

📝 적용

ⓐ 오늘 말씀의 주제 파악하기

_____

_____

ⓑ 오늘 말씀 중 은혜 받은 부분 나누기

_____

_____

ⓒ 삶에 구체적으로 적용하기

_____

_____

🙏 함께 드리는 기도제목

1. 말씀을 듣고 순종함으로 우리 모두를 예수님께서 친구로 삼아주셔서 신앙의 승리자가 되게 하옵소서.
2. 하나님께서 우리와 함께하시고, 도와주시고, 굳세게 하시고, 오른손으로 붙들어 주시면 안전한 줄로 믿는 믿음을 허락하옵소서.
3. 주 안에서 복된 결실을 거두는 인생이 되게 하옵소서.

내가 죽어야 삽니다

- **본 문:** 요한복음 12장 24-26절(신 169쪽)
- **찬 송:** 140장(왕 되신 우리 주께, 통 130장)
- **요 절:** "내가 진실로 진실로 너희에게 이르노니 한 알의 밀이 땅에 떨어져 죽지 아니하면 한 알 그대로 있고 죽으면 많은 열매를 맺느니라"(요 12:24).

 남을 죽여야 내가 사는 세상을 우리가 살고 있습니다. 정치도 그렇고 경제도 그렇습니다. 스포츠도 내가 이겨야 삽니다. 많은 사람들이 열광하는 야구경기도 투수는 타자를 죽여야 하고 타자는 투수를 죽여야 삽니다. 그런데 예수님께서는 정반대의 말씀을 하셨습니다. "나는 죽으러 왔다"고 하셨습니다. 사도 바울도 "나는 날마다 죽노라"고 고백했습니다. 이것이 죽음의 역설입니다.

 예수님께서는 죽어야 산다고 말씀하셨습니다. 주님의 나라와 세상의 나라는 다릅니다. 세상은 내가 이기고 내가 주장하는 것을 대단하게 여깁니다. 그러나 주님의 나라는 겸손하게 엎드려 섬기는 사람을 귀하게 여깁니다. 어제도 여러분이 전도하기 위해 교회에 나왔습니다. 어제처럼 날씨가 좋은 날 벚꽃구경을 가든지, 집에서 텔레비전을 보든지 하면 얼마나 편하고 좋습니까? 그런데 길에서 전도하는 분들을 보면서 '내가 죽기 위해 내 시간을 주님께 드리는구나!' 생각하니 얼마나 감사한지 모릅니다. 내가 주님을 위해 죽을 때 교회가 삽니다.

 오늘은 종려주일입니다. 종려주일은 예수님께서 나귀새끼를 타고 예루살렘 성으로 죽으러 들어가신 것을 기념하는 주일입니다. 예수님께서 나귀를 타고 예루살렘 성에 들어가신 것이 뭐 그리 대단한 일이라고 기념주일로 지키는 것입니까? 한국교회에는 많은 기념주일이 있습니다. 남선교회주일, 여전도회주일, 장애인주일, 청년주일, 어린이주일, 어버이주일도 있습니다. 감리교회를 보니 목회자주일도 있습니다. 이렇게 하다 보면 1년 52주를 기념주일로 채우게 될 것입니다. 기념하고 기억하는 것은 좋으나 주일은 하나님을 예배하는 날입니다. 하나님께 예배드리는 것에 초점이 맞추어져야 합니다. 교회는 매주일 다음세대를 위하여, 장애인과 약자들을 위하여 관심을 가져야 하고 선교회를 위하여도 관심을 가져야 합니다.

 그런데 이 땅에 오신 예수님과 다시 오실 예수님을 특별히 기념하는 중요한 절기가 있습니다. 바로 사순절과 대림절입니다. 사순절은 예수님께서 십자가로 나아가 부활의 승리에까지 이르는 절기입니다. 대림절은 다시 오실 예수님을 사모하며 기다리는 절기입니다. 우리는 지금 사순절을 보내고 있는데, 오늘 예수님은 나귀를 타고 예루살렘으로 들어가셨습니다. 십자가를 지시고 우리의 죄를 대신해 죽기 위해 들어가셨습니다. 그러므로 우리는 이 종려주일을 지키며 예수님께서 오신 뜻을 다시 한 번 기억하고 주님의 뒤를 따르고자 합니다.

 이 세상의 수많은 전쟁에 승리한 장수들과 왕들은 나귀를 타지 않았습니다. 백마를 타고, 창검을 높이 들고, 기세등등하게 입성을 했습니다. 그러나 예수님은 성경에 스가랴 선지자가 예언한 대로, 겸손하여 나귀의 새끼를 타시고 평화의 왕으로 초라하게 입성하셨습니다. 그러나 오늘날 멋진 말을 타고 기세등등하게 화려하게 입성한 장수와 왕들을 기념하고 그들을 사랑하지 않습니다. 오히려 나귀의 새끼를 타시고 초라하게 죽으러 입성하신 예수님을 우리는 기억하면서 우리를 위해 십자가에 죽으러 오신 예수님을 사랑하는 것입니다.

오늘 말씀에 예수님은 생명을 밀알에 비유하셨습니다.

> "한 알의 밀이 땅에 떨어져 죽지 아니하면 한 알 그대로 있고 죽으면 많은 열매를 맺느니라"(요 12:24).

이 말씀의 한 알의 밀알이 누구입니까? 예수님 자신을 말씀하셨습니다. 이 말씀 그대로 예수님은 한 알의 밀알이 되어 주셨습니다. 그래서 우리의 생명을 구해 주셨습니다. 이 말씀은 예수님께만 해당되는 말씀이 아니라 예수님의 뒤를 따르는 우리 모두에게 적용되는 말씀임을 25절이 말하고 있습니다.

> "자기의 생명을 사랑하는 자는 잃어버릴 것이요 이 세상에서 자기의 생명을 미워하는 자는 영생하도록 보전하리라"(요 12:25).

예수님은 생명의 중요성에 대해 평소에 여러 번 말씀을 주셨습니다. "나는 부활이요 생명"이라고 말씀하셨고, "생명을 주러 왔다"고 하셨습니다. "천하를 얻어도 자기 생명을 잃으면 무슨 소용이 있겠느냐?"고 생명의 중요성을 말씀하셨습니다.

그런데 오늘 말씀에서는 자기의 생명을 사랑하는 자는 잃어버릴 것이라는 반대의 말씀을 하십니다. 자기의 생명을 사랑하는 사람은 누구이고, 자기의 생명을 미워하는 자는 누구입니까? 사람들은 자기 생명을 위하여 무슨 일이든 하려고 합니다. 몸에 좋다는 것은 역겨운 것도 참고 먹습니다. 새벽부터 길거리에는 마스크를 쓰고 나와서 운동을 하는 사람들이 많습니다. 육체뿐만이 아니라 다른 사람을 이기기 위해 새벽부터 공부하고, 회사 일에 몰두를 합니다. 인격적으로도 누가 나를 모욕하면 참지 못하고 그 사람을 공격하려고 합니다. 이기려는 이것이 인간의 본성입니다.

그런데 예수님께서는 자기의 생명을 미워하라고 하십니다. 이것은 반대의 의미를 가지고 있습니다. 나의 육체가 힘들어도 주님을 사랑하기 때문에 주님께 드리는 것입니다.

나의 일이 세상에서의 높은 자리에 올라가고 다른 사람을 지배하고 성공하는 것이 아니라 예수님의 성공이 나의 일의 목적이 되는 삶입니다. 내가 인격적으로 모욕을 당해도 주님 때문에 참는 삶입니다. 원수를 사랑하라는 것은 복음을 위해 사랑하라는 말씀입니다. 왼편 뺨을 치는 자에게 오른편 뺨을 돌려대는 것도, 오 리를 가자고 하는 자에게 십 리를 가주고, 겉옷을 달라고 하는 자에게 속옷까지 내어주는 것도 사람 좋아서 그러는 것이 아닙니다. 도를 닦아서 굉장한 경지에 올라서 그러는 것도 아닙니다. 예수님께서 하신, 복음을 전하는 일에 동참하기 위하여 그렇게 하라는 것입니다. 이것이 한마디로 자기 생명을 미워하는 자의 삶의 모습입니다. 그러면 나만 죽습니까? 아닙니다. 같이 사는 것, 그리고 아버지께서 그를 영원히 기억하는 삶이 되고, 영원히 사는 것이 예수님께서 말씀하신 역설입니다.

가정에서 어머니는 자녀들을 위해 자신을 죽였습니다. 요즘 젊은이들은 나의 삶을 위해 자식도 안 낳겠다고 한다는데, 어머니들은 자식을 위해 자신의 삶을 바치며 늙어 가셨습니다. 얼굴에 화장품 한번 제대로 못 발라보고 찬바람에 튼 얼굴로 사셨고 머리에는 수건을 쓰고 일하며 사셨습니다. 남편이 구박해도 부엌 한구석에서 울면서 참으셨습니다. 그래서 누가 살았습니까? 자녀들이 살았습니다. 우리 대한민국 사람들이 똑똑하고 머리가 좋아서 산 것입니까? 성경 말씀처럼 부모의 희생으로 살았습니다. 아버지는 병들어도 아픈 내색도 못하고 가정의 짐을 짊어졌습니다. 그래서 아버지들이 속으로 다 병이 들었습니다. 그래서 자녀들이 살았습니다.

한국교회가 세계 기독교 역사에 유례가 없는 부흥을 했는데 그것은 교회를 위하여 자기 생명을 미워한 우리 신앙의 선조들 때문입니다. 오늘의 한국교회는 신앙의 선조들의 눈물과 희생으로 세워졌습니다. 나만 살려고 했다면 오늘의 한국교회는 없습니다. 그러나 미련하게 나 자신을, 내 생명을 미워하고 주님을 위해 바쳤을 때 하나님은 그 생명을 받으시고 이 민족에게 축복을 주신 줄로 믿으시기 바랍니다.

이 세상에는 남을 죽이려는 사람들이 많습니다. 그래야 자신이 산다고 생각합니다. 세 명의 도둑이 도둑질을 했는데 금고를 열었더니 수많은 금과 현금이 많아 세 명이 한 자루씩을 짊어지고 나왔습니다. 산중턱에 앉아 셋이 똑같이 나누기로 하였습니다. 그때 한 도둑이 꾀를 내었습니다. '저 두 놈을 죽여 버리면 이 많은 돈은 모두 내 차지가 된다.' 그래서 "우리 오늘 크게 한 건을 했는데 술 한 잔 먹고 나누면 어떻겠느냐?" 제안을 했습니다. 그리고 자기가 술을 사러 가겠다고 하고는 술에 독약을 타가지고 돌아왔습니다. 산 위에 남아있던 도둑들도 다른 생각을 했습니다. '술 사러 간 저놈을 죽여 버리면 우리 차지가 많아질 것'이라 생각했습니다. 그래서 돌아오는 도둑을 둘이서 죽여 버렸습니다. 그리고는 신이 나서 사가지고 온 술을 나누어 마시고는 나머지 둘도 다 죽어버렸습니다. 남을 죽이려 하면 내가 죽습니다.

양희은 씨가 부른 김민기 씨의 노래 가운데 "작은 연못"이라는 노래가 있습니다. 노래 가사를 보면, 작은 연못에 붕어 두 마리가 살았는데 서로 싸우다가 한 마리가 죽게 되었습니다. 죽은 붕어의 몸이 썩어 들어가 물도 함께 썩게 되어 연못 속에는 아무 것도 살 수 없게 되었다는 가사입니다. 혼자 살겠다고 남을 죽이려 하면 결국은 나도 함께 죽게 됩니다.

이 세상의 영웅들을 보면, 다른 사람을 죽이려 한 사람들이 많았습니다. 알렉산더, 칭기즈 칸, 나폴레옹, 진시황제, 히틀러 등 이러한 사람들은 다른 사람들을 수없이 죽이고, 다른 사람의 가정에 고통을 주었습니다. 결국 자기 자신도 죽었습니다. 다른 사람을 죽이고 나는 살려고 했지만 함께 죽었습니다. 세상에는 두 종류의 대통령이 있다고 합니다. 대통령을 위한 나라가 있고, 나라를 위한 대통령이 있다고 합니다. 대통령을 위한 나라들은 하나같이 다 망했습니다. 나라를 위한 대통령은 나라를 위해 죽습니다. 그러면 나라가 함께 삽니다.

한국인 최초로 에베레스트를 정복한 산악인 고상돈 씨는 평소에 산에서 죽겠다는 말을 했습니다. 유언장을 써놓고 등산을 하기도 했습니다. 그리고 그의 말대로 산에서 죽었습니다. 제주도에 있는 묘비명을 보니 "그리던 품안에 안긴 아름다운 넋이여"라는 글귀가 쓰여 있었습니다. 산이 좋아서 산을 오르다가 죽었습니다. 그러면 우리 크리스천은 어디에서 죽어야 합니까? 주님을 위해 교회에서 죽어야 합니다. 그러면 교회가 삽니다.

예수님은 죽음으로 우리 모두를 살리셨습니다. 그리고 "너희도 나를 따르라" 말씀하셨습니다. 오늘 한국교회가 시끄럽고 시험에 든 것은 모두가 나만 살려고 하기 때문입니다. 내 자아, 내 생각, 내 욕심, 내 체면, 내 명예 등 나만 살려고 하기 때문입니다. 목사도 교회를 위해 죽고, 직분자들도 교회를 위해 내가 죽겠다고 하면 교회가 살고 주님이 사시게 됩니다.

  오늘 우리는 주님께서 친히 명하신 성찬의 예식을 행합니다. 이 예식을 행하여 "나를 기념하라"고 하셨습니다. 오늘 우리는 무엇을 기념하는 것입니까? 주님께서 우리를 위해 살을 십자가에 찢어주시고 피를 흘려주신 십자가의 죽음을 기념합니다. 예수님의 생명을 우리를 위하여 내어주신 것을 우리가 함께 걸어가고자 기념합니다. 우리는 이 종려주일에 성찬의 예식을 행하며 십자가로 생명을 주기 위하여 나아가신 주님을 깊이 생각하고 우리도 주님을 따라 십자가에서 영생으로 승리하는 성도들이 됩시다.

📝 적용

ⓐ 오늘 말씀의 주제 파악하기

ⓑ 오늘 말씀 중 은혜 받은 부분 나누기

ⓒ 삶에 구체적으로 적용하기

🙌 함께 드리는 기도제목

1. 내가 주님을 위해 죽을 때에 교회가 살아남을 기억하게 하옵소서.
2. 내 생명을 주님을 위해 바쳤을 때 하나님은 그 생명을 받으시고 이 민족에게 축복을 주시는 줄로 믿는 믿으며 살아가게 하옵소서.
3. 주님을 깊이 생각하고 우리도 주님을 따라 십자가에서 영생으로 승리하게 하옵소서.

14
헛되지 않은 수고

- **본 문:** 고린도전서 15장 50-58절(신 284쪽)
- **찬 송:** 180장(하나님의 나팔 소리, 통 168장)
- **요 절:** "그러므로 내 사랑하는 형제들아 견실하며 흔들리지 말고 항상 주의 일에 더욱 힘쓰는 자들이 되라 이는 너희 수고가 주 안에서 헛되지 않은 줄 앎이라"(고전 15:58).

오늘은 예수님께서 부활하신 날입니다. 우리 주님께서는 사망권세를 이기고 부활하셨습니다. 이 세상에 많은 종교들이 있지만 부활을 이야기하는 종교는 오직 기독교밖에 없습니다. 어느 종교의 창시자도 부활했다는 이야기는 없습니다. 그들의 무덤만이 있을 뿐입니다. 그러나 예수님은 부활하셨기에 무덤이 없습니다. 빈 무덤만이 있습니다.

예수님은 부활하신 후 제자들에게 나타나셨고 여인들에게도 나타나셨으며 마지막에 수많은 제자들이 바라보는 가운데 하늘로 오르셨습니다. 십자가의 죽음이 두려워 도망쳤던 제자들도 이 부활하신 예수님을 자신의 눈으로 생생하게 목격하고 "내가 다시 돌아오리라"는 말씀을 들었기에 이들의 신앙이 변화되었습니다. 십자가에 못 박히시고 돌아가신 것을 분명히 목격했는데, 그 예수님이 다시 부활하셔서 제자들을 만나주셨습니다. 이 사실을 경험한 제자들은 나도 부활한다는 확신을 가지고 담대하게 부활하신 예수님을 전하기 시작하였습니다.

　역사상 수많은 이단과 사이비 교주들이 죽지 않는다든지, 부활한다는 말을 했지만 죽지 않은 자도 없었고 부활한 자도 없었습니다. 신천지 이만희 교주도 "죽지 않는다"고 말하지만 반드시 죽을 것입니다. 이만희 교주가 죽은 후에는 다른 교리를 만들어 또 주장할 것입니다. 얼마 전 신천지에 빠진 사람과 대화하면서 지금 돌아오시면 좋겠지만 그러나 늦더라도 이만희 교주가 죽으면 그때라도 늦지 않았으니 반드시 돌아오시라고 대화를 했습니다. 자신이 그리스도라고 주장하는 사람들이 많지만 이들이 성경에 기록된 대로 공중에서 재림한 자는 없습니다.

　이 세상의 모든 살아있는 것은 영원한 것이 없습니다. 태어나는 순간 죽음을 향하여 나아갑니다. 그리고 그 죽음을 경험하고 돌아온 사람도 없습니다. 죽음을 경험하는 순간 이미 이 세상에 다시 돌아올 수 없기 때문입니다. 그래서 사람들은 죽음을 두려워합니다. 죽음 뒤의 일을 경험해 보지 못했기 때문입니다. 죽은 사람들이 묻혀 있는 공동묘지만 보아도 두려워합니다. 여러분에게 비 오는 밤에 혼자서 산속의 공동묘지에 홀로 앉아있으라고 한다면 기분이 좋겠습니까? 예수 믿는 사람도 사실은 기분이 좋지 않습니다.

　고등학교 시절에 1년 가까이 부모님이 계시던 시골교회에서 학교를 통학하던 적이 있었습니다. 버스에서 내려서 산길을 30분 이상 걸어가야 하는데 그 당시에는 가로등도 없습니다. 달빛이 없을 때는 정말 캄캄합니다. 중간쯤 가다보면 코너를 도는 곳 길가에 상여집이 있었습니다. 왜 하필이면 상여집을 그런 곳에 만들어놓았는지 몰라요. 상여집에는 이상하게 빨간 전등을 켜 놓은 때도 있습니다. 형광등도 있고, 밝은 전구도 있는데 왜 하필이면 손가락만한 빨간 전구를 끼워놓는지 모릅니다. 아마 전기료를 아끼려고 그랬던 모양입니다. 낮에 친구들과 그 길을 가다가 한번 들여다 본 적이 있습니다. 그 안에는 무당집에 있는 것 같은 울긋불긋한 천들이 걸려 있고 나무로 된 상여 틀이 있었습니다. 들여다 보고 나니까 그 앞을 밤중에 혼자 가려면 더 무섭습니다. 그때에 길 옆에 세워진 전봇대에서는 이상한 소리가 납니다. 그래서 찬송을 부릅니다.

♬ 내 주는 강한 성이요 방패와 병기 되시니

찬송을 힘차게 부르면서 가도 무섭습니다. 상여집이 나를 어떻게 하는 것도 아닌데, 왜 무섭습니까? 죽음과 관련된 것이기 때문에 인간은 본성적으로 두려워하게 되어 있습니다.

제가 아는 어느 목사님은 옛날에 전라북도 이리의 유명한 역전파 깡패두목이었습니다. 이 목사님이 회심하여 깡패 생활을 정리하고 신학교에 들어갔는데 그 당시는 신학교에 다니면서도 목회를 하는 일이 흔히 있었습니다. 산속 시골마을의 목회를 하는데 학교수업을 마치고 교회가 있는 집으로 가다보면 산을 하나 넘어야 하는데 동네도 없는 산길입니다. 한번은 밤 열 시가 넘어 그 산길을 넘어가고 있는데, 하얀 소복을 입은 여자가 산 중턱 길 가운데 서서 자기를 쳐다보고 있더랍니다. 갈 수도 없고 안 갈 수도 없어 한참을 서로 쳐다보다가 돌아서서 빙 돌아 반대편 산을 넘어 두 시간이 넘게 걸리는 길을 통해 집으로 갔습니다.

그런데 한두 번이 아닙니다. 가끔 캄캄한 밤이면 꼭 산 중턱 길 한가운데에 소복 입은 여자가 나타나서 길을 막고 있는 것입니다. 주변 동네 사람에게 그런 이야기를 했더니 그 동네에 정신이상자가 있는데 그 사람이 가끔 밤중에 돌아다닌답니다. 그 이야기를 듣고 안심은 되었지만 그렇다고 해서 다음에 만났을 때도 그 앞을 지나서 갈 수가 없었다고 합니다. 그래서 몇 시간을 험한 산길로 돌아다녔답니다. 그래서 어떻게 되었느냐고 제가 물어보니 그 여자 보기 싫어 그 교회를 사임했답니다. 깡패두목 출신도 그러한 상황이 두렵습니다.

참 어려운 문제지요. 예수님 같으면 찾아가서 정신을 온전케 해주셨을 텐데, 그런 능력이 없으니 어렵습니다. 상여집이나 소복이나 죽음과 연관된 이야기만 나와도 사람들은 싫어합니다. 죽음은 이 세상의 내가 사랑하던 모든 것과 강제로 이별하게 만들기 때문입니다. 부자나 거지나 죽음 앞에는 공평합니다. 모두 다 죽음의 문으로 걸어가야 합니다. 건강했던 사람도 병들었던 사람도 다 죽음의 문으로 들어가야만 합니다. 내가 조금만 더 살아보겠다고 하여 내 뜻대로 살 수 있는 것이 아닙니다. 그래서 오늘 성경에도 "사망아 너의 승리가 어디 있느냐 사망아 네가 쏘는 것이 어디 있느냐"(고전 15:55)라고 말합니다.

사망은 부자에게도 승리하고 사망은 어린아이에게도 승리합니다. 사망은 전갈의 독과 같이 사람을 쏘아 무너뜨립니다. 그런데 "너의 승리가 어디 있느냐?"라고 하는 것은 믿는 우리에게는 승리하지 못한다는 말씀입니다. 전갈의 독과 같이 쏘아 무너뜨리는 죽음도 믿는 우리에게는 해를 끼치지 못한다는 말씀입니다. 예수님께서 죄의 문제, 율법의 문제를 해결해 주셨기 때문입니다.

예수님께서 이 무서운 죽음과 싸워 이기셨습니다. 죄와 율법의 문제를 해결해 주시고 부활의 예표가 되어 주셨습니다. 예수님께서는 "나는 부활이요 생명이니 나를 믿는 자는 죽어도 살겠고 무릇 살아서 나를 믿는 자는 영원히 죽지 아니하리니 이것을 네가 믿느냐"(요 11:25-26)라고 말씀하셨습니다. 예수님께서 십자가에 죽으신 것은 유월절 어린양이 되셔서 우리의 죄를 단번에 사하시려 함이요, 예수님께서 부활하신 것은 죽음의 권세를 이기고 승리하셨음을 모든 사람들에게 보여주시기 위함입니다. 사람들은 자신의 눈으로 보아야 믿기 때문입니다.

사람들이 예수님께 표적을 보여 달라고 했을 때 예수님은 "요나의 표적밖에는 보여줄 것이 없다"고 하셨습니다. 요나의 표적은 요나가 삼 일 동안 물고기 뱃속에 있었다가 살아난 사건입니다. 물고기 뱃속에 삼 일 동안 살아있다는 것은 과학적으로 볼 때 말도 안 되는 소리입니다. 믿을 수 없는 일입니다. 예수님께서 이 말씀을 하실 때에 사람들은 무슨 말씀인지 이해하지를 못했습니다. 요한복음 2장에서는 유대인들이 표적을 보여 달라고 할 때에 "너희가 이 성전을 헐라 내가 사흘 동안에 일으키리라"(요 2:19) 말씀하셨습니다. 유대인들은 "이 성전은 사십육 년 동안에 지었거늘 네가 삼 일 동안에 짓겠느냐?"라고 하였습니다. 당시 사람들은 이 말씀의 뜻을 아무도 몰랐습니다.

사실 이 두 말씀은 예수님의 부활을 예고하신 말씀이었습니다. 내가 삼 일 만에 부활하는 것이 너희에게 보여줄 표적이라는 말씀입니다. 이 말씀 그대로 예수님은 삼 일 만에 부활하셨습니다. 예수님은 유월절을 맞아 고난을 당하시고 십자가를 지셨습니다. 유월절에 고난을 당하신 것은 유월절 어린양을 대신하신다는 뜻이요, 또한 모든 사람들에게 보여주시기 위함이었습니다. 유월절에는 이스라엘의 모든 남자들이 율법에 의해 다 예루살렘으로 모여들었습니다. 그러니 골고다 언덕으로 십자가를 지고 가시는 예수님의 모습을 당시 이백만이 넘는 사람들이 길가에 빼곡히 서서 바라보았을 것입니다. 십자가형을 당하여 죽으시는 장면도 바라보았을 것입니다.

그런데 예수님은 다시 부활하셔서 믿음의 사람들에게 나타나 주셨습니다. 그리고 이 부활을 목격한 사람들이 예수님을 믿었습니다. 오늘 우리도 이 부활하신 예수님을 믿고 나도 따라 부활할 것을 믿습니다. 예수님의 부활을 믿지 못했던 도마에게 예수님은 "너는 나를 본 고로 믿느냐 보지 못하고 믿는 자들은 복되도다"(요 20:29)라고 말씀하셨습니다. 사람들은 보아야만 믿습니다. 그렇습니다. 우리가 예수님의 부활을 보는 것은 신앙의 눈으로 체험이 있어야 합니다. 성령님의 감동하심이 있어야만 주님을 내 마음속에 영접할 수가 있습니다. 이 시간 부활하신 예수님을 체험하지 못한 성도들이 있습니까? 성령님의 역사가 여러분 심령에 임하시기를 바랍니다.

믿음의 사람들에게 죽음은 무엇입니까? 오늘 성경은 우리가 다 잠잘 것이 아니라고 말합니다. 사도 바울은 죽음을 잠이라고 했습니다. 세상에 잠을 두려워하는 사람은 없습니다. 오히려 잠이 고맙습니다. 잠 못 자는 사람이 힘듭니다. 잠을 푹 자고 나면 새 힘을 얻어 아침에 깨어납니다. 우리는 날마다 이 일을 체험하기에 잠을 두려워하지 않습니다. 그렇습니다. 믿음의 사람에게 죽음은 잠입니다. 이 세상에서 잠을 자면 우리는 저 천국에서 깨어납니다. 천군천사의 나팔소리와 함께 우리는 주님이 계신 보좌 앞으로 담대히 들어갑니다. 그러므로 믿음의 사람은 죽음을 두려워하지 않습니다. 불신자와 신자의 차이점이 무엇입니까? 불신자는 나이가 들어 죽음이 가까워오면 그 죽음의 순간을 두려워합니다. 그러나 믿음의 사람은 죽음의 순간이 가까워오면 오히려 주님 만나기를 기다립니다. 여러분은 죽음의 순간에 주님께서 내 육신의 짐을 벗겨 주셨다고 감사하며 주님의 나라로 이사 가는 성도들이 되시기를 바랍니다.

이 부활의 주인공이 되려면 어떻게 해야 합니까? 58절의 말씀을 여러분에게 주십니다.

"그러므로 내 사랑하는 형제들아 견실하며 흔들리지 말고 항상 주의 일에 더욱 힘쓰는 자들이 되라 이는 너희 수고가 주 안에서 헛되지 않은 줄 앎이라"(고전 15:58).

'그러므로'라는 말은 지금까지 나온 내용을 정리하는 뜻의 단어입니다. 고린도전서 15장을 '부활장'이라 하는데 '그러므로'라고 시작되는 58절은 부활장의 결론이 되는 말씀입니다. 부활에 참여할 자들은 천국의 비전을 가진 자들입니다. 이 세상에서도 비전을 가진 사람들은 그 비전을 위해 힘을 다합니다. 고시에 합격한다든지, 무슨 대학을 간다든지, 사업을 크게 일군다든지, 큰 비전을 가진 사람들은 그 비전을 향해 온 힘을 다합니다. 비전을 가진 사람들은 내 형편에 대해 불평하거나 부정적인 생각을 갖지 않습니다. 부정적인 사람, 불평하는 사람은 세상에서도 비전을 성취하지 못합니다. 비전을 가진 사람들은 그 비전을 이루기 위해 다른 것을 희생할 줄 압니다. 땀과 희생 없이 비전이 이루어지지 않기 때문입니다.

성도의 가장 큰 비전은 부활하여 영생을 얻는 것입니다. 마귀는 이것을 무너뜨리기 위해 애를 씁니다. 그래서 오늘 성경은 결론으로 "견실하며 흔들리지 말고"라고 하였습니다. 마귀는 처음부터 사람들을 흔들기 위해 미혹을 합니다. 그래서 지옥으로 끌고 갑니다. 우리는 마귀의 미혹에 걸려들지 않기를 바랍니다.

남미의 잉카문명을 보면 불가사의한 일들이 많습니다. 그 많던 사람들이 다 죽었습니다. 학자들이 연구한 바에 의하면 스페인 사람들이 잉카제국에 들어갔을 때 이들 속에 있던 천연두 균이 온 잉카제국에 퍼져나가 수백만이 죽게 되었습니다. 천연두 균이 잉카제국을 멸망시켰습니다. 그런데 천연두 균보다 더 무서운 균이 죄의 균입니다. 마귀는 여러분을 죄짓게 만듭니다. 그래서 하나님으로부터 멀어지게 만듭니다. 여러분이 예배를 드리면서 '마음에 기쁨이 없고, 은혜 받지 못한다면 내 속에 마귀의 균이 있구나!' 하는 사실을 빨리 깨달아야 합니다. 그리고 말씀의 약으로 치료받아야 합니다.

믿음의 사람은 날마다 은혜를 받고 주의 일에 더욱 힘쓰는 자들이 되어야 합니다. '더욱'이라는 말이 무엇입니까? 지금까지 주일예배에 한번 참석했으면 이제는 오후에도 참석하고, 수요예배에도 참석하기를 힘써야 한다는 말입니다. 하루에 한 시간 기도했으면 두 시간을 기도하기 위해 힘쓰라는 말입니다. 이것이 '더욱'입니다. 이렇게 힘쓸 때에 "너희 수고가 주 안에서 헛되지 않은 줄 앎이라"라고 하였습니다.

교회를 위하여 기쁨과 감사함으로 섬기시는 여러분, 교회학교로, 찬양대로, 차량으로, 식당에서, 노인학교, 한글학교로, 디아코니아센터에서, 중보기도대로, 전도대로, 이웃을 향하여, 혹은 각양물질로 여러분이 주의 일에 힘쓰는 것은 절대로 헛되지 않습니다. 성경은 많은 곳에서 우리가 행한 대로 보응이 있을 것임을 말하였습니다. 악한 자에게는 행한 대로 보응을, 착하고 충성된 종에게도 행한 대로 보응을 주신다고 약속하셨습니다.

지금은 세상이 마구 흔들립니다. 가치관이 흔들리고 경제가 흔들리고, 정치가 흔들립니다. 서로 옳다 하고 정답이 없습니다. 세상은 흔들려도 사람들은 변하여도 여러분의 믿음은 변하면 안 됩니다. 오히려 주의 일에 더욱 힘쓰는 자들이 되어야 합니다. 그러면 그 수고는 절대로 헛되지 않다고 주님이 말씀하셨습니다. 이 세상의 생명이 다하는 그날, 우리 모두 주 안에서 부활하여 영생의 나라로 들어가게 되는 성도들이 됩시다.

📝 적용

ⓐ 오늘 말씀의 주제 파악하기

ⓑ 오늘 말씀 중 은혜 받은 부분 나누기

ⓒ 삶에 구체적으로 적용하기

🙌 함께 드리는 기도제목

1. 성령님의 감동하심으로 부활하신 예수님을 체험하게 하옵소서.
2. 죽음의 순간에 주님께서 내 육신의 짐을 벗어주셨다고 감사하며 주님의 나라로 이사 가는 성도들이 되게 하옵소서.
3. 이 세상의 생명이 다하는 그날 우리 모두가 주 안에서 부활하여 영생의 나라로 들어가게 하옵소서.

화평케 하신 예수 그리스도

- **본 문:** 에베소서 2장 14-22절(신 312쪽)
- **찬 송:** 427장(맘 가난한 사람, 통 516장)
- **요 절:** "너희는 사도들과 선지자들의 터 위에 세우심을 입은 자라 그리스도 예수께서 친히 모퉁잇돌이 되셨느니라"(엡 2:20).

2019년 칸 영화제에서 봉준호 감독의 〈기생충〉이란 영화가 황금종려상을 받았습니다. 황금종려상이란 칸 영화제에서 경쟁 부문 초청작 가운데 최고 작품의 감독에게 주어지는 최고의 상인데, 우리나라는 이 상을 처음 받았습니다. 이 영화는 모두가 백수로 살아가는 한 가족의 이야기인데 지하방에 사는 가난한 가정입니다.

명문대에 다니는 큰아들의 친구가 유학을 떠나면서 자신이 하던 고액과외 자리를 큰아들에게 추천을 합니다. "나는 대학도 못 들어갔는데, 어떻게 입시생을 가르치느냐?"고 거절을 하지만 유학을 떠나는 친구는 "아니다, 입시에는 네가 전문가다"라고 이야기합니다. "너는 대학입시를 두 번씩이나 준비했고, 군대 갔다 와서 또 대학입시를 준비하고 있으니, 너보다 대학입시를 더 잘 아는 사람이 누가 있느냐?"고 추천을 합니다. 그래서 대학졸업장을 위조하고는 부잣집에 과외교사로 들어가게 됩니다.

계속해서 백수건달인 여동생이 미국 일리노이 주립대학에서 미술을 전공했다고 거짓말을 하여 취직을 하고, 아버지는 주차장에서 주차 일을 했었는데 유명한 운전기사라고 거짓말을 하여 잘 있는 운전기사를 쫓아내고 그 자리에 취직을 합니다. 사장님 차가 벤츠인데, 한 번도 그런 벤츠를 운전해 보지 않았으니 걱정이 되었지만 벤츠영업소에 가서 벤츠를 구매하겠다고 거짓말을 하고는 벤츠에 대한 자세한 설명을 듣고 취직을 합니다. 마지막 어머니까지 그 집의 방해가 되는 가정부를 쫓아내고 온 가족 모두가 취직을 하여 서로 모르는 체 하면서 한집에 들어가 살게 됩니다.

그런데 그 집에는 아무도 모르는 지하실이 있습니다. 이것을 대조적으로 묘사하여 그 집에서 가난한 가정과 부잣집의 가정에서 일어나는 이야기를 그린 영화입니다. 그러나 영화가 끝나는 마지막 장면은 희망하던 차별을 해결하지 못하고 비극적으로 끝이 납니다.

우리가 사는 세상에는 항상 차별과 갈등이 있어 왔습니다. 인종 간의 차별, 성차별, 빈부간의 차별, 지역차별, 집단 간의 차별 등 수많은 차별 속에 살아가고 있습니다. 기업 간에도 대기업과 중소기업과 하청기업의 경제적인 차별과 갈등이 있습니다. 수천 년 전 예수님 당시에도 이러한 사회적 차별, 종교적 차별들이 있었습니다. 유대인들은 로마 사람들에 대하여 열등감을 가지고 있었고, 이방인들에게는 차별을 했습니다. 이들은 성전에도 들어오지 못하게 했습니다. 육체적으로 장애를 가진 이들에게도 성전 출입을 금했습니다. 여인의 뜰이라고 하여 여성들도 성전에 들어올 수 있는 한계를 정해 놓았습니다.

오늘 에베소 교회에도 갈등과 차별이 있었습니다. 에베소 교회는 정치, 상업, 문화의 중심지였습니다. 그러니 경제적인 차별의 문제가 늘 일어났습니다. 여러 인종이 있었고 이방인과 유대인들이 섞여 있으니 인종간의 차별이 있었습니다. 노예제 사회였으니 주인과 노예와의 관계에 대한 갈등이 교회 안에도 있었습니다. 가정 안에도 남편과 아내의 역할, 자녀의 역할에 대한 갈등이 있었습니다. 에베소서는 이러한 갈등과 교회 안에서 일어나는 차별에 대하여 '교회란 무엇인가, 구원받은 성도들에게 변화된 삶은 무엇인가'를 집중적으로 기록한 말씀입니다.

에베소 교회는 바울이 전력을 다하여 복음을 전하고 가르친 교회입니다. 브리스가와 아굴라 같은 헌신적인 성도들이 있었습니다. 사도 요한이 이곳에서 사역을 하다가 생애를 마쳤습니다. 마술사들이 회개하고 신앙생활을 했습니다. 교회를 위하여 헌신하는 사람들이 많아졌습니다. 인내하는 교회였습니다. 니골라당 같은 거짓 선지자들의 거짓 교훈을 잘 분별하여 따르지 않았던 순결한 교회였습니다. 그러니 얼마나 훌륭한 교회였겠습니까? 그런데 예수님께서 보실 때에는 위험한 교회였습니다. '처음 사랑'을 버렸다는 것입니다. 그래서 예수님은 "네가 어디에서부터 떨어지게 되었는지를 깨닫고 회개하고 처음으로 돌아가라. 그렇지 아니하면 촛대를 옮기겠다"라고 하셨습니다.

에베소 교회에 주시는 메시지는 오늘의 한국교회에 주시는 강력한 메시지입니다. 우리 한국교회가 초대교회로 다시 돌아가야 합니다. 처음 사랑, 처음에 가졌던 복음의 열정을 다시 회복해야 합니다. 그렇지 아니하면 하나님께서 촛대를 옮기십니다.

우리 대한민국에 복음이 처음 들어왔을 때는 모일 처소조차 변변히 없었습니다. 그 시기에는 어디 갈 곳도 없었습니다. 그저 교회에 모여서 말씀을 듣고 찬송하고 기도했습니다. 무릎 꿇고 예배를 드리는데 기도하려고 머리를 숙이면 앞사람의 뚫어진 양말이 코앞에 있습니다. 사람들이 목욕을 하지 못해 온통 땀 냄새가 가득했습니다.

그런데도 우리 민족은 교회에 모여 울면서 기도했습니다. 어린이들도 울었습니다. 하나님께 복을 달라고 울었습니다. 그래서 하나님께서는 촛대를 옮겨주셨습니다. 우리는 필리핀으로부터도 지원을 받던 나라였습니다. 아시아에서 꼴찌에서 둘째로 못살던 나라였습니다. 초등학교도 못 다 니던 아이들이 수두룩했습니다. 그 아이들이 공장에 다녔습니다. 그런데 지금은 우리가 이렇게 잘사는 나라로 변화되었습니다.

그런데 지금 무엇이 또 변했습니까? 한국교회는 눈물이 사라졌습니다. 교회마다 울면서 기도하는 사람들이 가득 찼었는데 지금은 우는 사람이 없습니다. 오늘의 크리스천들이 죄와 너무나 친합니다. 세상 사람들과 별로 다르지 않습니다. 우리가 회개하지 아니하면 촛대를 옮기시는 하나님입니다. 하나님께서는 유럽의 촛대를 미국으로 옮기셨습니다. 한때 미국은 기독교의 중심지였습니다. 그런데 지금은 미국이 변해버렸습니다. 하나님은 또 촛대를 옮기십니다. 하나님께서 우리 대한민국에 복을 주셔서 이 작은 나라가 복음의 중심지가 되었습니다.

우리는 처음 사랑, 주님을 사랑했던 그 첫사랑을 잊으면 안 됩니다. 하나님께서 촛대를 옮기시기만 하면 우리는 순식간에 불쌍한 나라가 되고 맙니다. 하나님은 교회의 촛대도 옮기십니다. 우리는 우리 도림교회에 주신 부흥의 촛대를 옮기지 말아 달라고 부르짖어 기도해야 합니다. 기도는 중보기도대만 하는 것이 아닙니다. 우리가 뜨겁게 기도해야 합니다. 하나님은 가정의 촛대도 옮기십니다. 엘리 제사장 가문의 촛대를 사무엘에게로 옮기신 하나님입니다. 사울 왕 집안의 촛대를 다윗에게로 옮기신 하나님입니다.

언제부터 우리가 잘 살게 되었습니까? 예수님께서는 예루살렘을 위하여 울라고 하셨습니다. 오늘 우리는 무너져 가는 한국교회를 보며 울면서 기도해야 합니다. 우리의 자녀들을 보면서, 다음 세대인 교회학교를 보면서 울며 기도해야 합니다.

초대교회 가운데 가장 중심이 되었던 에베소 교회는 지금 폐허가 되었습니다. 처음 사랑을 버린 것을 회개하라고 하셨고 그렇지 아니하면 촛대를 옮기시겠다고 했는데 이들은 회개하지 않았습니다. 에베소 교회는 하나님 사랑과 이웃사랑을 잃어버렸습니다.

1. 하나님 사랑을 회복하라고 하십니다.

하나님 사랑이 무엇입니까? 사랑하면 그 사람이 매일 생각이 납니다. 만나고 싶고, 대화하고 싶고, 함께 있고 싶어 합니다. 그렇습니다. 하나님을 사랑하면 매일 하나님 생각이 납니다. 하나님의 말씀을 들으면 행복합니다. 기도하면 행복합니다. 첫사랑이 얼마나 가슴이 두근거립니까? 여러분, 우리 주님을 생각하면 이렇게 설레고 가슴에 두근거림이 회복되는 한국교회가 되기를 바랍니다. 우리는 에베소 교회를 향한 주님의 말씀을 통해 우리의 첫사랑을 회복하는 성도들이 되기를 바랍니다. 더 열심히 주님 전에 달려오시기 바랍니다. 더 열심히 기도하며 영적인 교제를 나누시기 바랍니다.

"그는 우리의 화평이신지라 둘로 하나를 만드사 원수 된 것 곧 중간에 막힌 담을 자기 육체로 허시고"(엡 2:14)라는 말씀은 죄 때문에 하나님과 멀어진 우리를 위해 주님의 십자가의 죽음으로 막힌 담을 허셨다는 말씀입니다. 율법으로는 하나님께 나아갈 육체가 없습니다. 율법은 늘 정죄하고 죄를 지적합니다. 율법에는 백점이 없습니다. 그런데 예수님께서 십자가로 이 율법을 폐하여 주셨습니다. 예수님은 교회를 위하여 십자가에 자기 육체를 내어주셨습니다. 그래서 우리로 하여금 하나님과 화평하게 하셨습니다. 여러분, 화평케 하신 주님 때문에 하나님과 늘 화평하고 행복한 성도들이 됩시다.

2. 이웃 사랑을 회복하라고 하십니다.

에베소 교회는 이방인과 유대인의 담이 있었습니다. 그리고 성도들 간의 담이 있었습니다. 우리 교회에 이사 와서 등록하시는 분들이 우리 교회는 누구나 환영하는 따스한 분위기 때문에 우리 교회로 오게 되었다고 이야기를 합니다. 차별하지 않는다는 이야기입니다. 누구나 봉사할 수 있고 우리 교회에 오신 지 얼마 되지 않았는데도 남녀선교회 회장을 하기도 합니다. 그럼에도 불구하고 처음 오신 분들은 불편함이 있을 것입니다. 차별은 하나님께서 원하시는 것이 아닙니다. 하나님께서는 우리를 하나님의 자녀로 창조하셨습니다.

"보라 형제가 연합하여 동거함이 어찌 그리 선하고 아름다운고"(시 133:1).

가정에서 어릴 때 부모님께 야단맞는 이유가 대부분 어디에 있었습니까? 형제들과 다투다가 부모님께 야단맞은 기억을 누구나 다 가지고 있을 것입니다. 저도 동생과 싸우다가 한겨울에 내복바람으로 밖에 쫓겨나 기합을 받은 적이 있습니다. 형제들이 서로 싸우면 부모는 마음이 아픕니다. 그런데 형제들이 서로 돕고 살면 부모의 마음이 얼마나 기쁩니까? 동생이 좀 못살아도 형이 나누어주는 모습을 보면 부모의 마음이 너무나 기쁩니다.

하나님께서도 그러하십니다. 하나님의 자녀들인 성도들이 서로 나누고 평화롭게 살면 그것이 "어찌 그리 선하고 아름다운고"(시 133:1)라고 하였습니다. 우리 주님은 미움의 담, 분노의 담, 원망의 담을 헐어 주셨습니다. 그러므로 성도들은 모두가 하나입니다.

> "이제부터 너희는 외인도 아니요 나그네도 아니요 오직 성도들과 동일한 시민이요 하나님의 권속이라"(엡 2:19).

예수님의 십자가로 유대인과 이방인의 구별이 없어졌습니다. 남자가 여자를 멸시하던 담도 무너졌습니다. 제사장의 특권의식도 무너졌습니다. 우리는 모두 죄인에서 성도가 되었습니다. 하나님의 권속, 즉 가족이 되었습니다. 교회는 예수님의 십자가 죽음으로 화평케 된 공동체입니다. 그리고 이 교회를 위하여 선지자들과 사도들이 죽음으로 화평케 했습니다.

> "너희는 사도들과 선지자들의 터 위에 세우심을 입은 자라"(엡 2:20).

이 말씀이 바로 그것입니다. 사도들과 선지자들은 교회를 위하여 고난을 당하고 순교를 했습니다. 그렇게 해서 세워진 것이 교회입니다. 그러므로 우리는 주님의 십자가의 죽음과 사도들과 선지자들의 희생 위에 세워진 이 교회를 화평으로 지켜야 합니다.

어느 책을 보니, 어느 날 한 목사님이 분노에 대해서 설교를 했습니다. 예배가 끝나자 한 여 집사님이 목사님께 다가갔습니다. 그 집사님은 자기가 성질이 너무 급해서 고민이라며 목사님에게 자기 문제를 고백했습니다.

"목사님, 저는 작은 일에 가끔 폭발을 하지만, 그러고 나서는 뒤끝이 없습니다. 금방 풀어 버립니다. 마음에 두고 꿍하고 있지는 않지요. 일분도 안 걸려 그 사람하고 그 자리에서 다 툭툭 털어 버리고 끝납니다."

목사님께서 그 집사님의 눈을 들여다보면서 정중히 말했습니다.

"총과 대포도 그렇습니다. 한 방이면 끝나지요. 오래 안 걸립니다. 그러나 한 방만 쏘아도 그 결과는 엄청납니다. 한 방 쏜 총에 맞은 사람은 죽습니다. '꽝' 하고 한번 터진 대포로 인해 건물은 무너집니다. 당신이 한번 터뜨린 분노에 다른 사람은 마음에 상처를 받고 눈물을 흘리고 가슴 아픈 시간을 갖습니다. 분노는 터지고 나면 주워 담을 수가 없습니다."

우리가 왜 성도입니까? 거룩하게 바꾸어 나가는 사람들이기 때문에 성도라 부릅니다. 여러분은 바꾸어 나가시기 바랍니다. 악한 성품을 선한 성품으로, 차가운 성품을 따스한 성품으로, 분노하는 성품을 인내하는 성품으로, 분쟁을 만드는 성품을 화평을 만드는 성품으로, 미워하는 성품을 사랑하는 성품으로, 불평하고 부정적인 성품을 기뻐하고 감사하고 긍정적인 성품으로, 잔인한 성품을 자비한 성품으로, 사나운 성품을 온유한 성품으로 바꾸어 나가시기 바랍니다.

예수님이 여러분 안에 거하시면 못 바꿀 것이 없습니다. 여러분의 마음을 바꿀 수 있습니다. 여러분의 가정을 바꿀 수 있습니다. 여러분의 공동체를 바꿀 수 있습니다. 예수님께서 친히 모퉁잇돌이 되어 주셨다고 했습니다. 우리의 교회에, 우리의 가정에, 우리의 공동체에, 우리의 마음에 예수님께서 오셔서 거하시고 모퉁잇돌이 되어 주시면 이런 기적의 역사가 일어납니다.

교회 안에는 또 작은 여러 교회가 있습니다. 남선교회가 있고 여전도회가 있습니다. 수많은 선교회가 있습니다. 구역모임이 있습니다. 디아코니아 센터가 있습니다. 이것이 작은 교회들입니다. 이 작은 교회들이 주 안에서 서로 연결하여 성전이 되어간다고 하였습니다.

성전은 주님께서 거하시는 곳입니다. 우리가 섬기는 모든 곳에 주님이 거하신다니 얼마나 놀랍고 감사한 일입니까? 주님이 거하시면 사탄 마귀가 흔들지 못합니다. 이 교회를 깨트리려고 하는 것이 누구입니까? 마귀, 사탄입니다. 우리 교회는 예수 안에서 날마다 하나님의 거하실 처소가 되기 위하여 함께 성전을 지어가는 성도들이 되기를 바랍니다.

지금 우리가 소망하는 성전 건축이 거의 완공되어 가고 있습니다. 얼마나 아름답게 지어지는지 모릅니다. 한국교회 최고의 작품입니다. 눈에 보이는 성전뿐 아니라 여러분의 마음에도 아름다운 성전을 함께 지어가시기 바랍니다. 그리하여 하나님께서 여러분으로 인하여 늘 기뻐하게 되시기를 바랍니다. 여러분의 심령에, 여러분의 가정에, 여러분의 직장과 공동체에, 우리 교회에 하나님이 거하실 성전을 예수 그리스도 안에서 함께 지어가는 화평의 성도들이 됩시다.

📝 적용

ⓐ 오늘 말씀의 주제 파악하기

_____

_____

ⓑ 오늘 말씀 중 은혜 받은 부분 나누기

_____

_____

ⓒ 삶에 구체적으로 적용하기

_____

_____

🙌 함께 드리는 기도제목

1. 처음 사랑, 처음에 가졌던 복음의 열정을 다시 회복하게 하옵소서.
2. 화평케 하신 주님 때문에 하나님과 늘 화평하고 행복하게 하옵소서.
3. 우리 모두가 하나님이 거하실 성전을 그리스도 안에서 함께 지어가게 하옵소서.

16

이제 가라

- **본 문:** 출애굽기 3장 1-10절(구 84쪽)
- **찬 송:** 268장(죄에서 자유를 얻게 함은, 통 202장)
- **요 절:** "이제 내가 너를 바로에게 보내어 너에게 내 백성 이스라엘 자손을 애굽에서 인도하여 내게 하리라"(출 3:10).

모세는 왕궁에서 40년을 살았습니다. 그것도 당시대 최고의 나라 애굽에서 왕자로 살았습니다. 모세의 양어머니는 하셉슈트 공주로 당시 최고의 권력자였습니다. 하셉슈트 공주는 법적으로 왕위를 계승할 수 있었으나 그의 남편으로 하여금 왕위를 계승하게 했습니다. 남편이 투트모세 2세입니다. 하셉슈트 공주는 아기를 낳지 못했는데 남편이 후처를 통해 아들을 낳고는 일찍 죽었습니다. 이 아들이 투트모세 3세입니다. 영화 〈벤허〉에서 율 브린너가 투트모세 3세의 역할을 연기했습니다. 투트모세 3세가 자라기까지 실제로 기원전 15세기 초반에 약 20년 동안 하셉슈트 공주가 나라를 다스렸는데, 이때 모세가 양아들이 되었으니 얼마나 굉장한 힘을 가졌는지 짐작할 수가 있습니다.

하셉슈트 공주는 광산을 개발하고 무역을 확대시키며 신전을 건축하는 등 굉장한 일을 한 힘 있는 여왕이었습니다. 스데반은 "그때에 모세가 났는데 하나님 보시기에 아름다운지라 그의 아버지의 집에서 석 달 동안 길리더니 버려진 후에 바로의 딸이 그를 데려다가 자기 아들로 기르매 모세가 애굽 사람의 모든 지혜를 배워 그의 말과 하는 일들이 능하더라"(행 7:20-22)라고 모세를 이야기하고 있습니다.

영화에도 나옵니다마는 모세가 왕자로 영향력이 있었기 때문에 투트모세 3세는 모세를 제거하려고 했을 것입니다. 실제로 투트모세 3세는 왕위에 올라 자신의 왕권을 박탈했던 하셉슈트 여왕의 모든 치세와 기록을 철저히 파괴했습니다. 복수를 하였습니다. 왕가의 계곡의 다른 유적들은 깨끗하게 보존이 되어 있는데, 유독 하셉슈트 여왕의 문헌과 조형물들은 파괴되었습니다. 이때에 모세의 기록도 사라졌을 것이라고 보고 있습니다.

모세는 당시에 얼마든지 애굽의 왕궁에서 살 수 있었던 사람이었습니다. 그런데 모세는 유모로 들어온 어머니 요게벳을 통해 하나님을 믿었고 자신이 히브리인임을 알았습니다. 보통 사람 같으면 자신의 신분을 아는 사람들을 죽여 버리고 신분세탁을 하고 얼마든지 왕자로 살 수 있었을 것입니다. 그런데 모세는 그렇게 하지 않았습니다. 자신의 동족인 노예들을 때리는 것을 보고 참지 못하여 애굽 사람들을 쳐 죽이고 광야로 도망을 갑니다. 바보 같은 사람 모세입니다.

하나님께서 쓰시는 사람을 보면 이런 사람들입니다. 자신의 목적과 안위를 위해 사는 사람이 아니라 손해를 보더라도 바르게 살려고 하는 사람을 쓰십니다. 세상에서는 눈치 빠르고 자신의 이익에 따라 빨리 움직이는 사람이 성공합니다. 그런데 하나님은 그런 사람을 쓰지 않으십니다.

성경을 보면 바보 같은 사람들이 크게 쓰임을 받았습니다. 아브라함은 아들을 하나님께 제물로 바치려 한 바보 같은 사람입니다. 다윗은 건장한 병사들도 두려워하는데 자신의 목숨을 아끼지 아니하고 하나님의 이름을 위하여 골리앗 앞으로 달려 나갔던 바보입니다. 다니엘과 세 친구는 사자 굴에 들어가고 풀무 불에 던져질 것을 알면서도 하나님을 포기하지 않은 바보 같은 사람들입니다. 사도 바울도 예수님을 만난 다음에는 자신의 재산과 지식과 가족까지 포기하고 복음을 전하기 위해 평생을 바친 바보 같은 사람입니다.

이런 사람들은 세상적인 기준에서 보면 모두 바보입니다. 우리나라의 가난한 병자들을 위해 자신의 삶을 바친 장기려 박사나 〈울지마 톤즈〉란 영화로 유명한 이태석 신부도 바보성자라 불립니다. 그런데 정말 바보입니까? 하나님께서는 이들을 바보라 보시지 않습니다. 천국에서 해같이 빛나는 가장 지혜로운 사람들입니다. 여러분은 하나님의 일을 할 때에는 모두 바보가 되기를 바랍니다. 그러면 천국에서 해같이 빛날 것입니다.

모세도 왕궁의 자기 자리를 버리고 광야로 도망친 바보입니다. 그 이유를 히브리서에서 "상 주심을 바라봄이라"고 기록하고 있습니다. "믿음으로 모세는 장성하여 바로의 공주의 아들이라 칭함 받기를 거절하고"(히 11:24)라고 기록하고 있습니다. 하나님께서는 이런 믿음의 사람 모세를 이미 섭리 가운데 이끌고 계십니다. 왕궁의 40년을 통해 애굽의 군사와 정치, 경제, 문화 등을 최고의 자리에서 다 배우게 하셨습니다. 그리고 다시 40년을 광야에서 양을 치게 하십니다. 말이 40년이지 고향과 가족을 떠나 처가살이 40년이 쉬운 기간이 아닙니다. 도시에 살던 사람이 광야에서 사는 것은 쉬운 일이 아닙니다.

모세는 수도 없이 후회하고 자기 자신을 책망했을지도 모릅니다. '내가 과거에 어떻게 살았는데 이렇게 양이나 치는 신세가 되다니…'

하며 자책했을 것입니다. 하나님께서는 모세의 과거의 물을 빼는 데 무려 40년을 기다리셨습니다. 이제는 모든 것을 포기하고 '나는 양치기 모세'라고 생각할 때에 비로소 하나님께서 찾아오셨습니다.

하나님께서 언제 여러분에게 찾아오셔서 여러분과 교제하는지 아십니까? 내가 하나님 앞에 바보같이 되었을 때에 찾아오십니다. 예수님께서는 이것을 "어린아이와 같이 되지 아니하면…"이라고 표현하셨습니다. 여러분, 주의 일을 할 때에는 어린아이와 같이 되어야 합니다. 그래야 천국의 주인공이 될 수 있습니다. 하나님께서 찾아오시고 교제하시면 평화가 임합니다. 악한 생각, 더러운 생각이 도망갑니다. 예배시간마다 은혜의 단비가 내립니다. 하나님께서 얼굴빛을 비추어주시면 내 인생의 길이 활짝 열립니다. 여러분, 주님 앞에 나올 때에 어린아이와 같은 마음으로 나오시기 바랍니다. 이것이 인생이 행복하고 축복받는 비결입니다.

모세는 장인 이드로의 양 떼를 몰고 호렙 산 쪽으로 가고 있었습니다. 자기 양도 아닙니다. 과거에 애굽의 왕자였던 모세가 지금은 장인의 집에 살며 장인의 양을 치고 있는 보잘것없는 존재입니다. 이때에 하나님께서 찾아오셨습니다. 2절을 보면 "여호와의 사자가 떨기나무 가운데로부터 나오는 불꽃 안에서 그에게 나타나시니라 그가 보니 떨기나무에 불이 붙었으나 그 떨기나무가 사라지지 아니하는지라"라고 기록되어 있습니다. 떨기나무는 아카시아로 번역이 되는데, 시나이 광야의 가시덤불 같은 나무입니다. 하나님께서 굉장한 나무 가운데 찾아오신 것이 아닙니다. 이왕이면 좀 멋진 모습으로 찾아오셨다고 기록하면 좋겠지만 성경은 그렇게 기록하지 않습니다. 보잘것없는 가시덤불 가운데 하나님께서 임재하셨습니다.

그렇습니다. 하나님께서는 날마다 우리의 일상 가운데 찾아오십니다. 우리가 일하는 자리로, 가정으로, 주의 일을 하는 자리로 찾아오십니다. 예수님도 왕궁에 번쩍이는 옷을 입고 백마를 타고 찾아오신 것이 아닙니다. 하나님은 우리의 걸어가는 자리에 함께 계십니다. 우리의 매일의 생활 속에서 함께 거하시는 하나님을 발견할 수 있습니다.

하나님을 만나기 위해 높은 자리로 가려고 하지 마십시오. 하나님은 낮은 곳에 계십니다. 가난한 사람들, 냄새나는 곳, 먹을 것이 없는 곳, 힘들어하는 사람들 속에 하나님은 거하십니다. 우리가 큰 성전을 짓고 있습니다. 저는 그곳이 화려하게 되기를 원하지 않습니다. 누구나 찾아오고 싶은 곳, 와서 쉴 수 있는 곳, 그래서 하나님을 만날 수 있는 곳이 되기를 기도하고 있습니다. 재물을 쌓아놓지 않는 교회, 재정이 남아있지 않고 늘 나의 것을 내어주는 교회, 많은 선교사를 파송하고, 수많은 교회를 섬기고, 어려운 이웃들을 위해 봉사하는 교회가 되기를 원합니다.

모세가 떨기나무 불꽃을 보고 신기하여 다가갈 때에 하나님께서는 "모세야, 모세야" 하고 부르셨습니다. 모세는 "내가 여기 있나이다"라고 대답합니다. 아브라함도 이사야도 하나님께서 부르실 때에 "내가 여기 있나이다"라고 대답했습니다. 야곱도 브엘세바에서 "내가 여기 있나이다"라고 대답했습니다. "내가 여기 있나이다"라는 말은 "나는 피할 수가 없습니다. 말씀하옵소서" 하는 두려움으로 소명을 받아들이는 자세를 의미합니다.

하나님께서는 "이리로 가까이 오지 말라 네가 선 곳은 거룩한 땅이니 네 발에서 신을 벗으라" 말씀하십니다. 거리를 유지하는 것이 중요합니다. 이스라엘 백성이 법궤를 메고 갈 때에도 거리를 두게 하셨습니다. 하나님께 경외심을 가질 때 거리를 둘 수밖에 없습니다. 엘리 제사장의 아들들은 성전에서 살았기 때문에 성전에 대한 경외심을 잃어버렸습니다. 하나님께 바쳐지는 제물들에 대한 경외심도 사라져 버렸습니다. 그래서 하나님께 드려진 고기를 삶을 때에 갈고리를 가지고 와서 휘저어 살코기를 가져가기도 했습니다.

개신교는 특별히 한국 기독교는 미국 청교도의 영향을 받아 실용적인 측면을 강조하다보니 경외심과 거룩함에 손해를 보았습니다. 교회당이 거룩한 것은 아니지만 이곳이 하나님의 말씀을 듣는 곳임을 잊어서는 안 됩니다. 저는 목회를 하면서 교회에서 한 번도 큰소리를 내본 적이 없습니다. 교회에서 일하면서도 화를 내지 않았습니다. 때로 거룩한 분노는 있어야 하지만 이곳이 하나님의 말씀이 내려오는 곳이요, 하나님의 은혜와 약속이 있는 곳임을 알기 때문입니다. 거룩한 곳에 거하면 감사해야 하는데 날마다 살다보면 거룩함을 잊어버립니다. 그래서 어느 순간 우습게 여깁니다. 실수하게 됩니다. 아무리 화가 나도 대통령 앞에서는 화를 내지 못합니다. 아버지 앞에서 화를 내도 불효자입니다.

나곤의 타작마당에서 법궤를 싣고 오는 소가 뛸 때에 웃사라는 사람이 법궤가 떨어질까 봐 손으로 잡습니다. 사람들이 보기에는 칭찬받을 일이었습니다. 그러나 하나님은 진노하여 웃사를 치셔서 그는 타작마당 수레 옆에서 죽고 말았습니다. 웃사는 레위 지파입니다. 늘 법궤를 모시던 사람입니다. 그러나 하나님은 웃사의 불경죄를 용납하지 않으셨습니다. 웃사가 한번 만져도 괜찮았으니 앞으로도 또 그럴 것이기 때문입니다. 우리는 하나님 앞에 서 있듯이 늘 조심해야 합니다.

하나님께서는 모세에게 가까이 오지 못하게 하셨습니다. '이곳은 거룩한 곳이기 때문'이라고 하십니다. 그리고 "네 발에서 신을 벗으라"고 하셨습니다. 당시에 종들은 신을 벗고 다녔습니다. 주인 앞에 서 감히 신을 신을 수가 없었습니다. 하나님께서 신을 벗으라고 하시는 것은 "너는 내 종이다" 하시는 말씀입니다. 모세는 80년 만에 다시 맨발이 되었습니다.

여러분, 기억하시지요? 모세가 갈대상자에 담겨 나일 강에 띄워질 때에 맨발이었습니다. 유대인의 아들은 다 죽이라는 파라오의 명령에 모세의 어머니는 아들을 숨겨 키우다가 할 수 없이 갈대상자에 넣어 모세를 강물에 띄워 보냅니다. 맨발이었습니다. 아무것도 가지지 않았습니다. 도와주는 이도 없었습니다. 그런데 하나님께서 도와주셨습니다. 하셉슈트 공주를 물가로 나오게 하시고 만나게 하셨습니다. 하나님께서는 하셉슈트 공주의 마음을 움직여 모세를 데려가게 하셨습니다. 그리고 애굽의 왕자로 자라 최고의 학문과 무술을 배우게 하셨습니다. 그는 최고의 자리에서 최고의 옷을 입고 최고의 음식을 먹으며 살았습니다.

지금 모세가 또 다시 맨발이 된 것은 의미가 있습니다. "너 80년 전에도 맨발이었지 않느냐? 그러나 내가 너를 지켜주었다. 좋은 신을 신겨주었다. 이제부터 너는 나의 종으로 사명을 감당해라, 내가 지켜준다"는 의미입니다. 신을 벗고 하나님 앞에 엎드린 모세에게 비로소 하나님께서는 사명을 주십니다. "내가 애굽에 있는 내 백성의 고통을 분명히 보았고, 그들의 부르짖음을 들었고, 근심을 알았다. 이제 그들을 인도하여 낼 것이다. 이제 가라" 하고 말씀하십니다. '지금이 네가 갈 때'라는 말씀입니다.

하나님께서 나를 필요로 하실 때를 알아야 합니다. 하나님께서는 애굽의 힘 있는 왕자 모세를 불러 쓰시지 않았습니다. 그랬다면 모세는 자기의 능력과 방법으로 모든 일을 이루었다고 생각할 것이기 때문입니다. 하나님께서는 나이 80이 되어 힘이 빠지고 자기 재산도 없이 처가살이하는 양치기 모세를 불러 쓰십니다. 40년의 광야생활은 모세의 혈기와 자신감을 정화시키는 시간이었습니다. 오늘 말씀 이후에 나옵니다마는 모세는 "나는 할 수 없습니다. 나는 말도 잘 못합니다"라고 이야기를 합니다.

맞습니다. 사실은 그래서 모세를 쓰십니다. '내가 한다'고 하는 사람이 하나님의 일을 잘 할 수가 없습니다. 일을 하면 자기 수준의 일을 하게 됩니다. 우리가 하나님의 일꾼으로 쓰임을 받으면 하나님 수준의 일을 해야 됩니다. 나는 능력이 없지만 하나님은 능력이 많으십니다. 나는 지혜가 부족하지만 하나님은 놀라우신 방법으로 미래를 만들어 나가십니다. 저는 새 성전을 건축하면서도 "하나님, 값비싼 작가가 아니라 믿음으로 건축하는 최고의 작가들을 만나게 해주십시오. 이 성전이 신앙고백적인 작품이 되게 해주십시오. 최고의 작품을 하나님께서 만들어 주십시오"라고 늘 기도했습니다. 내가 똑똑하면 내 수준으로밖에는 못 만듭니다.

북한이 왜 경제가 어렵게 되었는지 아십니까? 공산주의 체제는 지도자 일인에 의하여 움직이는 체제입니다. 북한은 김일성 주석이 너무 똑똑했습니다. "군사정책은 이렇게 해라. 문학은 이렇게 해라. 공장 일도, 농사도 청산리 방법으로, 대안의 사업체계로 해라. 심지어 노래는 청음으로 해야 한다." 이렇게 하나하나 지시를 내렸습니다. 북한 노래를 보면 하나같이 꾀꼬리 같은 목소리로 부르지 않습니까? 최고의 전문가를 발굴하고, 없으면 외국에서라도 빌려다 써야 하는데, 자기 수준의 나라를 만들었습니다. 그래서 북한이 어렵게 되었습니다.

하나님 앞에 엎드리면 하나님 수준으로 이끌어 주십니다. "나는 부족해요, 나는 어리석어요, 나는 힘이 없어요" 하고 하나님 앞에 신발을 벗으면 하나님께서 넉넉하게 해주십니다. 지혜롭게 해주십니다. 강한 힘이 되어 주십니다. 이것이 하나님의 일을 하는 방법입니다. 애굽을 향하여 나아가는 모세에게 다른 무기를 주신 것이 아닙니다. 달랑 지팡이 하나 들려주십니다. 이것은 "무기를 가지고 이기는 것이 아니다. 하나님의 능력으로 이기는 것이다" 라는 뜻입니다.

신자는 세 등급이 있다고 합니다. 3등급 신자는 내 생각에 맞는 것만 순종하는 신자입니다. 하나님을 내 수준으로 가두어 놓는 사람입니다. 2등급 신자는 나를 위해 순종하는 신자입니다. 내가 축복받기 위해 십일조를 드리고, 내가 잘되기 위해 봉사하는 사람입니다. 사실 이 정도만 되어도 훌륭합니다. 그런데 1등급 신자는 사명을 깨닫고 순종하는 신자입니다. "나 같은 사람을 써주시니 감사합니다. 더 충성해야 하는데, 충성하지 못해 안타깝습니다" 하는 마음으로 사명에 응답하는 사람입니다. 여러분은 1등급 신자가 되기를 바랍니다.

여러분, 하나님께서는 여러분을 부르셨습니다. "모세야, 모세야" 하고 부르신 것처럼 우리 각자를 찾아오셨습니다. 우리가 무엇을 해야 합니까? 신을 벗고 "나는 종입니다" 하고 부르심에 응답해야 합니다. 종은 주인의 영광을 위하여 일합니다. 자기 자신을 드러내지 않습니다. 빛이 되고 소금이 됩니다. 무엇을 밝히고 무엇을 짜게 하는 빛과 소금입니까? 하나님의 영광을 위하여 내가 세상에서 희생이 되는 것이 빛과 소금입니다.

여러분, "이제 가라"고 하시는 하나님의 음성이 여러분에게도 들려지기 바랍니다. "내 백성이 죄 가운데 신음하는 것을 들었다. 보았다. 내 백성을 죄악 세상에서 구원하기 위해 내가 너를 보낸다" 하는 음성이 여러분에게 들려지고, 이 사명 가지고 살아가는 성도들이 됩시다.

📝 적용

ⓐ 오늘 말씀의 주제 파악하기

_____
_____

ⓑ 오늘 말씀 중 은혜 받은 부분 나누기

_____
_____

ⓒ 삶에 구체적으로 적용하기

_____
_____

🙌 함께 드리는 기도제목

> 1. 하나님의 일을 할 때에 바보가 되어 천국에서 해같이 빛나게 하옵소서.
> 2. "이제 가라"는 주님의 음성을 듣고 순종하며 살아가게 하옵소서.
> 3. "내 백성을 구원하기 위해 내가 너를 보낸다"는 음성을 듣고 주어진 사명을 잘 감당하게 하옵소서.

17
서로 사랑해야 제자입니다

- **본 문:** 요한복음 13장 34-35절(신 172쪽)
- **찬 송:** 220장(사랑하는 주님 앞에, 통 278장)
- **요 절:** "새 계명을 너희에게 주노니 서로 사랑하라 내가 너희를 사랑한 것같이 너희도 서로 사랑하라"(요 13:34).

　예수님께서 세상을 떠나가시기 전 마지막 유월절 전날 밤에 행하신 일은 세 가지입니다. 첫째, 성찬의 예식을 행하셨습니다. 제자들에게 떡과 잔을 주시며 "이것은 너희를 위하여 찢긴 나의 살이다. 받아 먹어라" 말씀하셨고 식후에 잔을 주시며 "이것은 너희를 위하여 흘리는 바 나의 피다. 받아 마셔라" 말씀하셨습니다. 그리고 이것을 기념하라고 하셨습니다. '너희는 앞으로 성찬예식을 행하며 내가 너희를 위하여 대속의 십자가를 진 것을 기억하고 잊지 말라'는 말씀입니다.
　개혁교회의 예배에서는 매주일 성찬의 예식을 행하지 못합니다. 그러나 예배를 드릴 때마다 우리는 예수님께서 우리 죄를 위해 십자가를 지셨음을 늘 상기하고 잊지 않아야 합니다. 예배당 전면에 십자가를 달아놓는 것은 매주일 십자가를 바라보며 잊지 말라는 뜻입니다. 오래전 총회에서 십자가도 우상이 될 수 있다고 해서 십자가를 붙이지 않아야 한다는 결의를 한 적이 있었습니다. 어리석은 일입니다.

우리는 예수님의 십자가를 늘 바라보면서 예수님을 기억하고 십자가를 사랑해야 합니다. 새 성전에 설치할 십자가를 만들기 위해 나무를 파는 곳에 갔는데, 너무 마음에 드는 나무를 발견하게 되었습니다. 가격을 물어보니 수천만 원입니다. 또 어떤 유명한 작가가 십자가를 제작하는 데 1억 5천만 원을 달라고 합니다. 십자가를 위해 기도하다가 드는 감동이 '예수님도 목공이셨는데 예수님께서 그런 십자가를 만드셨겠으며 그런 십자가에 달리셨겠는가?' 하는 마음이 들었습니다. 보기에는 좋아보여도 그것은 우리가 흠모하며 바라보아야 할 십자가는 아닙니다.

예수님의 십자가는 거친 십자가입니다. 예수님의 피의 흔적이 묻어 있는 십자가입니다. 예수님의 사랑이 보이는 십자가입니다. 저는 십자가를 사랑합니다. 그래서 십자가에 관심이 많습니다. 우리는 늘 십자가를 바라보며 나를 위해 피 흘려 주신 주님을 기억하고 주님을 따르는 제자의 삶을 살아야 하기 때문입니다.

예수님께서 유월절 전날 밤 행하신 두 번째 일은 제자들의 발을 씻어주신 일입니다. 예수님께서는 저녁을 잡수시던 자리에서 갑자기 일어나서 겉옷을 벗고 허리에 수건을 동이고 대야에 물을 떠서 제자들의 발을 씻어주셨습니다. 스승이 제자의 발을 씻는 것은 당시의 문화에서 상상할 수 없는 일이었습니다. 베드로는 "주께서 내 발을 절대로 씻지 못하시리이다"라고 거절하였지만 예수님께서는 제자들의 발을 하나하나 다 씻어주셨습니다. 가룟 유다의 발까지 씻어주셨습니다. 그리고 "너희도 이같이 행하게 하기 위하여 본을 보였노라"고 말씀하셨습니다.

물건을 만들 때에 먼저 본을 뜹니다. 본에서 나온 상품은 모두가 모양이 같습니다. 하나의 본에서 나왔기 때문입니다. 우리가 예수님을 따라가면 예수님의 본에서 나오는 것과 같습니다.

> "그런즉 누구든지 그리스도 안에 있으면 새로운 피조물이라 이전 것은 지나갔으니 보라 새것이 되었도다"(고후 5:17).

사람은 다 달라도 예수님을 믿으면 우리는 모두가 예수님을 닮은 새사람이 됩니다. 예수님의 성품, 예수님의 행하신 일, 예수님의 능력을 가진 제자들이 됩니다. 예수님께서 낮아지셔서 제자들의 발을 씻어주셨듯이 예수님으로부터 나오는 사람들은 이와 같이 세상을 섬기고 이웃을 섬겨야 합니다.

예수님께서 유월절 전날 밤 행하신 세 번째 일은 마지막 설교였습니다. 이 설교는 오늘 읽은 말씀으로부터 시작하여 17장까지 계속됩니다. 예수님께서 마지막 만찬을 하실 때에 가룟 유다에게 떡을 떼어 주시며 "네가 하는 일을 속히 하라"고 하셨습니다. "너 지금 나를 팔려고 하지? 가서 하라"는 말씀입니다. 가룟 유다가 예수님의 말씀을 듣고 "예수님, 잘못했습니다. 용서해 주십시오" 하고 회개했더라면 예수님은 다른 방법으로 십자가에 달리셨을 것입니다. 그런데 가룟 유다는 그렇게 하지 않았습니다. 그 이유를 성경은 기록하기를 "예수님께서 떡 조각을 주신 후 사탄이 그 속에 들어간지라"고 말하고 있습니다. 사탄이 그 속에 들어가 있으니 사탄에 사로잡혀 사탄이 시키는 일을 하였습니다. 그래서 자기가 무슨 일을 하는지도 모르고 자기 생각에는 잘한다고 믿고 예수님을 팔기 위해 예루살렘의 종교지도자들을 만나려고 나갔습니다.

예수님은 이제 시간이 별로 없습니다. 그래서 13장으로부터 17장에 이르기까지 굉장히 긴 설교를 하십니다. 성경에는 나와 있지 않지만 아마 예수님께서는 속사포같이 빠르게 말씀하셨으리라 보입니다. 시간이 없기 때문에 그동안 가르치지 못했던 말씀들을 한꺼번에 이야기하셨습니다.

옛날에 아는 목사님 어머님이 돌아가시는데 이분은 기도 많이 하시던 분이었습니다. 이분의 자녀손들 중에 목사가 많이 되었습니다. 이분이 임종할 때에 교인들이 함께 모여 있었는데 마지막 기도를 하시더랍니다. 교회를 위하여, 목사님을 위하여, 교인들을 위하여 하나하나 기도하는데 나중에는 기도가 속사포같이 빨라지더랍니다. 임종의 시간이 다가오니 마음이 급하여 마지막 자녀손들을 위한 기도까지 마치면서 세상을 떠나가셨다는 이야기를 들었습니다. 그래서 그 권사님의 죽음이 모든 성도들에게 깊은 은혜가 되었습니다.

오늘 말씀을 묵상하며 예수님께서도 그러셨을 것이라는 생각이 들었습니다. 예수님께서는 먼저 오늘 읽은 "너희는 서로 사랑하라"는 말씀을 제자들에게 하십니다. 많은 가르침 중에서 이 말씀을 하신 것이 이유가 있습니다. "지금 가룟 유다가 나간 이유를 너희들 아니? 나를 팔기 위해 나갔다. 나는 이제 마지막 설교를 한다. 내가 잡혀가면 너희들은 뿔뿔이 흩어질 것이고, 고난도 받을 것이다. 너희가 서로 사랑해야 세상을 이길 수 있다"라는 말씀입니다.

오늘 말씀의 배경을 보면 예수님의 마음이 이해가 됩니다. "너희들 조금 전에 서로 높아지겠다고 싸웠지? 그래서 서로 낮아지지 않기 위해 내가 고참이라고 버티며 스승의 발도 씻어주지 않았지? 그래서 내가 너희들의 발을 씻어준 것이다. 너희들 서로 사랑해라. 이것이 새 계명이다" 하고 말씀하셨습니다. 부모님이 어린 자녀들을 놓고 병이 들어 일찍 세상을 떠나는 일들이 옛날에는 많이 있었습니다. 그때에 어머니는 자녀들을 머리맡에 불러놓고 뭐라고 말합니까?

"너희들 서로 우애 좋게 지내야 한다. 형은 동생을 잘 돌봐주어라."

안타까운 마음으로 이런 유언을 하고 세상을 떠납니다. 예수님의 말씀이 바로 이런 유언입니다. 가장 중요한 이야기, "서로 사랑하라"는 이야기를 안타까운 마음으로 하셨습니다. 이것을 새 계명이라고 하셨습니다. 원래 구계명도 그 중심은 사랑입니다.

마태복음 22장을 보면, 어떤 율법사가 예수님께 물을 때에 예수께서 이르시되 "네 마음을 다하고 목숨을 다하고 뜻을 다하여 주 너의 하나님을 사랑하라 하셨으니 이것이 크고 첫째 되는 계명이요 둘째도 그와 같으니 네 이웃을 네 자신같이 사랑하라 하셨으니 이 두 계명이 온 율법과 선지자의 강령이니라"(마 22:37-40)고 대답하셨습니다. 하나님 사랑과 이웃 사랑이 원래 율법의 가르침입니다.

그런데 이스라엘 백성은 하나님을 사랑한다고 하면서 자신의 의를 사랑했습니다. 이웃을 사랑하라고 했는데 유대인끼리만 사랑했습니다. 다른 민족들은 구원받지 못할 민족이라고 멸시하고 미워했습니다. 그래서 예수님은 다시 "너희에게 계명을 준다. 새 계명은 서로 사랑하는 것이다"라고 말씀하십니다. '서로 사랑하라'는 말씀은 먼저는 가까이 있는 제자들에게 주시는 말씀이고, 나아가서는 예수님께서 행하신 일 곧 모든 사람을 사랑하는 일입니다. "너희가 사랑하면 서로를 섬기게 되고, 너희가 나를 사랑하면 내가 행하던 일 곧 만백성의 구원을 위하여 너희도 십자가를 질 것이다"라는 말씀입니다.

이 예수님의 말씀은 오늘도 우리에게 주시는 말씀입니다. "너희는 서로 사랑하라"고 하십니다. 어떻게 사랑합니까? 우리 주님께서 우리를 사랑하신 것같이 사랑해야 합니다. 우리 주님은 죄인 된 우리를 위해 십자가에 죽으시면서까지 사랑하셨습니다. 여러분, 예수님께서 제자들을 보시며 안타깝게 "너희는 내가 너희에게 한 것처럼 서로 사랑하라"고 하신 말씀이 우리 모두에게 주시는 말씀으로 들려지기를 바랍니다. 그래서 우리 교회에는 늘 사랑이 넘치는 공동체가 되기를 바랍니다. 우리는 매주일 만나면 서로 "주님의 이름으로 사랑합니다. 축복합니다" 하고 인사를 합니다. 이 사랑은 낭만적인 사랑이 아닙니다. 희생의 사랑입니다. 십자가에 피를 흘리신 사랑입니다. 이 주님의 사랑이 우리 교회에 넘치기를 바랍니다.

사랑에는 세 가지가 있다고 합니다.

첫 번째는 조건적인 'If'의 사랑입니다.

'만약에 네가 나에게 무엇을 해준다면 나도 사랑하겠다'는 'If'의 사랑입니다. 이 사랑은 이기적인 사랑입니다. 헬라어에는 사랑을 조건 없는 사랑인 아가페적인 사랑, 이성간의 사랑인 에로스적인 사랑, 친구간의 사랑인 필로스의 사랑, 가족 간의 사랑인 스톨게의 사랑으로 구분을 하는데, 여기에 한 가지 더 추가해서 '에피투미아적인 사랑'이 있습니다. 에피투미아는 '욕정의 사랑'을 의미하는 단어입니다. '네가 내 욕구를 만족시켜 준다면 너를 사랑하겠다'는 이기적인 사랑입니다. 현대인의 사랑은 에피투미아적인 사랑이 많습니다. 그래서 조건이 맞지 않으면 서로 쉽게 떠나갑니다.

두 번째는 '때문에'(because)의 사랑입니다.

'네가 잘생겼기 때문에, 네가 부자이기 때문에, 네가 무엇을 해주기 때문에 사랑한다'는 것입니다. '때문에'의 사랑은 사랑하는 이유가 사라지면 사랑도 함께 사라집니다. 아내가 아름다워 사랑을 하게 되었는데 거기서 멈추면 때문에의 사랑이 되고 맙니다. 아내가 늙고 주름지고 병들면 사랑하지 않을 것입니까?

세 번째는 '그럼에도 불구하고'의 사랑입니다.
하나님께서 우리를 '그럼에도 불구하고' 사랑해 주셨습니다. 우리가 하나님 품을 떠나 하나님 마음을 아프게 하여도 여전히 기다리시고 우리를 사랑해 주십니다. 우리 교회의 경우 오래전에 교회를 떠났다가 다시 돌아오신 분들이 많이 있습니다. 왜 다시 오게 된 줄 아십니까? 우리 주님께서 그럼에도 불구하고 사랑하시고 기다려 주셨기 때문입니다. 오늘도 우리가 예수 믿을 만한 일을 해서 이 자리에 온 것으로 착각하지 말아야 합니다. 그러나 우리가 자격이 없을지라도 주님 앞에 나오면 너무나 기뻐하십니다.

어느 잡지에 실렸던 이야기입니다. 어떤 젊은 남자가 전화를 걸었는데 실수로 전화번호를 잘못 눌렀습니다. 그런데 전화를 받은 상대방은 어린 꼬마 여자 아이였습니다. 이 꼬마는 전화를 받자마자 "아빠" 하고 말을 했습니다. 전화를 건 남자는 자기도 모르게 "넌 아빠 전화번호도 모르니? 저장이라도 하지" 하고 말을 했습니다. 그런데 그 꼬마 아이는 "아빠 바보, 나 눈 안 보이잖아" 그럽니다. 순간적으로 이 꼬마가 시각장애인이라는 것을 깨달은 이 남자는 당황합니다. 이 꼬마는 "아빠, 왜 계속 집에 안 와? 언제 올 거야?" 하고 묻습니다. 그래서 엉겁결에 "일 마치면 오늘은 들어갈게" 하고 전화를 끊었습니다.
그런데 밤중에 다시 전화가 그 번호로 왔습니다. 그 아이의 엄마는 자기 딸의 이름이 유지연인데, 오늘 아빠가 온다고 잠도 안 자고 기다리고 있다고 합니다. 그리고 아이의 아빠는 한 달 전에 교통사고로 세상을 떠났다는 말도 해주었습니다. 그때까지도 이 꼬마아이는 아빠가 돌아가셨다는 사실을 모르고 있었습니다. 이 이야기를 듣고 그 남자는 큰 충격을 받았습니다. 그리고 그날 밤 다시 꼬마와 전화통화를 하여 아이를 재웠습니다. 그렇게 아이에게 상처를 주지 않기 위해 아이엄마의 허락을 얻어 아빠는 돈 벌러갔다고 거짓말을 하며 가짜 아빠 노릇을 했습니다.

지연이는 초등학교 4학년이 되어서 비로소 자신과 통화한 아빠는 진짜 아빠가 아니라는 사실을 알게 되었고 담담히 받아들였습니다. 그리고도 꾸준히 지연이와 통화를 하였고 시간이 흘러 맹학교를 졸업하는 졸업식 날 꽃다발을 들고 졸업식장에 찾아갔습니다. 지연이는 그 남자를 껴안고 울면서 이야기합니다.

"아빠, 이렇게 와줘서 너무 너무 고마워."

이렇게 작은 사랑을 베풀었을 때에도 눈물을 흘리며 고마워하는데, 우리는 주님과 얼마나 고마워해야 할 관계입니까? 우리 주님은 우리가 대화하고 싶을 때마다 언제나 대화해 주셨습니다. 그리고 우리를 만나 주셨고 위로해 주셨고 새 힘을 주셨습니다. 예배는 나를 위해 십자가에 생명을 내어주신 주님을 만나는 시간입니다. 그러므로 우리는 예배드릴 때마다 주님께 고마워해야 합니다. 우리가 주님께 예배드리러 나오면 우리 주님은 오히려 "이렇게 와줘서 너무 너무 고마워" 하며 우리를 맞아주십니다. 왜요? 주님의 자녀인 우리가 멸망의 길에서 구원의 길로 나아오는 것이 너무나 기쁘시기 때문입니다. 우리도 "주님, 나 같은 죄인을 불러주셔서 너무너무 고마워요" 하는 고백이 주님 앞에 나올 때마다 우리의 입술에 있기를 바랍니다.

주님의 십자가 사랑에 감격하여 부른 찬송이 찬송가 143장입니다. 이 찬송은 영국 찬송가의 아버지라 불리는 아이작 왓츠(Isaac Watts)의 작품으로, 시각장애인 패니 크로스비 여사가 이 찬송을 부르면서 회심을 경험했습니다. 패니 크로스비 여사는 부흥회에 참석하여 이 찬송을 부르다가 4절에 큰 감동을 받고 5절을 부르면서 찬송가 가사와 같이 제단 앞으로 걸어 나갔습니다. 그리고 평생을 찬송시를 써서 9천 편에 가까운 찬송을 우리에게 남겼고 미국 찬송가의 어머니로 불리게 되었습니다.

♪ 1. 웬 말인가 날 위하여 주 돌아가셨나
　　이 벌레 같은 날 위해 큰 해 받으셨나
　2. 내 지은 죄 다 지시고 못 박히셨으니
　　웬 일인가 웬 은혠가 그 사랑 크셔라
　3. 주 십자가 못 박힐 때 그 해도 빛 잃고
　　그 밝은 빛 가리워서 캄캄케 되었네
　4. 나 십자가 대할 때에 그 일이 고마워
　　내 얼굴 감히 못 들고 눈물 흘리도다
　5. 늘 울어도 눈물로써 못 갚을 줄 알아
　　몸밖에 드릴 것 없어 이 몸 바칩니다 아멘

우리가 주님을 이렇게 사랑하면 우리를 제자로 인정해 주십니다. 유명한 스승의 제자가 되려면 오랫동안 공부를 해야 합니다. 논문도 쓰고 어려운 시험들을 다 패스해야 합니다. 많은 후보자들 가운데 한두 사람만이 이 좁은 경쟁 안에 들어갈 수가 있습니다. 그런데 우리 주님이 요구하시는 것은 그런 어려운 것이 아닙니다. "너희가 서로 사랑하라"는 것입니다. 그러면 우리 주님께서도 인정해 주시고, 세상에서도 우리를 주님의 제자로 인정한다는 것입니다. 여러분, 주님 앞에 나오는 것은 주님을 세상보다 더 사랑해야 할 수 있는 일입니다. 주님의 일을 감사함으로 감당하는 것도 주님을 사랑해야 할 수 있는 일입니다. 주의 종도 성도들의 사랑의 힘으로 일을 합니다.

어제도 어떤 성도님이 문자를 보내왔는데 그대로 옮기면 "저 오늘 계 탔어요. 목사님 지나가시는 걸 봤거든요. ㅎㅎ"라고 하였습니다. 길에서 목사님 본 것이 계 탄 것처럼 좋으면 이 성도님은 신앙생활에 성공하였습니다. 계 타는 날이 얼마나 기다려집니까? 그렇게 반가우면 말씀이 은혜가 됩니다. 주일이 복된 날이 됩니다. 목사님 만난 것이 그렇게 좋으면 우리 주님 말씀 듣는 것은 얼마나 더 좋겠습니까?

여러분, 주님을 사랑하면 주의 날이 기다려집니다. 주님을 사랑하면 어떤 말씀을 들어도 은혜가 넘칩니다. 주님을 사랑하면 그 말씀 속에 능력이 임하고 기적이 임합니다. 그러므로 복된 인생이 됩니다. 우리 교회 성도들은 주님을 사랑하여 주님 만나는 날을 가장 기뻐하시고, 성도들을 서로 사랑하여 은혜가 풍성한 교회가 되고, 세상 사람들에게 "저 교회 교인들은 예수님을 따르는 제자들이다"라고 인정을 받는 성도들이 됩시다.

📝 적용

ⓐ 오늘 말씀의 주제 파악하기

ⓑ 오늘 말씀 중 은혜 받은 부분 나누기

ⓒ 삶에 구체적으로 적용하기

🙌 함께 드리는 기도제목

1. "너희는 내가 너희에게 한 것처럼 서로 사랑하라"고 하신 말씀이 우리 모두에게 주시는 말씀으로 들려지게 하옵소서.
2. 주님을 사랑하며 주님 만나는 날을 가장 기쁘게 하옵소서.
3. 성도들 간에 서로 사랑하여 은혜가 풍성한 교회가 되게 하시고, 세상 사람들에게 인정을 받는 교회가 되게 하옵소서.

자녀의 미래를
하나님께 맡기십시오

- **본 문:** 사무엘상 1장 26-28절(구 410쪽)
- **찬 송:** 569장(선한 목자 되신 우리 주, 통 442장)
- **요 절:** "이 아이를 위하여 내가 기도하였더니 내가 구하여 기도한 바를 여호와께서 내게 허락하신지라"(삼상 1:27).

오늘 성경에 나오는 한나는 엘가나의 아내로 자식이 없었습니다. 요즘은 일부러 자녀를 가지지 않는 가정들도 있는데 그것은 성경적이지 않습니다. 하나님께서는 가정을 주시며 생육하여 번성하라고 하셨고, 가정을 축복하실 때 자녀의 축복을 말씀하셨습니다. 예수님께서도 "어린아이들이 내게로 오는 것을 금하지 말라" 하시고 품에 안고 축복하여 주셨습니다.

성경은 "자식은 하나님의 기업"이라 했습니다. 우리는 회사나 내 일터를 기업이라 생각합니다. 그런데 성경은 자식이 기업이라고 했습니다. 얼마나 놀라운 말씀입니까? 세상의 기업은 아무리 크고 대단해도 내 자녀가 좀 모자라면 그 기업을 지켜내지 못합니다. 근래에 일어나는 사건들을 보면 아버지는 큰 기업을 일구었는데, 그 자식들이 잘못하여 문제를 일으키는 것을 수없이 보게 됩니다. 나는 작은 가게를 했지만 자녀를 기업으로 키우면 자녀 대에 성공하는 것입니다. 이것이 복된 일입니다.

"태의 열매는 그의 상급"이라 하였습니다. 상을 받으면 사람들에게 자랑합니다. 상을 받아 꽁꽁 숨겨두는 사람은 없습니다. 하나님께서 선물로 주신 자녀가 상급이라는 말씀은 자랑거리가 된다는 말씀입니다. 또 "자녀는 장사의 수중의 화살과 같다"고 하였습니다. 아무리 대단한 장사라도 전쟁터에서 화살이 없으면 큰 일이 납니다. 화살이 있어야 생명을 지킬 수 있습니다. 복 있는 가정은 미래에 내 자녀가 내 생명을 지켜주는 것입니다. 가정에서 어린이는 미래요 보배입니다. 지금 힘들어도 내 자녀 대에는 행복할 수 있다고 믿기에 사람들은 자녀를 위해 희생하며 삽니다.

요즘 많은 2030세대는 희망이 없다고 생각합니다. 이 세상을 향해 '이생망'이라고 부릅니다. '이번 생애에는 망했다'는 말입니다. 한 번 흙수저는 영원히 일어설 수 없다고 생각하니 자식도 안 낳겠다고 합니다. 그래서 절망합니다. 절망은 모든 것을 다 잃게 만듭니다. 내 대에 안 되면 내 자식 대에는 되리라고 믿고 자녀를 믿음으로 키우면 내 자녀 대에는 승리하게 해주시는 우리 하나님입니다.

여러분, 성경은 희망의 책입니다. 하나님은 희망의 하나님이십니다. 우리 믿음의 선조들은 감옥 속에서도 희망을 포기하지 않았습니다. 사자들이 몰려나오는 콜로세움 안에서도 희망을 버리지 않았습니다. 그 희망이 오늘의 교회를 세웠습니다. 아니 정확히 말하면 하나님을 믿는 희망에 응답해 주셨습니다. 사람들은 삶이 힘들다고 합니다. 그러나 여러분, 안 힘든 때가 있었습니까? 우리나라도 지금보다 더 살기 좋은 때가 있었습니까? 우리 믿음의 선조들도 먹을 것이 없이 살았습니다. 일제강점기에 고통을 겪었고, 6·25 전쟁을 통해 고통을 겪었습니다. 그런 가운데서도 희망을 잃지 않고 하나님께 기도했습니다. 그래서 지금 우리는 행복한 나라를 만들어 가고 있습니다. 우리나라 역사상 처음으로 이렇게 아름다운 성전에서 마음껏 하나님을 찬양하고 예배드리는 축복을 받았습니다. 우리는 언제 어디서나 희망을 잃지 않아야 합니다.

성경에 "믿음, 소망, 사랑 이 세 가지는 항상 있을 것"이라고 했습니다. 믿음이 얼마나 위대한 것입니까? 믿음은 하나님을 믿게 하고 천국까지 가게 하는 놀라운 능력입니다. 믿음은 불가능을 가능케 하는 힘입니다. 믿음은 마귀도 이길 수가 있습니다. 사랑은 어떻습니까? 성경이 말하는 사랑은 하나님의 사랑입니다. 하나님은 우리를 사랑하셔서 독생자를 이 땅 위의 십자가에 보내셨습니다. 사랑하니까 하나님께서 이 땅에 오셔서 우리 죄를 위해 대신 십자가를 지셨습니다. 사랑은 분노도 이기고 죽음도 이깁니다. 사랑은 나를 희생합니다. 이 사랑을 통해 교회는 영원히 부흥하고 하나님께 영광을 돌립니다.

그런데 이렇게 위대한 믿음과 사랑을 이야기하면서 여기에 소망을 함께 말합니다. 세발자전거가 넘어지지 않고 달리려면 세 바퀴가 온전해야 합니다. 신앙생활의 그 세 바퀴 중의 하나가 바로 소망입니다. 소망이 그렇게 대단합니다.

오늘 성경에 나오는 한나라는 여인도 소망을 버리지 않았고 하나님께 기도하여 이스라엘 역사상 최고의 지도자인 사무엘을 낳았습니다. 사무엘은 정치와 종교가 나눠지기 이전 마지막 지도자입니다. 정치와 종교를 아우르는 최고의 민족적 지도자였습니다. 이런 사무엘이 한나의 기도가 없었더라면 나오지 못했을 것입니다. 한나의 희망은 이스라엘 민족의 희망이 되었습니다. 여러분, 여러분의 상황이 희망을 잃게 합니까? 한나의 기도를 통해 우리도 절망을 희망으로 바꾸는 성도들이 되기를 바랍니다.

오늘 본문 성경을 보면 엘가나에게는 두 아내가 있었습니다. 아브라함에게 자식이 없어 하갈이라는 몸종을 후처로 받아들여 대를 이으려 한 것처럼 엘가나도 브닌나라는 후처를 얻어 자식을 얻었습니다. 한나는 매년 남편이 성전에 제사 드리러 갈 때에 따라갔는데 남편은 한나에게 제사의 분깃을 갑절로 주었습니다. 문제는 브닌나라는 여인이 이를 시기하여 한나에게 자식이 없다는 이유로 심히 격분하게 하고 괴롭게 하였습니다. 자식이 없는 것도 속상한데 후처가 수시로 분노케 하니 한나는 견딜 수가 없었습니다. 한나가 속이 상해 울면서 먹지도 않을 때에 남편 엘가나는 "왜 울고 먹지 않느냐? 내가 그대에게 열 아들보다 낫지 아니하냐?"라고 위로하였지만 그 위로가 한나를 평안케 할 수가 없었습니다.

이때 한나는 하나님께 기도하고 통곡하며 서원을 합니다. 이것은 아주 잘한 것입니다. 문제가 있을 때 우리는 기도해야 합니다. 걱정하고 근심한다고 해서 문제가 해결되는 것은 하나도 없습니다. 누가 나를 괴롭힌다고 해서 속상해하면 나만 병들 뿐입니다. 그러나 이때 기도하면 하나님께서 문제를 해결해 주시기 시작하는 줄로 믿으시기 바랍니다.

한나는 기도합니다.

"만군의 여호와여 만일 주의 여종의 고통을 돌보시고 나를 기억하사 주의 여종을 잊지 아니하시고 주의 여종에게 아들을 주시면 내가 그의 평생에 그를 여호와께 드리고 삭도를 그의 머리에 대지 아니하겠나이다."

한나가 성전에서 서원하며 기도할 때에 입술만 움직여 속삭이듯 기도하였습니다. 이를 본 엘리 제사장은 한나가 술에 취한 것으로 착각을 했습니다. 그래서 포도주를 끊으라고 합니다. 이때 한나는 "나는 원통함과 격분됨이 많아 여호와께 기도한 것뿐이라"고 대답합니다. 엘리 제사장은 "평안히 가라. 여호와께서 네가 구한 것을 허락하시기를 원하노라"고 했습니다. 여기서 한나의 믿음이 대단합니다. "여종이 당신께 은혜 입기를 원합니다" 대답하고는 돌아가서 음식을 먹고 다시는 근심 빛이 없었다고 했습니다.

엘리 제사장이 하는 말을 하나님께서 응답해 주시는 음성으로 믿었습니다. 사람들은 기도하면서 확신이 없습니다. "오직 믿음으로 구하고 조금도 의심하지 말라 의심하는 자는 마치 바람에 밀려 요동하는 바다 물결 같으니 이런 사람은 무엇이든지 주께 얻기를 생각하지 말라"(약 1:6-7)고 했습니다. 우리가 누구에게 선물을 주려고 하는데 "감사합니다" 인사를 하면 기쁜 마음으로 선물을 줍니다. 그런데 "정말 줄까? 이건 믿지 못해" 하는 말을 하면 주고 싶은 마음이 없어집니다. 하나님께서도 그렇습니다. 우리가 기도로 하나님께 구하고 나서 주실 줄로 믿는 감사가 있을 때 주시기를 기뻐하십니다.

한나가 믿음으로 기도하고 얻은 아들이 사무엘입니다. 여러분, 기도하고 받은 자녀는 하나님의 선물입니다. 하나님께서 기억하십니다. 여러분은 자녀를 기도로 낳고 기도로 키우시기 바랍니다. 자녀는 기도로 키워야 합니다. 자녀교육이 내 계획대로 되는 것이 아닙니다. 자녀가 세 살이 되고 네 살이 되며 자라는 것을 보면 얼마나 예쁜지 모릅니다. 앉으라면 앉고 일어서라면 일어섭니다. 배꼽인사 하라면 인사도 잘합니다. 자식을 키우며 걱정이 없을 줄 압니다.

그런데 여섯, 일곱 살만 되어도 아침마다 전쟁을 치릅니다. 깨워도 안 일어나고 학교에 가지 않겠다고 합니다. 그래도 야단을 치면 말을 잘 듣습니다. 그런데 중학교에 들어가고 고등학교에 들어가면 내 마음대로 됩니까? 내 마음대로 되는 것이 오히려 이상합니다. 세대차이가 나니 대화도 잘 안 됩니다. 나는 자녀와 대화하고 싶어 다가가는데 자녀는 대화하면서 상처를 받습니다. 자녀에게 상처를 주고 싶어 하는 부모가 어디 있습니까? 그런데 세대차이가 나니 대화가 안 되고 오히려 상처를 입게 됩니다. 나이가 들면서 간섭을 받지 않으려 합니다. 나는 법대를 보내고 싶은데, 자식은 그림을 그리고 싶어 합니다. 나는 선생님을 만들고 싶은데, 자식은 운동장에서 삽니다.

어떤 교수 부부가 아들이 좋은 대학에 합격했는데 서울대에 못 들어갔다고 야단을 쳤습니다. 그날 밤 그 아들이 자살을 했습니다. 둘째 아들에게 공부 열심히 하라고 했더니 둘째 아들이 "걱정하지 마세요. 공부하다가 안 되면 형님 따라가겠습니다"라고 했습니다. 그러자 부모가 "잘못했다, 너 하나 남았는데…너만은 살아야 한다" 하고 항복했답니다. 내 마음대로 안 되는 것이 자식입니다. 그런데 우리가 할 수 있는 방법이 있습니다. 그것이 기도입니다. 기도는 내가 하는 것이 아니라 하나님께 대신 맡기는 것입니다. 유명한 과외선생님에게 맡기는 것보다 최고의 명문학원에 맡기는 것보다 하나님께 맡기는 것이 더 정확합니다.

제 동생 중 하나는 자라면서 교회에서 상처를 받았습니다. 교회가 우리 교회처럼 다 행복하고 좋은 교회는 아니잖아요? 목사님을 마음 아프게 하는 교인들도 있습니다. 그것을 우연히 목격하면서 상처를 크게 받았습니다. 그래서 지금도 목사님 아들이라는 것을 교회에서 숨기고 삽니다. 지금은 회사의 본부장도 하고, 부부가 교회에서 찬양단 반주도 하고, 찬양대도 하면서 교회를 섬기지만 목사 아들이라는 것을 밝히기 싫어 아버지가 돌아가셨을 때에도 교회에 알리지 않았습니다.

상처를 받으니 학창시절에 빗나가기 시작했습니다. 매일같이 싸움을 하고 다녔습니다. 부모님 대신 제가 학교 선생님들을 찾아다니

기도 했습니다. 그런데 이 동생이 고백을 합니다. 교회가 너무 싫었는데, 어머니가 매일 새벽 머리에 손을 얹고 기도하는 것을 목격했다고 합니다. 새벽에 이상해서 잠을 깨면 어머니가 머리맡에서 간절히 아들을 위하여 기도하고 계십니다. 그 기도가 아들을 붙잡았습니다. 다른 길로 가려고 해도 어머니의 그 기도가 생각이 나더라고 합니다. 사실은 하나님께서 그 기도를 들으시고 자녀의 마음을 붙잡아 주셨습니다.

여러분, 하나님께 기도하고 자녀를 얻었습니까? 그러면 그 자녀를 위해 기도할 책임이 있습니다. 적어도 부모라면 매일 자녀를 위해 기도해야 진짜 부모입니다. 기도는 위대한 힘이 있습니다. 기도는 내 자녀의 미래를 바꾸는 능력이 있습니다. 내가 내 자녀의 인생을 붙잡을 수 있다고 생각하십니까? 내가 내 자녀의 미래를 붙잡을 사람은 없습니다. 그러나 자녀를 위하여 눈물로 기도하면 하나님께서 자녀의 인생을 붙잡아 주십니다.

한나는 사무엘을 낳은 후 하나님께 서원한 대로 어린 사무엘을 주의 성전에 바쳤습니다. 눈에 넣어도 아프지 않을 아들을 성전에 보내 성전에서 심부름을 하며 지내게 했습니다. 어린 사무엘은 성전에서 혼자 자면서 자랐습니다. 얼마나 보고 싶었겠습니까? 세상적으로, 교육적으로 보면 잘못된 선택입니다. 그런데 성전에서 자란 사무엘은 누구보다 훌륭한 사람이 되었습니다. 엘리 제사장의 두 아들은 명문가의 집안에서 태어났지만 불신앙의 길을 걸었고 불행한 인생을 살고 말았습니다.

그러나 한나는 기도하고 서원한 대로 하나님께서 주셨으니 아들을 하나님께 바치겠다고 했습니다. 그리고 하나님께서는 고아처럼 자란 사무엘을 최고의 정치가요 선지자로 키워주셨습니다. 더구나 하나님께서는 한나의 가정에 세 아들과 두 딸을 더 주셨습니다. 가장 훌륭한 교육은 하나님께 맡기는 것입니다. 믿음으로 자란 자녀는 절대로 그릇된 길로 가지 않습니다. 다른 사람에게 악한 일도 하지 않습니다. 훌륭한 믿음을 가지고 자라나면 시키지 않아도 하나님의 영광을 위한 삶을 삽니다. 세상에 꼭 필요한 사람이 됩니다.

요즘 교육학이 발달하여 자녀를 회초리로 때리지도 못하게 합니다. 자녀를 때리면 경찰서로 끌려가는 시대가 되었습니다. 그런데 요즘 어린이들이 그래서 정서적으로 안정되어 있습니까? 때리면 기가 죽는다고 하는데 요즘 어린이들이 자신감이 있습니까? 성경은 초달하여서라도 자녀들을 가르치라고 합니다. '초달'이라는 것은 화가 나서 아이를 때리는 것이 아니라 회초리로 훈계하는 것입니다.

저는 아주 어릴 적에 남의 물건에 손을 댔다가 회초리로 맞고 나서 그다음부터는 지금까지 남의 물건에 손을 대본 적이 없습니다. 교육학적으로 회초리로 교육하는 것이 문제가 있는지는 모르겠습니다. 그러나 자녀들이 잘못된 길로 갈 때에 그냥두면 안 됩니다. 제일 훌륭한 교육은 자녀를 믿음으로 가르치면 됩니다. 과거에는 어린이들도 교회에 모여 기도를 많이 했습니다. 방언도 하고 입신도 하고 신앙의 체험도 많이 했습니다. 이 어린이들이 자라 한국교회를 부흥시켰습니다. 그런데 지금의 교회에서는 그러한 교육이 사라지고 있습니다.

우리는 가정에서나 교회에서 우리 자녀들에게 신앙의 유산을 남겨주어야 가정과 이 나라의 미래가 있습니다. 이것이 자녀에게 남겨줄 최고의 유산입니다. 자녀들에게 영적으로 부요케 하면 그것이 부자를 만드는 것입니다. 자녀들에게 영적으로 건강하게 하면 그것이 건강하게 살아가는 유산을 남겨주는 것입니다. 자녀들에게 성경을 읽게 하면 그것이 최고의 지혜를 전해주는 것입니다.

저는 이제 목회의 중반기를 지나고 있습니다. 우리 교회에 남겨줄 목회의 주제 중 큰 하나는 미래세대를 키워내는 것이라고 보고 있습니다. "하나님, 무엇을 해야 하겠습니까?"라고 기도할 때에 제 마음에 감동을 주신 것은 우리 자녀들을 미래의 주인공으로 키우라는 것이었습니다. 자녀를 믿음으로 키우는 것은 씨를 뿌리는 것입니다. 씨를 뿌리는 일은 힘이 드는 일입니다. 희생이 있어야 합니다. 그러나 씨를 뿌린 대로 거둡니다. 많이 심은 자는 많이 거두고 적게 심은 자는 적게 거둡니다. 좋은 것을 심은 자는 좋은 것을 거두고 나쁜 씨앗을 심은 자는 형편없는 것을 거둡니다. 앞으로 미래세대는 점점 더 악해져 갈 것입니다. 성경에 기록된 대로 악한 자들은 숨어서 사람들을 넘어뜨리려 합니다. 악한 자들이 서로 힘을 합하여 못된 짓을 합니다. 우리의 자녀들이 어떻게 이들을 당해낼 것입니까?

요즘 우리나라가 수입하는 스텔스 전투기는 레이더를 무용지물로 만든다고 합니다. 한 대당 가격이 1천억 원 정도 합니다. 스텔스 전투기는 갑자기 다가가 적의 진지를 공격합니다. 내 눈에 보이지 않는데 알 수 없는 곳에서 날아와 공격하는 전투기를 무슨 수로 당해내겠습니까? 그러나 기도하는 부모는 내 자녀의 앞길을 방해하는 적의 공격을 무력화시키는 미사일과 같습니다. 마귀의 공격을 떨어뜨리는 능력이 됩니다. 내 자녀가 나아가는 길마다 부모님의 기도가 함께하면 자녀의 길이 안전합니다.

여러분, 기도로 자녀를 낳으면 이미 성공한 것입니다. 그다음에는 여러분이 믿음으로 자녀를 키워야 합니다. 그리고는 내 자녀들이 세상을 살아갈 때에 뒤에서 기도로 호위해 주어야 합니다. 이것이 자녀를 가장 잘 키우는 일이요 자녀를 복되게 지키는 일입니다. 여러분의 가정마다 자녀들이 부모보다 더 믿음이 깊고 더 복된 가정들이 되기를 바랍니다.

📝 적용

ⓐ 오늘 말씀의 주제 파악하기

....

....

ⓑ 오늘 말씀 중 은혜 받은 부분 나누기

....

....

ⓒ 삶에 구체적으로 적용하기

....

....

👐 함께 드리는 기도제목

1. 자녀를 믿음으로 키워 내 자녀 대에는 세상에서 승리하는 삶을 살게 하옵소서.
2. 가정에서나 교회에서 우리 자녀들에게 신앙의 유산을 남길 수 있게 하옵소서.
3. 자녀들이 부모보다 더 믿음이 깊고 더 복된 가정이 되게 하옵소서.

지키며 떠나지 말라

- **본 문**: 잠언 6장 20-23절(구 917쪽)
- **찬 송**: 579장(어머니의 넓은 사랑, 통 304장)
- **요 절**: "내 아들아 네 아비의 명령을 지키며 네 어미의 법을 떠나지 말고 그것을 항상 네 마음에 새기며 네 목에 매라"(잠 6:20-21).

하나님께서는 우리에게 각기 다른 인생을 주셨습니다. 이것을 다른 말로 하면 각자 다른 사명을 주셨다는 말입니다. 사명은 인간이 살아가는 존재의 의미입니다. 사명을 모르고 살다가 이 땅을 떠난다면 인생을 잘못 산 것입니다. 정신없이 먹고 살기 위해 살다 간다면 하나님 앞에 설 때에 부끄러움이 있을 것입니다. 하나님께서는 어떤 사람에게는 복음 전하는 사명을 주시고, 어떤 사람에게는 이웃을 섬기는 사명을 주시고, 어떤 사람에게는 가르치는 사명을 주십니다. 이 사명을 깨닫고 하나님의 음성을 듣고자 할 때에 사명을 감당할 수 있는 달란트도 우리에게 더하여 주십니다.

저에게는 우리 교회를 순결하게 지키고 성도들을 복되게 말씀으로 목양할 사명을 주셨습니다. 그리고 여러분 모두를 천국으로 인도하라는 사명을 주셨습니다. 주의 종은 이것을 벗어나면 안 됩니다. 여러분은 제가 이 사명을 잘 감당할 수 있도록 기도해 주시고 여러분도 모두 사명을 깨닫고 잘 감당하는 충성된 일꾼들이 되시기를 바랍니다.

우리 모두는 각자 사명이 있습니다. 농부는 곡식을 키우기 위해 정성을 다하여야 합니다. 밭을 경작하고 씨를 뿌리고 벌레를 잡아주며 좋은 열매를 추수하기 위해 힘을 써야 합니다. 좋은 열매를 맺기 위해서는 항상 준비하는 농부가 되어야 합니다. 밭을 옥토로 만들기 위해 쉬지 않고 가꾸어야 하고, 또 다음해에 뿌릴 씨앗도 잘 준비해야 합니다. 그래야만 매년 좋은 열매를 거두는 농부가 될 수 있습니다. 농부는 한 해 농사를 짓고 그만두는 사람이 아닙니다. 다음해를 위해서 준비해야 합니다. 우리 인생의 원리가 농사짓는 것과 같습니다. 나에게 맡겨진 일에 최선을 다해야 합니다. 그래서 좋은 열매를 거두어야 합니다.

첫째, 영적으로는 하나님 앞에 서는 날을 바라보며 살아야 합니다.
머지않아 반드시 하나님 앞에 서게 될 터인데, 그날을 준비하지 못한 사람은 실패한 사람입니다. 우리 인생은 날마다 준비하는 인생입니다. 주의 날이 도둑같이 온다고 하였는데, 다른 준비는 놓쳐도 주님 만날 날에 대한 준비를 놓치고 살면 큰일 납니다. 여러분은 주님을 만날 때에 "주님 만날 날을 기다렸습니다. 주 예수여, 어서 오시옵소서" 하고 반갑게 주님을 맞이할 수 있는 여러분이 되시기를 바랍니다.

둘째, 내가 사는 날 동안 노년의 소망을 가지고 살아야 합니다.
많은 사람들은 행복한 노년을 위해 여러 가지 투자를 합니다. 운동을 하여 육체의 미래를 준비하기도 합니다. 연금을 부어 미래의 경제생활을 준비하기도 합니다. 그런데 생각대로 되면 좋겠지만 우리 인생은 각본이 없습니다. 하나님께서 인도하시는 대로 살아야 합니다. 그러므로 내 인생의 피난처는 오직 하나님뿐임을 믿고 하나님께서 내 인생을 복되게 인도하시기를 늘 기도해야 합니다.

젊은 사람들에게는 결혼을 위하여 미리미리 기도하라고 합니다. 기도한 만큼 주시기 때문입니다. 그러면 "나는 남편을 잘못 만났는데 이제 와서 어떻게 해야 합니까?" 하고 질문하는 사람들이 있습니다. 이제라도 기도해야 합니다. 하나님께서 남편을 고쳐주시기를 기도하고, 내 인생이 새롭게 되기를 이제라도 기도해야 합니다. 남은 인생 더 고생하면서 사는 것보다 대접받고, 사랑받고 사는 것이 더 좋지 않습니까?

기도에는 항상 응답이 있습니다. 나이가 들어가면서 더 많이 기도해야 할 것은 내 노년의 인생이 아름답기를 위해서입니다. 사과 열매를 보면 아름답고 탐스러운 열매가 있는가 하면, 벌레 먹고 보기 싫은 열매도 있습니다. 우리는 과일나무의 열매를 보면서 우리의 마지막이 잘되기를 위해 기도해야 합니다. "마지막에 하나님 의지하고 살게 해주세요. 마지막에 내 삶과 영혼이 아름답게 해주세요" 하고 쉬지 않고 기도해야 합니다. 나이가 들어도 아름다워야 합니다. 나이가 들면서 추해지는 사람들이 있습니다. 추한 것을 따라다니고 뒤에서 사람들이 수군수군하는 것도 모릅니다. 사람들에게 사랑받지 못합니다. 불행한 인생입니다. 여러분은 내 인생의 노년의 시기가 아름답고 행복하기를 위해 얼마나 기도하셨습니까? 이제부터라고 기도 많이 하시기 바랍니다.

셋째, 자녀를 잘 키워야 합니다.
자녀를 어떻게 키워냈느냐는 것은 부모의 가장 큰 귀한 업적입니다. 큰 기업을 일군 것도 중요하고 내가 이름을 낸 것도 중요합니다. 믿음의 사람은 내가 복된 믿음으로 산 것도 중요합니다. 그런데 내 자녀를 믿음의 사람으로, 지혜로운 사람으로, 능력 있는 사람으로 잘 키워냈을 때에 기쁜 마음으로 이 세상을 떠날 수 있게 됩니다. 유대인들의 자녀교육은 세계적으로 유명합니다. 이들이 나라 없이 유랑생활을 했지만 자녀교육을 통해 유대인의 전통을 이어나갔고, 2천년 만에 이들이 하나로 뭉쳐 나라를 세웠습니다. 유대인의 자녀교육은 곧 신앙교육입니다. 성경에 기록된 하나님의 말씀대로 자녀를 교육시켰습니다. 기독교는 예수님의 제자들을 통해 전 세계로 퍼져나갔습니다.

그런데 지금 기독교는 어떻습니까? 유럽의 기독교는 쇠퇴하고 사라져 가고 있습니다. 기독교 정신은 남아있다고 하지만 교회가 무너지는 것은 자녀들에게 온전한 기독교 정신을 가르치지 못했다는 뜻입니다. 한국교회도 100년 만에 자녀교육이 흔들리고 있습니다. 초대교회 성도들은 성경말씀대로 살기를 힘썼고 자녀들을 믿음으로 키웠습니다. 그런데 지금 이 땅에는 교회학교가 사라지고 있습니다. 이것은 제2세대가 자녀교육을 제대로 못했다는 말입니다. 우리가 회개해야 할 문제입니다. 우리는 다시 성경으로 돌아가서 말씀대로 자녀교육을 시켜야 합니다.

자녀는 부모님께 어떤 자녀가 되어야 하는지를 오늘 성경은 말하고 있습니다. 오늘 말씀은 자녀들에게 주시는 하나님의 명령입니다.

"내 아들아 네 아비의 명령을 지키며 네 어미의 법을 떠나지 말고 그것을 항상 네 마음에 새기며 네 목에 매라"(잠 6:20-21).

아비의 명령과 어미의 법은 윤리적인 것만을 이야기하는 것이 아닙니다. 하나님께서 택하신 이스라엘 백성에게 명하신 하나님의 법을 자녀들에게 가르쳐 지키게 하고 떠나지 않게 하라는 명령입니다.

성경의 자녀교육에 대한 말씀은 주로 구약에 기록되어 있습니다. 신약성경에는 자녀교육에 대한 말씀이 조금밖에 없습니다.

유대인의 교육은 쉐마 교육입니다. '쉐마'(שמע)는 '들으라'는 말입니다. 유대인들은 자녀들이 성년이 되기 전에 율법서를 암송하게 했습니다. 유대인의 어머니는 아기를 잉태하면 율법서를 아기에게 들려줍니다. 어머니 뱃속에서부터 하나님의 말씀을 듣고 태어나 자랄 때에는 말씀을 이마에 붙이고, 손목에 붙이고, 문지방에 붙여서 늘 말씀을 가까이 하게 만듭니다. 유대인의 자녀교육은 하나님의 말씀을 듣는 것이라고 할 수 있습니다.

우리가 자녀들에게 구원의 복음을 전하였으면 그다음에는 하나님의 말씀을 계속해서 들려주어야 합니다. 그런데 자녀가 부모님의 말씀을 청종하지 아니하면 말씀을 들려줄 수가 없습니다. 그래서 성경은 부모에게는 하나님의 말씀을 자녀들에게 가르치라, 듣게 하라 하였고, 자녀들에게는 아버지의 명령과 어머니의 법을 지키라고 하였습니다. 명령과 법은 반드시 지켜야 하는 것을 의미합니다.

사람들은 성년이 되면서 부모님의 말씀을 듣기 싫어합니다. 내가 아는 것이 더 많다고 생각합니다. 부모님의 말씀을 잔소리라고 생각합니다. 맞는 말일 수도 있습니다. 부모님 세대는 자녀의 세대와 살아온 방식이 다릅니다. 연세 드신 부모님들은 무엇이든 손으로 하는 시대를 살아오신 분들입니다. 라디오도 텔레비전도 없는 시대를 살다가 아날로그 시대를 맞이했는데, 지금은 디지털 시대를 살아가고 있습니다.

앞으로는 머지않아 여러 가지 실용기기들을 몸속에 삽입하는 임플랜터블(Implantable) 시대를 살아가게 될 것입니다. 과학이 발달하고 문명이 발전하면 필연적으로 다가올 것들입니다. 여러분이 사용하는 휴대폰도 이미 홍채인식과 정맥인식이 보편화되고 있지 않습니까? 부모님들은 자녀세대와 다른 문화를 살아오셨기 때문에 세상을 살아가는 방식이 다릅니다. 그러니 이해 못하실 수도 있습니다.

오늘 말씀은 문화적인 차이를 말하는 것이 아닙니다. 가정의 원리를 말하는 것입니다. 가정은 하나님께서 세우신 천국입니다. 자녀들은 자라면서 하나님께서 명하신 질서에 복종하고 부모님을 존경하고 공경해야 한다는 것을 말합니다.

사람은 나이가 들면 건망증이 심해집니다. 몸도 둔해집니다. 어디 바람이나 쐴까 하여 밖에 나갔다가 넘어지면 크게 다치기도 합니다. 그런데 자녀들이 밖에 돌아다니다가 어디 다치시면 어떻게 하냐고 하면서 집에 가만히 계시라고 합니다. 이것은 부모님을 위한 말 같지만 사실은 못된 말입니다. 여러분이 자랄 때에 잘 걷지도 못하는데 영감처럼 가만히 앉아만 있었습니까? 잠시도 쉬지 않고 움직였습니다. 그러면 부모님이 다친다고 가만히 있으라고 했습니까? 아닙니다. 배를 밀고 온 방안을 돌아다녀도 박수를 쳐주었습니다. 혹시나 다칠 것이 있을까 다 치워버렸습니다. 아기가 걷기 시작하면 뒤에서 붙잡아주며 걷는 것을 도와줍니다. 세 살이 되고 걸어 다니기 시작하면 사고를 많이 냅니다. 식탁 앞에서 자기가 밥 먹겠다고 온 밥을 다 땅에 떨어뜨립니다. 식탁 그릇에 머리를 박습니다. 그런데 부모님이 다치니까 가만히 있으라고 했습니까?

네 살이 되고 다섯 살이 되면 밖에 나가기를 좋아합니다. 그러면 부모님이 아이를 데리고 늘 산보를 나가 구경을 시켜 주었습니다. 신호등 건너는 것도 가르쳐 주었습니다. 부모님이 도와주셔서 그렇게 모두가 자랐습니다. 그런데 '개구리가 올챙잇적 생각하지 못한다'고, 부모님은 자식을 업고 다니셨는데 부모님이 잘 걷지 못하게 되니 집안에 가만히 계시라고 합니다. 부모님이 귀가 어두워져서 잘 듣지 못한다고 대화를 안 하려고 합니다. 그런데 부모님은 그렇게 하시지 않았습니다. 여러분이 말 한마디 못해도 다 대꾸해 주셨습니다. 수없이 반복하며 가르쳐 주셨습니다. 부모님이 모두 일하시느라 자녀들을 집에서 양육하지 못한 가정들도 있습니다. 그런 부모님들은 울면서 자녀들을 키우셨습니다.

저도 딸아이를 부모님께 맡겨놓고 부부가 함께 학교를 다녔습니다. 나중에는 제가 학업을 계속하고 집사람은 돈을 벌어야 하니 아이를 키울 수가 없어 부모님께도 맡기고 어린이집에도 맡겼습니다. 돌아오려고 하면 아이가 악을 쓰며 울지 않습니까? 그러면 발걸음이 차마 떨어지지 않습니다. 그래서 오다가 다시 돌아간 적도 많이 있습니다. 부모님들이 다 그렇게 키우셨습니다.

특별히 일제 강점기와 6·25 전쟁의 시기에는 요즘 사람들은 상상할 수 없는 고난 속에서 자녀들을 키웠습니다. 자녀들을 말 그대로 피와 땀으로 키웠습니다. 자신은 굶주리며 자녀들의 입에 끼니가 떨어지지 않게 하기 위해 애를 썼습니다.

전쟁 전후에 태어난 세대도 마찬가지입니다. 내 자녀들이 기죽지 않게 하기 위해 옷 사 입히고 좋은 운동화 사 신기려고 부모님들은 먹고 싶은 것 못 먹고 입고 싶은 것 못 입고 그렇게 일생을 희생하며 사셨습니다. 그 은혜를 우리는 잊지 않아야 합니다. 여러분의 가정에서 외식을 하자고 하면 자녀들은 좋아서 춤을 춥니다. 뷔페 가자고, 고기 먹으러 가자고 합니다. 그런데 부모님은 고기 먹는 것이 마음이 아픕니다. 내 자식이 직장에서 땀 흘리며 번 돈을 내 입에 넣으려니 내 살 같고, 피 같아서 마음이 아픕니다. 이것이 부모 마음입니다.

"너를 낳은 아비에게 청종하고 네 늙은 어미를 경히 여기지 말지니라"
(잠 23:22).

오늘 본문과 같은 말씀입니다. 아비 부(父) 자는 마땅히 존경받아야 할 이름입니다. 그래서 하나님을 '천부'(天父)라고 부릅니다. '하늘에 계신 아버지'라는 뜻입니다. 스승을 '사부'(師父)라고 부릅니다. '제자를 가르치는 아버지'라는 뜻입니다. 교회에 세우신 주의 종을 천주교에서는 '신부'(神父)라고 부릅니다. '하나님께서 세우신 영적인 아버지'라는 뜻입니다. 그리고 육신의 아버지를 '친부'(親父)라고 부릅니다. 아버지라고 불리는 것은 존경해야 된다는 뜻입니다.

마틴 루터는 이렇게 네 가지 아버지를 이야기했습니다. 육신의 아버지가 병이 들어도, 혹은 약해져도 그것 때문에 존경이 사라져서는 안 됩니다. 그래서 성경은 아버지의 말씀을 '명령'이라고 하였습니다. 늙은 어미는 힘이 없습니다. 자식에게 이미 다 주었기 때문에 남은 것이 없습니다. 그래도 "경히 여기지 말라"고 말합니다. 하나님은 이 말씀을 주시며 "네 마음에 새기고 네 목에 매라"고 하십니다. 분명히 잊지 말라는 엄한 말씀입니다. "그러면 그 말씀이 너를 인도하고 보호하며 더불어 말한다"고 했습니다.

부모는 하나님의 말씀을 따라 자녀를 양육하고 가르치며 자녀들은 그 부모님의 말씀을 명령으로 법으로 알고 순종할 때에 그 자녀들은 이처럼 하나님의 말씀으로 인도하심을 입게 됩니다. 말씀이 인도하고 말씀이 보호하는 자녀는 잘될 수밖에 없습니다. 다른 길로 갈 수가 없습니다. "명령은 등불이요 법은 빛이요 훈계의 책망은 곧 생명의 길이라"(잠 6:23) 하였는데, 성경 다른 곳에서는 "주의 말씀은 내 발에 등이요 내 길에 빛이니이다"(시 119:105)라고 하였습니다. 말씀으로 가르치면 그 말씀이 자녀의 인생길에 등불이 되어 주고 빛이 되어 줍니다. 성령님께서 자녀의 마음속에 음성을 들려주십니다. 그래서 생명의 길로 가게 됩니다.

오늘 성경의 말씀처럼 부모는 자녀를 하나님의 말씀으로 가르치고, 자녀들은 부모님의 말씀을 지키며 떠나지 아니할 때 여러분의 가정은 하나님께서 선물로 주신 천국 같은 가정이 될 줄로 믿습니다. 마지막으로 날 낳아주시고 길러주신 부모님의 은혜를 생각하며 '어버이 노래'를 부르며 말씀을 마치도록 하겠습니다.

♬ 나실 제 괴로움 다 잊으시고 기르실 제 밤낮으로 애쓰는 마음
진자리 마른자리 갈아 뉘시며 손발이 다 닳도록 고생하시네
하늘 아래 그 무엇이 넓다 하리요 어버이의 희생은 가이 없어라

📝 적용

ⓐ 오늘 말씀의 주제 파악하기

ⓑ 오늘 말씀 중 은혜 받은 부분 나누기

ⓒ 삶에 구체적으로 적용하기

🙌 함께 드리는 기도제목

1. 다시 성경으로 돌아가서 말씀대로 자녀교육을 시키게 하옵소서.
2. 부모는 자녀를 하나님의 말씀으로 가르치고, 자녀들은 부모님의 말씀을 지키게 하옵소서.
3. 우리 가정이 하나님께서 선물로 주신 천국 같은 가정이 되게 하옵소서.

복된 가정이 되십시오

- **본 문:** 로마서 16장 3-5절(신 261쪽)
- **찬 송:** 559장(사철에 봄바람 불어 있고, 통 305장)
- **요 절:** "너희는 그리스도 예수 안에서 나의 동역자들인 브리스가와 아굴라에게 문안하라 그들은 내 목숨을 위하여 자기들의 목까지도 내놓았나니 나뿐 아니라 이방인의 모든 교회도 그들에게 감사하느니라"(롬 16:3-4).

아기학교 수료식 때에 수료식에 참석한 부모들을 칭찬했습니다. 내 자녀들을 잘 키우기 위해 공부하고 노력한다는 것은 이미 행복해지는 가정의 출발점에 서 있기 때문입니다. 그리고 앞으로도 계속해서 배우라고 했습니다. 앞으로 아기학교뿐만 아니라 청소년기의 자녀들을 어떻게 가르칠 것인가에 대한 부모학교도 열려고 합니다. 계속해서 부모도 배워야 하기 때문입니다.

사람들은 자녀를 한 번도 키워보지 않았으면서도 용감하게 키웁니다. 누구에게 특별히 자녀 교육에 대해 배운 것도 아닙니다. 인터넷을 통해 육아의 지식을 배울 수 있어도, 그것이 자녀를 건강하게 키우고 무엇을 먹여야 하는 것을 배울 수는 있어도, 내 자녀가 건강한 인격을 가지고 아름다운 보석 같은 존재로 다듬어져 나갈 수 있도록 하는 것은 배울 수가 없습니다.

나의 어릴 적 기억들을 되살리며 내 부모님이 나를 가르친 방법을 흉내 내며 자녀를 가르치는 사람들도 많습니다. 나의 부모님도 완벽한 교사는 아닙니다. 부모님 시대와 지금의 시대는 너무나 다릅니다. 아이들의 생각도 다릅니다. 요즘 아이들은 이미 초등학교 4학년이면 사춘기가 시작됩니다. 그러니 얼마나 많은 갈등이 가정에 있겠습니까? 아기를 키우면서도 배워야 합니다. 초등학교에 들어가고, 중·고등학교에 들어가도, 대학교에 들어가도 계속해서 배워야 합니다. 내 지식으로 하나님께서 선물로 주신 보석 같은 자녀를 시험용으로 키워서는 안 됩니다.

유대인의 교육의 탁월성은 자녀교육에 대한 지침이 역사를 통해 내려오고 있다는 점입니다. 그래서 이들은 자신들의 생각과 방법으로 자녀를 키우지 않습니다. 성경에서 가르치는 방법으로 자녀를 가르치고 그 자녀들을 세계에서 가장 머리 좋은 자녀들로 키워냈습니다. 가정에서 부부간에도 그렇습니다. 인생은 두 번 사는 것이 아닙니다. 한 번 살아보고 또 다시 시작할 수 있는 것이 아닙니다. 그런데도 사람들은 용감합니다. 내 생각, 내 방식대로 살아보려고 합니다. 초보 운전자가 운전을 하니 가정마다 갈등이 있고 문제가 일어나게 됩니다.

사람들은 모두 지문이 다르듯이 상처도 다릅니다. 이 세상에 상처 없는 사람은 아무도 없습니다. 상처가 생겼을 때 즉시 그 상처를 수술하고 약을 바르고 치료해 주면 좋겠지만 우리 인생의 상처는 그렇지를 못합니다. 그래서 사람들은 모두가 남들이 모르는 상처를 내 속에 품고 살아갑니다. 육체의 상처는 나에게 괴로움을 주지만 인생의 상처는 나뿐만 아니라 가까이 있는 다른 사람들에게까지 심각한 상처를 줍니다.

성경은 우리 내면의 상처를 치유하는 약을 가지고 있습니다. 구약과 신약입니다. 성경의 말씀대로 순종하고 살아가면 우리 인생의 상처들이 치유됩니다. 그래서 건강하고 행복한 인생을 살아갈 수가 있습니다. 거절당한 상처를 가지고 있는 사람들은 '누가 나를 거절하면 어떻게 하나?' 하는 염려를 가지고 살아갑니다. 그래서 자신을 학대하고 완벽주의적인 성격을 가집니다. 나만 그러면 좋겠는데, 가족들에게도 완벽주의를 요구하니 서로에게 상처를 주게 됩니다.

사랑을 받지 못하고 자란 사람들은 늘 불안해합니다. 다른 사람들의 말과 행동에 대해 너무 민감합니다. 다른 사람의 관심을 필요 이상으로 가지려 하고 공격성을 드러내기도 합니다. 열등감을 가지고 내면의 상처를 치유하지 못한 사람들은 다른 것을 통해 나의 열등감을 보상받으려고 합니다. 물질로, 명예로, 권력으로 보상받으려 하다 보니 다른 사람을 공격하여 고통스럽게 만듭니다.

아담과 하와도 하나님을 보며 감사해야 하는데 열등감을 품었습니다. 나도 하나님과 같이 눈이 밝아져야 하겠다는 생각입니다. 마귀는 이것을 공격했습니다. 가인도 아벨에 대해 열등감을 품었습니다. 마귀는 이 가인의 마음을 공격하여 살인까지 하게 했습니다.

여러분, 나의 상처를 치유하지 못하면 마귀의 공격목표가 된다는 사실을 깨달아야 합니다. 이러한 상처들을 치유하지 못하고 산다면 영적인 상처까지 입게 된다는 데에 심각함이 있습니다. 신앙생활은 은혜 받는 생활이요, 감사의 생활이요, 섬김의 생활인데, 영적인 상처를 입게 된다면 권위주의적이 됩니다. 감사하고 은혜를 받고 주님을 위해 봉사하며 기쁨을 누려야 하는데 그렇지를 못합니다. 우리는 영적인 상처를 치유하기 위해서는 영적인 싸움을 잘 싸워야 합니다. 나의 마음과 생각이 주님의 뜻인지를 늘 돌이켜야 합니다. 내가 주님을 위해 감사하며 신앙생활을 하고 있는지를 늘 점검해야 합니다. 그래서 사탄이 나를 흔드는 것을 깨닫고 사탄의 계교를 잘라내야 합니다. 여러분 가운데 있는 상처들이 하나님의 말씀을 들을 때 '아멘' 하고 그 말씀이 여러분을 치유케 하는 축복이 임하기를 바랍니다.

가정이 행복하지 못한 것은 서로의 상처를 치유하지 못하고, 서로에게 고통을 주기 때문입니다. 가정은 누가 이기고 지는 게임이 아닙니다. 가정은 늘 무승부입니다. 가정은 함께 승자가 되어야 하고 함께 지는 자가 되어야 합니다.

어느 가정에서 부부싸움을 했답니다. 서로 말을 하지 않고 버티는데 남편이 내일 회사에 일찍 나갈 일이 생겼습니다. 말은 하기 싫고 그래서 종이에 "여보, 나, 내일 7시에 깨워줘요"라고 써서 아내에게 주었습니다. 다음 날 아침 남편이 일어나 시계를 보니 8시가 넘었습니다. 깜짝 놀라 벌떡 일어나 보니 베개 옆에 메모지가 있었습니다. 그 메모지에는 "여보, 7시예요! 어서 일어나요"라고 적혀 있었답니다. 부부가 서로 자존심 싸움을 하면 애꿎은 식구들이 고통을 당합니다. 아내가 화가 나서 이불 뒤집어쓰고 밥도 안 하고 있으면 아이들은 과자 사먹고, 라면을 끓여먹습니다. 그것을 본 남편은 속에서는 화가 나는데 아내에게 잘못 시비를 걸었다가는 문제가 커질 것 같으니 화는 못 내고 나가면서 강아지를 걷어찹니다. 애꿎은 강아지까지 고생합니다.

오늘 성경에는 아름다운 부부가 소개되고 있습니다. 성경에는 브리스가와 아굴라의 이름이 여섯 번이 나오는데, 놀라운 사실은 이들 부부가 항상 이름이 함께 나옵니다. 때로는 브리스길라로 나오는데 브리스길라는 브리스가의 애칭입니다. 이들은 출신도 지역도 다릅니다. 브리스가는 로마의 시민권을 가진 여인이었고 귀족 출신이었으며, 아굴라는 유대인으로 천막을 제조하는 사람이었습니다. 이들은 부부가 되어 함께 교회의 헌신적인 기둥이 되었고 사도 바울의 칭찬을 받았습니다. 이들은 사도 바울이 1년 6개월을 고린도에 머물며 말씀을 가르칠 때에 복음을 들었습니다. 얼마나 말씀을 열심히 들었는가 하면 아볼로라고 하는 사람을 데려다가 말씀을 가르칠 정도였습니다. 아볼로는 이후 초대교회의 핵심적인 리더가 되었습니다. 이들 부부는 초대교회에 어떤 사람이었습니까?

1. "너희는 그리스도 예수 안에서 나의 동역자들인 브리스가와 아굴라에게 문안하라"(롬 16:3).

사도 바울은 브리스가와 아굴라를 "그리스도 예수 안에서 나의 동역자들"이라고 했습니다. 이것은 성도들이 받는 최고의 칭호입니다. 브리스가와 아굴라는 목회자가 아니었습니다. 그럼에도 '나의 동역자'라고 한 것은 이들 부부가 전력을 다하여 복음 전하는 일을 함께하였다는 말입니다. 주의 종이 하는 일은 복음을 전하는 일입니다. 주님께서 맡겨주신 이 교회를 순결하게 지켜나가는 것입니다. 여러분을 한 사람도 빠짐없이 천국으로 인도하도록 이 교회를 맡겨주셨습니다. 좋은 내 일이 없습니다. 여기서 주인이 명령하는 일을 하는 것이 종입니다. 주인의 명에 어긋나는 일을 한다면 그 사람은 이미 종이 아닙니다. 아침에 일어나면서부터 잠드는 시간까지 주인을 위해 일합니다. 이것이 종입니다. 예수 그리스도의 종인 사도 바울이 하는 일을 따라 동역자로 일했으니 브리스가와 아굴라도 주의 종입니다.

사도 바울이 고린도 교회를 떠났을 때 이들 부부도 사도 바울을 따라 함께 떠났습니다. 사도 바울이 에베소에 가서 복음을 전할 때에 그곳까지 함께 갔습니다. 천막 만드는 일을 하며 사도 바울을 도

왔습니다. 브리스가는 귀족 출신으로 알려져 있는데 천막 만드는 일을 하려니 힘들었을 것입니다. 손에 굳은살이 박이고, 두꺼운 천을 꿰매느라 힘이 들었을 것입니다. 그러나 바울을 따라 이사까지 하며 물질로 몸으로 복음 전하는 일을 함께 한 동역자였습니다. 이들 부부는 로마에도 가서 교회를 세웠다고 알려져 있습니다. 브리스가와 아굴라는 성경에 나오는 가장 이상적인 부부였습니다.

교회에 가장 이상적인 부부는 함께 주의 일을 감당하는 부부입니다. 우리 교회에 재미있는 두 분의 장로님이 계십니다. 한 분은 권사님이 찬양대에서 악기를 연주하시는데 권사님이 그 무거운 악기를 들고 올 수 없으니 아침 일찍 찬양대 연습시간에 맞추어 악기를 차에 싣고 옵니다. '아내의 악기 운반책'입니다. 또 한 분은 아내 권사님이 새벽기도회에 피아노 반주를 하시는데 이를 위해 함께 평생을 새벽 운전을 합니다. '아내의 운전기사'입니다. 아내를 위하여 나의 시간을 함께 봉사하는 데 사용하는 이런 부부가 성경에 나오는 브리스가와 아굴라처럼 행복한 부부입니다. 사실은 주님을 위하여 동역자가 되었습니다. 우리 교회에는 이 두 분 외에도 부부가 함께 동역하시는 분들이 많이 있습니다. 함께 봉사하시는 여러분의 가정이 늘 평안하고, 부부간에 서로를 위해 사는 모습이 세상을 떠나는 날까지 함께하시길 주님의 이름으로 축복합니다.

사도 바울은 이들에게 문안하라고 했습니다. 한 교회에 편지를 보내며 이들의 이름을 기록하며 문안하라고 한 것은 이들이 주님의 일에 그만큼 헌신적이었다는 말입니다. 우리 교회는 주의 종이 "00에게 인사를 꼭 전해주십시오. 그분들은 주의 종의 동역자입니다"라고 소개할 수 있는 가정들이 되기를 바랍니다.

2. "그들은 내 목숨을 위하여 자기들의 목까지도 내놓았나니 나뿐 아니라 이방인의 모든 교회도 그들에게 감사하느니라"(롬 16:4).

사도 바울이 복음을 전하는 곳에는 항상 목숨의 위협을 느끼는 일들이 있었습니다. 유대인들이 바울을 죽이기 전에는 먹지도 않고 마시지도 않겠다고 맹세한 적도 있었습니다. 바울을 죽이기 위해 매복하며 기다린 적도 있었습니다. 이런 바울을 위해 자신들의 목숨까지도 내어놓았다고 하니 실제적으로 어떤 일이 있었던 것으로 보입니다. 나는 죽을 위기에 있는데 가까운 사람이 나를 버리고 도망을 가면 얼마나 서운하겠습니까?

어떤 부인이 남편에게 "당신 어머니와 내가 배를 타고 가다 물에 빠졌는데 누구부터 구하겠느냐?"고 물었습니다. 여러분 가정에서는 이런 질문을 하지 마십시오. 남편이 뭐라고 답해야 합니까? 이 남편이 좀 지혜롭게 대답했으면 좋았을 것을 어머니를 구하겠다고 대답했습니다. 그러면서 "아내는 다시 얻을 수 있지만 어머니는 한 분뿐이니 다시 구할 수 없지 않느냐?"고 했습니다. 이 말을 듣고 아내가 쇼크에 빠졌습니다. 아무 일도 손에 잡히지 않아 못하고 있다가 정신과 의사를 만나 상담을 했습니다. 정신과 의사선생님이 한참을 쳐다보더니 뭐라고 대답했는지 아십니까? "부인, 수영을 배우시지요…." 이 부인이 그 후 수영을 배웠는지는 모르겠지만 이 가정의 부부관계에 심각한 금이 간 것은 확실합니다.

사람들은 나를 위해 목숨을 바치기까지 사랑하고 함께하는 사람들이 내 옆에 있을 때 너무나 행복합니다. 그런데 여러분을 위해 목숨을 버려준 분이 계십니다. 우리 예수님은 "나는 선한 목자라, 선한 목자는 양들을 위하여 자기 목숨을 버린다"고 말씀하셨습니다. 우리를 너무나 사랑하셔서 우리 대신 죄의 짐을 지시고 십자가에 달려 죽으셨습니다. 그러므로 이 사실을 깨달은 우리는 너무나 행복합니다. 하나님께서도 그러하십니다.

이스라엘과 블레셋이 전투를 벌일 때에 골리앗이라는 장수가 나와서 여호와 하나님의 이름을 모욕했습니다. 이때에 건장한 병사들이 아무도 나서지 않았습니다. 하나님께서도 야속하셨을 것입니다. 이때에 다윗이 하나님의 이름을 위하여 자기 목숨을 내어놓고 골리앗 앞으로 달려 나갔습니다. 하나님은 이 광경을 보고 감동을 받으셨고, "내가 일평생 너와 함께한다. 너를 지켜준다" 하셨습니다. 그리고 다윗을 이스라엘의 왕으로 역사에 남는 최고의 인물로 세워주셨습니다.

브리스가와 아굴라는 주의 종인 사도 바울을 위해 목숨까지도 내어놓는 헌신적인 부부였습니다. 그리고 이 소문이 이방 교회에까지 널리 퍼졌습니다. 사도 바울은 복음을 전하다가 목숨이 위태로운 상황에서 이 일을 기억했을 것입니다. 그리고 "당신들이 나를 위하여 목숨을 내어 놓았듯 나도 교회를 위하여 기쁜 마음으로 복음을 전하며 순교하겠습니다"라고 다짐했을 것입니다. 사도 바울은 이 일을 회상하며 모든 교회가 브리스가와 아굴라에게 감사한다고 기록하였습니다. 여러분, 저를 위하여 목숨까지 안 내어놓으셔도 괜찮습니다. 그러나 제가 복음을 위하여 힘쓸 때에 브리스가와 아굴라의 가정처럼 복음에 함께하는 성도들이 되시기를 주님의 이름으로 부탁드립니다.

3. "또 저의 집에 있는 교회에도 문안하라"(롬 16:5).

브리스가와 아굴라는 자기 집을 교회로 내어놓았다는 말입니다. 우리 한국교회에도 처음 교회가 시작될 때에 자기 집을 예배 처소로 내어놓은 가정들이 많이 있습니다. 우리 교회도 처음 이공천이라는 분의 집에서 시작되었습니다. 그 교회가 자라 오늘 이렇게 수많은 사람들이 다니는 교회가 되었고, 우리 교회가 수많은 교회들을 세워나가고 있습니다. 며칠 전에도 장로님 두 분이 교회를 대표하여 태국에 가서 기독교학교에 유치원 건축 기공식을 하고 돌아왔습니다. 머나먼 외국의 한 학교를 살리는 위대한 일의 시작은 영등포의 한 가정집이었습니다.

우리 집이 교회가 된다는 일이 얼마나 굉장하고 축복된 일입니까? 브리스가와 아굴라 부부는 자기 집까지도 교회를 위하여 내어놓고 초대교회의 부흥의 불길을 일으켰습니다. 이 집이 초대교회의 중심인 에베소 교회의 시작이 되었습니다. 브리스가와 아굴라 가정은 로마에서 유대인들을 핍박할 때 추방을 당했습니다. 빈손으로 로마를 떠나올 때에 두려웠을 것이고 야속했을 것입니다. 그런데 고린도로 이사 와서 바울을 만나 복음을 받았고 초신자였던 이들이 주의 일에 힘써 초대교회를 세워나가는 데 중심적인 인물들이 되었습니다. 자기 집을 예배 처소로 내어놓을 만큼 부유한 집이 되었습니다. 고린도로 온 것이 잘된 일입니다. 하나님께서 미리 섭리하시고 이들 부부를 고린도로 보내셔서 사도 바울을 만나게 하셨습니다.

여러분, 어떠한 경로를 통해서 우리 교회로 나오게 되었든지 이 모든 일이 하나님의 섭리입니다. 하나님께서 귀한 일을 계획하고 계십니다. 여러분 가정의 부부가 브리스가와 아굴라처럼 복음을 전하는 일에 이 종과 함께 힘씁시다. 오직 복음만을 위하여 귀하게 쓰임 받는 교회, 복된 가정들이 되기를 바랍니다.

📝 **적용**

ⓐ 오늘 말씀의 주제 파악하기

....

....

ⓑ 오늘 말씀 중 은혜 받은 부분 나누기

....

....

ⓒ 삶에 구체적으로 적용하기

....

....

🙌 **함께 드리는 기도제목**

1. 가정이 늘 평안하고 가족 간에 서로를 위해 사는 모습이 세상을 떠나는 날까지 함께하는 가정이 되게 하옵소서.
2. 브리스가와 아굴라의 가정처럼 복음에 함께하는 가정이 되게 하옵소서.
3. 오직 복음만을 위하여 쓰임 받는 교회와 가정이 되게 하옵소서.

성령으로 살고 성령으로 행하다

- **본 문:** 갈라디아서 5장 16-26절(신 309쪽)
- **찬 송:** 196장(성령의 은사를, 통 174장)
- **요 절:** "오직 성령의 열매는 사랑과 희락과 화평과 오래 참음과 자비와 양선과 충성과 온유와 절제니 이 같은 것을 금지할 법이 없느니라"(갈 5:22-23).

성령강림주일은 교회의 시작이 되는 주일입니다. 예수님께서는 "성령이 임하기까지 기다리라"고 하셨습니다. "이제 나는 너희와 함께할 수 없다. 나는 돌아가야 한다. 그러나 성령을 너희에게 보내주리니 기다리라"고 하셨습니다. 제자들은 마가의 다락방에 모여 예수님께서 약속하신 성령님의 임재를 합심하여 기도하며 기다렸고 오순절, 즉 맥추절에 약속하신 성령님이 모여 기도하던 성도들에게 임하셨습니다. 예수님께서 이 세상을 떠나가시면서 성령님이 오실 것이라고 말씀하신 것은 굉장한 일입니다. 이전에는 하나님께서 필요한 때에 필요한 사람에게만 만나주셨습니다. 그런데 예수님께서 십자가로 하나님과 우리 사이의 죄로 막힌 담을 헐어 주셨습니다. 그래서 우리에게 찾아오신 하나님이 바로 성령님이십니다. 예수님의 말씀대로 믿는 자에게는 성령님이 오셔서 내주하십니다.

하나님께서 날마다 우리 안에 거하신다는 말씀입니다.

"누구든지 예수를 하나님의 아들이라 시인하면 하나님이 그의 안에 거하시고 그도 하나님 안에 거하느니라"(요일 4:15).

얼마나 쉽습니까? 우리 하나님은 어려운 것을 요구하시는 하나님이 아닙니다. 믿기만 하면 하나님께서 우리 안에 거하신다니 얼마나 굉장한 일입니까? 그래서 복음은 가난한 자나 부한 자나, 강한 자나 약한 자나 누구에게나 차별이 없습니다. 성령강림 사건과 함께 일어난 놀라운 기적은 이들에게 방언의 은사를 주었습니다. 이들의 방언은 각 나라 언어로 말하는 것이었습니다. 배우지 못했던 언어를 말한다는 것은 놀라운 일이었습니다. 이것은 복음의 사명을 주신 것을 의미합니다. 또한 흩어졌던 언어가 하나가 되는 사건을 의미합니다.

바벨탑의 사건을 기억하시지요? 바벨탑의 사건은 하나님께 도전하는 인간의 범죄 행위였습니다. 하나님께서는 이들을 벌하시며 언어를 흩으셨습니다. 언어가 흩어진 것은 죄에 대한 징벌이었습니다. 그런데 마가의 다락방에 나타난 방언의 역사는 그 반대로 언어가 소통이 되었습니다. 하나가 되게 하셨습니다. 이것은 성령님의 임재하심과 함께 우리의 죄를 용서해 주시는 사건이었습니다. 이 축복이 얼마나 놀랍습니까?

성령님께서 오심으로 우리는 하나님과 동행하는 자가 되었습니다. 성령님께서 우리와 함께 거하심으로 우리는 언제나 성령님의 도우심을 구하기만 하면 우리를 도와주십니다. 악한 영의 유혹과 공격으로부터 우리를 보호해 주십니다. 힘들고 어려울 때 성령님께 도우심을 요청하면 여러분의 마음을 붙잡아 주시고 힘을 주십니다.

성령님이 인도하시는 대로 따라가기만 하면 우리는 성령의 열매를 맺습니다. 성령님의 인도하심을 따라 살면 우리에게 권능을 주십니다. 성령님의 인도하심을 따라 사는 사람은 천국까지 인도함을 받게 됩니다.

오늘 말씀은 육체를 따라 사는 사람과 성령을 따라 사는 사람을 말하며 '너희는 성령을 따라 행하라'고 합니다. 육체를 따라 사는 것이 무엇입니까?

> "육체의 일은 분명하니 곧 음행과 더러운 것과 호색과 우상 숭배와 주술과 원수 맺는 것과 분쟁과 시기와 분냄과 당 짓는 것과 분열함과 이단과 투기와 술 취함과 방탕함과 또 그와 같은 것들이라 전에 너희에게 경계한 것같이 경계하노니 이런 일을 하는 자들은 하나님의 나라를 유업으로 받지 못할 것이요"(갈 5:19-21).

하나님의 나라를 유업으로 받지 못하는 이것은 크게 네 가지입니다.

첫째, 성적인 죄입니다.
음행하는 것, 더러운 것, 호색을 말합니다. 성적인 죄는 가정을 파괴하고 사회를 파괴합니다. 더 나아가 성적인 범죄는 자기 자신을 파괴합니다. 사도 바울은 "음행하는 자는 자기 몸에게 죄를 범하느니라"(고전 6:18)고 했습니다.

둘째, 종교적인 죄입니다.
우상숭배와 주술과 이단입니다. 우상숭배는 십계명에 명하신 하나님께서 제일 미워하시는 일입니다. 주술도 사탄을 부르는 의식입니다. 이단도 하나님의 말씀을 떠나게 되기 때문에 그 결과는 하나님의 나라를 유업으로 받지 못합니다.

셋째, 공동체에서 짓는 죄입니다.
"원수 맺는 것과 분쟁과 시기와 분냄과 당 짓는 것과 분열함"이라고 했습니다. 하나님의 거룩한 공동체를 가르는 행위와 서로에게 상처를 주는 행위를 우리는 떠나야 합니다.

넷째, 자기 자신에게 짓는 죄입니다.
"투기와 술 취함과 방탕함과 또 그와 같은 것들이라"고 했습니다. 사람을 미워하는 것도 자기 자신에게 죄짓는 일입니다. 술에 취하여 알코올 중독자가 되는 것, 그리고 방탕하게 사는 것이 하나님의 나라에 합당치 않습니다.

이러한 모습으로 사는 사람들은 하나님의 나라를 유업으로 받지 못한다고 했습니다. 이것을 율법적으로 이해해서는 안 됩니다. 사람은 때로는 일시적으로 죄를 지을 수도 있습니다. 그러나 이러한 모습으로 계속해서 살아가게 되는 이유는 성령 충만하지 못함으로 사탄에게 이끌려 살아가기 때문이라는 것을 알아야 합니다. 사탄에게 이끌려 살아가다 보면 마지막에도 사탄에게 끌려가게 되기 때문입니다. 그래서 22-23절에는 성령을 따라 사는 사람을 말하고 있습니다.

"오직 성령의 열매는 사랑과 희락과 화평과 오래 참음과 자비와 양선과 충성과 온유와 절제니 이 같은 것을 금지할 법이 없느니라"(갈 5:22-23).

우리가 잘 아는 성령의 아홉 가지 열매입니다. 성령님께서 우리 안에 거하시고 우리가 성령을 따라 살면 이와 같은 열매를 맺게 됩니다. 그래서 예수님께서는 그 열매로 그들을 안다고 하셨습니다. "집에서 새는 바가지 밖에서도 샌다"는 우리 속담이 있습니다. 육체를 따라 사는 사람은 육체를 따라 사는 열매가 드러나게 되고, 성령을 따라 사는 사람은 성령을 따라 사는 열매가 드러나게 됩니다. 성경을 잘 모를 때에는 성령님을 은사로만 생각했습니다. 그래서 성령 받아야 한다고 하고 성령을 받으면 방언과 신유와 같은 특별한 은사를 받는 것이라고 생각했습니다.

우리가 분명히 알아야 합니다. 성령을 받는다는 것은 내가 하나님과 하나가 되고 하나님의 백성이 된다는 것을 의미합니다. 하나님의 백성이 되면 누가 와서 건드리지 못합니다. 대한민국을 누가 지킵니까? 대한민국의 강한 군대가 지킵니다. 그러니까 다른 나라들이 와서 우리를 건드리지 못합니다. 그렇습니다. 하나님 나라의 백성들은 하나님께서 지켜주십니다. 하나님께서는 천군천사를 통하여 여러분을 날마다 지켜주십니다. 내 힘으로 사는 것이 아닙니다. 하나님께서 지켜주시지 아니하면 우리는 날마다 죄 중에 빠져 살아갈 것입니다. 마귀가 괴롭혀도 속수무책으로 당할 수밖에 없을 것입니다. 그러나 강한 하나님의 손이 우리를 지키시기에 오늘도 우리는 이렇게 하나님 앞에 나와 예배드릴 수 있게 된 것을 믿고 감사하시기 바랍니다.

성령의 아홉 가지 열매를 우리의 성품 정도로 생각하면 안 됩니다. 하나님께서 우리 안에 오셔서 성령님으로 거하시니 우리는 저절로 사랑의 사람이 됩니다. 희락의 사람이 됩니다. 화평하고 오래 참는 사람이 됩니다. 자비하고 양선하고 충성하고 온유하고 절제하는 사람이 됩니다. 이것이 보통 이야기가 아닙니다. 성령님은 때로는 불과 같은 힘으로 우리를 도와주십니다. 절망 가운데 빠졌을 때 세상 사람들은 용기를 잃고 포기합니다. 그러나 믿음의 사람들은 사자굴 속에서도 찬송을 부릅니다. 이것이 성령님의 역사입니다.

내 자녀가 잘못되면 세상 사람들은 포기합니다. 그러나 믿음의 사람은 포기하지 않습니다. 정확히 말하면 우리가 포기하지 않는 것이 아니라 성령님께서 포기하지 않도록 우리 마음을 주장하여 주십니다. 성령님은 강하십니다. 성령님은 따스하십니다. 성령님은 기다리게 하십니다. 성령님은 하나님의 자녀들을 잘되게 하십니다. 그리고 우리에게 주신 복을 지켜주십니다. 성령님은 교회를 지켜주시고 교회를 통하여 위대한 일을 하십니다. 우리 인생의 하는 모든 일들이 성령님께서 하시는 일입니다.

앞서 말한 육체를 따르는 사람들의 이야기를 보세요. 우상을 숭배하고 사람들과 원수를 맺으며 분쟁하고 시기하고 파벌을 짓고 분열하고 이런 것들을 왜 하는지 아십니까? 우리를 성령님께서 인도하시듯이 마찬가지로 이들은 사탄 마귀에게 이끌려 살아가기 때문입니다. 성령님이 우리 안에 거하시면 하나님께서 기뻐하시는 일을 합니다. 찬양하기를 좋아합니다. 세상 노래는 한 시간을 부르면 힘이 들어 진이 빠지지만 찬양은 부르면 부를수록 힘이 납니다. 기도에 힘이 있습니다. 기도는 하면 할수록 더 힘이 나게 합니다. 한때 장로교회에서는 통성으로 기도하는 것을 좋아하지 않았습니다. 그런데 그것은 성경적이 아닙니다. 예전에 다른 교회에서 시무할 때 설교 중에 교인들이 "아멘" 하면 은퇴하신 장로님이 자리에서 일어나 눈치를 주곤 했습니다. 하지만 그 장로님이 은혜 받고 나니 본인이 더 크게 "아멘" 하셨습니다.

마가의 다락방에서도 함께 모여 통성으로 기도했습니다. 얼마나 소리 질러 크게 기도했던지 언뜻 이 광경을 본 사람들이 그들이 낮술에 취하였다고 했습니다. 조용히 하나님과 대화하듯이 기도할 때도 있습니다. 우리가 대화할 때에 큰 소리로 합니까? 아닙니다. 작은 소리로 합니다. 때로는 마음속으로 해도 하나님께서는 다 들으십니다. 그러나 안타깝고 간절할 때 우리는 큰 소리로 기도할 수가 있습니다. 우리가 무엇을 기도해야 할지 모를 때에도 성령님은 말할 수 없는 탄식으로 우리를 위해 기도해 주신다고 하였습니다.

성령님은 고마우신 분입니다. 성령님이 우리 안에 거하시면 교회에 나와 봉사하기를 좋아합니다. 하나님이 좋아하시는 일이기 때문입니다. 우리 교회는 장로님들도 성령님으로 충만하시고 권사님들도 성령님으로 충만하시고 집사님들도 성령님으로 충만하시고 온 성도들이 성령님으로 충만하시기 바랍니다.

아무리 그럴 듯해도 성령님이 거하시지 않으면 가짜입니다. 찬양대가 찬양을 잘해도 성령님께서 거하시지 않으면 그것은 세상 노래입니다. 봉사를 해도 땀을 흘려도 성령님께서 인도하시는 것이 아니면 그것은 봉사단체에서 일하는 것과 다를 바가 없습니다. 아무리 교회를 잘 지어도 성령님께서 거하시지 않으면 세상 빌딩과 다를 바가 없습니다. 성령님이 거하셔야 진짜 교회가 되고 진짜 성도가 됩니다.

많은 목사님들이 도림교회를 보면서 "어떻게 날마다 부흥하느냐? 특별한 프로그램이 있느냐?"고 묻습니다. 교회는 특별한 것으로 부흥하는 것이 아닙니다. 부흥은 다른 것이 아닙니다. 영혼 구원이 부흥입니다. 이것은 성령님만이 하실 수 있는 일입니다. 제가 설교 잘해서 되는 것이 아닙니다. 성령님께서 새가족의 마음을 감동시키셔서 예수 믿게 하십니다.

성전을 건축하면서도 수없이 많은 기적을 봅니다. '아, 이것은 하나님께서 하시는 일이구나!' 하는 것을 깨닫습니다. '이 일을 통해서 하나님께서 위대한 일을 계획하고 계시는구나!' 하는 것을 깨닫습니다. 성전 건축이 진행될 때에 많은 성도님들이 저에게 "목사님, 얼마나 지어졌는지 한번 보고 싶어요. 그러나 참고 있어요. 저희는 기도로 도울게요"라고 하였습니다. 그 마음이 얼마나 아름다운지 모릅니다. 내 눈으로 한번 보고 싶지만 성령님께서 나보다 더 잘해 주실 줄로 믿고 기도하겠다는 말입니다. 이것이 바로 마음속에 성전을 지어가는 성도입니다.

이런 성도가 성전의 축복을 받습니다. 기쁨으로 성전을 짓는 성도가 새 성전에서 더 큰 은혜를 받고, 기도의 응답이 이루어지고, 대를 이어 축복의 가문이 될 수 있습니다. 우리 교회는 성령님이 이끌어 가시는 교회가 되기를 기도하시기 바랍니다. 이런 기도가 하나님께서 기뻐하시고 응답하시는 기도입니다. 그러면 그 기도의 응답이 내게 축복이 됩니다.

> "너희는 너희가 하나님의 성전인 것과 하나님의 성령이 너희 안에 계시는 것을 알지 못하느냐 누구든지 하나님의 성전을 더럽히면 하나님이 그 사람을 멸하시리라 하나님의 성전은 거룩하니 너희도 그러하니라"
> (고전 3:16-17).

여러분은 지금 하나님께서 거하시는 하나님의 거룩한 전입니다. 그러므로 여러분을 성령님께서 인도하시는 사람으로 잘 지켜나가시기 바랍니다. 성령강림주일은 이전에 있었던 마가의 다락방의 역사를 기념하는 주일이 아닙니다. 예수님의 십자가 사건으로 말미암아 막힌 담을 헐어 주셨고 우리 가운데 찾아오신 하나님께서 지금도 우리와 함께 거하심을 감사하면서 주의 영을 소멸케 하지 않기 위해 다짐하고 고백하는 주일입니다. 어떻게 해야 합니까? "성령을 따라 행하라"고 했습니다. 내가 성령님보다 앞서려고 하지 마십시오. 기도보다 내 생각이 앞서지 마십시오. 성령님을 따라가는 것이 중요합니다. 문제가 일어나는 교회들의 공통적인 원인이 무엇인지 아십니까? 내가 이끌려고 합니다. 바로 여기에 마귀가 틈을 탑니다.

교회는 말씀이 이끄는 곳입니다. 자기 자신을 십자가에 못 박은 사람들만이 교회의 대열에 동참하고 천국의 대열에 동참하게 됩니다. "그리스도 예수의 사람들은 육체와 함께 그 정욕과 탐심을 십자가에 못 박았느니라"(갈 5:24)고 했습니다. 그러므로 "헛된 영광을 구하여 서로 노엽게 하거나 서로 투기하지 말지니라"(갈 5:26)고 오늘 성경은 우리에게 결론의 말씀을 주고 있습니다.

성령의 사람들은 헛된 영광을 구하면 안 됩니다. 이것은 교만으로 나아가게 되고 서로 노엽게 하고 투기하게 만듭니다. 우리는 성령님을 따라가야 합니다. 여러분, 하나님의 말씀을 듣고 그 말씀대로 순종하며 살아가십시오. 그러면 성령님께서 여러분을 지켜 주시고 보호하십니다. 무슨 일을 계획할 때마다 '이것이 예수님께서 기뻐하시는 일일까?'가 기준이 되도록 하십시오.

우리는 예수님을 따라 사는 사람들입니다. '내 속에서 성령님이 기뻐하실까?'를 생각하며 주의 일을 하십시오. 그러면 하나님의 성전이 깨끗하여지고 하나님께서 귀히 쓰는 그릇이 됩니다. 성령강림과 함께 우리에게 주신 선물이 교회입니다. 그러므로 교회는 성령님께서 하나 되게 하신 것을 힘써 지키고 복음을 땅 끝까지 전하여야 합니다. 성령강림주일을 맞이하여 '성령님께서 하나 되게 하신 것을 힘써 지키고 있는가?' 그리고 '복음을 전하는 공동체로 세워주신 교회의 사명을 잘 감당하고 있는가?'를 돌이켜보고 성령님을 따라 사는 성도들이 됩시다.

📝 적용

ⓐ 오늘 말씀의 주제 파악하기

ⓑ 오늘 말씀 중 은혜 받은 부분 나누기

ⓒ 삶에 구체적으로 적용하기

🙌 함께 드리는 기도제목

1. 성령님이 인도하시는 대로 따라가며, 성령의 열매를 맺는 삶을 살게 하옵소서.
2. 온 성도들이 성령 충만한 교회가 되게 하옵소서.
3. 성령님을 따라 사는 성도, 성령님을 따르는 교회가 되게 하옵소서.

너와 네 온 집은 방주로 들어가라

- **본 문**: 창세기 7장 1절(구 9쪽)
- **찬 송**: 320장(나의 죄를 정케 하사, 통 350장)
- **요 절**: "여호와께서 노아에게 이르시되 너와 네 온 집은 방주로 들어가라 이 세대에서 네가 내 앞에 의로움을 내가 보았음이니라" (창 7:1).

여러분의 가정은 행복하십니까? 성경에는 행복한 가정의 이야기도 있고, 불행한 가정의 이야기도 있습니다. 이런 이야기를 기록한 이유는 축복받은 가정을 보면서 그 뒤를 따라가면 우리도 축복받는 가정이 된다는 뜻입니다. 저주받은 가정을 보면서 깨닫고, 그 길에서 돌이키고 따라가지 않아야 합니다. 브리스가와 아굴라같이 축복받은 가정도 있고, 아나니아와 삽비라처럼 저주를 받은 가정도 있습니다. 우리는 어떤 가정을 따라가야 합니까?

군대에 가면 '시범조교'가 있습니다. 시범조교는 절제된 동작으로 시범을 보입니다. 그대로 따라해야 합니다. 밧줄을 타고 계곡을 건널 때에도 조교가 하는 행동을 그대로 따라해야 합니다. 그렇지 않으면 미끄러져 줄에 대롱대롱 통닭처럼 매달리게 되고 자기 힘으로 가다가 힘이 다 빠지면 결국 떨어지게 됩니다. 다행히 밧줄 아래에는 그물망이 있어 계곡으로 떨어지지는 않지만 고생을 하게 됩니다. 그리고 나가서는 또 센 기압을 받게 됩니다.

성경에는 축복받은 많은 사람들의 이야기가 있습니다. 이들이 '하나님 나라의 시범조교'입니다. 예배시간에 이들이 축복받은 가정의 이야기를 하면 '맞다. 이거 우리 가정의 이야기다. 아멘' 하고 그들이 갔던 길을 따라가야 합니다. 그러면 우리 가정이 아브라함의 가정이 되고, 다윗의 가정이 될 줄로 믿습니다. 다윗이 다 잘한 것이 아닙니다. 잘못한 일도 성경에 기록되어 있습니다. 성경에는 부끄러운 이야기도 기록되어 있습니다. 성경이 위인전처럼 잘한 일만 기록한 것이 아니라 죄지은 일도, 부끄러운 일도 사실 그대로 기록한 것은 말씀을 보고 우리에게 축복의 길로 가라는 뜻입니다. 말씀을 통해서 다윗의 잘한 일만 따라가고 잘못한 일은 피하면 우리는 다윗보다 더 축복된 인생을 살아가게 될 줄로 믿습니다.

성경에는 저주받은 가정들의 이야기도 나옵니다. 아간의 가정은 가장인 아간이 잘못하여 온 가족이 돌에 맞아죽는 비참한 최후를 당합니다. 성령님의 능력을 경홀히 여기고 물질에 욕심이 있던 아나니아와 삽비라 가정은 부부가 즉사를 하고 맙니다. 이들이 어떤 잘못을 했고 어떤 길을 걸어갔는지 말씀을 듣고 그 길을 피할 때에 우리는 복된 인생이 될 수가 있습니다.

오늘 대한민국의 위기는 경제의 위기, 교육의 위기가 심각하지만 가정의 위기가 더 심각합니다. YTN 뉴스를 보니 "부모 부양을 누가 담당할 것인가?"에 대한 질문에 2002년에는 "가족"이라고 답한 비율이 70.7%였는데 2018년에는 26.7%로 줄었습니다. "가족 중에 누가 부모를 부양할 것인가?"에 대해 "장남이 해야 한다"는 응답은 15.1%에서 1.3%로 낮아졌습니다. "아들이 해야 한다"는 응답도 13.9%에서 1.0%로 낮아졌습니다. 앞으로 몇 년 후에는 또 어떻게 변할지 모릅니다. 계속해서 나쁜 방향으로 바뀔 것입니다.

자녀들을 잘 먹이고 입히고 가르치면 잘 될 것이라 생각했는데 그렇지 않습니다. 우리는 나라가 잘살고 물질적으로 풍요해지면 행복해질 것이라 생각했는데 그렇지 않습니다. 가정이 잘 되어야 합니다. 모든 문제는 가정에서부터 나옵니다. 가정이 건강하면 나라가 힘들어도 다시 세울 수 있습니다.

유대인들은 가정교육을 통해서 자녀들을 교육시켰고 결국 이스라엘을 지켜냈습니다. 유대인들은 성경말씀을 중심으로 자녀교육을 시켰습니다. 이들은 나라 없이 유랑생활을 하면서도 가정을 중시하며 말씀대로 자녀들을 교육시켰습니다. 그 결과 유대인들이 세계의 경제와 정치와 학문을 주름잡고 있습니다. 가정이 무너지면 나라도 무너집니다. 요즈음 학교에서 교육이 안 되는 이유가 어디에 있습니까? 학교 선생님이 잘못해서가 아닙니다. 국가정책 때문에 그렇게 된 것도 아닙니다. 가정교육이 무너졌기 때문입니다. 가정이 무너지면 교회도 어려워집니다.

요즈음 교회학교가 줄어들고 있는 이유도 가정에서 신앙교육이 무너지기 때문입니다. 하나님 중심에서 물질 중심으로 자녀들을 내세웠기 때문입니다. 믿음의 가정에서 불신 자녀들이 나오고 있습니다. 자녀들이 희미하게 신앙생활을 합니다. 그러니 그다음 대에 문제가 생기고, 그러면 교회도 어려워지게 됩니다. 우리는 성경에서 말하는 가정으로 다시 돌아가야 합니다.

오늘 성경에는 모범적인 가정의 이야기가 나옵니다. 노아의 시대는 죄악이 만연하였습니다. 그것을 보시고 하나님께서는 사람을 지으신 것을 후회하시고, 한탄하시고, 근심하셨다고 했습니다. 그래서 이들을 모두 지면에서 쓸어버리기로 작정하셨습니다. 그런데 창세기

6장을 보면 "그러나 노아는 여호와께 은혜를 입었더라"(창 6:8)고 했습니다. 모든 사람들이 죽을 수밖에 없었는데 "그러나 노아는 여호와께 은혜를 입었더라"고 했습니다.

'그러나'가 중요합니다. 경제가 어려워도 '그러나'의 은혜가 있으면 됩니다. 병이 들어 죽게 되었어도 '그러나'의 은혜가 있으면 됩니다. 우리가 많은 죄를 지었어도 '그러나'의 은혜를 입으면 됩니다. 믿음의 사람 다윗은 다 잘한 것이 아닙니다. 잘못한 것도 많았습니다. 죄 없는 충성스러운 신하를 죽이는 살인죄도 저질렀습니다. 신하의 아내를 빼앗는 간음죄도 저질렀습니다. 악한 사람이었습니다. 그러나 다윗은 하나님의 은혜를 입었습니다. 그래서 다윗의 시편을 보면 늘 하나님의 은혜에 감사하고 있습니다.

은혜를 깨닫고 감사해야 신앙생활이 잘 됩니다. 은혜는 자동차의 기름과 같습니다. 그 무거운 자동차가 100km도 달리고 200km도 달리는 것은 기름의 힘으로 달립니다. 자동차에 기름이 떨어지면 갑자기 힘을 못 씁니다. 쿨럭쿨럭 하다가 차가 멈추어 섭니다. 한번은 자동차 전용도로를 달리는데, 갑자기 차가 쿨렁쿨렁하더니 멈추어 섭니다. 부목사님이 운전을 하고 있었는데 깜짝 놀라 잠에서 깨어보니 기름이 떨어졌습니다. 그래서 기름을 실은 차가 오기까지 기다렸다가 기름을 조금 넣고 다시 시동을 거니 '부릉' 하고 달려올 수가 있었습니다. 은혜가 그렇습니다. 우리가 인생을 살다보면 막히는 일들이 많습니다. 그때마다 하나님께서 은혜를 주시면 '부릉' 하고 길을 달려갈 수가 있습니다. 내가 운전을 잘해서 달려가는 것이 아닙니다. 기름이 있어야 달릴 수 있습니다.

하나님께서 은혜를 주셔야 우리가 달려갈 수가 있습니다. 신앙생활을 하면서 자기 힘으로 신앙생활을 하려고 하는 사람처럼 어리석은 사람은 없습니다. 여러분은 하나님께서 주시는 그 은혜를 크게 보아야 합니다. 인생의 고난을 겪어본 사람들은 하나님의 은혜가 없이는 살 수 없다는 것을 잘 압니다. 그런 체험을 한 사람들은 말씀 앞에서 늘 겸손합니다.

우리 교회에도 사회적으로 굉장한 분들이 있는데 아주 겸손하신 분들입니다. 은혜가 대단한 것임을 깨달은 사람들은 은혜 받기를 사모하며 겸손하게 됩니다. 은혜는 겸손한 자에게만 임하기 때문입니다. 은혜는 자신이 부족한 줄 아는 사람에게만 주십니다. 그래서 넘치게 하십니다. "주님 내가 약합니다" 하는 자에게 은혜를 주셔서 강하게 하십니다. 성도는 은혜를 받아야 큰 신앙의 인물이 됩니다. 교회도 은혜를 받아야 합니다. 그래서 저는 늘 "하나님, 우리 교회에 은혜 주세요" 하고 기도합니다.

성전 건축도 은혜입니다. 아무나 성전을 건축할 수 있는 것이 아닙니다. 성전 건축은 쉬운 일이 아닙니다. 작은 집 한 채를 지어도 쉽게 되는 일이 없습니다. 속 썩는 일들이 많습니다. 계획대로 되지 않습니다. 하물며 성전을 건축하는 일이야 어떠하겠습니까? 마귀가 가장 싫어하는 일이니 방해도 많습니다. 그래서 "하나님 은혜 주세요. 은혜로 우리 교회 채워주세요" 하고 기도하였습니다. 우리 교회가 성전 건축을 결정한 지 7년 만에 입당을 하였습니다. 그 긴 시간 동안 아무 사고 없이 이 교회를 지켜주신 것, 하나님께서 우리에게 큰 은혜를 주셨으므로 지금까지 올 수 있었음을 믿고 감사하는 성도들이 될 수 있기 바랍니다. 교회도 은혜를 받아야 행복하고 복된 사람들이 넘쳐납니다.

그러므로 우리 교회 성도들에게 노아가 입었던 '그러나'의 은혜가 풍성하기를 바랍니다. 노아가 '그러나'의 은혜를 입은 이유가 어디에 있습니까?

> "믿음으로 노아는 아직 보이지 않는 일에 경고하심을 받아 경외함으로 방주를 준비하여 그 집을 구원하였으니 이로 말미암아 세상을 정죄하고 믿음을 따르는 의의 상속자가 되었느니라"(히 11:7).

　노아는 믿음으로 하였습니다. 세상 사람들은 믿음이 늘 변합니다. 이스라엘의 역사가 이것을 기록하고 있습니다. 유럽의 기독교 역사도, 미국의 기독교 역사도, 우리나라의 기독교 역사도 시작은 믿음으로 하였는데, 믿음이 그만 변해버렸습니다. 하나님께서 복을 주시고 살 만하게 된 것이 믿음 때문인데 이제는 믿음을 떠나버렸습니다. 믿음이 떠나면 하나님의 도우심도 함께 떠납니다. 축복도 떠나가고 사람도 떠나갑니다. 하나님의 은혜가 떠나가면 영원한 것은 없습니다. 세상에서 얻으려고 하는 것이 다 떠나가면 남는 것이 없습니다. 믿음으로 해야 남습니다. 예배도 믿음으로 드려야 합니다. 봉사하는 일도 믿음으로 해야 합니다. 성전 건축도 믿음으로 해야 합니다. 주의 일을 하는 것은 모두 믿음으로 해야 합니다. 그래야 하나님께서 우리를 의롭게 보십니다.
　오늘 말씀에도 하나님께서는 믿음으로 행한 노아에게서 의로움을 보았다고 하셨습니다. 다른 것으로 의롭게 될 수 있는 사람은 없습니다. 사람이 율법적으로 대단한 일을 한다고 해서 하나님은 그 사람을 의롭다고 보시는 것이 아닙니다.

> "사람이 의롭게 되는 것은 율법의 행위로 말미암음이 아니요 오직 예수 그리스도를 믿음으로 말미암는 줄 알므로 우리도 그리스도 예수를 믿나니 이는 우리가 율법의 행위로써가 아니고 그리스도를 믿음으로써 의롭다 함을 얻으려 함이라 율법의 행위로써는 의롭다 함을 얻을 육체가 없느니라"(갈 2:16).

믿음은 하나님을 가장 크고 위대하게 바라보는 것입니다. 하나님은 모든 것을 오늘도 다 하실 수 있음을 믿는 것입니다. 나를 구원에 이르게 하실 분도 오직 하나님뿐이심을 믿는 것입니다.

오늘 현대인들은 자신들을 너무 크게 봅니다. 물질이 있으면 내가 대단한 줄 압니다. 내가 공부를 좀 하고 권력이 있으면 내가 대단한 줄 압니다. 대통령이 대단합니까? 대통령이 가진 권력이 대단한 것이지, 그 권력이 다른 사람에게 넘어가 버리면 보통 사람보다 더 비참한 사람이 되고, 아무도 찾아오지 않는 사람이 되는 것을 우리는 역사를 통해 많이 보았습니다. 우리는 하나님을 대단하게 보아야 합니다. 그것이 믿음입니다.

오늘 노아는 믿음으로 하나님께 인정을 받았습니다. 그래서 120년 동안이나 방주를 지었습니다. 120년이나 방주를 짓는다는 것은 상상이 안 되는 일입니다. 지금처럼 전기톱이나 좋은 장비가 없었습니다. 통나무를 베어서 옮길 운반수단도 없었습니다. 온 가족이 죽을힘을 다했을 것입니다. 그것도 산꼭대기에 지었습니다. 산위에서 배를 지으면 쓸데가 없습니다. 배는 물 위에 지어야 합니다. 어린이도 아는 상식입니다. 그런데 노아는 "하나님, 왜 산 위에 짓습니까?" 하고 묻지 않았습니다. 자신의 지식이나 방법을 뒤로하고 하나님의 말씀을 대단하게 보았습니다. 하나님께서는 이 믿음을 보시고 노아를 의롭다고 하셨습니다.

여러분, 우리는 오늘 방주를 짓고 있는 사람들입니다. 노아가 방주를 지어 구원을 받았듯이 우리는 오늘도 내 믿음의 방주를 지어 구원을 입어야 합니다. 이 방주를 짓는 일은 힘이 드는 일입니다. 똑똑하다고 하는 사람들이 조롱하는 일입니다. 평생 걸리는 일입니다. 그러나 우리는 이 방주를 쉬지 않고 지어야 합니다. 이 방주 짓는 믿음을 통해서 구원의 은총을 입을 수가 있기 때문입니다. 예수 믿고 많은 봉사를 하고 일을 해도 마지막에 구원받지 못하면 가장 불쌍한 사람입니다. 내가 봉사하고 구제해서 구원을 얻을 수 있는 사람은 이 세상에 아무도 없습니다. 율법에는 구원이 없습니다. 구원은 오직 믿음으로만 얻습니다. 내가 무슨 회장이 되어 봉사하는 것도 내가 은혜 받은 감격으로 감사하면서 하는 것이지, 그것 때문에 구원받는 것이 아닙니다.

믿음은 어디에서 생깁니까? 오직 말씀에서만 생깁니다. 그러므로 말씀을 귀하게 여기시기 바랍니다. 말씀을 귀하게 여기지 않으면서 구원받겠다는 것은 어리석은 생각입니다. 제가 아는 목사님 교회에 유명한 조폭 두목이 나왔습니다. 그 부인은 집사님인데 남편은 조폭 생활을 했습니다. 목사님이 "아니, 어떻게 교회에 나오실 마음이 있었습니까?" 하고 물으니 "목사님, 저도 축복받고, 천국 가고 싶습니다" 그러더랍니다. 아니, 조폭 두목도 아는 천국에 가는 길을 우리가 모르면 안 됩니다. 이 조폭 두목이 목사님께 하는 말이 "목사님, 우리 교회가 싸움으로 하면 전국에서 잡겠지요?" 하면서 "목사님, 누가 목사님 괴롭히는 사람 있으면 저에게 말씀만 해주세요. 제가 확실히 해결해 드리겠습니다" 그러더랍니다.

오늘 말씀에 놀라운 사실은 노아의 가족들이 반대했다는 이야기가 없습니다. '아버지가 미쳤나 보다' 생각하지 않고 모두 순종했습니다. 이것이 바로 노아의 가정이 행복했던 이유입니다. 아버지의 말에 아내와 자녀들이 다 순종했습니다. 남편이 가장 싫어하는 아내 제1위가 "아내가 자존심 상하게 하는 것"이라는 설문조사 결과가 있었습니다. 여러분은 남편이 모른다고, 틀렸다고 빈정대지 마세요. 그것은 남편의 자존심을 상하게 합니다. 반대로 남편의 자존심을 세워주면 남편이 힘을 다합니다. 직장에서 돌아올 때 반갑게 맞이하고 오늘 수고하였다고 한마디 하는 순간 남편은 내 일에 대한 자존감과 가족에 대한 책임감을 가지게 됩니다. 남자가 그런 존재입니다.

제가 아는 어느 목사님 사모님은 남편이 월급봉투를 받아올 때마다 아이들을 다 불러 모았습니다. 그리고 그 앞에 무릎을 꿇고 두 손으로 월급봉투를 받았습니다. 자녀들 앞에서 아빠의 권위를 세워 주었습니다. 그래서 자녀들이 '우리 어머니 바보 같다' 그럽니까? 아닙니다. 딸은 콜롬비아를 나온 경제학 수재입니다. 연봉이 아버지의 열 배 가까이 됩니다. 저에게도 좋은 식사대접을 한다고 오래전부터 그랬는데, 제가 가지 못했습니다. 아들도 대학 수석 졸업을 했고 박사과정을 하고 있습니다. 이 가정은 아내가 남편을 믿어주고 자녀들은 아빠가 우리를 위해 고생했다고 믿으니 반듯하게 자라서 최고의 효자와 효녀가 되었습니다. 또 이런 아내를 어느 남편이 사랑하지 않을 수가 있겠습니까?

또 한쪽만 하면 안 되지요? 아내가 제일 싫어하는 남편 제1위는 "말을 함부로 하는 남편, 폭언하는 남편"이라는 설문조사 결과가 있었습니다. 돈 못 벌어오는 것도 아니고, 못생긴 남편도 아닙니다. 아내의 인격을 무시하는 남편을 제일 싫어합니다. 남편은 아내에게 늘 고생한다고, 당신 때문에 우리 가정이 산다고 따스한 말을 해주어야 합니다. 사람은 서로를 존중해 주어야 행복합니다. 가정은 서로를 위해 희생하고 들어주는 공동체입니다. 가정은 두 사람이 마음이 하나가 되어야 합니다. 그러기 위해서는 두 사람이 서로에게 맞추어주어야 합니다. 내가 똑똑하다고 나를 주장하면 그 가정은 깨어지게 됩니다. 가위가 가위질을 하기 위해서는 서로 함께 움직여야 합니다. 그리고 간격이 없어야 합니다. 부부가 그런 관계입니다.

노아의 가정은 부부간에 무려 120년이나 함께 일했습니다. 사람들이 조롱하는 가운데서도 자녀들이 모두가 순종하며 일했습니다.

그러니 행복한 가정이요, 축복을 받을 만한 가정입니다. 여러분, 행복한 가정, 축복받은 가정은 세상적으로 어떤 지위에 오르거나 무엇을 차지했을 때 주는 것이 아니라 그 가정 내부에서 찾아야 합니다. 오늘 하나님은 "너와 네 온 집은 방주로 들어가라" 말씀하셨습니다. 이 말씀은 "너를 구원하겠다. 너만은 축복하겠다"는 약속의 말씀입니다.

"너와 네 온 집은 방주로 들어가라"는 말씀이 여러분 가정에도 들려지기를 바랍니다. 나 혼자만 구원받으면 안 됩니다. 가족이 모두 구원받아야 합니다. 가정에 주시는 가장 큰 축복은 가족 모두가 구원받는 일입니다. 구원의 방주로 함께 들어가는 일입니다. 여러분 가정마다 화평하고, 이 세상에서 행복하고, 축복을 받고, 마지막에 함께 노아의 가정처럼 구원의 방주로 들어가는 가정들이 되기를 바랍니다.

📝 적용

ⓐ 오늘 말씀의 주제 파악하기

ⓑ 오늘 말씀 중 은혜 받은 부분 나누기

ⓒ 삶에 구체적으로 적용하기

🙌 함께 드리는 기도제목

1. 하나님께서 주시는 그 은혜를 크게 바라보는 믿음을 갖게 하옵소서.
2. 하나님을 가장 크고 위대하게 바라보는 가정이 되게 하옵소서.
3. 가정이 화평하고, 이 세상에서 행복하고, 축복을 받고, 마지막에 함께 노아의 가정처럼 구원의 방주로 들어가는 가정이 되게 하옵소서.

나는 행복한 성도입니다

- **본 문**: 신명기 33장 29절(구 318쪽)
- **찬 송**: 391장(오 놀라운 구세주, 통 446장)
- **요 절**: "이스라엘이여 너는 행복한 사람이로다 여호와의 구원을 너같이 얻은 백성이 누구냐 그는 너를 돕는 방패시요 네 영광의 칼이시로다 네 대적이 네게 복종하리니 네가 그들의 높은 곳을 밟으리로다"(신 33:29).

2019년 세계 행복의 날에 세계 행복지수가 발표되었는데, 우리나라는 54위를 차지했습니다. 9위를 차지한 캐나다를 제외한 북유럽의 국가들이 모두 상위권에 이름을 올렸습니다. 우리나라는 경제력으로는 10위권에 근접해 있는데 행복지수는 한참 모자랍니다. 그들은 왜 행복하다고 생각하고 우리는 왜 불행하다고 생각할까요? 행복이란 무엇일까요? 많은 것을 가졌다고 행복한 것도 아니고, 높은 자리에 올랐다고 행복한 것도 아닙니다. 그렇다고 내가 하고 싶은 일을 하고 산다고 해서 행복한 것도 아닙니다. 청소년들은 내가 좋아하는 게임을 하루 종일 하면서도 행복하다고 느끼지 않습니다.

베스트셀러인 《1cm》라는 책에서, 저자는 소유나 지위는 자본주의가 만들어낸 인공적인 행복요인이라고 이야기했습니다. 이러한 행복은 상대방과의 비교를 통해서 또 다시 불행을 느끼게 된다고 했습니다. 그러면서 가족관계, 건강, 맛있는 식탁, 좋은 친구 등을 통해서 얻는 행복은 자연적인 행복이라고 했습니다. 그러나 세상의 행복은 조건에 의하여 주어지는 행복입니다. 사람들은 행복을 찾아 뛰어다니는데 조건에 의하여 주어지는 행복은 조건이 사라지면 행복도 또한 사라집니다. 음식이 맛이 있어서 행복했는데 병이 들어 밥맛이 없으면 행복하지 않습니다. 가족관계 때문에 행복했는데 부부싸움을 하고나면 행복하지 않습니다. 세상의 행복은 영원한 것이 아닙니다.

오늘 성경은 우리에게 "너는 행복한 사람이로다"라고 말하였는데 성경이 말하는 행복은 왔다가 사라지는 행복이 아닙니다. 사도 바울은 질병 때문에 고통을 받으면서도 기쁨과 감사와 만족함을 얻었습니다. 조건으로 인한 행복이 아니라는 말입니다. 오늘 말씀은 모세가 유언처럼 가나안 땅에 들어가는 이스라엘 백성을 축복하면서 준 결론과도 같은 말씀입니다. 지금까지 광야에 있어 먹을 것 제대로 못 먹고 즐기지도 못하고 힘들게 살았는데, 이제 가나안 땅에 들어가면 좋은 집에 살고 먹을 것이 풍성할 것이다, 그래서 행복하다고 말한 것이 아닙니다. 사실 이스라엘 백성은 이제 가나안의 전투를 시작해야 합니다. 가나안의 전투는 목숨을 건 전투입니다. 내 가족 중에 누가 죽을지 모릅니다. 그런데 모세는 전쟁 중에 있는 이스라엘 백성에게 "너는 행복한 사람이로다"라고 말합니다.

여러분, 오늘 성경이 말하는 행복은 우리에게도 같은 의미로 주시는 말씀입니다. 지금 예배드리는 순간은 '아멘' 하고 행복하지만, 세상으로 돌아가면 복잡하고 힘든 일들이 기다리고 있습니다. 어떤 사람은 질병 때문에 고통스러워하고 어떤 사람은 사업의 문제로 힘들어합니다. 월세 때문에 고통스러운 사람도 있고 빚 때문에 힘들어하는 사람도 있습니다. 우리가 사는 인생은 문제가 없는 인생이 없습니다. 그런데도 성경은 오늘 우리에게 "너는 행복한 사람이로다"라고 말합니다.

'행복'이라는 히브리어는 '아쉬레이'(אשרי)라는 단어인데, 성경 다른 곳에서는 '복'이라는 뜻으로 해석이 되었습니다. 시편 1편에 나오는 "복 있는 사람은"이라는 구절에서도 이 단어를 사용하고 있습니다. '복'이라는 단어는 히브리어에서 크게 '아쉬레이'와 '바라크'(ברך)라는 단어를 사용하는데, '아쉬레이'는 '하나님과 함께하는 것'을 의미합니다. 하나님께서 우리와 함께하시면 사탄이 물러갑니다. 하나님께서 나와 함께하시면 하나님께서 나의 인생의 길을 인도하십니다. 그러므로 하나님과 함께하는 것이 행복입니다.

오늘 성경은 '너희가 행복한 것은 구원받은 백성이기 때문'이라고 말합니다. 구원은 누가 받습니까? 오직 믿는 자만이 구원을 받습니다. 우리는 모두가 죄로 말미암아 영원히 죽을 인생이었는데, 예수님께서 대신 희생의 제물이 되어 주셨습니다. 그 대속의 십자가를 믿는 자만이 구원의 은총을 얻게 됩니다. 예수님을 믿게 될 때 어떤 현상이 있습니까? 예수님을 믿으면 내 죄가 보입니다. 내 힘으로 어떻게 해볼 수 없는 흉악한 죄가 나를 억누르고 있습니다. 그런데 예수님이 믿어지는 순간 그 죄가 보이게 되고, 그 죄의 억압에서 벗어나게 되고, 그 은혜에 감사하여 교회에도 나오고 헌신의 생활을 하게 됩니다. 내 죄를 보는 것은 성령님의 눈으로 볼 때에 가능합니다. 내가 어떤 문제가 있는지, 내가 하나님의 마음을 얼마나 아프게 하는지 성령님께서 내 눈을 밝혀 주시면 깨닫게 됩니다.

신앙생활은 내가 어떤 존재인지를 깨달을 때 비로소 시작됩니다. 사람들은 다른 사람들 이야기를 많이 합니다. 누가 어떻고, 무슨 일이 있었고…. 심지어 나와 관계없는 정치인, 연예인들의 사생활 이야기를 늘 하고 사는 사람들이 있습니다. 교회에도 다른 사람들 이야기를 하는 사람들이 있습니다. 그런데 정작 내가 어떤 존재인지는 깨닫지 못합니다. 여러분, 은혜 받으면 나 자신을 바라보게 됩니다. 마귀는 나를 못 보게 합니다. 그리고 자꾸 다른 사람을 바라보게 합니다. 나를 바라보고 깨닫게 되면 죄에서 치료를 받고 벗어나게 됩니다. 성경은 사탄을 뱀에 비유하여 말합니다. 뱀이 사람들을 물어 사망에 이르게 하는 것처럼 사탄은 성도들을 물어 시험 들게 하고 망하게 합니다.

하나님께서는 광야에서도 불평하는 백성들에게 불뱀을 보내어 물게 하셨습니다. 불뱀을 보내셨다는 것은 사탄을 내버려두셨다는 뜻입니다. 하나님께서 이스라엘 백성을 지켜주시지 않았다는 뜻입니다. 함께하시지 않았다는 뜻입니다. 그러니까 즉시 사탄의 역사가 이스라엘 회중에 임하기 시작하였습니다. 곳곳마다 뱀에 물려 사람들이 죽어나갔습니다. 그러므로 하나님께서 여러분과 함께하시는 것 즉 '아쉬레이' 복입니다. 뱀에 물린 자마다 자신들의 치료방법으로 살 수 있는 자는 아무도 없었습니다. 그러나 장대에 높이 달린 놋뱀을 바라보는 자는 다시 살 수가 있었습니다.

어릴 적 뱀에 물린 사람을 본 적이 있습니다. 이분은 뱀에 물린 것도 몰랐답니다. 따끔했는데 나중에 보니 발에 독사의 이빨자국이 남아 있었습니다. 시간이 지나며 고열이 오르고 헛소리를 하고 꼼짝을 못합니다. 우리 교회에서도 벌초를 갔다가 뱀에 물린 분도 있었습니다. 뱀의 독은 아주 작은 것이지만 사람을 서서히 죽게 만듭니다.

여러분 그렇습니다. 사탄에게 물리면 처음에는 그저 따끔하니 물린 것도 잘 모릅니다. 별것 아닌 것으로 시험이 들어옵니다. 그런데 그 독이 서서히 퍼져나갑니다. 하나님께서 주신 마음이 굳어지고 성도의 생활을 못하게 합니다. 어떻게 해야 합니까? 내 마음속에 감사가 사라지고, 기쁨의 찬양이 사라지고, 기도가 싫어지고, 하나님께 시간과 물질을 드리는 것이 아까워지고 그러면 빨리 깨달아야 합니다. 사탄에게 물렸습니다. 뱀에 물린 사람이 빨리 치료를 받아야 살 수 있는 것처럼 사탄에 물리면 십자가를 바라보아야 삽니다. 나를 위해 죄 없으신 예수 그리스도께서 대신 죽어주신 십자가를 바라보고 감사를 회복할 때에 치료가 됩니다. 주님의 십자가를 바라보면 불평이 사라지게 되어 있습니다.

새 성전 건축을 진행하면서 본당의 십자가를 놓고 기도를 많이 했는데, 백 년 된 염전에 있는 거대한 소나무를 구하게 되었습니다. 소금물에 백 년 동안 절여져 속살이 다 드러나고 검고 거칠게 변해 버린 소나무입니다. 저는 그 소나무를 보면서 갈릴리 바닷가에서 거친 바람을 맞으며 "너희는 세상의 빛과 소금이다"라고 복음을 전하신 예수님의 모습을 바라보게 되었습니다. 우리를 위하여 찢기시고 상하신 주님의 모습을 생각하며 감동을 받았습니다. 또 그 소나무를 가지고 십자가를 만들 목수도 만나게 되었습니다. 비싼 작품을 만드는 작가가 아니라 예수님처럼 목수입니다. 그것도 16년 동안 오직 십자가만을 만들어온 목수입니다. 십자가를 위해 기도하면서 '하나님께서 새 성전의 하나하나를 세심하게 다 준비하고 계시는구나!' 하는 감사함이 밀려왔습니다.

우리는 십자가를 사랑하고, 십자가를 바라보아야 삽니다. 예수님이 지신 십자가는 험한 십자가입니다. 사람을 죽이는 형틀입니다. 그러나 그 험한 십자가에서 예수님께서 흘려주신 보혈은 사탄의 독을 이기고 우리를 살리는 능력이 있습니다. 여러분, 십자가를 감사하시기 바랍니다. 세상 사람들은 십자가를 따르는 것을 미련하게 생각합니다. 현대 믿는 사람들조차 십자가의 길을 가지 않으려 합니다. 과거의 마룻바닥에 꿇어 앉아 회개하고 말씀으로 살려 하던 신앙의 길을 잃어버렸습니다. 선교를 위해 목숨을 걸었던 선배 신앙인들의 모습을 잃어버렸습니다. 높은 곳에 올라가고 화려한 곳에 서려고만 합니다. 그러나 우리는 예수님의 피 흘리신 십자가를 잊지 않아야 신앙이 탈선하지 않습니다. "십자가의 도가 멸망하는 자들에게는 미련한 것이요 구원을 받는 우리에게는 하나님의 능력이라"(고전 1:18) 하였습니다. 믿는 자에게는 십자가가 구원의 능력이 됩니다.

이스라엘 백성은 다윗의 시대를 제외하고는 거의 대부분이 약자로 살았습니다. 우리나라와 비슷합니다. 늘 외국의 침탈을 받았고, 조공을 바치며 살았고, 아들 딸 빼앗기며 살았고, 무시당하며 살았습니다. 강한 힘이 없고 특별한 것이 없었습니다. 그러나 이스라엘 백성에게는 여호와 하나님의 선택하심이 있었습니다. 하나님께서는 그 작은 나라, 보잘것없고 지구상에서 사라질 수밖에 없는 힘없는 나라 이스라엘을 하나님의 백성으로 택하셨습니다. 이것이 바로 은혜입니다. 하나님께서 이스라엘을 택하시지 아니하였다면 벌써 지구상에서 이름도 없이 사라졌을 것입니다.

늘 침략을 당하고 노예로 끌려가며 수천 년을 나라도 없이 이리 저리 흩어져 사는 민족을 왜 하나님께서 택하셨습니까? 하나님께서는 이스라엘을 통하여 우리에게 깨달음을 주십니다. "너희가 바로 이스라엘과 같은 존재다. 내가 너희를 지키지 않으면 너희가 살 수 없다"라는 것을 가르치고 계십니다. 우리는 하나님께서 택하여 지켜 주시지 않았더라면 벌써 사탄의 침략을 받고 노예가 되고 다 빼앗기고 비참한 삶을 살아야 하는 존재였습니다.

그러나 하나님의 은혜로 살게 되었습니다. 이것을 감사해야 합니다. 하나님 앞에서 잘난 체하는 사람은 죽습니다. 내 힘으로 무엇을 해보겠다는 사람에게 하나님은 은총을 베푸시지 않습니다. 이것이 이스라엘의 역사입니다. 그러나 하나님 앞에 낮아지고, 겸손한 사람, "하나님 아니면 우리는 살 수 없습니다" 하고 고백하는 사람을 하나님께서 지켜주십니다. 그렇습니다. 우리가 하나님 앞에 낮아지고 겸손할 때 하나님은 우리에게 찾아오십니다. 내가 높은 의자에 앉아있으면 하나님이 오실 자리가 없습니다. 내 자리를 하나님께 내어 드려야 합니다.

여러분, 교회에 왜 나오십니까? 십자가의 구원의 능력을 힘입기 위해 나옵니다. 그러므로 교회에서는 예수님의 십자가를 바라보고 내 십자가를 지고 주님을 뒤따라가야 합니다. 한 걸음 한 걸음 주님의 길을 따라가다 보면 천국까지 가게 됩니다. 교회에서는 하나님의 음성을 들어야 합니다. 세상의 음성을 들으려면 텔레비전을 보시고, 책을 읽으십시오. 세상의 자리에 나아가려거든 사업도 하시고, 정치도 하십시오. 그러나 믿음 안에서 해야 합니다. 교회에서 들은 음성을 가지고 세상에 나가 살아야지 세상의 것을 교회로 가져오려 하면 교회가 타락합니다. 하나님께서 떠나가십니다.

오늘날 교회에 대한 이야기가 세상 뉴스에 자꾸 나오고 있습니다. 자꾸 나오는 것은 좋은 일이지만 안 좋은 이야기가 나오고 있으니 하나님의 영광을 가리게 됩니다. 하나님의 영광을 가리면 복음의 문이 막힙니다. 그 책임을 어떻게 질 것입니까? 사실은 사탄의 독에 중독이 되어 그만 양심이 딱딱하게 굳어버려 심판이 없고 천국이 없다고 생각하니 그런 일이 세상에 벌어지게 됩니다. 사탄의 독에 중독되어 그렇습니다. 여러분은 오직 십자가를 바라보고 십자가의 길을 걸어가는 성도들이 되기를 바랍니다.

오늘 성경은 여호와의 구원을 얻은 백성들에게 주시는 축복을 말하고 있습니다. "그는 너를 돕는 방패시요 네 영광의 칼이시로다 네 대적이 네게 복종하리니 네가 그들의 높은 곳을 밟으리로다"라고 하였습니다. 하나님은 우리를 돕는 방패요 영광의 칼이시라고 했습니다. 이스라엘 백성은 지금까지 하나님의 은혜로 살아왔습니다. 애굽의 노예에서 해방된 것도 자신들의 힘으로 된 것이 아니라 하나님의 은혜였습니다. 먹을 것도 없고, 마실 것도 없는 광야에서 40년 동안 다니면서도 굶어죽지 않고, 목말라죽지 않고 산 것도 하나님의 은혜였습니다. 이제 가나안 땅에 드디어 들어가게 된 것도 하나님의 은혜입니다. 그러므로 모세는 지금까지 이들을 인도하여 오면서 "이스라엘아, 너희는 행복한 사람이다"라고 선포하고 있습니다.

여러분, 이스라엘의 모습을 보면서 우리의 모습을 봅시다. 지금까지 살아온 삶이 늘 잘되고 형통한 삶이 아니었어도 깨달으면 내가 얼마나 행복한 사람인지를 감사할 수 있습니다. 우리의 모습이 지금 이스라엘과 같습니다. 성경을 통해서 이것을 바라보아야 합니다.

이스라엘 백성이 노예생활에서 하나님의 은혜로 해방된 것처럼 우리는 사탄의 노예에서 예수 믿고 해방되었습니다. 이스라엘 백성이 광야 생활에서 고생하고 연단을 받았지만 이제 드디어 훈련을 마치고 가나안 땅에 들어가게 되었습니다. 우리도 지나온 우리 인생이 늘 잘되는 것은 아니었습니다. 때로는 부도도 나고, 가정문제도 일어나고, 질병으로 고통을 당하기도 했습니다. 어제도 병으로 몇 달 동안 교회를 나오지 못하고 누워있는 성도에게 전화를 하여 기도를 해주었는데 "목사님, 매주일 인터넷을 통해 말씀을 듣고 있어요"라고 이야기를 합니다. 병중에 교회를 나가지 못하는 처지에 있어도 하나님을 원망하고 신앙의 길을 떠나는 인생이 아니라 인터넷으로 설교를 듣고 예배드리는 그 모습에서 감동을 받았습니다.

우리 인생에 많은 일들이 있습니다. 그러나 하나님께서 우리를 돕는 방패가 되어 주셨고, 여러분의 앞에서 싸워주시는 영광의 칼이 되어 주셨기 때문에 오늘 이 자리까지 오게 되었습니다. 인생의 연단의 과정이 이스라엘의 광야생활이라는 것을 깨달으면 행복합니다. 이제 가나안 땅이 멀지 않았습니다. 그리고 오늘 말씀처럼 하나님은 성도들을 마지막에 승리하게 하십니다. 대적이 복종하게 하시고 우리가 높은 곳을 밟게 될 것이라고 하셨습니다. 믿음의 연단을 이긴 성도는 세상 사람들 눈에는 어리석어 보이지만 요셉같이 승리하고, 욥같이 승리하는 인생이 됩니다. 믿음으로 사는 사람은 다니엘처럼 잘되고, 요셉처럼 잘됩니다. 사울은 망하여도 다윗의 집은 승리하였습니다.

　여러분은 행복한 사람들입니다. 구원받은 백성이기에 행복하고, 지금까지 인생길을 하나님께서 인도하셨기에 행복하고, 앞으로 승리할 것이기 때문에 행복한 사람들입니다. 하나님께서 우리에게 주신 것을 생각하면 감사할 것뿐입니다. 이스라엘 백성은 불평하다가 광야 40년을 고생했고, 불평한 자들은 가나안 땅에 들어갈 자격을 얻지 못했습니다. 이제 감사하는 자만이 가나안 땅을 눈앞에 두고 모세의 유언과 같은 마지막 축복의 메시지를 받고 있습니다. 오늘 우리도 비전과 꿈이 이루어지는 새 성전에서 '나는 행복한 사람'이라는 깨달음과 감사가 넘치는 신앙생활을 하는 성도들이 됩시다.

📝 적용

ⓐ 오늘 말씀의 주제 파악하기

_____

_____

ⓑ 오늘 말씀 중 은혜 받은 부분 나누기

_____

_____

ⓒ 삶에 구체적으로 적용하기

_____

_____

🙌 함께 드리는 기도제목

1. 오직 십자가를 바라보고 십자가의 길을 걸어가게 하옵소서.
2. 이스라엘 백성처럼 하나님의 은혜를 잊지 않고 살아가게 하옵소서.
3. 우리 교회에서 '나는 행복한 사람'이라는 깨달음과 감사가 넘치는 신앙생활을 하게 하옵소서.

나는 은혜 받은 성도입니다

- **본 문:** 고린도후서 6장 1-2절(신 292쪽)
- **찬 송:** 302장(내 주 하나님 넓고 큰 은혜는, 통 408장)
- **요 절:** "이르시되 내가 은혜 베풀 때에 너에게 듣고 구원의 날에 너를 도 왔다 하셨으니 보라 지금은 은혜 받을 만한 때요 보라 지금은 구원의 날이로다"(고후 6:2).

사람들은 누구나 목표를 가지고 살아갑니다. 행복한 가정, 건강한 육체, 안정된 직장, 원하는 일을 할 수 있는 것 등 목표가 있습니다. 목표 없는 인생이 있을 수는 없습니다. 거창한 목표가 없어도 하루하루 잘 지내야 되겠다는 목표가 있습니다. 그런데 하나님의 자녀들에게는 세상 사람들이 알지 못하는 특별한 목표가 있습니다. 이 땅에서 하나님의 사랑을 받고, 은혜를 누리며 살다가 마지막에 천국에 들어가는 목표가 있습니다. 사람들은 자기의 목표를 이루기 위해 싸웁니다. 상대방의 것을 빼앗고, 내가 강해지고, 내가 높은 곳에 오르겠다는 것이 세상 사람들의 싸움입니다. 뉴스에 나오는 이야기가 거의 모두 싸우는 이야기들입니다. 그렇게 싸워서 무엇을 얻겠다는 것입니까? 믿음의 사람들은 세상 사람들처럼 싸우다 가면 안 됩니다.

오늘 성경이 기록된 고린도 교회에도 쓸데없는 싸움을 하는 자들이 있었습니다. 고린도는 우상과 매춘이 만연화된 도시였습니다. 이러한 곳에서 고린도 교회는 처음에는 예수 믿는 일에 열심이 있는 교회였습니다. 이 열심이 잘못되다 보니 서로 높아지려고 했습니다. 은사를 받은 것이 감사한 일인데, 내가 받은 은사가 더 높고 귀하다고 서로 간에 분쟁이 일어났습니다. 그래서 사도 바울은 고린도전서 13장에 가장 귀한 은사가 사랑이라고 하였습니다. 이들은 서로가 스승이 되려고 했습니다. 그리스도파, 바울파, 아볼로파, 베드로파로 나누어졌습니다. 그래서 사도 바울은 이 모습을 보면서 "너희는 사람을 자랑하지 말라"고 하였습니다. 사람을 자랑하지 말고 주님을 자랑해야 교회가 바로 세워집니다. 어려움을 겪는 교회를 보면 파벌들이 세워집니다. 그러한 파벌들은 반드시 좋지 못한 열매를 맺을 수밖에 없습니다.

교회와 군대가 비슷한 점이 많습니다.

첫째, 교회와 군대는 싸움을 위해 세워진 조직입니다.
군대는 전쟁에 나가 적군을 무찌르고 나라를 지키기 위해 세워진 조직입니다. 교회는 영적 전쟁에서 마귀와 싸워 이기고 영적 순결함을 지키기 위해 주님께서 친히 세워 주신 조직입니다.

둘째, 교회와 군대는 싸움에 패하면 죽거나 비참하게 됩니다.
군대는 전쟁에 패하면 전쟁터에서 죽든지 포로로 끌려가게 됩니다. 교회도 영적 전쟁에 패하면 마귀에게 끌려 다니며 살다가 마지막에는 영원한 멸망에 처하게 됩니다.

셋째, 교회와 군대는 사적인 조직을 가질 수 없습니다.
군대는 지역, 나이, 신분을 가지고 사사로운 조직을 만들 수 없습니다. 만들면 영창에 갑니다. 그것은 군대를 허물어뜨리는 행위이기 때문입니다. 교회도 교회가 정한 복음을 위한 조직 외에는 다른 조직을 허락하지 않습니다. 다른 조직을 만드는 이유가 어디에 있습니까? 우리끼리 힘을 합쳐 무엇인가 해보겠다는 것입니다. 그래서 교회의 순결함을 깨트리고 복음을 가로막습니다.

넷째, 교회와 군대는 늘 훈련에 열심을 내야 합니다.
군대는 훈련한 만큼 전쟁의 결과가 나옵니다. 그래서 "훈련은 전투같이, 전투는 훈련같이"라는 표어가 있습니다. 교회도 영적 훈련에 게을러지면 영적 전투에 패하게 되어 있습니다. 마귀가 약한 곳을 알고 그곳을 통하여 쳐들어오기 때문입니다.

다섯째, 교회와 군대는 충성이 중심입니다.
군대가 나라에 대한 충성이 사라지면 군대의 존립 목적이 흔들립니다. 교회도 하나님께 대한 충성이 사라지면 교회가 흔들립니다.

이렇게 교회와 군대는 비슷한 점이 많습니다. 그래서 사도 바울은 "너는 그리스도 예수의 좋은 병사로 나와 함께 고난을 받으라 병사로 복무하는 자는 자기 생활에 얽매이는 자가 하나도 없나니 이는 병사로 모집한 자를 기쁘게 하려 함이라"(딤후 2:3-4)고 했습니다. 군대는 강한 군대가 되어야 하고 승리하는 것이 목표입니다. 교회도 그렇습니다. 주님께서는 교회를 세워주시고 주님의 피로 사신 교회가 순결하게 보존되기를 원하시고, 교회가 승리하기를 원하십니다. 사람이 많이 모이는 교회가 승리하는 것이 아닙니다. 돈이 많은 교회가 승리하는 것이 아닙니다. 순결한 교회가 승리합니다. 순결한 성도만이 승리합니다. 순결한 교회만이 하나님의 쓰임을 받고 순결한 성도만이 천국에 들어갈 수 있기 때문입니다.

사도 바울은 고린도 교회를 책망하면서 "하나님의 은혜를 헛되이 받지 말라"고 권면하였습니다. 은혜는 하나님께서 거저 주시는 선물입니다. 사람들은 거저 받은 것은 값싸게 생각하는 경향이 있습니다. 하나님께서 숨 쉴 수 있는 공기를 주시고, 먹을 수 있는 동식물을 주시고, 마실 수 있는 물을 주시는 것에 대해 값싸게 생각합니다. 하늘에서 공짜로 내리는 비에 대하여 값싸게 생각합니다. 이러한 것들이 절대로 값싼 것들이 아닙니다. 그럼에도 불구하고 우리는 하나님의 은혜 속에 살아가면서도 평소에 감사한 줄 모릅니다.

우리는 감사를 회복해야 합니다. 하나님께 드리는 감사는 은혜를 깨달은 성도만이 할 수 있습니다. 여러분 중에 하나님의 은혜를 받지 아니한 성도는 아무도 없습니다. 다 은혜를 받았습니다. 여러분이 받은 구원의 은혜는 절대로 값싼 것이 아닙니다. 예수님께서는 십자가의 고난으로 하나님과 우리 사이에 화목제물이 되어주셨습니다. 그래서 우리는 오늘도 하나님께 나와 예배드리는 자가 되었습니다. 이것을 감사하셔야 합니다. 예수님께서 부활의 승리로 우리를 죄에서 해방시켜주시고 구원의 자녀가 되게 하셨습니다. 이 은혜가 값싼 은혜가 아닙니다.

여러분에게 오늘도 교회를 통하여 영의 양식을 주십니다. 이것을 감사하셔야 합니다. 밥을 굶으면 힘이 없어 일을 하지 못합니다. 몸이 빼빼 말라갑니다. 배고픈 사람에게 밥을 주면 고마워합니다. 영적으로도 그렇습니다. 하나님께서 나 같은 죄인에게 날마다 영의 양식을 주셔서 하나님의 은총의 자녀로 살아가게 하신 것, 그래서 원수 마귀가 해하지 못하는 것, 그 은혜가 얼마나 큰 것입니까? 사도 바울은 하나님과 함께 일하는 자로서 권하기를 "너희는 이 은혜를 헛되이 받지 말라"고 하였습니다. 오늘 우리도 그렇습니다. 우리는 하나님의 은혜를 헛되이 받지 않아야 하겠습니다. 은혜를 헛되이 받지 말라는 말씀은 은혜를 허비하지 말라는 말씀입니다. 어떤 은혜입니까?

1. 구원의 은혜입니다.

주님께서 피로 값 주고 사신 구원의 은혜를 잘 지켜야 합니다. 구원은 일회적인 사건입니다. 내가 예수 그리스도를 믿는 순간 우리에게 구원의 은혜가 임합니다. 그런데 잘 알아야 할 것은 이 구원의 은혜를 빼앗기지 않아야 합니다. 마귀는 "우는 사자와 같이 두루 다니며 삼킬 자를 찾는다"고 했습니다. '우는 사자'를 본 적이 있습니까? 그 울음소리가 대단합니다. 사자의 울음소리는 20리 밖에서도 들을 수 있습니다. 사자의 울음소리가 들리면 근처의 동물들이 벌벌 떱니다. 사자가 사냥의 울음소리를 내면 근처의 동물들이 희생되기 때문입니다.

마귀는 휴가가 없습니다. 잠시도 쉬지 않습니다. 먹잇감이 있으면 놓치지 않고 정확히 사냥합니다. 어떻게 해야 합니까? 우리는 주님께서 보호하시는 울타리 안에 있어야 합니다. 교회는 주님께서 약속하신 보호의 울타리입니다. 그러므로 우리는 교회를 감사해야 합니다. 교회의 울타리를 벗어나지 않아야 합니다. 주님께서 여러분에게 주신 이 교회에서 영의 꼴을 먹고 건강해야 마귀가 노리지 않습니다. 기도생활을 쉬지 않아야 틈을 주지 않습니다. 불평하지 않아야 합니다. 성경을 보며 우리는 깨달아야 합니다.

이스라엘 백성이 책망을 받을 때 반드시 두 가지의 대표적인 사건이 있었습니다. 하나는 우상숭배입니다. 하나님의 은혜를 잊어버리고 다른 것을 더 중요하게 여기는 것이 우상숭배입니다. 우상숭배가 다른 신을 섬기는 것만을 의미하는 것이 아닙니다. 하나님보다 다른 것을 더 귀하게 여길 때에 하나님의 영이 떠나가십니다. 그래서 마귀가 틈을 탑니다. 다른 하나는 불평입니다. 하나님께 대한 감사를 잃어버렸을 때 나오는 행위가 불평입니다. 이스라엘 백성이 불평할 때에 반드시 사탄의 시험이 찾아왔습니다. 그래서 하나님께서 약속하신 축복을 잃어버리고 은혜를 빼앗겼습니다. 불평은 강한 중독성이 있고 전염성이 있습니다. 그래서 하나님은 하나님의 순결한 백성들을 지키시기 위해 불평을 엄히 경계하셨습니다. 우리 성도들 모두 성경을 통하여 깨닫고 하나님을 가장 귀히 여기고 하나님의 은혜에 감사하는 생활을 하시기를 바랍니다.

2. 은혜 받았으면 은혜로 살아야 합니다.

은혜란 주관적인 감정을 의미하는 것이 아닙니다. 사람들은 찬양을 하거나 설교를 듣고 은혜 받았다고 하는데 은혜는 감정이 아니라 삶으로 표현되는 것입니다. 하나님께서 은혜를 주실 때에는 함께 사명을 주십니다. 은혜 받은 자의 삶을 살라는 것입니다. 이 은혜는 각자가 다 다릅니다. 여러분 각자에게 다른 은혜를 주셨고 다른 사명을 주셨습니다. 그것을 잊지 않아야 합니다.

스코틀랜드에 한 신하가 있었습니다. 이 신하는 양치기였는데 사냥 나간 왕의 눈에 들어 왕궁에 들어오게 되었고, 왕을 모시는 신하가 되었습니다. 왕의 총애를 받는 것을 시기한 다른 신하들이 이 신하를 감시하다가 왕에게 보고를 합니다. "이 신하는 밤마다 왕궁을 빠져나가 적과 내통을 합니다"라고 하였습니다. 어느 날 밤중에 왕궁을 빠져나가는 이 신하를 왕과 다른 무장한 병사들이 뒤를 쫓습니다. 산과 숲을 지나 한 오두막으로 들어가는 것을 보고 왕과 병사들이 문을 열고 달려 들어갔습니다. 그 안에는 창과 칼 같은 무기는 없었고, 낡은 나무 탁자 위에 낡은 샌들과 외투와 지팡이가 놓여 있었습니다. 왕이 신하에게 "여기에 있는 물건들은 무엇이고, 너는 여기서 무엇을 하고 있느냐?"고 묻자 신하는 "폐하, 저는 원래 천한 양치기였는데 폐하의 은혜로 대신이 되었습니다. 제가 신하로 잘 살면서 혹시나 이 은혜를 잊어버릴까봐 매일 밤 이곳에 와서 옛날 양치기 시절에 사용하였던 샌들과 외투와 막대기를 보며 제가 누구였는지를 확인하곤 합니다"라고 대답을 하였습니다. 오해를 푼 왕은 그를 더욱 높은 대신으로 삼았다고 합니다.

여러분, 우리가 받은 은혜가 얼마나 큽니까? 그 은혜를 잊지 않으려고 기념하는 것이 있습니까? 여러분이 은혜 입기 전의 샌들과 외투와 지팡이가 무엇입니까? 여러분이 은혜 받은 것을 기억하며 사시기를 바랍니다. 그러면 하나님께서 더 큰 은혜를 베푸실 것입니다.

찬송가 305장은 노예상인이었다가 노예까지 되었던 존 뉴턴이 은혜 받고 쓴 찬송입니다. 그는 이 찬송에서 각 절마다 은혜를 찬송하고 있습니다.

♪ 1. 나 같은 죄인 살리신 주 은혜 놀라워…
   2. 큰 죄악에서 건지신 주 은혜 고마워…
   3. 이제껏 내가 산 것도 주님의 은혜라…
   4. 거기서 우리 영원히 주님의 은혜로
      해처럼 밝게 살면서 주 찬양하리라

그렇습니다. 우리는 은혜로 살다가 은혜로 천국에 들어가 주 찬양하며 살아갈 은혜 받은 사람입니다.

신약에서 사도 바울은 은혜를 가장 많이 외친 사도입니다. "내가 나 된 것은 하나님의 은혜"(고전 15:10)라고 했습니다. 사도 바울이 얼마나 고생을 많이 한 사람입니까? 그런데 그는 그것도 은혜라고 했습니다. 사도 바울은 수없이 은혜를 이야기하고 인사를 마칠 때마다 주님의 은혜가 있을 것을 말했습니다. 사도 바울뿐 아니라 베드로 사도도 은혜를 수없이 말하고, 히브리서에서도 은혜를 말하고, 다윗도 은혜를 입에 달고 살았습니다. 성경은 300회 가까이 은혜를 말하고 있습니다. 성경은 왜 이렇게 은혜를 강조합니까? 우리가 은혜 받으면 우리의 인생이 변하고 신분이 변하기 때문입니다. 은혜로 살면 불행한 인생이 행복한 인생이 됩니다. 병든 인생이 건강한 인생이 됩니다. 불평하던 인생이 감사하는 인생으로, 불행한 인생이 행복한 인생으로 변화가 됩니다.

은혜를 받으면 은사를 함께 주십니다. 은사는 악한 세상에서 거룩하게 살아갈 수 있는 하나님의 능력입니다. 하나님의 은사는 이 세상의 죄악과 싸워 이길 힘이 있습니다. 하나님의 은사는 병들고 지친 내 심령을 치료해 주고 상처를 회복시키는 능력이 있습니다. 하나님의 은사는 약하고 보잘것없는 나를 강하고 멋진 하나님의 용사로 바꾸어 주는 역사가 있습니다. 성도 여러분, 여러분 모두가 은혜 받은 사람으로 은사를 받아 승리하는 성도들이 되시기 바랍니다.

3. 충성된 일꾼으로 은혜롭게 일해야 합니다.

전도서 3장은 인생의 때에 대하여 말하고 있습니다. 은혜 받는 것도 때가 있습니다. 지금 신앙생활 좀 잘 못해도 '나중에 은혜 받으면 되지' 하고 생각하는 사람에게 하나님은 은혜를 허락하시지 않습니다. 회개하는 것도 때가 있습니다. 그때를 놓치면 안 됩니다. 21세기 현대 가톨릭교회가 가장 주목하는 영성가인 베네딕트 수도회의 조앤 치티스터(Joan D. Chittister)는 《모든 일에는 때가 있다》라는 이 책에서 인생의 모든 순간이 드라마처럼 연결되기에 매 순간 하나님의 부르심에 응답하라고 했습니다. 하나님 앞에 섰을 때에 그때 그 모습이 부끄럽지 않도록 매순간 최선을 다하라는 말입니다.

일하는 것은 때가 있습니다. 찬송가에도 "일할 수 없는 밤이 속히 오리라"라고 찬송하고 있습니다. 하나님께서 우리 각자에게 때를 주셨습니다. 충성할 때, 헌신할 때, 기도할 때를 주셨습니다. 그때가 언제입니까? 오늘 성경은 '지금'이라고 말합니다. 은혜 받을 때도 지금입니다.

여러분, 오늘도 강단을 통하여 주시는 말씀의 은혜의 때를 놓치지 않기를 바랍니다. 구원의 날도 지금입니다. 지금 구원받지 못하면 나중에 구원받겠다는 것은 어리석은 생각입니다. 하나님께서 이 교회를 통하여 구원의 때를 주셨습니다. 이때를 붙잡고 한 걸음 한 걸음 걸어가 천국까지 가는 것입니다.

교회학교에서 진행하는 여름성경학교와 수련회를 보면 많은 감동을 받습니다. 특별히 소망부 성경학교 때 뜨거운 여름철 햇볕 아래에서 발달장애가 있는 어린이 학생들을 섬기는 선생님들의 모습을 보면서 깊은 감동을 받습니다. 함께 어울려 물총을 쏘고 물을 뿌리는 모습이 감사했습니다. 때는 늘 있을 것 같지만 아닙니다. 한 번뿐입니다. 매번 주시는 은혜의 때를 이어 붙들고 살아갈 때 구원의 날에 이르게 됩니다. 그래서 구원의 날도 지금이라고 하셨습니다. 하나님께서 충성된 일꾼으로 섬길 때를 주신 그 때를 놓치지 않는 여러분이 되기를 바랍니다.

하나님께서는 우리 성도들에게 각기 다양한 모습으로 섬길 때를 주셨습니다. 한 번뿐인 이때를 어떻게 섬기셨습니까? 감사하며 섬기셨습니까? 내 생애에 한 번뿐인 성전 건축을 위해 얼마나 헌신하고 기도하셨습니까? 감사로 채우셨습니까? 우리 교회 성도들은 나만 위하여 살다가 가는 성도들이 되지 않기를 바랍니다. 주님께서 "누가 나를 위하여 일할까?" 우리 도림교회를 보시며 말씀하실 때 "제가 여기 있나이다"라고 고백하여 때를 놓치지 않는 성도들이 됩시다.

📝 적 용

ⓐ 오늘 말씀의 주제 파악하기

_____

_____

ⓑ 오늘 말씀 중 은혜 받은 부분 나누기

_____

_____

ⓒ 삶에 구체적으로 적용하기

_____

_____

🙌 함께 드리는 기도제목

> 1. 하나님을 가장 귀히 여기고 하나님의 은혜에 감사하는 생활이 되게 하옵소서.
> 2. 우리 모두가 은혜 받은 사람으로 은사를 받아 승리하게 하옵소서.
> 3. 주님께서 "누가 나를 위하여 일할까?" 말씀하실 때 "제가 여기 있나이다" 하고 고백하여 때를 놓치지 않게 하옵소서.

25
평화의 왕

- **본 문:** 스가랴 9장 9-10절(구 1320쪽)
- **찬 송:** 411장(아 내 맘속에, 통 473장)
- **요 절:** "내가 에브라임의 병거와 예루살렘의 말을 끊겠고 전쟁하는 활도 끊으리니 그가 이방 사람에게 화평을 전할 것이요 그의 통치는 바다에서 바다까지 이르고 유브라데 강에서 땅 끝까지 이르리라"(슥 9:10).

스가랴 선지자는 지금으로부터 약 2,540년 전 사람입니다. 당시 유대인들은 바벨론의 포로로 끌려가 고통스런 시간을 보냈는데 페르시아가 바벨론을 정복합니다. 페르시아 왕 고레스는 바벨론에 포로로 잡혀와 있던 유대인들에게 해방을 선포합니다. 고국으로 돌아가라고 합니다. 대부분 고국으로 돌아간 사람들도 있고 남아있는 사람들도 있었습니다. "예루살렘으로 돌아가 봐야 황폐한 땅에 먹을 것도 없고 고생만 할 텐데, 무엇하러 가겠느냐?" 하고 돌아가지 않는 사람들이 있었습니다. 이때에 이스라엘 백성은 하나님의 명령을 따라 예루살렘으로 돌아가 성전을 재건하게 됩니다.

성전 건축을 명하신 것은 특별한 의미가 있었습니다. 이스라엘이 하나님의 뜻을 떠나 우상을 숭배하고 안식일을 지키지 않았습니다. 처음부터 그런 것이 아닙니다. 이들이 조금씩, 조금씩 하나님의 뜻을 떠났습니다. 안식일의 감사와 감격이 사라지면 조심해야 합니다.

내가 조금씩 하나님의 품을 떠나가고 있다는 것을 깨달아야 합니다. 깨닫지 못하면 점점 멀리 떠나갑니다. 멀리 가다보면 내가 하나님을 대적하면서도 알지 못합니다.

이스라엘 백성이 그랬습니다. 이때 하나님은 진노하셔서 이들을 치셨습니다. 바벨론에게 포로로 끌려가게 하셨습니다. "너희가 예배드리는 것을 싫다고 했지? 그래 예배드리지 마라" 하셨습니다. 이들은 하나님께 예배드릴 수 있는 것이 얼마나 큰 축복인가를 깨닫지 못했습니다. 노예로 끌려가니 예배드리고 싶어도 예배드릴 수가 없었습니다. 안식일에 쉬지 못하고 매를 맞으며 일을 해야만 했습니다. 일을 해도 나의 것이 아니었습니다. 그때에 비로소 하나님께 예배드리는 것이 얼마나 감사한 일인지를 깨닫고 울면서 회개하기 시작했습니다.

여러분, 우리가 하나님 앞에 나와 예배드릴 수 있을 때에 감사하시기 바랍니다. 건강할 때에 건강 주신 것을 감사해야 합니다. 예배드릴 여건을 주셨을 때에 여건 주신 것을 감사해야 합니다. 충성할 수 있을 때에 충성할 수 있는 것을 감사해야 합니다. 그러면 은혜가 더욱 깊어집니다. 이스라엘 백성이 예배드리려고 했으나 예배드릴 수 없는 형편에 이르렀을 때에 비로소 이들은 깨닫고 하나님께 울면서 부르짖었습니다.

이 장면이 기록된 시편 137편을 미국의 보니엠이란 그룹이 노래했습니다. 'Rivers of Babylon'이란 유명한 노래입니다. 이스라엘 백성이 울면서 기도할 때에 하나님께서는 용서하셨고, 그 용서의 핵심이 다시 예배드릴 수 있게 하시겠다는 말씀입니다. 그래서 돌아가서 성전을 건축하라고 하셨습니다. 그러나 이것은 불가능한 일이었습니다. 노예로 끌려가면 평생 노예로 살다가 죽는 것이 당연한 일이었습니다. 탈출이라는 것은 불가능했고 탈출한다 해도 살아갈 수 있는 방법이 없었습니다.

그런데 하나님께서는 하나님의 방법으로 약속하신 일을 이루어 주셨습니다. 페르시아로 하여금 바벨론을 정복하게 하고 페르시아 왕 고레스는 노예들을 해방시켰습니다. 바벨론을 정복하고 돌아간 후에도 노예들이 생산 활동을 열심히 하고 국력이 다시 강화되면 페르시아를 힘들게 할 것이 아닙니까? 그래서 노예들을 본국으로 돌려보냈습니다. 이것이 하나님의 작품입니다.

여러분, 내 생각으로 안 되는 일들이 있습니까? 하나님의 방법을 신뢰하시기 바랍니다. 하나님을 의지하면 넘지 못할 산이 없습니다. 하나님은 우리에게 능력이 되시기 때문입니다. 영화를 보면 감독이 어떤 역할을 맡기느냐에 따라 배우의 역할이 달라집니다. 내가 보잘것없어도 왕의 역할을 맡기면 왕이 됩니다. 내가 잘생기고 연기를 잘해도 거지의 역할을 맡기면 거지가 됩니다.

기도가 무엇입니까? "하나님, 저에게 왕의 역할을 맡겨주세요" 하고 기도하는 것입니다. 미국 필라델피아의 영락교회는 미국 교회를 빌려 예배를 드리고 있었습니다. 교세는 그리 크지 않지만 복음 중심으로 부흥해 나가는 교회였습니다. 땅값이 비싼 중심가에 교회 부지를 마련하고 건축을 한다는 것은 불가능한 일이었습니다. 그러나 이들이 비전을 가지고 기도할 때에 놀라운 일이 일어났습니다. 1985년 부근의 침례교회에서 교회를 매각하겠다고 연락이 왔습니다. 자신들은 교인들이 줄고 더 이상 교회를 이끌고 나갈 수가 없어 매각하겠다고 합니다. 준비된 돈도 없고, 살 수 있는 능력도 안 되었습니다. 그런데 얼마에 교회를 샀느냐 하면 단돈 '1달러'였습니다.

미국 침례교회는 복음을 중심으로 사는 교회, 지역을 잘 섬길 수 있는 교회가 영락교회라 생각했습니다. 특별히 새벽마다 모여서 기도하는 것을 보고 큰 감동을 받았습니다. 그래서 단돈 1달러에 교회를 넘겨주었습니다. 그리고 덤으로 자기들의 남아있는 재정 3천 달러와 교회묘지까지 주었습니다.

사람의 지식으로는 1달러로는 1달러의 가치가 있는 물건밖에 사지 못합니다. 그러나 하나님의 방법은 놀라운 역사가 일어납니다. 성경의 위대한 사람들의 이야기를 보세요. 모두가 하나님의 놀라우신 방법으로 훈련시킨 이야기들입니다. 모세의 이야기, 다윗의 이야기, 요셉의 이야기 등 모두가 하나님의 놀라우신 방법으로 역사를 만들어 나가셨습니다. 이스라엘도 사람의 계산으로는 도저히 해결할 방법이 없었으나 하나님의 방법으로 역사를 만들어 나가십니다. 그리고 지금도 하나님은 신실한 백성들을 통하여 이야기를 만들어 나가고 계십니다. 여러분이 하나님의 이야기의 주인공들이 되기를 바랍니다.

이스라엘 백성이 바벨론에서 해방되어 고향땅에 돌아와 처음에는 감사하며 성전 건축을 했습니다. 그런데 시간이 지나면서 감사를 잃어버렸습니다. 성전 건축을 방해하는 무리들까지 생겨났습니다. 그래서 이들은 성전 건축에서 마음이 떠나 자기 집을 짓고 자기 농사를 짓는 일에 열중해 있었습니다.

이때에 하나님께서는 스가랴 선지자를 통해서 다시 말씀을 주셨습니다. "조상들이 걸어간 길을 걷지 말라"는 말씀입니다. 그리고 성전을 건축할 때에 주실 축복을 기록한 말씀이 스가랴입니다. 학개 선지자가 성전 건축을 명하면서 주로 책망하는 선포를 했다면, 스가랴 선지자는 성전 건축 이후에 주어질 축복을 전한 선지자입니다. 그 축복의 정점이 오늘 말씀에 기록되어 있습니다. 이스라엘의 회복은 메시아가 오심으로 완성될 것을 말하고 있습니다.

스가랴 선지자의 예언처럼 예수님은 나귀새끼를 타고 '평화의 왕'

으로 찾아오셨습니다. 당시 사람들은 이스라엘의 회복은 강한 왕이 나타나 적들을 무찌르고 이스라엘을 해방시킬 것이라고 생각했습니다. 예수님 당시에도 메시아는 로마를 무찌르고 이스라엘을 강대국으로 만들 초인적인 힘을 가진 왕으로 생각했습니다. 유대인들이 생각하는 그런 메시아에 꼭 맞는 분이 예수님이셨습니다. 예수님은 보리떡 다섯 개와 물고기 두 마리로 오천 명이 넘는 많은 사람들을 먹이셨습니다. 병자들을 말씀으로 살리시고 죽은 자도 살리셨습니다. 귀신들린 사람들도 고쳐 주셨습니다. 이스라엘 역사상 이렇게 위대한 분은 없었습니다. 그래서 백성들은 예수님이 메시아라고 생각하고 무리를 지어 따라다녔습니다.

맞습니다. 예수님은 메시아로 오셨습니다. 그런데 세상 사람들이 생각하는 그런 메시아가 아니었습니다. 예수님은 평화의 왕으로 자신의 생명을 주시러 오셨습니다. 이스라엘이 강해져서 주변 나라들을 모두 정복하고 강대국이 되면 평화가 온 것입니까? 아닙니다. 주변 나라들에게는 평화가 아닙니다. 평화는 혼자만 누릴 수 있는 것이 아닙니다. 가정에 평화가 임하려면 남편 혼자만의 평화여서는 안 됩니다. 아내만의 평화도 안 됩니다. 어떤 분이 "나는 결혼 이후 한 번도 부부간에 다툰 적이 없습니다"라고 제게 자랑을 했습니다. 나중에 다른 분에게 들어보니, 그 가정의 아내는 눈물로 산다고 합니다. 남편은 아내에게는 폭군이었습니다. 집안의 모든 일은 남편의 의사대로 결정하고 남편의 계획대로 진행해 왔습니다. 아내는 남편에게 불평도 못한다고 합니다. 그것은 화평이 아닙니다.

예수님께서 말을 타고 창검을 든 호위대와 함께 오셨다면 멋있었겠지만, 사람들이 박수를 치며 환호했겠지만 그것은 모두에게 평화는 아니었습니다. 창칼을 들고 오는 자가 있으면 그 창칼에 억눌리는 자가 있기 때문입니다. 그래서 예수님은 평화의 상징인 나귀를 타고 오셨습니다. 나폴레옹의 그림을 보면 말이 얼마나 당당하고 힘이 있습니까? 말의 갈기가 휘날리고 엉덩이의 근육이 절벽을 뛰어넘을 것 같습니다. 그런데 예수님께서 입성하시는 그림을 보면 나귀새끼는 예수님을 태우고 가기에도 벅차 보입니다. 도저히 왕의 모습이 아닙니다. 그런데도 왜 예수님은 흔한 말이라도 한 마리 빌려 타시지, 이런 나귀 그것도 새끼나귀를 타셨습니까? 평화의 왕으로 오신 예수님께서는 평화는 힘으로 남을 정복하여 얻는 것이 아니라 겸손하여 나를 희생함으로 얻는 것임을 우리에게 가르쳐 주셨습니다.

가정의 평화가 어디에서 옵니까? 희생에서 옵니다. 아버지는 자녀를 위해 땀 흘리며 수고합니다. 아파도 쉬지 않습니다. 자녀를 위하여 자신의 삶을 내어줍니다. 어머니는 어머니대로 쉬지 않고 일합니다. 좋은 옷 입고 놀러 다니고, 맛있는 음식 사먹고 싶지 않은 사람이 어디 있습니까? 그러나 가족들을 위해 참습니다. 가정의 평화는 나를 희생할 때 찾아옵니다. 내가 하고 싶은 이야기 하고, 내가 좀 속상하다고 입이 튀어나오고 그러면 가정이 싸늘해집니다.

예수님께서는 겸손하셔서 나귀의 새끼를 타고 오셨습니다. 예수님은 희생하시기 위해 이 땅에 찾아오셨습니다. 억울하고 속상해도 다 참으시고 우리를 위해 십자가까지 대신 져주셨습니다. 그래서 죄로 인해 막힌 하나님과의 관계에 화평의 제물이 되어 주셨습니다. 예수님께서 십자가로 주신 화평을 잘 지켜나가시기 바랍니다. 사탄 마귀는 우리의 화평을 깨트리려고 늘 힘을 씁니다.

> "내가 에브라임의 병거와 예루살렘의 말을 끊겠고 전쟁하는 활도 끊으리니 그가 이방 사람에게 화평을 전할 것이요 그의 통치는 바다에서 바다까지 이르고 유브라데 강에서 땅 끝까지 이르리라"(슥 9:10).

예수님께서는 에브라임으로부터 예루살렘에 이르기까지 온 이스라엘의 병거와 말을 끊겠다고 하셨습니다. 전쟁하는 활도 끊겠다고 하셨습니다. 이 말씀은 주님이 오시면 화평을 주신다는 말씀입니다. 이방사람에게도 바다에서 유브라데 강까지 온 세상에 화평을 주시겠다는 말씀입니다. 이 말씀 그대로 예수님은 화평을 주러 오셨습니다. 예수님을 영접하는 자는 누구든지 화평을 얻습니다.

　오늘 우리는 화평하기가 점점 더 어려운 시대를 살아가고 있습니다. 나를 힘들게 하는 사람들이 많아집니다. 옛날에는 눈앞에 있는 사람만 나를 힘들게 했는데, 지금은 내가 상대하는 사람들이 점점 더 많아지는 시대를 살고 있습니다. 그래서 심령이 자꾸 거칠어지고 강퍅해집니다. 인격적인 장애를 가진 사람들이 많아집니다. 겉으로 볼 때는 멀쩡하고 회사생활도 잘하는데 속을 보면 병들어 있습니다. 사람들의 마음속에 평화가 사라지고 무너져 가고 있습니다. 이유 없이 사람을 죽이기도 하고 내 마음에 안 든다고 칼을 휘두릅니다. 매일같이 이런 뉴스들이 나옵니다. 앞으로 이런 일들이 점점 더 많이 일어날 것입니다.

　가정의 화평이 무너져 갑니다. 인격적으로 문제가 있으니 가정생활도 안 됩니다. 청소년이 아기를 낳고 버리는 일들이 심심찮게 일어납니다. 젊은 부부가 게임중독에 빠져 아기가 죽어가는데도 무관심하고, 아기 시신을 방안에 두고도 부부가 나가서 인터넷 게임을 한 일도 있었습니다. 특별한 사람들의 문제가 아니라 이 나라의 미래가 무너져 가고 있습니다. 학교가 무너지고 있는 것은 우리 모두가 잘 아는 일입니다. 한번 무너진 것은 살리기가 어렵습니다. 환경을 무너뜨리면 다시 살리는 데 몇십 배의 시간과 노력과 물질이 있어야 한다고 합니다. 환경만 그렇습니까? 사람도 그렇습니다. 무너진 사회를 살리려면 수십 배의 노력이 있어야 합니다. 그런데도 우리는 나라를 위해 울면서 기도하지 않습니다. 빨리 회개하고 돌이켜야 이 나라가 다시 살 수 있습니다.

오늘의 한국교회도 무너져 가고 있습니다. 십자가로 화평을 주신 주님의 몸 위에 세워진 것이 교회입니다. 그런데 여러 교회에 분쟁이 있습니다. 미움이 있습니다. 교회 안에서도 편을 가르는 일들이 있습니다. 이것은 주님의 몸 된 교회를 찢는 행위입니다. 주님을 다시 십자가에 못 박는 행위입니다. 교회는 나의 죄를 가지고 나아와 죄 사함의 은총을 입는 곳입니다. 어떤 사람이 죄 사함을 얻습니까? 죄에 대해 안타까운 마음을 가지고 애통하는 자에게 죄 사함의 은총을 주십니다. 매주일의 죄 사함의 선포를 너무 익숙하게 듣지 마시기 바랍니다. 애통하는 마음으로 마음을 찢으며 들어야 합니다. 그래야 죄 사함의 선포가 임하게 됩니다.

교회는 구원받은 공동체요, 구원의 소식을 전하는 공동체입니다. 요즘의 한국교회에 구원의 소식을 전하는 소리가 줄어들고 있습니다. 부흥이 안 되는 것을 너무나 당연하게 받아들입니다. 우리 교회는 전도하지 않는다고 그것을 자랑이라고 이야기하는 교회도 생겨났습니다. 예수님께서 "땅 끝까지 이르러 내 증인이 되라" 하셨는데, 예수님께서 생명을 구원하시기 위해 십자가까지 지셨는데, 전도하지 않는 것이 자랑이라니 이것이 이단입니다. 왜 부흥이 안 됩니까? 부흥은 나의 회개로부터 시작되는 것을 잊어서는 안 됩니다. 한국교회의 화평을 깨트리는 사탄의 역사를 바라볼 수 있어야 합니다. 그리고 깨어서 회개하는 기도운동이 일어나야 합니다.

전쟁으로부터 화평의 선포가 일어나야 합니다. 오늘 예수님에 대한 스가랴 선지자의 예언은 예수님이 오시면 전쟁이 화평으로 바뀐다는 말입니다. 세계대전 때에 독일군과 연합군이 전쟁을 하고 있었습니다. 마침 크리스마스 이브였습니다. 참호 속에서 서로에게 총부리를 겨누고 있을 때에 어느 곳에서 "고요한 밤 거룩한 밤" 하고 성탄의 노래가 울려 퍼졌습니다. 참호에 있던 병사들은 자기도 모르게 따라 불렀습니다. 그러자 독일군의 참호 속에서도 "참 반가운 신도여" 하고 성탄의 찬양이 울려 퍼졌습니다. 서로 간에 찬양을 하다가 나중에는 합창으로 변했고 하나 둘 참호에서 나와 "기쁘다 구주 오셨네"를 부르며 춤을 추었습니다. 그날 밤에는 전쟁이 그쳤습니다. 우리 주님께서 오시면 전쟁이 그치게 됩니다.

지금 우리는 6·25 기념예배를 드리고 있습니다. 이 기나긴 시간을 우리는 서로를 증오하며 지내고 있습니다. 이 지긋지긋한 전쟁을 끝낼 수 있는 것이 무엇입니까? 강력한 무기입니까? 강한 나라의 도움입니까? 아닙니다. 전쟁은 전쟁으로 이어집니다. 예수님의 말씀처럼 칼을 든 자는 칼로 망합니다. 남한과 북한에 예수님의 말씀이 울려 퍼지고 예수님을 진정으로 따르는 자들이 많아질 때에 이 땅에는 예수 그리스도로 인한 화평이 임할 것입니다. 오늘 말씀에 "보라 네 왕이 네게 임하시나니"라고 했습니다. 누구의 왕입니까? 우리의 왕입니다. 왕 앞에는 누구나 굴복합니다. 왕의 명령에 따라야 합니다. 여러분의 왕이 누구입니까? 나의 생각과 의지와 나의 모든 것을 복종시키는 우리의 영원하신 왕이 예수 그리스도이기를 바랍니다.

세상의 사람들은 물질을 따라가고 명예를 따라가고 헛된 욕심을 따라갑니다. 그것들이 그들의 왕입니다. 여러분은 왜 교회에 나오십니까? 왕을 모시러 나왔습니다. "나는 주님 앞에 굴복합니다. 주님을 따르겠습니다" 하는 것이 신앙생활입니다. 여러분, 6·25 기념예배를 드리며 평화의 왕으로 오신 주님을 여러분의 왕으로 모시기를 바랍니다. 여러분의 심령에, 여러분의 가정에, 우리 교회에, 그리고 이 민족에 우리 주님이 왕으로 임하셔서 주님이 주시는 평화를 누리기를 바랍니다.

 적용

ⓐ 오늘 말씀의 주제 파악하기

ⓑ 오늘 말씀 중 은혜 받은 부분 나누기

ⓒ 삶에 구체적으로 적용하기

함께 드리는 기도제목

1. 예수님께서 십자가로 주신 화평을 잘 지켜나가게 하옵소서.
2. 한국교회의 화평을 깨트리는 사탄의 역사를 바라보며 깨어서 회개하는 기도운동이 일어나게 하옵소서.
3. 우리 심령에, 우리 가정에, 우리 교회에, 그리고 이 민족에 주님이 왕으로 임하셔서 주님이 주시는 평화를 누리게 하옵소서.

나는 성령 충만한 성도입니다

- **본 문**: 갈라디아서 5장 16-18절(신 309쪽)
- **찬 송**: 191장(내가 매일 기쁘게, 통 427장)
- **요 절**: "내가 이르노니 너희는 성령을 따라 행하라 그리하면 육체의 욕심을 이루지 아니하리라"(갈 5:16).

예수님께서는 세상을 떠나가시면서 제자들에게 보혜사 성령님을 보내주시겠다고 하셨습니다.

"보혜사 곧 아버지께서 내 이름으로 보내실 성령 그가 너희에게 모든 것을 가르치시고 내가 너희에게 말한 모든 것을 생각나게 하리라"(요 14:26).

예수님께서 떠나가시면 제자들을 누가 가르칠 것입니까? 보혜사 성령님께서 가르치실 것이라고 하셨습니다. 그래서 성령세례 받기를 모여 기다리라고 하셨습니다. 제자들이 마가의 다락방에 모여 합심하여 성령님의 오심을 위하여 기도할 때에 예수님께서 약속하신 보혜사 성령님께서 임하셨습니다. 그곳에 모인 사람들은 모두가 성령의 충만함을 입었습니다. 마가의 다락방에 오신 성령님은 지금도 찾는 자에게 찾아오시고 우리를 인도해 주십니다. 예수님께서는 성령님을 보내주셔서 영원토록 우리와 함께 있게 하겠다고 약속해 주셨습니다(요 14:16). 예수님의 약속대로 성령님께서 성도들 안에 영원히 거하십니다. 그래서 지금의 시대를 '성령시대'라 합니다.

구약시대를 율법시대라 하는데, 하나님께서 선지자를 보내어 하나님의 뜻을 전하기도 하셨고 율법을 주셔서 하나님의 뜻대로 살게 하셨습니다. 그런데 사람들이 악하여 율법을 자기들의 뜻에 맞게 해석하고 율법의 원래 가르침을 따르지 않았습니다. 율법은 원래 좋은 것입니다. 사람들에게 선악의 기준이 없기에 하나님께서는 율법을 주셔서 하나님의 뜻을 따르도록 하셨습니다. 그런데 사람들은 율법을 지켜 의롭게 되려고 했습니다. "율법을 지키면서 서로 내가 율법을 잘 지킨다"고 자기의 의를 나타내려 했습니다. 율법으로 다른 사람을 판단했습니다. 율법은 하나님의 사랑인데 사람들은 율법으로 사람들을 종으로 만들었습니다.

율법의 누룩이 퍼져나가 백성들은 하나님을 섬기는 것이 아니라 율법을 섬기게 되었습니다. 바리새인들은 율법을 악용하여 겉으로만 율법을 지키고 실제로 율법의 정신을 지키지 않았습니다. 그래서 예수님께서는 율법의 완성을 위하여 오셨고 친히 십자가의 제물이 되어 주셨습니다. 구약의 마지막 제사가 되셨습니다. 예수님의 십자가로 구약의 제사는 폐하여졌습니다. 이제 우리는 성령님의 인도하심과 가르치심에 따라 누구나 하나님께 나아갈 수가 있습니다.

첫째, 성령님은 우리 인생을 하나님께로 인도해 주십니다.

"그러나 진리의 성령이 오시면 그가 너희를 모든 진리 가운데로 인도하시리니 그가 스스로 말하지 않고 오직 들은 것을 말하며 장래 일을 너희에게 알리시리라"(요 16:13).

세상의 위대한 사람들이 진리를 깨달으려고 하였지만 세상에서는 진리를 알지 못합니다. 진리는 깨닫는 것이 아닙니다. 성령님께서 우리 안에 오시면 진리 되시는 성령님께서 우리를 진리 가운데 거하게 하십니다. 그래서 성령 안에 사는 사람은 성령의 열매가 맺힙니다. 왜 사랑하지 못하고 미워합니까? 미워하게 하는 영이 주장하기 때문입니다. 왜 근심하고 염려합니까? 성령님은 희락하게 하시는 영인데 근심하고 염려하게 하는 영이 주장하기 때문입니다. 그러므로 성령님을 모시고 살아가면 기쁘고 즐겁고 행복한 인생이 됩니다.

둘째, 성령님은 우리의 마음과 생각을 지켜주십니다.

이것이 얼마나 감사한 일입니까? 내 마음과 내 생각이 잘되어야 복된 인생을 살아갈 수가 있습니다. 못된 죄를 짓고 악행을 행하는 것도 마음과 생각이 잘못되어 일어나는 일입니다. 어리석은 생각을 하여 사람관계가 틀어지는 것도 마음과 생각 때문입니다. 사업을 하면서 잘못된 길을 선택하는 것도 마음과 생각을 잘못해서 그렇습니다. 친구를 만나고 동업자를 만나는 것이 중요한 일인데 마음과 생각이 이끕니다. 성령님은 우리의 미래를 아시고 사람의 속마음을 다 아십니다. 그러므로 성령님께서 우리의 마음과 생각을 인도하시면 복된 인생이 될 수밖에 없습니다.

셋째, 성령님은 우리의 위로자가 되시고 치료자가 되십니다.

우리는 이 세상에 살면서 여러 가지 상처를 받습니다. 나는 가만히 있는데 나에게 다가와 상처를 주는 사람들이 많습니다. 신앙생활도 나와 하나님만 있으면 좋겠는데 사람이 끼어들어 괴롭게 합니다. 지치고 외로울 때가 있습니다. 이때에 성령님께서 도와주십니다. 남편이 죽고 아내가 죽고 아들딸이 죽었을 때에 사람이 아무리 위로해도 마음의 고통이 사라지지 않습니다. 세상의 사람들이 이러한 슬픔을 이기는 것이 아니라 그저 덮고 삽니다. 그런데 성령님이 찾아오시면 우리의 상처 난 마음을 위로해 주시고 치료해 주십니다. 잠시 후면 천국에서 다시 만날 것이라고 새 힘을 주십니다.

넷째, 성령님은 우리를 지켜주십니다.
성령님과 대적하는 자가 누구입니까? 사탄입니다. 이 세상에 사탄을 이길 자는 없습니다. 지식이 대단한 사람도, 지혜가 있는 사람도 사탄을 이길 수가 없습니다. 오직 성령님만이 사탄을 이길 수가 있습니다. 교회를 넘어뜨리고 성도를 넘어뜨리려는 사탄의 역사를 성령님께서 도와주셔야만 이길 수 있습니다. 그래서 우리는 매일, 매 순간 성령님의 도우심을 구하여야 합니다.

다섯째, 성령님은 우리를 위해 대신 기도해주십니다.
우리가 성령님의 도우심을 구하며 기도하지만 우리의 기도가 부족할 때가 많습니다. 그때에 성령님은 우리 안에 계셔서 우리의 기도를 도와주십니다.

> "이와 같이 성령도 우리의 연약함을 도우시나니 우리는 마땅히 기도할 바를 알지 못하나 오직 성령이 말할 수 없는 탄식으로 우리를 위하여 친히 간구하시느니라 마음을 살피시는 이가 성령의 생각을 아시나니 이는 성령이 하나님의 뜻대로 성도를 위하여 간구하심이니라"(롬 8:26-27).

성령님의 기도는 정확합니다. 완전합니다. 그러므로 우리는 늘 기도할 때마다 성령님께 도움을 부탁해야 합니다.

여섯째, 성령님은 우리에게 은사를 주십니다.

우리는 각기 다른 상황에서 다른 사명을 가지고 살아갑니다. 우리를 성도로 불러주실 때에는 사명도 함께 주십니다. 그 사명을 감당하려면 은사 없이는 안 됩니다. 주의 종은 말씀을 전하는 은사를 받아야 합니다. 기도의 능력을 받아야 합니다. 성도들을 이끌 리더십도 있어야 합니다. 예수님처럼 십자가에 달리는 사랑의 희생도 있어야 합니다. 성도들을 바로 볼 수 있고, 은사 배치를 할 수 있는 영안이 있어야 합니다. 이것이 주의 종이 받아야 할 은사입니다.

은사는 하나님께 간절히 구할 때 주십니다. 생각으로 하면 반드시 손해 보게 하십니다. 그래서 이 종은 늘 "하나님, 성령님의 은사를 골고루 주시옵소서" 하고 기도합니다. 그래야만이 주님께서 맡겨주신 우리 교회를 순결하게 지키고 성도들을 천국으로 인도할 수 있기 때문입니다. 그 사명을 받았기 때문입니다. 목사뿐 아니라 교사들도, 구역장들도, 찬양대원들도, 직분자들도 다 은사를 받아야 합니다. 그래야만이 교회가 은혜롭게 부흥하고 우리 모두가 축복의 사람이 될 수 있기 때문입니다. 우리 교회 성도들은 모두가 내게 주신 사명을 깨닫고 은사를 풍성히 받아 사명을 잘 감당할 수 있기를 바랍니다.

일곱째, 성령님은 죄를 이기게 하십니다.

감옥에 갔던 사람이 자꾸 감옥에 갑니다. 감옥생활을 하면서 그것이 얼마나 고통스러운 것인지를 알고 다시는 감옥에 가지 않아야 되겠다고 생각하지만 또 감옥 갈 일을 합니다. 내 생각대로 되지 않기 때문입니다. 죄가 그렇습니다. 죄는 끝까지 성도의 발목을 잡습니다. 죄를 완전히 이길 수 있는 사람은 없습니다. 어느 틈에 죄는 다시 일어나 나로 하여금 죄의 종으로 만듭니다.

옛날에 시골에서 개구리를 잡아본 경험이 있을 것입니다. 개구리를 잡으려고 개구리를 땅바닥에 힘껏 던집니다. 그러면 개구리는 죽은 것처럼 딱딱하게 굳어버립니다. 그런데 죽은 것이 아닙니다. 잠시 후면 다시 일어나 도망을 갑니다. 죽지 않습니다. 죄는 그렇게 이 세상을 사는 동안 늘 우리 가운데 일어납니다. 성령님께서 역사하셔야만이 죄를 떠나가게 됩니다. 성령님은 우리로 감사하게 하십니다. 기뻐하게 하십니다. 하나님과 가까이하게 하십니다. 하나님과 함께 기뻐하게 하십니다. 그래서 죄와 멀어지는 인생이 됩니다.

여덟째, 성령님은 우리를 천국으로 인도하십니다.

"그러므로 내가 너희에게 알리노니 하나님의 영으로 말하는 자는 누구든지 예수를 저주할 자라 하지 아니하고 또 성령으로 아니하고는 누구든지 예수를 주시라 할 수 없느니라"(고전 12:3).

천국은 예수님을 구주로 고백하는 사람만이 들어갈 수가 있습니다. 예수님을 나의 구주로 고백하는 것은 지식으로 되는 일도 배워서 되는 일도 아닙니다. 성령님께서 나를 주장하셔서 저절로 고백하게 하십니다. 성령님은 이처럼 귀하신 분입니다. 그러므로 우리가 성령님을 따라가면 이 땅에서도 승리하고 천국까지 가게 됩니다.

오늘 성경은 "너희는 성령을 따라 행하라"고 말합니다. '따라'라는 말은 '쫓아가다'라는 말입니다. 우리 안에는 늘 두 가지 마음이 싸우고 있습니다. 구원받은 사람도 마찬가지입니다. 사도 바울 같은 이도 '내 속에서 마음과 육체가 서로 싸운다'고 했습니다. 오늘 성경은 이것을 '성령님을 따라 사는 사람'과 '육체의 욕심을 따라 사는 사람'으로 말합니다. 이 둘이 서로 대적한다고 했습니다. 오늘 말씀 바로 뒤에 성령님을 따라 사는 사람의 증거로 성령의 아홉 가지 열매를 말합니다.

> "오직 성령의 열매는 사랑과 희락과 화평과 오래 참음과 자비와 양선과 충성과 온유와 절제니 이 같은 것을 금지할 법이 없느니라"(갈 5:22-23).

성령님을 따라 사는 사람은 이 열매가 저절로 성령님에 의하여 열립니다. 그러니 얼마나 행복합니까? 성령님을 따르는 사람들은 그 주변까지도 함께 행복하게 되고 봄바람이 불어오게 됩니다.

인생은 반드시 열매를 맺습니다. 이 세상의 모든 것은 열매가 있습니다. 나무도 풀도 다 열매를 맺습니다. 수고한 대로 열매를 맺습니다. 이것이 천지를 창조하신 하나님의 법칙입니다. 그런데 사람도 열매를 맺습니다. 성경이 말한 바에 의하면 그 열매로 우리를 추수하신다고 했습니다. 고대 근동에서 추수를 하면 탈곡기로 알곡을 모읍니다. 겉으로 보기에는 알곡이나 가라지나 차이가 없습니다. 그러나 탈곡기 바람 앞에 떨어지는 순간 알곡은 쌓이고 쭉정이나 가라지는 날아갑니다. 내가 아무리 천국에 들어가고 싶다고 몸부림을 쳐도 지옥으로 날아갑니다. 예수님께서는 그 열매로 그 사람을 안다고 하셨습니다. 여러분, 지금 어떤 열매를 맺고 있습니까? 성령님의 열매를 맺어 천국 알곡이 되는 여러분이 되기를 바랍니다.

오늘 말씀 바로 뒤에 육체를 따라 사는 사람에 대해서도 말하고 있는데 "육체의 일은 분명하니 곧 음행과 더러운 것과 호색과 우상 숭배와 주술과 원수 맺는 것과 분쟁과 시기와 분냄과 당 짓는 것과 분열함과 이단과 투기와 술 취함과 방탕함과 또 그와 같은 것들이라 전에 너희에게 경계한 것같이 경계하노니 이런 일을 하는 자들은 하나님의 나라를 유업으로 받지 못할 것이요"(갈 5:19-21)라고 하였습니다. 이러한 것들은 육체가 좋아하는 것들입니다. 육체가 좋아하는 것들은 매혹적입니다. 화려합니다. 사람을 끌어당기는 힘이 있습니다. 그러나 끌려가면 큰일 납니다. 이런 일을 하는 자들은 하나님의 나라를 유업으로 받지 못할 것이라고 하였기 때문입니다. 내가 해당되는 것이 있는지 다시 한 번 읽어봅시다.

> "육체의 일은 분명하니 곧 음행과 더러운 것과 호색과 우상 숭배와 주술과 원수 맺는 것과 분쟁과 시기와 분냄과 당 짓는 것과 분열함과 이단과 투기와 술 취함과 방탕함과 또 그와 같은 것들이라 전에 너희에게 경계한 것같이 경계하노니 이런 일을 하는 자들은 하나님의 나라를 유업으로 받지 못할 것이요"(갈 5:19-21).

여러분, 이와 같은 것들이 내 속에 있다면 떠나가시기 바랍니다. 교회는 떠나가는 것을 훈련하는 곳입니다. 이 세상에서 저 세상으로, 멸망의 나라에서 생명의 나라로 떠나가는 것을 훈련하는 곳입니다. 예수의 사람들은 육체와 함께 그 정욕과 탐심을 십자가에 못 박았다고 했습니다. 성령으로 살고 성령으로 행하며 헛된 영광을 구하여 서로 노엽게 하거나 투기하지 말라고 하였습니다.

여러분, 육체가 좋아하는 것들을 따라가지 마십시오. 말씀을 들으며 '아멘' 하고 자꾸만 여러분의 발걸음을 성령님을 따라 옮기십시오. 한 걸음 한 걸음 가다보면 천국까지 가게 됩니다. 성령 받은 사람도 육체의 욕심은 다 있습니다. 우리가 영적으로 새사람이 되어도 우리는 여전히 육체를 가지고 살아갑니다. 육체는 본질적으로 소욕이 있습니다. 편안한 것을 좋아하고, 높아지는 것을 좋아하고, 죄짓는 것을 좋아합니다. 육체는 늘 약하고 흔들립니다. 마귀는 이것을 노리고 덤벼듭니다. 그래서 주님께로 자꾸 이사 가야 합니다. 성령과 육체는 서로 대적한다고 했습니다. 육체의 욕심을 따라가는 발걸음을 매일 돌이키는 것이 성도의 삶입니다. 이것을 '성화'라고 합니다.

성화는 대단한 것이 아닙니다. 작은 것에서부터 시작됩니다. 우리나라가 자랑하는 K2 흑표전차가 있습니다. 외국에도 수출하는 유명한 탱크입니다. 그런데 이 탱크가 가다가 서고 문제가 발생하기 시작했습니다. 얼마 전 원인을 찾았는데, 변속기에 있는 볼트 세 개가 문제였습니다. 미국의 우주왕복선 챌린저호가 폭발하여 승무원 전원이 사망한 비참한 사고도 고무링 한 개가 원인이었습니다. 여러분을 시험 들게 만들고, 축복에서 떨어지게 만드는 것도 처음에는 작은 것입니다. 말 한마디로 시험에 들고 별것 아닌 것으로 성령님을 떠나가기 시작합니다. 작은 한 걸음이 중요합니다. 부산과 광주로 가는 도로도 처음 시작하는 방향은 아주 작은 것입니다. 여러분의 발걸음을 한걸음씩 성령님을 따라 옮기십시오. 성령님이 인도하시면 반드시 복된 길로 갑니다. 인생의 모든 문제와 불행은 성령님을 떠나가는 데서부터 시작이 됩니다.

세상의 품은 눈으로 보기에는 화려해 보이고 대단한 것 같지만 반드시 끝나는 날이 옵니다. 아래로 떨어지는 날이 옵니다. 그때에는 내 손으로 붙잡으려 해도 붙잡을 것이 없습니다. 그러나 성령님을 의지하고 살면 성령님께서 우리의 인생을 붙잡아주십니다. 문제가 와도 이기게 해주십니다. 푸른 초장과 맑은 물가로 인도해 주셔서 인생길이 복되게 해주십니다. 성령님의 음성이 들릴 때에 그 음성을 꼭 붙들어야 합니다. '이 말씀이 나에게 주시는 말씀이구나' 깨닫고 '아멘' 하고 말씀을 붙들어야 합니다. 그러면 여러분을 더욱 풍성하게 해주십니다. 여러분, 우리가 새 성전에 합당한 그릇이 되어 하나님께서 예비하신 축복을 받는 성도들이 됩시다.

📝 적용

ⓐ 오늘 말씀의 주제 파악하기

ⓑ 오늘 말씀 중 은혜 받은 부분 나누기

ⓒ 삶에 구체적으로 적용하기

🙌 함께 드리는 기도제목

1. 내게 주신 사명을 깨닫고 은사를 풍성히 받아 주신 사명 잘 감당하게 하옵소서.
2. 성령님의 열매를 맺어 천국 알곡이 되게 하옵소서.
3. 말씀을 들으며 '아멘' 하고 우리의 발걸음이 성령님을 따라가게 하옵소서.

나는 충성하는 성도입니다

- **본 문:** 요한계시록 2장 8-11절(신 400쪽)
- **찬 송:** 333장(충성하라 죽도록, 통 381장)
- **요 절:** "너는 장차 받을 고난을 두려워하지 말라 볼지어다 마귀가 장차 너희 가운데에서 몇 사람을 옥에 던져 시험을 받게 하리니 너희가 십 일 동안 환난을 받으리라 네가 죽도록 충성하라 그리하면 내가 생명의 관을 네게 주리라"(계 2:10).

오늘 말씀은 서머나 교회에 주신 편지입니다. 서머나는 아름다운 항구도시로 로마 황제숭배에 앞장선 도시였습니다. 로마 황제의 기념신전을 건축할 정도였습니다. 서머나 사람들은 약삭빠른 사람들이었습니다. 그래서 이곳에서 황제숭배가 일어났고 황제숭배를 거부하는 기독교인들이 수없이 순교를 했습니다. 초대교회의 순교자 절반이 이 서머나 교회에서 나왔습니다.

사도 요한의 수제자로 유명한 교부 폴리캅이 서머나 교회 출신입니다. 폴리캅이 사형장에 끌려갔을 때 총독인 스타티우스는 폴리캅을 살리려고 "지금이라도 예수를 부인하고 황제에게 절하면 살려주겠다"라고 했습니다. 그때 폴리캅은 "예수님은 86년 동안 한 번도 나를 모른다고 하시지 않았는데, 내가 어찌 예수님을 모른다고 할 수 있겠는가?"라고 거절하여 화형을 당했습니다. 폴리캅은 총독에게 "지금 잠깐이면 타다 꺼질 불로 나를 위협하지만 죄인들을 향해 준비된 영원히 꺼지지 않는 불을 어찌 피하려 하느냐?"고 총독을 향하여 이야기했습니다.

초대교회가 네로 황제 때뿐만 아니라 계속해서 박해를 받았습니다. 특히 도미티안 황제 때에는 황제를 신으로 섬길 것을 요구했습니다. 이것을 거부한 많은 크리스천들이 순교당했고 이때 사도 요한도 밧모 섬으로 유배를 가서 요한계시록을 기록했습니다.

이단들이 베리칩 카드를 '666'이라 하는데 그것은 성경과 역사를 모르는 어리석은 이야기입니다. 초대교회 성도들이 도미티안 황제의 극심한 박해를 받으며 도미티안을 상징적으로 표현한 것이 666입니다. 히브리어는 단어에 숫자가 있습니다. 도미티안을 히브리어 음가로 나타내면 666이 됩니다. 그러므로 요한계시록 13장 18절에 나난 666은 당시의 극심한 박해를 상징적으로 나타낸 것과 동시에 장차 그리스도인들이 복음을 위하여 악한 자들에게 박해를 받을 것을 상징적으로 예언하는 말씀입니다.

당시 그리스도인들을 핍박하는 데 유대인들이 앞장섰습니다. 이들은 그리스도인들이 황제숭배를 거부하는 것을 빌미로 그리스도인들을 고발하고 옥에 잡아넣었으며 물질적으로도 고립되게 했습니다. 그러므로 서머나 교회 성도들은 이방인들에게뿐 아니라 유대인들에게도 고난을 받았습니다. 사도 요한은 고난당하는 이들에게 계시를 통해 격려의 편지를 씁니다. "지금은 666과 같은 극심한 핍박이 계속되고 있으나 우리 주님은 처음이요 마지막이며 죽었다가 살아나신 이라"고 말합니다. 처음이 있다는 것은 현재도 있고 마지막도 있다는 것입니다.

사람들은 과거를 기억하고 현재에 살면서 미래를 생각하지 못합니다. 미래를 생각한다 해도 내가 미래에 노후를 어떻게 보낼 것인가를 생각하지 죽음 이후를 생각하며 살지 못합니다. 크리스천의 삶은 세상 사람들과 달라야 합니다. 우리는 천국이 고향입니다. 천국에 갈 날을 준비하고 기다리며 살아가는 사람들입니다. 미국을 가려면 무엇을 준비해야 합니까? 여권을 준비하고 비행기 티켓을 구매해야 합니다. 아무리 많은 돈을 준비하고, 좋은 옷을 사 입고 공항에 가도 티켓이 없으면 비행기를 타지 못합니다. 천국에 들어가는 길도 미리 준비해야 합니다. 세상 사람들처럼 정신없이 노후만 준비하고 살다가 천국에 가는 것이 아닙니다.

패역한 세대에 그리스도인답게 산다는 것이 참으로 어렵습니다. 불의한 일이 있어도 한쪽 눈을 잘 감아야 하고, 어려운 이웃이 있어도 돌아보지 않고 살아야 내가 어려움을 겪지 않는 세상입니다. 지금 사는 세상이 얼마나 악해졌습니까? 십 년 전, 이십 년 전과 비교해 보면 사람들이 너무너무 악해졌습니다. 선생님들이 아이들을 가르칠 자신이 없다고 합니다. 학생들은 원조교제를 하고 친구들을 잡아다가 성매매를 시킵니다. 얼마 전만 해도 상상할 수 없었던 일들이 이 사회에 일어나고 있습니다. 세상이 악해진다는 것은 크리스천답게 사는 것이 더욱 어려워진다는 말입니다. 이러한 때에 우리는 서머나 교회에 주신 하나님의 말씀을 들으며 새 힘을 얻게 되기를 바랍니다.

오늘의 말씀은 요한이 하는 이야기가 아닙니다. "죽었다가 살아나신 이가 이르시되"(계 2:8)라고 했습니다. 주님께서 고난당하고 순교하는 크리스천들을 향하여 안타까운 마음으로 주시는 말씀입니다. "내가 죽었다가 살아났으니 너희도 다시 살아날 것이다. 죽음을 두려워하지 말라"는 말씀입니다. 아마 서머나 교회 성도들 가운데 흔들리고 두려워하는 이들이 있었을 것입니다. 그래서 이 말씀을 주셨습니다.

여러분, 세상을 두려워하지 마시기 바랍니다. 세상이 어지러울수록 하나님을 믿는 믿음이 더욱 순결해지기를 바랍니다. 그들은 그리스도인들을 핍박하고 죽이고 고문하며 교회를 말살시키려 하였지만 교회는 더 강해졌습니다. 희망이 없고 다 죽는 것 같았지만 불과 약 200년 후 기독교가 로마에서 공인되고 교회는 더 부흥이 되었습니다. 금은보화를 뒤집어쓰고 멋진 말을 타고 호령하던 이들은 지금 다 사라졌습니다. 여러분, 교회가 이깁니다.

얼마 전 서울시에 사회복지시설 종교행위강요신고센터가 세워져 종교단체에서 항의를 했습니다. 교회가 운영하는 사회복지시설에서 예배를 강요하지 말라는 것입니다. 어린이집에서 밥 먹을 때 기도하는 것도 금지가 될 것입니다. 이런 일이 앞으로 점점 더 많이 일어날 것입니다. 더 나아가 전도하는 일도 금지가 될 것입니다. 여러분, 교회에 찾아오는 시험을 너무 안타까워하지 마십시오. 시험이 올 때에 오히려 더 강하게 기도하셔야 합니다. 과학이 위대하고 문명이 강한 것 같고 하나님은 약한 것 같지만 그렇지 않습니다. 우리는 보이지 않는 하나님의 손을 바라보아야 합니다. 교회를 통하여 세상을 구원하시고 우리를 다시 살리시는 주님을 바라보아야 합니다. 지금 일본과의 문제 때문에도 모두가 걱정을 하고 있습니다. 크리스천들은 걱정할 것이 아니라 기도하여야 합니다. 기도할 때에 강하게 하시고 기도할 때에 새로운 길을 열어 주십니다.

"내가 네 환난과 궁핍을 알거니와 실상은 네가 부요한 자니라 자칭 유대인이라 하는 자들의 비방도 알거니와 실상은 유대인이 아니요 사탄의 회당이라"(계 2:9) 했습니다. 크리스천들은 당시 상업조합에 함께하지 않았습니다. 유대인들이 모여 함께 황제숭배를 하고 기금을 모아 황제를 숭배하는 사업에 앞장섰기 때문입니다. 크리스천들은 정치적으로 박해를 받았고 경제적으로도 소외가 되었습니다.

그래서 환난과 궁핍이 찾아왔습니다.

그런데 주님은 "실상은 네가 부요한 자니라" 말씀하십니다. 고기 한 근 더 먹는다고 행복한 것이 아닙니다. 수천억의 돈을 가지고 형제들과 소송을 하며 싸우는 자들이 부요한 자들이 아닙니다. 가진 것이 적어도 함께 나누어 먹고 칼국수를 먹어도 서로 돈을 내며 웃으며 먹는 사람이 실상은 부요한 사람입니다. 더구나 당시에 같은 동족인 유대인들이 앞장서서 그리스도인들을 핍박했습니다. 사도 바울이 복음을 전할 때에도 도시마다 쫓아다니며 방해한 이들이 유대인들이었습니다. 이들이 서머나 교인들을 비방했습니다. 믿음으로 살려 할 때에 반드시 사탄의 방해가 있습니다. 비방이라는 것은 없는 것을 지어내어 거짓말로 해하려 했다는 말입니다. 그러니 얼마나 고통스러웠겠습니까?

여러분, 언제 심적으로 가장 큰 고통을 당합니까? 없는 말로 중상모략을 하여 괴롭힐 때 마음에 큰 상처를 입습니다. 연예인들은 인터넷상에서 악플을 보고 자살을 하기도 하고 정신과 치료를 받기도 하고 연예인을 그만두기도 합니다. 그만큼 뒤에서 거짓말로 상대방을 괴롭히는 것은 많은 고통을 주는 일입니다. 성경에 거짓말하는 자는 천국을 유업으로 받지 못할 것이라고 한 것도 단순한 거짓말을 말하는 것이 아니라 이런 경우를 두고 말한 것입니다.

주님은 "그들 때문에 마음 아파하지 마라, 그들은 사탄의 회당이다"라고 말씀하십니다. 왜 유대인이 아니라고 하십니까? 그들은 유대인이 맞습니다. 이것은 그들이 그러는 것이 아니라 그들 속에 사탄이 들어가 역사하여 하는 일이라는 뜻입니다. 다른 사람을 시험 들게 하는 사람들이 있습니다. 그 사람을 미워하면 안 됩니다. 그 사람의 영혼을 위하여 기도하셔야 합니다. 그 사람이 그러는 것이 아니라 그 사람의 약점을 틈탄 사탄이 그 사람을 통하여 하는 일이기 때문입니다. 사탄을 대적하고 미워해야 합니다.

서머나 교회 성도들에게도 그들은 사탄의 일을 하는 사람이니 그것 때문에 마음 아파하지 말고 기도하며 이기라는 말씀입니다. 우리가 예수 믿고 날마다 행복하고 하는 일마다 잘되고 텅 빈 고속도로를 달리는 것처럼 인생이 쉽다면 얼마나 좋겠습니까? 그러나 그런 인생은 없습니다. 사람은 본래 그런 인생을 통하여 단련되지 않습니다. 간절한 기도도 하지 않습니다. 믿음도 자라지 않습니다. 그래서 믿음의 사람에게는 때로는 시험도 주시고 연단도 주시고 광야의 길을 걷게 하십니다. 성경을 보면 위대한 인물이 처음부터 그저 잘된 경우는 거의 없습니다. 다 시험을 받았고 연단을 거쳤습니다. 광야 길을 걸으며 기도하게 하시고 하나님을 의지하는 법을 가르쳐 주십니다. 그러므로 우리는 인생의 광야가 올 때에 빨리 깨달아야 합니다.

우리 교인들 가운데에도 광야 길을 거친 성도들을 많이 보게 됩니다. 그러면서 정말 눈물 나게 감사한 것은 믿음으로 광야 길을 이기고 더 멋진 믿음으로 세워지는 것을 보게 될 때입니다. '아, 하나님의 작품이 이렇게 놀랍구나!' 하는 것을 그분들을 보며 깨닫게 됩니다. 광야 길을 믿음으로 이긴 성도는 인생의 어떤 일을 만나도 하나님의 눈으로 세상을 바라보는 법을 배웁니다. 그래서 불평하지 않습니다. 절망하지 않습니다. 하나님께서 내게 주신 사명을 감사하고 행복한 인생을 살아갑니다.

서머나 교회는 앞으로도 고난을 당할 것입니다. 오늘 성경은 "마귀가 장차 너희 가운데에서 몇 사람을 옥에 던져 시험을 받게 하리니 너희가 십 일 동안 환난을 받으리라"(계 2:10)라고 했습니다. 이 말씀은 서머나 교회에 주시는 말씀임과 동시에 미래의 교회에 대하여 주시는 계시의 말씀입니다. 실제로 313년 콘스탄티누스 1세의 밀라노 칙령으로 인해 기독교가 국교가 되어 자유를 얻기까지 약 200년 동안 교회는 핍박을 당했습니다.

주님은 이 사실을 미리 말씀하시며 두려워하지 말고 시험을 이기라고 하셨습니다. "이기는 자는 둘째 사망의 해를 받지 아니하리라"(계 2:11)고 약속의 말씀을 주셨습니다. 둘째 사망이 무엇입니까? 첫째 사망은 육체의 죽음입니다. 둘째 사망은 지옥 불에서 영원히 죽지 않는 사망입니다. 계시록 21장 8절에도 둘째 사망에 대하여 다시 나오는데 "그러나 두려워하는 자들과 믿지 아니하는 자들과 흉악한 자들과 살인자들과 음행하는 자들과 점술가들과 우상숭배자들과 거짓말하는 모든 자들은 불과 유황으로 타는 못에 던져지리니 이것이 둘째 사망이라"(계 21:8) 하였습니다. 시험을 이기는 자는 이 둘째 사망의 해를 받지 않는다는 말씀입니다.

세상 사람들은 첫째 사망을 두려워합니다. 죽지 않으려고 하고 생명을 연장시켜 보려 합니다. 그러나 첫째 사망을 피할 사람은 아무도 없습니다. 우리는 모두가 첫째 사망을 지나가야 합니다. 그러나 둘째 사망을 피할 약속된 사람이 있습니다. 누구입니까? 우리입니다. 시험을 이기는 우리입니다. 여러분은 세상의 시험을 이기는 성도들이 되기를 바랍니다.

시험을 이기는 우리는 누구입니까? 오늘 성경은 "네가 죽도록 충성하라 그리하면 내가 생명의 관을 네게 주리라"(계 2:10)고 말합니다. '죽도록 충성하는 자'입니다. 충성이란 단어에서 충(忠) 자를 어떤 분은 해석하기를 '입 구'(口) 자 밑에 '마음 심'(心)이 있는데 거기에 대못질을 해놓은 것이 '충성 충' 자라고 했습니다. 입과 마음, 말과 행동이 다르지 않도록 대못질을 해놓은 것이 충성입니다. 사람들은 처음에 일을 맡으면 충성합니다. 그러나 세월이 지나고 계속 충성하는 사람들은 많지 않습니다. 시험이 오고 어려움이 와도 끝까지 충성하는 사람이 많지 않습니다. 죽도록 충성하라는 말씀은 끝까지 변치 말고 충성하라는 말씀입니다.

시험이 오고, 환난이 오고, 두려운 일이 생겨도 내가 예수 처음 믿은 그 감격과 기쁨으로 주님을 섬기는 마음이 변치 않는 것이 충성이요, 이런 성도가 생명의 면류관을 받게 됩니다. 여러분, 기도하는 일에 충성하십시오. 주님을 위해 헌신하는 일에 충성하십시오. 충성하되 끝까지 변치 말고 충성하십시오. 그리하면 주님께서 영원히 빛나는 생명의 면류관을 여러분에게 씌워주실 것입니다.

오늘 말씀의 제목이 무엇입니까? "나는 충성하는 성도입니다." 여러분의 입술로 다 같이 고백하시기 바랍니다. "나는 충성하는 성도입니다." 지금 이 고백처럼 끝까지 주님과 주님의 교회를 위해 충성하여 생명의 면류관을 얻는 성도들이 됩시다.

📝 적용

ⓐ 오늘 말씀의 주제 파악하기

ⓑ 오늘 말씀 중 은혜 받은 부분 나누기

ⓒ 삶에 구체적으로 적용하기

🙌 함께 드리는 기도제목

1. 주님 말씀 의지하여 두려움 없이 세상의 시험을 이기게 하옵소서.
2. 세상이 어지러울수록 하나님을 믿는 믿음이 더욱 순결해지게 하옵소서.
3. 끝까지 주님과 주님의 교회를 위해 충성하여 생명의 면류관을 얻게 하옵소서.

우리를 형통케 하시리니

- **본 문**: 느헤미야 2장 11-20절(구 728쪽)
- **찬 송**: 580장(삼천리 반도 금수강산, 통 371장)
- **요 절**: "내가 그들에게 대답하여 이르되 하늘의 하나님이 우리를 형통하게 하시리니 그의 종들인 우리가 일어나 건축하려니와 오직 너희에게는 예루살렘에서 아무 기업도 없고 권리도 없고 기억되는 바도 없다 하였느니라"(느 2:20).

　교회에서 조심해야 하는 말이 있는데 그것은 정치적인 문제에 관한 이야기입니다. 정치적으로 어떤 입장을 갖느냐 하는 것은 우리 모두의 자유이지만 이 문제로 서로에게 틈이 생기고 거리가 생기는 것을 보게 됩니다. 북한을 돕는 문제에 대해서도 한쪽에서는 인도적인 측면에서, 혹은 장기적인 통일을 바라보는 측면에서 도와야 된다고 주장하고, 다른 한편에서는 공산당이 어떠한 존재인지 알면서 왜 도와주느냐, 그것은 오히려 통일을 멀게 하는 일이라고 상반된 논리를 가지고 있습니다.
　우리는 이러한 문제를 성서적으로 접근하는 것을 생활화해야 합니다. '예수님이라면 어떻게 하셨을까? 어떻게 하면 하나님께서 기뻐하실까?'를 먼저 생각하고 하나님을 중심에 놓고 살아가는 사람이 크리스천입니다. 하나님의 뜻을 중심에 놓고 살아갈 때에 우리의 미래를 복되게 인도해 주십니다.

우리의 모습을 한번 돌이켜 봅시다. 우리는 반세기 동안 어떻게 살아왔습니까? 서로가 서로를 죽이면서, 상대방의 피 흘림을 보면서 환호성을 지르며 살아왔습니다. 여기에는 상대방에 대한 증오와 미움이 있습니다. 미움과 증오의 사람에게는 절대로 하나님의 은총이 임하지 않습니다. 문제가 있어도 감싸주고 용서하며 함께 가는 것이 기독교입니다. 남과 북의 문제도 성서적인 관점에서 바라보고 하나님의 말씀에 우리의 생각, 우리의 이론을 순종할 수 있어야 합니다. 그래야 이 민족이 다시는 고통을 당하지 않고 하나님의 축복 가운데 살 수가 있는 줄로 믿습니다.

오늘 본문에 나오는 이스라엘이 처한 상황은 우리가 일제 강점기에 처했던 환경과 비슷합니다. 남의 지배를 받아보지 않았던 민족은 이 고통을 알지 못합니다. 그러나 우리는 이 말씀을 읽으며 우리도 같은 고통을 겪었기에 우리의 문제로 느낄 수가 있습니다. 느헤미야는 페르시아 제국의 술 맡은 관원장이었습니다. 왕의 신임을 받는 자리에 있던 사람입니다. 그런데 조국 이스라엘이 황폐하게 되었다는 소식을 듣고 아닥사스다 왕에게 부탁을 하여 예루살렘에 돌아오게 됩니다. 느헤미야는 왕의 허락을 받고 방해자들을 피해서 은밀히 말을 타고 성을 돌아보았습니다. 그 튼튼하던 성벽들은 다 무너졌습니다. 성문은 불에 타서 흉하게 그을려 있었습니다. 말로만 들었던 슬픈 현실을 목격하게 되었습니다.

성벽이 무너졌다는 것은 어떤 의미가 있습니까? 이 당시의 문화는 성벽문화입니다. 성벽이 든든해야 나라를 지킬 수 있고, 성전을 지킬 수가 있습니다. 이스라엘의 성전이 무너졌다는 말은 이들의 영적인 기반이 무너졌다는 말입니다. 이들은 성전에 모여서 하나님을 섬기고 하나님의 뜻을 따라 살아갑니다. 그런데 이 성전이 무너졌습니다. 오늘 우리로 말하면 교회가 무너지고 문을 닫았습니다. 예배드릴 장소가 없어지니 영적으로도 황폐하게 되었습니다. 그러므로 성전을 다시 짓고 성벽을 다시 쌓는다고 하는 것은 무너진 영적인 믿음을 다시 새롭게 건축하는 일입니다.

　이 공사는 아주 중요한 공사입니다. 모든 것이 다 무너져도 신앙만 살아있으면 다시 일어설 수 있습니다. 건강이 무너지고, 물질이 무너지고, 가정이 무너지고, 나라가 무너져도 신앙이 살아있으면 다시 세울 수가 있다는 것을 기억하시기 바랍니다. 우리는 오늘 본문 말씀에서 몇 가지 중요한 사실을 깨달을 수가 있습니다.

1. 느헤미야는 애국자였습니다.

　느헤미야는 지금 세계의 가장 강대국인 페르시아에서 왕의 신임을 받으며 탄탄대로를 걸을 수 있었던 사람이었습니다. 생활에 아무런 걱정이 없는 사람이었습니다. 그러나 조국 이스라엘의 처한 상황을 들으며 자기 일로 여겨 심히 슬퍼하며 울면서 금식기도를 하였다고 했습니다. 하나님께서는 이런 사람을 나라를 위하여 크게 쓰십니다. 신앙인은 애국자여야 합니다.

　하나님의 사람 모세는 '내 백성을 구원하여 주시지 않는다면 차라리 내 이름을 하나님의 책에서 지워달라'고 하나님께 간청했습니다. 사도 바울도 '내 백성을 위해서라면 나 자신이 하나님께 버림을 받아도 좋다'고 했습니다. 성경에 나오는 수많은 선지자들이 목숨을 걸고 외친 것은 바로 내 백성, 내 조국을 살리기 위해서였습니다. 우리가 가정의 문제를 겪으며 금식하며 기도할 수 있습니다. 내 건강에 이상이 생기거나 직장에 문제가 올 때에 금식하며 기도할 수가 있습니다. 그러나 나라가 어렵다고 해서 금식하는 사람은 정말 찾기 힘듭니다. 지금 우리의 이웃에 물난리가 나서 어려움을 당하고 있는데 이들을 위해서 금식하며 기도하는 것이 쉽지 않습니다.

느헤미야는 나라를 정말 사랑했기 때문에 금식하며 기도하였습니다. 그 기도의 내용이 중요합니다. 느헤미야 1장을 보면 이러한 고통이 온 것이 선조들의 죄악과 내 죄임을 고백하고 있습니다. 여러분, 이것이 애국자의 모습입니다. 오늘날 우리나라가 남과 북이 분단되어 고통을 당하고 있는데 이것을 내 죄로 여기고 기도한다는 말입니다. 일본과의 경제전쟁으로 인해 우리가 지금 위기를 겪고 있는데, 이것을 내 문제로 여겨 안타까워 기도한다는 말입니다. "하나님, 내가 기도 안 해서 그렇습니다. 내가 빛과 소금의 역할을 못해서 그렇습니다", 이런 기도가 있어야 한다는 말입니다. 이것이 애국자의 모습입니다. 우리 천만 기독교인들이 이런 모습을 가질 때 우리 조국의 미래가 있는 줄로 믿으시기 바랍니다.

"내가 변하면 교회가 변하고, 교회가 변하면 나라가 변한다."

기독교인들이 먼저 변해야 합니다. 나 중심적인 삶이 아니라 내 교회를 먼저 사랑하고, 이 나라, 이 민족을 사랑해야 합니다. 더 나아가 이 세상을 사랑할 수 있어야 합니다. 이 사랑이 있어야 눈물 흘려 이웃을 위해 기도할 수 있고, 알지도 못하는 먼 나라를 향해 내 모든 것들을 포기하고 선교사로 나가 복음을 전할 수가 있습니다. 사랑이 없으면 못합니다.

여러분, 우리의 과거의 모습을 봅시다. 우리는 일제 강점기 36년 동안 언론, 출판, 집회, 결사, 신앙 등 기본적인 자유를 박탈당했었습니다. 또한 우리 민족 고유의 역사와 말과 심지어 우리의 이름까지 빼앗기는 노예 상태였습니다. 당시 전 국민의 80%가 창씨개명을 했습니다. 김 씨, 박 씨, 이 씨가 갑자기 미나모토가 되어야 하고, 우에무라 상이 되어야 했습니다. 일제 강점기 말기에 초등학교 어린이의 2/3가 영양실조에 걸려 있었습니다. 젊은 처녀들은 일본군의 위안부로 끌려갔습니다. 젊은이들은 전쟁터에 끌려가 희생양이 되었습니다. 일본의 전쟁물자 공급을 위해 농사를 지어도 내 것이 아니었습니다.

지식인들은 대부분이 변절하여 일본의 앞잡이가 되었습니다. 우리가 너무나 잘 아는 유명인들이 이 땅의 딸들을 정신대에 보내는데 앞장을 섰습니다. 유명한 미술가, 음악가들이 변절자가 되었습니다. 변절하지 않은 지식인들은 어려움을 당하고 북간도로, 만주로 독립운동을 하러 떠나갔습니다. 나라에 희망이 없었습니다.

나라를 다 빼앗기고, 민족정신도 빼앗기고, 노예로 살아가야 했던 이 민족에게 하나님께서 은혜를 주셨습니다. 이스라엘 백성을 애굽의 노예에서 기적적으로 해방시켜 주신 것처럼 우리 대한민국에도 1945년 8월 15일, 해방을 주셨습니다. 그러면 이제 우리는 어떻게 해야 합니까? 다시는 나라를 빼앗기고 불행하게 되는 일이 우리에게 찾아오지 않도록 깨어 있어야 합니다. 정치, 경제, 모든 분야에 훌륭한 지도자들이 세워지도록 늘 기도해야 합니다. 우리 기독교인들은 모두가 애국자가 되기를 바랍니다.

2. 느헤미야가 이 일을 하는 데 방해가 있었습니다.

느헤미야가 예루살렘 성을 건축하기 위하여 왔다는 말을 듣고 산발랏과 도비야가 심히 근심하더라고 기록되어 있는데(느 2:10), 4장 이후를 보면 이들은 여러 가지로 집요하게 느헤미야의 일을 방해함을 알게 됩니다. 선한 일을 하다 보면 항상 방해가 뒤따라옵니다. 왜 그렇습니까? 느헤미야는 이것을 영적인 문제로 이해하고 있습니다. 그리고 산발랏과 도비야와의 싸움을 악의 세력과의 싸움으로 이해하고 있습니다. 여러분, 사실 우리의 모든 문제가 다 영적인 문제입니다. 도박 때문에 가정이 망가지는 경우가 있습니다. 혹은 술 때문에 망가지는 경우도 있습니다. 영적인 시각으로 바라볼 수 있어야 합니다.

교회에서도 일을 할 때 보면 급한 일인데도 생각이 달라서 일이 안 되는 경우가 있습니다. 이것을 '생각 차이'라고 보면 쉽습니다. 그러나 분명히 아셔야 할 것은 이것은 생각 차이가 아니라 영적인 문제가 그 본질에 있다는 사실을 알아야 합니다. 나라가 부정부패로 혼탁하게 되는 것도 그 사람들이 윤리의식이 없어서 그렇다고 보면 쉽습니다. 그러나 그 이면에는 영적인 싸움이 있다는 사실을 알아야 합니다. 우리는 매일매일 영적인 싸움을 싸우고 있다는 것을 잊지 않아야 합니다.

하나님의 선한 뜻을 따라 일을 하다 보면 항상 방해하는 세력이 있습니다. 성령님은 우리에게 평안을 주시기를 원하시는데 마귀의 영은 인간이 전쟁을 하고 서로를 미워하고 고통을 주는 것을 기뻐합니다. 마귀는 결코 잘되는 것을 원하지 않습니다. 그래서 두루 다니며 삼킬 자를 찾습니다. 두루 다니다가 약한 사람을 만나면 그 사람을 통해 시험을 만듭니다.

오늘 본문에도 산발랏과 도비야가 마귀의 도구로 사용되었습니다. 산발랏은 유대인인 호론 사람으로 사마리아에 영향력을 가진 사람이었습니다. 그런데 예루살렘 성이 재건되면 자신의 영향력이 약화될 것을 염려하여 건축을 방해하였습니다. 도비야는 이방인인 암몬 사람이었습니다. 이방인은 성전에 들어올 수 없었는데, 하나님의 전 뜰 안에 자기 방을 만들었습니다. 부패한 종교인들과 결탁하였습니다. 그곳은 십일조와 제물들을 쌓아놓는 곳이었습니다. 이들은 자기의 영향력이 약화되는 것을 싫어하여 집요하게 성전과 성벽을 건축하는 사람들에게 상처 주는 말을 하였습니다.

오늘 이 시대의 어려움이 오는 것은 다른 것이 아닙니다. 정치하는 사람들이나, 사업하는 사람들이나, 직장에 다니는 사람들이나 자기 자신의 유익을 위하여 산발랏과 도비야처럼 살아가려고 하는 데에 문제가 있습니다.

빌 게이츠의 이름이 회자되는 것은 그가 세계 3위의 부자이기 때문이 아닙니다. 부자는 얼마든지 많습니다. 빌 게이츠는 그의 재산이 126조가 넘는데 자녀에게는 100억만 남겨주고 나머지는 모두 사회에 기부하겠다고 했습니다. 그는 이미 자신의 전 재산의 절반이 넘는 금액을 사회에 기부했습니다. 워렌 버핏 같은 이도 자신의 재산의 99%를 사회에 기부하겠다고 선언하였고 매년 그 약속을 지켜가고 있습니다. 지금까지 기부한 금액이 40조 원입니다. 우리나라에도 이런 정치인들이, 이런 기업가들이 많이 나오기를 기도해야 합니다.

우리는 이런 재벌들과 같은 부자는 아니지만 우리 교회 성도들은 내 재산의 1%를 다음세대를 위해 기부하고 세상을 떠나자고 말씀을 전한 적이 있습니다. 다음세대가 살아야 대한민국이 살고 교회가 살 수 있기 때문입니다. 예수 잘 믿는 우리 자녀들이 앞서 나가야 이 민족의 미래가 있기 때문입니다. 다음세대를 위해 씨앗을 심는 민족이 지혜로운 민족입니다. 우리 세대에 하나님의 말씀에 순종하며 순결하게 살고 다음세대를 위하여 씨앗을 심는 우리 대한민국이 될 때에 하나님께서 이 민족을 세계선교에 크게 사용하실 줄로 믿습니다.

느헤미야는 성전과 성벽을 건축한 후 대제사장 엘리아십의 증손자, 즉 제사장이 될 사람이 산발랏의 사위가 되어 있는 것을 보고 그를 쫓아냅니다. 도비야도 성전에서 쫓아냈습니다. 성전을 영적으로도 거룩하게 하였습니다. 산발랏이나 도비야는 마귀의 도구로 사용되어 한 손에 칼을 들고 적을 방비하며 다른 한 손에 기구를 들고 힘겹게 건축하는 이스라엘 백성을 시험 들게 했습니다. 그래서 실제로 이스라엘 백성이 시험에 빠졌습니다. 시험이라는 것이 특별한 사람만 드는 것이 아닙니다. 믿음 좋은 사람도 어느 순간 시험에 들 수 있습니다. 시험은 특별한 사건을 통해 드는 것이 아닙니다. 별것 아닌 것으로, 늘상 일어나는 일 가운데에서 시험에 들고, 말 때문에 시험에 들고, 내 생각 때문에 시험에 듭니다.

성경은 왜 그렇게 시험에 들지 않게 기도하라고 말합니까? 시험은 우리를 축복에서 멀어지게 하는 것이기 때문입니다. 지금까지 받은 은혜를 다 쏟아버리게 만드는 것이기 때문입니다. 하나님의 일을 방해하는 데 사용되는 마귀의 도구이기 때문입니다. 시험에 들어 좋은 것은 단 한 가지도 없습니다. 우리는 시험에 들지 않도록 깨어 있어야 합니다. 사랑하는 성도 여러분, 영적인 문제에 대하여 민감해지기를 바랍니다. 악한 영이 내 귀에 속삭이지 못하도록 깨어있으시기 바랍니다. 성령님의 음성을 듣고 성령님과 동행하며 성령님이 기뻐하시는 일을 하는 성도들이 됩시다.

3. 느헤미야는 동역자들을 모아 함께 일을 했습니다.

하나님께서는 사람을 통해서 일을 하십니다. 많은 사람들이 흔히 하기 쉬운 실수가 사람을 중심에 놓는 것이 아니라 일을 중심에 놓습니다. 일을 중심에 놓다보면 일은 이루어질지 모르나 사람을 잃어버립니다. 그래서 다음에 할 일을 못하게 됩니다. 그러나 사람을 중심에 놓고 일을 하면 일이 목표만큼 되지 않아도 낙심하지 않습니다. 일이 아니라 사람이 크는 것을 보고 있기 때문입니다. 이 사람이 앞으로 더 큰일도 하게 될 것이기 때문입니다.

하나님께서도 모세에게 80년을 기다리셨고, 아브라함에게 100년을 기다리셨습니다. 이스라엘 백성에게도 광야에서 기다리는 법을 배우게 하셨습니다. 오늘도 여러분을 위하여, 훈련되기까지, 충성하기까지, 기다리고 계신다는 사실을 믿으시기 바랍니다. 느헤미야가 하는 이 일은 지금까지 여러 번 실패한 일이었습니다. 사람들은 낙심하고 있었습니다. 이러한 때에 느헤미야는 사람들을 격려하며 역할을 분담하여 성벽을 쌓아나갔습니다.

여러분, 하나님께서는 지금도 우리 교회를 위하여, 혹은 이 나라 이 땅을 위하여 하나님의 일을 건축하는 것을 원하십니다. 하나님께서 해방으로 자유를 주신 이 대한민국이 하나님의 뜻대로 세워지기를 원하고 계십니다. 우리 모두가 나라를 사랑하는 애국자가 되고, 하나님의 뜻대로 이 나라를 세워나가 하나님께서 형통케 하시는 성도들이 됩시다.

📝 적용

ⓐ 오늘 말씀의 주제 파악하기

_____

_____

ⓑ 오늘 말씀 중 은혜 받은 부분 나누기

_____

_____

ⓒ 삶에 구체적으로 적용하기

_____

_____

👐 함께 드리는 기도제목

> 1. 정치, 경제, 모든 분야에 훌륭한 지도자들이 세워지도록 늘 기도하게 하옵소서.
> 2. 성령님의 음성을 듣고 성령님과 동행하며 성령님이 기뻐하시는 일을 하게 하옵소서.
> 3. 우리 모두가 나라를 사랑하는 애국자가 되고, 하나님의 뜻대로 이 나라를 세워나가게 하옵소서.

> 가나안 정복기 1

첫 번째 싸움

- **본 문:** 출애굽기 17장 8-13절(구 109쪽)
- **찬 송:** 382장(너 근심 걱정 말아라, 통 432장)
- **요 절:** "모세가 손을 들면 이스라엘이 이기고 손을 내리면 아말렉이 이기더니 모세의 팔이 피곤하매 그들이 돌을 가져다가 모세의 아래에 놓아 그가 그 위에 앉게 하고 아론과 훌이 한 사람은 이쪽에서, 한 사람은 저쪽에서 모세의 손을 붙들어 올렸더니 그 손이 해가 지도록 내려오지 아니한지라"(출 17:11-12).

가나안은 이스라엘 백성에게 주신 약속의 땅이요, 축복의 땅입니다. 우리 모든 성도들도 새 성전에서 하나님의 약속과 축복을 차지하게 되시기를 바랍니다. 하나님께서는 애굽의 노예살이를 하던 이스라엘 백성에게 해방을 주셨습니다. 그리고 이들에게 가나안이라는 새 땅을 선물로 주셨습니다. 성경은 가나안 땅을 '젖과 꿀이 흐르는 땅'으로 묘사하고 있는데, 가나안은 미리 준비되어 있는 땅이 아닙니다. 가서 차지해야 하는 땅입니다. 이스라엘 백성은 가나안 땅의 주인이 되기 위해서 미리 준비해야 할 것이 있었습니다. 그것은 가나안 땅에 살 자격을 준비하는 것입니다.

이들은 430년 동안 애굽에서 살면서 오랜 기간을 노예로 살았습니다. 노예는 자기 소유가 없습니다. 집도 땅도 자기의 것이 아닙니다. 자식을 낳아도 주인의 소유입니다. 열심히, 성실하게 일할 필요가 없었습니다. 비전도 없습니다. 적당이 매를 맞지 않도록 눈치를 보면서 일하면 됩니다. 이렇게 너무도 오랫동안 살다보니 노예근성이 박혀버렸습니다. 이들은 하루하루의 삶이 너무나 고통스럽고 힘이 들어 울면서 비로소 자기들의 죄를 고백하며 살려달라고 하나님께 부르짖었습니다. 그래서 하나님의 은총으로 해방이 되었습니다. 그런데 이들의 몸은 자유민이었지만 마음은 아직 노예였습니다. 감사할 줄 모르고 늘 불평했습니다.

오늘 말씀 바로 앞의 1-7절에서도 이들은 물이 없다고 모세를 원망했습니다. 어떻게 원망하고 불평했는가 하면, 모세가 하나님께 부르짖기를 "이들이 조금 있으면 내게 돌을 던지겠나이다"라고 했습니다. 그래서 하나님께서는 나일 강을 치던 그 지팡이를 들고 가서 반석을 치라고 하셨습니다. 이곳이 므리바입니다. 바로 이 사건이 있은 후에 이곳 므리바에서 아말렉과 전투가 벌어졌습니다. 감사해야 할 백성들이 감사하지 못할 때에 하나님께서는 아말렉을 통하여 훈련을 시키시는 장면이 오늘 말씀의 배경입니다. 아말렉이 그저 쳐들어온 것이 아닙니다. 그저 이스라엘 백성이 싸움을 하다가 죽은 것이 아닙니다. 불평하고 원망할 때에 지금 훈련시키십니다. 아말렉이 친 사람들은 뒤처진 사람들이었다고 했습니다. 좀 힘들어도 모세 가까이 따라가며 힘을 냈으면 좋았을 텐데, 아마 좀 불평하는 사람들이 뒤에 모여 처졌을 것이라고 주경학자들은 보고 있습니다.

우리가 신앙생활을 할 때에 힘들어도 열심히 나와야 합니다. 병이 들어도 와야 합니다. 나올 수 있을 때 열심히 나와야 합니다. 그러면 병이 떠나가고 문제가 도망갑니다. 여러분은 신앙생활을 할 때에 앞장서서 찬양하고 앞장서서 봉사하고 앞장서서 예배드리고 늘 선두에 서는 여러분이 되기를 바랍니다.

앞장서는 사람은 불평이 없습니다. 헌금을 드려도 있는 힘을 다하여 헌금을 드리는 사람은 헌금에 대하여 절대 말하지 않습니다. 봉사를 해도 하나님을 바라보며 힘을 다하여 봉사하는 사람은 불평하지 않습니다. 억지로 하는 사람, 사람의 눈치를 보며 일하는 사람이 불평을 합니다. 노예는 감사할 줄을 모릅니다. 아니 잊어버렸습니다. 그래서 하나님께서는 노예근성을 뿌리 뽑고 가나안 땅을 차지할 하나님의 백성으로 만들기 위해 광야에서 40년 동안 훈련을 시키셨습니다.

이들은 영적으로도 노예였습니다. 광야 40년은 이들로 하여금 가나안 땅에 들어갈 믿음의 사람으로 변화시킨 기간입니다. 하나님은 우리를 노예에서 하나님의 백성으로 변화된 삶을 살기를 원하십니다. 애굽의 노예살이에서 가나안 땅의 자유민으로 살기를 원하십니다. "내게 왜 노예와 같은 인생이 계속되느냐?"고 불평하지 마십시오. 하나님께 부르짖어야 합니다. 계속 앉아만 있는 사람은 늘 불평합니다. 다른 사람 탓만 합니다. 이스라엘 백성이 깨닫고 회개하며 하나님께 부르짖기까지 430년이 걸린 것을 깨달아야 합니다. "내게 왜 광야와 같은 인생이 계속되느냐?"고 불평하지 마십시오. 가나안 땅에 들어갈 준비가 되게 해달라고 하나님께 부르짖어 기도하십시오. 하나님은 부르짖는 기도를 절대로 외면하지 않으십니다. 때가 차면 가나안 땅을 주시는 하나님이심을 믿으시기 바랍니다.

조선시대 박성춘이라는 백정이 있었습니다. 당시 백정은 사람대접을 못 받았습니다. 죽어서도 관을 못 쓰고 널빤지를 타고 가야 했습니다. 그런데 이 사람이 장티푸스에 걸려 죽어가다가 에비슨 선교사의 도움으로 살아나게 되었고 예수님을 만나게 되었습니다. 하나님께서 우리를 얼마나 사랑하시는지를 알게 되었고 종과 같은 삶에서 해방시켜 주시는 하나님의 능력을 믿었습니다. 그래서 그는 비전을 가지고 날마다 기도했습니다. 아들의 이름이 박봉주리였는데, 이 아들을 데리고 에비슨 선교사가 일하는 제중원에 가서 허드렛일을 도우며 살았습니다. 그리고 비전을 가지고 아들이 잘되기를 날마다 기도했습니다. 이 아들이 서양 사람처럼 평등하게 살게 해달라고 이름도 서양이라고 개명을 했습니다.

이 아들이 누구인지 아십니까? 우리나라 최초의 의사인 세브란스 출신의 박서양입니다. 독실한 기독교인으로 교회를 섬기며 독립운동에도 깊이 참여하여 이후 2008년에 건국포장까지 받았습니다. 만주로 가서 교회를 세우고 독립군을 위하여 의료봉사를 했습니다. 그는 이후 세브란스의 교수가 되었습니다. 아버지 박성춘도 서재필, 이상재 장로님과 함께 독립운동의 주역이 되었습니다. 2010년 SBS에서 방영된 '제중원'이 바로 박서양을 모델로 한 드라마입니다. 무엇이 이들의 삶을 바꾼 것입니까? 종 되었던 이스라엘을 해방시켜 주신 하나님의 능력이 나에게도 이루어질 줄 믿고 비전을 가지고 예수를 믿는 믿음 안에서 이루어졌습니다.

기독교는 앞으로 나아가는 종교입니다. 노예생활을 한다고 해서 포기하고 하루하루 살아가는 것이 아닙니다. 광야에 머무르는 종교가 아닙니다. 가나안 땅을 향하여 비전을 가지고 나아가는 종교입니다. 다윗은 평생을 살면서 많은 고난을 겪었습니다. 그 고난이 그저 온 것이 아닙니다. 다 이유가 있습니다. 원수들의 침입으로 고생을 하였고, 아들 압살롬이 반역을 일으켰고, 신하들이 배신을 했습니다. 그런데 다윗이 잘한 것은 한 번도 하나님을 저버리지 않았고, 불평하지 않았고, 비전을 잃지 않았다는 점입니다. 영적인 싸움에서 승리했다는 말입니다.

인생은 육적인 싸움만 있는 것이 아닙니다. 세상 사람들은 더 잘 살기 위해서 한평생을 싸웁니다. 그러나 믿음의 사람은 영적인 싸움이 있다는 것을 잊지 말아야 합니다. 우리는 세상에서 수만 가지 문제를 겪으며 살아갑니다. 사업의 문제, 가정의 문제, 인간관계의 문제, 질병의 문제, 우울증의 문제, 직장의 문제 등 매일같이 문제덩어리 속에서 살아갑니다. 그런데 사업에 문제가 생겼다고 해서 사업만 바라보면 안 됩니다. 가정에 문제가 있다고 해서 가정만 바라보면 안 됩니다. 그 속에 들어있는 영적인 문제를 함께 바라보아야 합니다. 가정의 문제가 해결되었다고 해서 해결된 것이 아니라 그 속의 영적인 문제가 함께 해결되어야 그것이 진짜 해결된 것입니다.

여러분, 성령님이 함께하시면 영적인 문제만 해결되는 것이 아니라 우리 인생의 모든 문제가 해결됩니다. 우리나라가 겪고 있는 경제의 문제도, 전쟁의 문제도 하나님께서 해결해 주셔야 그것이 진짜 해결되는 것입니다.

"그때에 아말렉이 와서 이스라엘과 르비딤에서 싸우니라"(출 17:8)고 했는데, 이것은 육적인 싸움만이 아닙니다. 아말렉은 에서의 아들의 첩의 후손입니다. 에서는 팥죽 한 그릇을 장자의 축복과 맞바꾼 사람입니다. 이미 이때부터 야곱의 후손과 에서의 후손의 영적 싸움이 시작되었습니다. 신명기 25장을 보면 이들은 하나님을 두려워하지 않는다고 했습니다. 타국에서 노예생활을 하다가 해방이 되어 고향땅을 찾아오는 이스라엘을 비겁하게 뒤에서 공격했습니다. 이것은 하나님께 대한 공격이었습니다. 그래서 하나님께서는 아말렉을 도말하라고 하셨고, 이후 아말렉의 후손과 이스라엘의 후손과의 싸움이 가나안에 들어가서도, 사울 왕 때에도, 다윗 왕 때에도 계속

되었고, 오늘날까지 계속되고 있습니다.

영적으로 볼 때에도 하나님을 믿는 자녀들과 하나님을 두려워하지 않는 영적 아말렉의 후손들과의 싸움이 계속되고 있습니다. 아말렉의 죄악은 하나님께서 명하신 길을 걸어가는 이스라엘 백성을 방해한 데 있습니다. 광야의 가시가 되어서 이들을 찔렀습니다. 이스라엘 백성은 빨리 가나안으로 가야 하는데 이들이 시비를 걸었습니다. 그래서 하나님께서는 천하에 이들의 이름을 도말하라고 하셨습니다.

오늘 싸움을 보면 객관적으로는 이스라엘이 상대가 되지 못합니다. 아말렉은 잘 준비된 군대였고 이스라엘은 전쟁을 해본 경험이 없습니다. 무기도 없고 갑옷도 없습니다. 그러니 싸움의 승패는 이미 결정된 것이었습니다. 그런데 모세는 이 전투를 준비하면서 여호수아에게는 나가서 싸우라고 합니다. 그리고 "내가 하나님의 지팡이를 손에 잡고 산꼭대기에 서리라"고 말합니다. 산 위에 올라가서 기도하겠다는 말입니다.

모세는 이 문제를 누가 힘이 강한가의 전투력의 문제로 보지 않았습니다. 영적인 문제로 보았습니다. 그래서 하나님께 기도하면 하나님께서 길을 열어주실 줄로 믿었습니다. 길이 막혀도 기도하면 하나님께서 새로운 길을 열어주십니다. 내가 힘이 약해도 하나님께 기도하면 내게 새 힘을 주시고 혹은 나를 돕는 강한 사람을 보내주셔서 이기게 해주십니다. 세상을 이기는 가장 강력한 무기가 바로 기도입니다. 자녀들을 잘 키우는 강력한 무기가 무엇입니까? 기도입니다. 하나님의 도우심을 구하는 기도입니다. 우리가 무엇이든지 믿음으로 구하면 주시겠다고 약속하셨습니다.

믿음으로 구한다는 것이 무슨 뜻인지 아십니까? 우상을 숭배하는 이들도 다 기도합니다. 그들의 기도와 우리의 기도가 다른 것이 무엇입니까? 우리는 믿음으로 기도합니다. 믿음은 말씀에서 나옵니다. 그러니까 하나님의 말씀을 듣고 그 말씀에 합당한 기도를 드리면 응답받지 못하는 기도가 없습니다.

내가 기도는 많이 했는데 왜 응답받지 못했는지, 성경은 그 이유를 말해주고 있습니다.

첫째, 믿음으로 하지 않았기 때문입니다.

믿음은 "내가 믿습니다"라는 확신의 이야기로 착각하면 안 됩니다. 믿음은 말씀에서 시작됩니다. 말씀이 내 안에 들어가 나를 주장하고, 그 말씀에 순종하면서 기도하는가의 문제입니다.

둘째, 흔들리는 기도는 응답받지 못합니다.

기도해 놓고 바람에 밀려 요동하는 물결과 같이 의심하는 기도는 응답받지 못한다고 하셨습니다.

셋째, 하나님의 뜻이 아닐 때에 응답받지 못합니다.

우리의 기도는 예수님께서 가르쳐 주신 것처럼 아버지의 뜻이 이루어지기를 기도해야 합니다.

넷째, 때가 안 되었을 때 응답이 지체가 됩니다.

이스라엘 백성이 노예생활을 하면서 얼마나 부르짖었겠습니까? 그러나 때가 찼을 때 그 기도가 이루어집니다. 제가 기도의 분량을 채우라고 이야기합니다. 이 말은 기도의 많은 양을 말하는 것이 아닙니다. 하나님의 때가 차기까지 기도하라는 말입니다.

모세는 산위에 올라가 하나님의 뜻이 이 백성에게 이루어지길 기도했습니다. 어떻게 보면 지금 이 전쟁은 이스라엘 백성의 불평 이후에 왔습니다. 이스라엘 백성이 회개하고 깨달아야 하는 문제였습니다. 전쟁으로 많은 사람들이 죽어나갑니다. 오늘 전투에서도 이스라엘 백성이 죽었습니다. 이 안타까운 현실 앞에서 모세는 손을 들고 기도하였습니다. 그런데 모세가 손을 들면 이스라엘이 이기고 모세가 팔이 아파 손이 내려오면 아말렉이 이겼습니다. 그러니 모세의 마음이 얼마나 괴로웠겠습니까?

제가 아는 어느 목사님은 기도원에서 함께 기도하다 보니 손을 들고 한 시간이든 두 시간이든 기도를 합니다. 그래서 "목사님은 어떻게 그렇게 손을 오래 들고 기도하십니까? 나는 10분만 해도 팔이 아파 못하는데 대단하십니다"라고 했더니, 그 목사님께서 "정 목사님은 초등학교 다닐 때 공부 잘하셨지요? 나는 공부를 하도 못하고 말썽을 많이 피워서 매일 교실 앞에 나가 손을 들고 있는 것이 일과였습니다. 그때 하도 훈련을 많이 받아 손을 한참 들어도 끄떡없습니다"라고 말씀하셨습니다.

그런데 모세는 그렇지 못했습니다. 팔을 들고 기도하는데 80세가 넘은 이 노인 모세가 힘이 약하여 팔이 내려옵니다. 그러면 내 동족이 마구 적의 칼에 쓰러집니다. 아마 모세는 울면서 손을 들고 기도했을 것입니다. 그래도 손이 내려옵니다. 이때에 아론과 훌이 모세를 돌 위에 앉히고 두 사람이 양편에서 손을 들어줍니다. 그래서 그 손이 해가 지도록 내려오지 않았고 이스라엘은 아말렉을 쳐 무찌를 수가 있었습니다.

여러분, 모세의 손이 특별한 손이 아닙니다. 우리와 성정이 같은 사람이라고 했습니다. 그러나 하나님께서 모세에게 사명을 주시니 그 손이 특별한 손이 되었습니다. 모세의 지팡이가 특별한 지팡이가 아닙니다. 하나님의 영이 함께하시니 그 지팡이를 던질 때에 뱀이 되기도 하고, 강물이 핏물이 되기도 하고, 바다가 갈라지기도 하고, 반석에서 물이 나오기도 했습니다. 손을 들어 기도하는 손이 하나님께서 주신 사명을 감당하는 손이 될 때 이와 같은 기적의 역사가 일어날 줄 믿습니다.

오늘 우리는 모세의 승리의 배경에 아론과 훌이 있다는 것을 주목해야 합니다. 아론은 우리가 아는 대로 모세의 형입니다. 훌은 요세푸스에 의하면, 모세의 누나인 미리암의 남편이라고 이야기합니다. 어떻게 보면 이들은 모세보다 나이가 많은 사람들이었습니다. 건장한 사람들이 아니었습니다. 그럼에도 이들이 함께 기도의 손을 들어주었습니다.

여러분, 우리가 주의 일을 잘 하는 것은 주의 종을 돕는 일입니다. 주의 종의 기도의 손이 힘이 빠져 내려오지 않도록 함께 기도로 돕는 일입니다. 지금 이 순간에도 이 종이 하나님의 말씀을 전하는 데 함께 시간마다 모여서 기도하는, 예배를 위한 중보기도대가 있습니다. 저는 달변이 아닙니다. 목소리가 아나운서처럼 매끄럽지도 않습니다. 성대가 약하여 다섯 번 설교를 하고나면 매주일 성대가 부어오릅니다. 주일 오후에는 몸살이 납니다. 예배 후에 제직회라도 있는 날이면 도망가고 싶은 마음입니다. 그래서 우리 교회 제직들은 제직회 때 아무 말씀도 안 하셔서 얼마나 감사한지 모릅니다. 제직회 때 두 시간씩 세 시간씩 싸우는 교회도 많습니다.

그러나 우리 교회 중보기도대가 이렇게 기도로 함께 이 종의 팔을 붙잡아 주시니, 한국교회에 부흥하는 교회를 찾기 힘들다고 하는데, 우리 교회는 건축 중에도 부흥했습니다. 우리 교회의 예배가 은혜가 된다고 합니다. 새 성전에 들어가면 더욱 놀랍게 부흥할 줄로 믿습니다.

오늘 이스라엘의 승리는 기도의 승리입니다. 여러분, 이 종과 비전을 함께 꿈꾸면서 기도해 주시기 바랍니다. 이 종의 손이 피곤하여 내려오지 않도록 함께 기도의 손을 들어주시기 바랍니다. 그러면 승리합니다. 우리는 지금 영적인 가나안으로 가는 싸움을 하고 있습니다. 우리 모두가 축복의 땅 가나안을 향해 감사하며 찬양을 부르며 들어가는 성도들이 됩시다.

📝 **적용**

ⓐ 오늘 말씀의 주제 파악하기

_____

_____

ⓑ 오늘 말씀 중 은혜 받은 부분 나누기

_____

_____

ⓒ 삶에 구체적으로 적용하기

_____

_____

👏 **함께 드리는 기도제목**

1. 새 성전에서 신앙생활을 하는 동안 하나님의 약속과 축복을 차지하게 하옵소서.
2. 신앙생활을 하면서 앞장서서 찬양하고, 앞장서서 봉사하고, 앞장서서 예배드리게 하옵소서.
3. 우리 모두가 축복의 땅 가나안을 향해 감사하며 찬양을 부르며 들어가게 하옵소서.

`가나안 정복기 2`

여호와께서 우리를 기뻐하시면

- **본 문:** 민수기 14장 1-10절(구 218쪽)
- **찬 송:** 347장(허락하신 새 땅에, 통 382장)
- **요 절:** "여호와께서 우리를 기뻐하시면 우리를 그 땅으로 인도하여 들이시고 그 땅을 우리에게 주시리라 이는 과연 젖과 꿀이 흐르는 땅이니라"(민 14:8).

하나님의 은혜로 애굽의 노예생활에서 해방된 이스라엘 백성이 다 가나안에 들어갔으면 좋았을 텐데 그렇게 되지 않았습니다. 하나님께서는 준비된 자에게만 기업을 주시기 때문입니다. 은혜도 은혜 받을 준비된 자에게 주십니다. 축복도 축복받을 준비가 된 자에게 주십니다. 처음부터 준비가 된 사람은 없습니다. 운동선수가 처음부터 잘하는 사람은 없습니다. 공부를 하는 학생도 초등학교 과정을 거쳐 대학도 가고 박사도 되는 것이지, 처음부터 준비가 된 사람은 없습니다.

신앙의 세계도 그렇습니다. 그래서 하나님께서는 깊은 신앙의 소유자로 만들기 위해서 훈련을 시키십니다. 신앙생활은 언제나 진행형이 되어야 합니다. 계속해서 배우고 계속해서 자신을 훈련시켜야 합니다. 계속 말씀 앞에 겸손해야 합니다. '나는 이 정도면 되었다'고 생각하고 신앙생활의 진보를 위해 애쓰지 않는 사람이 신앙생활에 실패하게 됩니다. 오늘 우리는 말씀을 통하여 하나님께서 주실 은혜의 땅에 들어가려면 어떠한 준비를 해야 하는지 말씀을 통해 깨닫고 영적인 가나안을 차지하는 성도들이 되기를 바랍니다.

오늘 말씀은 이스라엘 백성의 대표들이 가나안 땅을 정탐하고 나와 백성들에게 보고하고 난 후에 일어난 사건입니다. 이스라엘 백성이 가나안 땅 입구에 도착하기까지 2년이란 세월이 지났습니다. 사실 애굽에서 가나안까지 보름이면 갈 수 있는 거리인데 이들은 지금까지 광야 길을 걷고 있습니다. 왜요? 아직 가나안 땅을 차지할 준비가 되지 않았기 때문입니다.

오늘 말씀 앞의 11장을 보면, 이스라엘 백성이 악한 말로 원망을 하였다고 했습니다. 그래서 하나님께서는 불을 내리셨습니다. 이 사건이 있은 후에 백성들은 하나님께서 주신 만나를 먹으면서도 고기가 없다고 불평을 했습니다. 하나님께서는 메추라기를 주셨지만 이들에게 재앙을 보내서 욕심을 낸 백성들이 거기서 죽었습니다. 12장도 보면 모세가 구스 여자 즉 이방 여인을 취하였는데 모세의 형인 아론과 누나인 미리암이 모세를 비방하였습니다. 이로 인해 미리암이 나병에 걸려 피부가 눈과 같이 되었다고 했습니다. 그리고 13장에서 가나안 땅을 염탐하고 와서 14장에서 보고를 듣는데 또 불평합니다. 이스라엘 백성이 아직 축복의 가나안 땅을 차지할 준비가 되지 않았다는 말입니다.

하나님께서는 "가나안 땅을 정탐하고 돌아와 가나안을 정복하라"고 말씀하셨습니다. 그런데 열두 지파의 대표가 가나안 땅을 정탐하고 돌아와 보고를 하는데, 그 보고 내용이 달랐습니다. 같은 가나안 땅을 함께 가서 보고 왔는데 보고 내용이 다릅니다. 이들은 다르게 보았습니다. 우리는 무엇을 보느냐가 중요한 것이 아니라 어떻게 보느냐가 중요합니다. 열두 명의 정탐꾼이 정탐하고 돌아와 보고를 합니다. 13장을 보면 열 명의 정탐꾼이 부정적인 보고를 합니다.

첫째, "그러나 그 땅 거주민은 강하고 성읍은 견고하고 심히 클 뿐 아니라…."

'그러나'라는 말이 중요합니다. '그러나'라는 말에 속으면 안 됩니다. 맞는 말이기는 하지만 '그러나'라고 할 때에 이것은 다른 이야기를 하려는 것입니다. 이단들이 어떻게 이야기하는지 아십니까? "도림교회가 참 좋은 교회이기는 하지만, 그러나"라고 이야기합니다. "그러나 사랑이 없어", "그러나 교회가 너무 커서 불편해"라고 이야기를 합니다. 문제는 그런 부정적인 이야기를 들으면 '그러나' 이후의 말만 생각이 납니다. 사람이 그런 존재입니다. 이스라엘 백성이 '그러나'에 넘어갔습니다. 우리는 하나님의 말씀을 듣고 '그러나'가 아니라 '그러므로'로 우리의 말이 바뀌기를 바랍니다.

"하나님께서 말씀하셨으니 그러므로 우리 전도합시다. 그러므로 우리 충성합시다. 그러므로 우리 사랑합시다."

할렐루야, 여러분은 '그러므로'의 신앙이 되시기를 바랍니다.

둘째, "우리는 능히 올라가서 그 백성을 치지 못하리라. 그들은 우리보다 강하니라."

이들은 지금 자신들의 상식, 자신들의 경험, 자신들이 소유한 능력으로 판단하고 있습니다. 애굽의 군대가 쫓아올 때 자신들의 힘으로 이겼습니까? 먹을 것과 마실 물이 없는 광야에서 지내면서 자신들의 능력으로 먹고 살았습니까? 하나님의 은혜로 살았으면서 지금은 자신들의 실력으로 상대할 수 없다는 불신앙의 말을 합니다.

여러분, 언제 우리가 우리의 능력으로 살아왔습니까? 하나님의 은혜로 살아왔습니다. 우리 교회가 사람의 능력으로 세워져 온 것입니까? 한 번이라도 그런 때가 있었습니까? 전적인 하나님의 은혜와 능력으로 이 교회가 세워져 온 줄로 믿습니다. 그러므로 우리의 손을 바라보는 것이 아니라 하나님의 크신 손을 바라보시기 바랍니다.

셋째, "그 정탐한 땅을 악평하여 이르되 우리가 두루 다니며 정탐한 땅은 그 거주민을 삼키는 땅이요."

이것은 거짓말입니다. 이들은 돌아와서 함께 보고하기를 "과연 그 땅에 젖과 꿀이 흐르는데 이것은 그 땅의 과일이니이다"라고 했습니다. 그런데 금방 말을 바꿉니다. 그런데도 사람들은 잘 속습니다. 교회가 분열되고 시험에 빠지는 이유가 어디에 있는지 아십니까? 마귀에게 속아서 그렇습니다. 마귀는 그 정체성이 '속이는 자'라고 성경은 정의하고 있습니다. 마귀는 틈만 나면 여러분을 거짓말로 속입니다. 지금 이스라엘 백성도 깜박 속았습니다. 여러분은 속지 마시기 바랍니다.

넷째, "우리는 스스로 보기에도 메뚜기 같으니 그들이 보기에도 그와 같았을 것이니라."

그들이 언제 정탐꾼을 보았습니까? 정탐꾼이 정탐하다가 잡히면 죽습니다. 그런데도 이렇게 속이는 말을 합니다. 말이 중요합니다. 이스라엘 백성은 처음에는 정탐꾼들이 가지고 온 포도송이와 석류와 무화과 열매를 보며 환호성을 질렀을 것입니다. 포도송이가 얼마나 크고 많이 열렸는지 포도나무 가지에 주렁주렁 달린 포도송이들을 두 사람이 장대에 꿰어 메어 왔다고 했습니다. "우리가 그동안 광야에 살면서 과일열매 한번 못 먹고 살았는데, 이제 우리가 저 굉장한 과일들을 먹고 살게 되었다"고 좋아했을 것입니다.

그런데 열 명의 정탐꾼이 "그러나 그곳 성은 크고 그곳 사람들은 강하고 장대하여 우리가 능히 이기지 못할 것이다. 우리는 그들이 보기에도 메뚜기 같았을 것이다"라는 부정적인 말을 하는 것을 듣고 희망을 다 잃어버렸습니다. 이것을 '메뚜기 콤플렉스'라고 이야기합니다. "메뚜기가 뛰어봤자 별 볼일이 없다"는 말입니다. "흙수저는 영원한 흙수저"라는 말입니다. 정탐꾼들의 부정적인 말로 인해 이스라엘 백성이 가나안 땅에 들어가기까지 40년이 걸렸습니다. 그것뿐입니까? 이들은 감사를 잃어버렸고, 불평에 가득 찬 인생을 살다가 광야에서 고생만 하고 다 죽었습니다.

부정적인 말이 축복받아야 할 이스라엘 백성을 죽였습니다. 부정적인 말을 하는 사람 옆에도 가지 말라고 하는 이유가 성경에 이렇게 있습니다. 사람은 다 열등감이 있습니다. 공부 못한 콤플렉스, 가난하게 자란 콤플렉스, 운동 못하는 콤플렉스, 말을 잘하지 못하는 콤플렉스, 외모에 대한 콤플렉스, 좋은 집에 살지 못하는 콤플렉스 등 수많은 메뚜기 콤플렉스가 사람들을 주눅 들게 합니다. 쉽게 포기합니다. 우울해지고 극단적인 욕심을 가지고 다른 사람들을 불편하게 만듭니다. 상대방에게 양보하는 것을 지는 것으로 착각하여 무조건 다 이기려고 합니다. 좀 져주고 사는 여유가 없습니다. 그러니 내가 가는 곳마다 분쟁이 있습니다. 내가 다른 사람보다 낫다는 우월감도 공동체를 해치고 많은 사람들에게 상처를 주지만 열등감도 나를 망가뜨리고 공동체를 무너뜨립니다.

열등감이 없는 사람이 어디에 있습니까? 다 잘생기면 탤런트는 누가 합니까? 악역은 누가 맡습니까? 이주일 씨는 "못생겨서 죄송합니다"라고 했는데 자꾸 웃으니까 가장 매력적인 사람이 되었습니다.

자꾸 웃으면 됩니다.

교회에서 알아주지 않는다고 불평하지 마시고 앞자리에 앉아 예배드리고 봉사하십시오. 그러면 모든 사람이 인사할 것입니다. 열등감은 누구에게나 있는 것이고 문제가 되는 것이 아닙니다. 열등감 때문에 더 열심히 일하고 공부하여 위대한 사람들이 된 경우가 더 많습니다. 열등감에 빠지는 것이 문제입니다. 가정이 파괴되는 것도 많은 경우 열등감 때문에 그렇습니다. 내가 여유가 있으면 다 받아줍니다. 행복한 가정이 되려면 소 네 마리가 있으면 된다고 합니다.

① 내가 - 졌소
② 당신이 - 옳소
③ 당신 - 맘대로 하소
④ 나를 - 용서하소

오늘 이 네 마리 소를 나누어 드릴 터이니, 여러분 모두 집으로 끌고 가시기 바랍니다.

부정적인 열 명의 정탐꾼의 말을 듣고 백성들은 어떻게 합니까?

첫째, "온 회중이 소리를 높여 부르짖으며 백성이 밤새도록 통곡하였더라"(1절).

말이 끝나기가 무섭게 백성들이 울기 시작했고 밤새도록 통곡했습니다. 분명한 것은 동시에 다같이 운 것이 아닙니다. 부정적인 말을 듣고 그 말을 전하며 한 사람이 울기 시작하자 그 울음이 번져 나갔습니다. 한 사람이 울기 시작했을 때 "됐다, 그만 울자. 이제는 울 때가 아니고 웃을 때다" 하고 격려했으면 아마 울음이 그쳤을 것입니다.

둘째, "이스라엘 자손이 다 모세와 아론을 원망하며 온 회중이 그들에게 이르되 우리가 애굽 땅에서 죽었거나 이 광야에서 죽었으면 좋았을 것을 어찌하여 여호와가 우리를 그 땅으로 인도하여 칼에 쓰러지게 하려 하는가 우리 처자가 사로잡히리니 애굽으로 돌아가는 것이 낫지 아니하랴"(2-3절).

부정적인 말이 끝나자 백성들이 밤새 울었습니다. 그리고 이스라엘 자손이 다 모세와 아론을 원망하였습니다. 순식간에 이들은 구름기둥과 불기둥의 역사를 잊어버렸습니다. 만나와 메추라기의 기적도 잊어버렸습니다. 은혜와 축복은 잊어버리고 부정적인 것만이 이들을 휘몰아갔습니다. 그래서 하지 말아야 할 말까지 합니다. '애굽에서 죽었거나 광야에서 죽었으면 좋았을 것'이라고 합니다. 사는 것이 좋지, 어떻게 노예로 죽고 길에서 죽는 것이 좋겠습니까? 어떻게 다시 노예로 돌아가는 것이 좋겠습니까? 죽더라도 자유를 위해 싸우다가 죽는 것이 낫지 않습니까? 이들은 말도 안 되는 말을 하는데 그 말이 진짜처럼 들리게 되었습니다. 군중심리가 그렇습니다.

셋째, "이에 서로 말하되 우리가 한 지휘관을 세우고 애굽으로 돌아가자 하매"(4절).

이들이 불평하다가 이제는 모세를 죽이고 새로 지휘관을 세워 다시 애굽으로 돌아가자고 구체적인 이야기까지 합니다. 불평은 이렇게 힘이 큽니다. 이들은 모세를 돌로 치고 새로운 그들의 지도자를 세우려는 계획까지 세웁니다. 이것은 하나님의 언약을 거역하는 것이었습니다.

부정적이 말이 여기까지 왔습니다. 그런데 같은 곳에 가서 함께 가나안을 정탐한 여호수아와 갈렙의 보고를 보십시오.

첫째, "이스라엘 자손의 온 회중에게 말하여 이르되 우리가 두루 다니며 정탐한 땅은 심히 아름다운 땅이라"(7절).

하나님의 약속 그대로임을 이야기합니다.

둘째, "여호와께서 우리를 기뻐하시면 우리를 그 땅으로 인도하여 들이시고 그 땅을 우리에게 주시리라 이는 과연 젖과 꿀이 흐르는 땅이니라"(8절).

무엇을 보느냐가 중요한 것이 아니라 어떻게 보느냐가 중요합니다. 똑같은 것을 보았으나 여호수아와 갈렙은 열 명의 정탐꾼과 다르게 보았습니다. 젖과 꿀이 흐르는 가나안 땅을 '하나님께서 우리에게 주실 것'이라는 믿음의 눈으로 보았습니다. 조건은 "여호와께서 우리를 기뻐하시면"입니다. 난공불락의 성일지라도 하나님의 손에 달려있음을 믿었습니다.

셋째, "다만 여호와를 거역하지는 말라 또 그 땅 백성을 두려워하지 말라 그들은 우리의 먹이라 그들의 보호자는 그들에게서 떠났고 여호와는 우리와 함께 하시느니라 그들을 두려워하지 말라 하나"(9절).

믿음은 내 손을 보는 것이 아닙니다. 하나님의 크신 손을 바라보는 것이 믿음입니다. 열 명의 정탐꾼은 자신들은 메뚜기와 같다고 생각했으나 여호수아와 갈렙은 "그들은 우리의 먹이"라고 했습니다. 내가 메뚜기가 아니라 그들을 메뚜기라고 보았습니다. 개역성경에는 리얼하게 번역을 했는데 "그들은 우리의 밥이라"고 했습니다.

출애굽의 시기를 3,300년 전이라 보기도 하고 3,500년 전이라 보기도 하는데 놀랍게도 그때에도 밥이라는 표현을 썼습니다. "넌 내 밥이야." 내 마음대로 할 수 있다는 말입니다. 내 밥을 내가 먹는데 누가 뭐라고 합니까? 비벼먹어도 되고 볶아먹어도 됩니다. 물 말아

먹어도 됩니다. 내 밥이니 내 마음대로 할 수 있습니다. 여호수아와 갈렙은 하나님께서 우리에게 가나안 땅을 이미 주셨으니 이들은 우리가 마음대로 할 수 있다는 믿음입니다. 이 믿음이 여러분에게 있기를 바랍니다. 하나님께서 이 세상을 우리에게 주셨으니 믿음의 눈으로 바라보고 세상을 이기는 성도들이 되시기를 바랍니다.

이스라엘 백성은 누구의 말을 듣습니까? 열 명의 부정적인 정탐꾼의 말을 듣습니다. 이들은 잘못된 선택을 했습니다. 그리고 그 결과는 너무나 참혹했습니다. 우리는 무엇을 선택해야 합니까? 말씀을 선택해야 합니다. "인생은 BCD"라는 말이 있습니다. B와 D 사이에 C가 있습니다. 인생은 'B' 즉 Birth(출생)와 'D' Death(죽음) 사이에 'C' 즉 Choice(선택)가 있는 것이라고 했습니다. 사람은 하루에도 수많은 선택을 합니다. 그 선택이 결국은 영원한 멸망과 영원한 생명으로 갈라지게 됩니다. 여러분, 오늘 우리도 날마다 열 명의 정탐꾼의 이야기와 여호수아와 갈렙의 이야기를 듣습니다. 이제 무슨 이야기를 선택하시겠습니까? 여호와께서 기뻐하면 우리가 가나안 땅의 주인이 될 수 있다는 긍정의 선택을 하시는 성도들이 되기를 바랍니다.

하나님께서는 "너희 말이 내 귀에 들린 대로 내가 너희에게 행하리니"(민 14:28) 하고 말씀하셨습니다. 성경은 최고의 긍정의 이야기입니다. 죄인 된 우리가 하나님의 은혜로 의인이 되고, 부족한 우리가 넉넉하게 되고, 약한 우리가 강한 자가 되고, 불행한 인생이 행복한 인생이 되고, 죄인 된 우리가 영원한 생명을 차지하게 된다는 가장 강한 긍정의 이야기입니다. 우리는 7년 만에 새 성전 입당을 하였습니다. 우리가 감사한 만큼, 기도한 만큼, 헌신한 만큼 우리는 새 성전의 은혜와 축복을 누리며 살 것입니다. 우리 모두 영적인 가나안을 차지하는 성도들이 됩시다.

📝 적용

ⓐ 오늘 말씀의 주제 파악하기

_____

_____

ⓑ 오늘 말씀 중 은혜 받은 부분 나누기

_____

_____

ⓒ 삶에 구체적으로 적용하기

_____

_____

🙌 함께 드리는 기도제목

1. '그러나'의 신앙은 던져버리고, '그러므로'의 신앙을 가질 수 있게 하옵소서.
2. 우리의 손을 바라보는 것이 아니라 하나님의 크신 손을 바라보게 하옵소서.
3. 우리 모두 영적인 가나안을 차지하게 하옵소서.

가나안 정복기 3

하나님께서 거하실 성소를 지으라

- **본 문:** 출애굽기 25장 1-9절(구 120쪽)
- **찬 송:** 420장(너 성결키 위해, 통 212장)
- **요 절:** "내가 그들 중에 거할 성소를 그들이 나를 위하여 짓되 무릇 내가 네게 보이는 모양대로 장막을 짓고 기구들도 그 모양을 따라 지을지니라"(출 25:8-9).

이스라엘 백성에게 가나안은 그저 주어진 것이 아닙니다. 가나안에 들어갈 준비와 훈련이 있어야 했습니다. 이스라엘 백성이 광야로 나온 지 얼마 안 되어 하나님께서는 성막을 지을 것을 명하셨습니다. 하나님께서 명하신 성막은 이방의 우상을 섬기는 신전처럼 웅장하고 대단한 것이 아닙니다. 흰 천으로 바깥을 둘렀고 크기도 우리 새 성전 크기입니다.

하나님께서는 왜 이러한 성전을 지으라고 하셨습니까? 가나안을 정복하기 위해서 가장 먼저 영적인 준비가 되어야 하기 때문입니다. 이스라엘 백성을 광야 40년 동안 훈련시키신 것은 이들에게 전투의 훈련을 시키기 위한 것이 아니었습니다. 힘을 키우기 위한 것도 아니었습니다. 하나님의 순결한 백성이 되어야 가나안의 진정한 주인이 될 수 있기 때문에 하나님을 신뢰하는 훈련, 감사하는 훈련, 순종하는 훈련을 시키셨습니다.

그래서 가장 먼저 필요한 것이 두 가지가 있었는데, 하나는 하나님의 명령을 지키는 십계명이요, 다른 하나는 하나님의 말씀을 듣는 성막이었습니다. 성막은 과거나 지금이나 변함없이 하나님의 뜻을 계시해 주시는 귀한 선물입니다. 신약성경 히브리서 8장을 보면 성막은 예수 그리스도를 상징하는 것을 말하였습니다. 이것은 무엇을 의미합니까? 하나님께서 성막을 통하여 이스라엘 백성을 만나주셨듯이 우리는 오직 예수 그리스도를 통하여 하나님을 만날 수 있기 때문입니다. 성막 없는 이스라엘은 상상할 수 없습니다. 성막은 하나님의 말씀이 내려오는 곳이요, 은총과 축복이 내려오는 곳입니다.

오늘 우리도 예수님 없는 크리스천은 상상할 수 없습니다. 우리는 오직 예수님의 피의 공로를 믿음으로 하나님을 만나고 은혜와 축복을 누릴 수 있기 때문입니다. 예수님을 마음속에 모시고 사는 사람은, 즉 성령님의 임재 가운데 사는 사람은 마음에 성막이 있는 사람입니다. 이 성막을 통하여 하나님께서 말씀을 내려주시고 은혜와 축복을 내려주십니다.

성전은 물질로 짓는 것이 아닙니다. 저는 늘 마음속에 성전을 지으라고 하는 이유가 그저 하는 말이 아니라 여러분의 마음속에 성막이 지어져야 한다는 말입니다. 여러분, 새 성전에서 신앙생활을 하면서 계속해서 여러분의 마음속에 하나님께서 거하실 성소를 잘 지어가는 성도들이 되기를 바랍니다.

하나님께서는 모세에게 "이스라엘 자손에게 명령하여 내게 예물을 가져오라 하고 기쁜 마음으로 내는 자가 내게 바치는 모든 것을 너희는 받을지니라"(출 25:2)라고 하셨습니다. 성막을 짓기 위하여 예물을 가져오게 하라고 하셨습니다. 어떤 예물입니까? 기쁜 마음으로 드리는 예물입니다. 성경을 보면 감사하지 않는 예물은 드리고도 축복을 받지 못했습니다. 진정한 감사가 없는 예물은 그 냄새가 역겹다고 하셨습니다.

우리 교회는 매주일 헌금을 자유롭게 드립니다. 내가 받은 은혜대로 기쁜 마음으로 드립니다. 헌신예배 때에 드리는 헌금도 없앴습니다. 헌금 바구니가 돌아가면 사람 눈치를 보게 되고 잘못하면 기쁨으로 드리는 예물이 되지 못하기 때문입니다. 어느 분이 우리 교회는 목사님이 헌금 설교하지 않아서 좋다고 합니다. 그런데 이것은 잘못된 생각입니다. 주의 종은 성경에 나온 것은 다 가르쳐야 합니다. 그래야 축복의 자녀들이 되기 때문입니다.

우리 대한민국이 수십 년 전에 지지리도 못살 때에 초대교회 목사님들은 헌금 드리는 것을 잘 가르쳤습니다. 그래서 헌 지폐를 드려도 풀을 먹이고 다리미로 다려 헌금을 드렸습니다. 드릴 것이 없으면 콩 한 되, 호박 한 개를 보자기에 싸서 강단에 드렸습니다. 하나님께서는 가난한 한국교회의 이 귀한 예물을 받으시고 오늘 대한민국에 수십 배로 복을 주셨습니다. 여러분은 하나님께 드린 것에 대해 축복받은 간증이 있어야 합니다.

저는 훈련소를 마치고 주머니에 있던 3만 원을 모두 하나님께 바쳤습니다. 40년 전 3만 원은 적지 않은 돈입니다. 훈련 잘 마치고 부대에 오게 된 것이 너무 감사해서 다 바쳤습니다. 당시는 군입대할 때 돈을 가지고 입대할 수 없었습니다. 목회자 세미나로 훈련소에 오셨던 부친께서 부대 목사님을 만나 주신 돈입니다. 그런데 그 헌금 때문에 부대의 목사님을 만나게 되었고 군 생활을 교회에서 할 수가 있게 되었습니다.

나중에 생각해 보니 제가 가진 전부를 하나님께 드렸을 때 그 일을 통해 하나님께서는 저를 목회자로 훈련하기 가장 좋은 곳으로 보내주셨습니다. 하루 종일 교회에서 먹고 자면서 심방하고 설교하며 지낼 수가 있었습니다. 저는 3만 원을 드렸을 뿐인데, 하나님께서는 제 인생을 최고로 복된 길로 인도해 주셨습니다. 그 후로 저는 물질에 대한 간증이 있습니다. 그래서 지금까지 살아오며 늘 나의 전부를 드리려고 했습니다.
　부교역자들에게도 어느 교회에 부임을 하든지 첫 열매를 드리라고 이야기합니다. 하나님께서는 '첫것'을 드리라고 하셨는데, 오늘도 우리가 새 직장에 들어가 첫 열매를 하나님께 드리는 믿음으로 살아갈 때 하나님께서 그 직장의 길을 인도해 주시기 때문입니다. 오늘 성경에 하나님께서는 '기쁜 마음'을 분명히 말씀하십니다. 여러분, 하나님께 드릴 때는 기쁜 마음으로 드려야 받으십니다. 시간을 드릴 때에도 기쁜 마음으로 드려야 합니다. 나의 몸으로 헌신할 때에도 기쁜 마음으로 드려야 합니다. 주의 일을 할 때에 기쁘게 하셔야 합니다. 여러분이 시간을 드리고 몸을 드리고 물질을 드리는 모든 행위가 모두 성소에서 이루어집니다. 여러분은 모두 기쁜 마음으로 드려 하나님께서 받으시는 성도들이 되기를 바랍니다.

　3절 말씀 이후에 예물의 종류에 대하여 말하고 있습니다. 금과 은과 놋과 호마노와 보석을 바치라고 하셨는데, 노예 출신인 이들이 어떻게 이런 귀한 것들을 가지고 있습니까? 하나님께서는 출애굽의 역사를 이루실 때에 이미 성막을 지을 것을 계획하고 계셨습니다. 하나님께서는 마지막 열 번째 재앙인 장자와 첫것의 죽음을 말씀하시며 "이제 너희들이 노예생활에서 나가게 될 것이다. 애굽에서 나올 때에 애굽 사람들에게 은금 패물과 의복을 구하라"고 하셨습니다. '그러면 줄 것'이라고 하셨습니다. 어떻게 보면, 이 보물들은 이스라엘 백성이 노예생활을 한 품삯이었습니다. 그런데 죄의 대가로 고생한 것은 삯이 없습니다. 이 보물을 자기의 것이라 생각했겠지만 사실은 장차 하나님의 성막을 짓기 위한 것이었습니다. 이것을 보면 '하나님의 성막을 화려하게 짓는구나!' 생각할 수 있는데 그런 것이 아닙니다.

"청색 자색 홍색 실과 가는 베 실과 염소 털과 붉은 물 들인 숫양의 가죽과 해달의 가죽과 조각목과"(출 25:4-5)라고 했습니다. 실이 대단한 것이 아닙니다. 염소 털도 흔한 것입니다. 양의 가죽도 굉장한 것이 아닙니다. 이것이 왜 필요한지 모릅니다. 그런데 나중에 보면 그 하나하나가 다 성막에 쓰이게 됩니다.

그렇습니다. 오늘 우리는 하나님의 뜻을 잘 알지 못합니다. 그래서 속상하고 안타까울 때가 많습니다. "하나님, 왜 그렇습니까?" 질문할 때도 있습니다. 그러나 나중에 깨닫고 보면 하나님의 놀라우신 뜻과 섭리에 감탄하게 됩니다. 그래서 하나님을 믿는 것이 귀한 것입니다. 믿음은 내 생각과 내 지식으로 되는 것이 아닙니다. 하나님은 그 정도 수준이 아니십니다. 사도 바울이 이 비밀을 깨달았습니다. 그래서 '나의 지식과 가문과 재산 모든 것을 분토같이 여기겠다'고 하였습니다. 내가 이해되어야 믿는 것은 믿음이 아닙니다. 그것은 불신자도 할 수 있습니다. 내 생각과 달라도 전능하신 하나님을 믿고 순종하며 따라가다 보면 놀라운 일이 생깁니다.

우리는 성막을 통하여 신앙의 이 신비를 배워야 합니다. 믿음보다 귀한 것은 없습니다. 하나님을 믿으면 하나님을 신뢰하게 됩니다. 순종하게 됩니다. 충성하게 됩니다. 고난 중에도 감사하게 됩니다. 불평하지 않습니다. 믿음으로 예배드리면 은혜를 받습니다. 축복의 약속을 받습니다. 기도의 응답을 받습니다. 더 나아가 영원한 천국은 오직 믿음으로 차지합니다. 그래서 믿음이 귀한 것입니다.

오늘 하나님께서는 대단한 것들을 드리라고 하시지 않았습니다. 기쁜 대로 드리라고 하셨습니다. 부자는 금은을 가져다 드릴 수도 있고 가난한 사람은 염소 털을 가져다 드릴 수도 있습니다. 하나님께서 이렇게 말씀하신 것은 '하나님의 성막을 짓는 일에 너희가 다 참여하라'는 뜻입니다. 언젠가 절에서 등을 달아놓는 것을 보니 백만 원짜리는 크고 십만 원짜리는 작습니다. 하나님은 크고 작음을 말씀하시지 않습니다. 내가 드릴 수 있는 것을 기쁨으로 드리는 것을 원하십니다. 그렇다고 하나님께서 말씀하시지 않은 것은 자기가 좋다고 해서 드릴 수가 없었습니다. 교회는 오직 하나님의 말씀으로 세워져 가야 한다는 것을 의미합니다.

오늘 서구 유럽의 교회가 무너져 가고 있습니다. 왜 그렇게 되었습니까? 하나님의 말씀대로 지어져야 할 교회를 사람들의 지식으로 지으려고 했기 때문입니다. 그러면 하나님께서 함께하시지 않습니다. 역사하시지 않습니다. 아무리 잘 지어진 교회도, 역사가 깊은 교회도, 인재가 많은 교회도 성령님의 역사하심이 없으면 순식간에 무너지고 마는 것을 우리는 기억해야 합니다. 여러분, 우리 교회는 성령님의 인도하심에 우리 자신을 굴복시키는 순결한 교회가 되기를 원합니다. 오직 하나님의 말씀대로, 세세하게 기록하신 대로 성막을 지어가는 교회가 되기를 원합니다. 그래서 한국교회를 말씀으로 다시 살리는 사명을 감당하는 교회가 되기를 원합니다.

교회는 성도들이 다양한 헌신을 통하여 세워나갑니다. 교회에는 큰 일만 있는 것이 아닙니다. 작은 일도 있습니다. 웃어주기만 해도 주의 일을 합니다. 엊그제도 어떤 장로님을 만나 이야기하다가 "장로님, 연세가 드시면 교회 주변으로 이사 오시고, 봉사할 힘이 없으면 교회의 쓰레기를 줍고 아이들을 위해 축복하고 기도해 주시고, 마지막까지 성도들에게 사랑과 환영을 받는 장로님 되세요" 그랬습니다. 교회는 이렇게 우리 모두를 통해서 세워져 가야 합니다.

오늘 말씀 이후에 "네게 보이는 모양대로 장막을 지으라"고 하신 것처럼 성막을 짓는 방법도 세세하게 나옵니다. 무늬는 어떤 모양으로 하고 줄기는 몇 개를 하고 무엇은 어디에 놓고…. 이렇게 하나하나 세세하게 설명해 주십니다. 이것은 무엇을 말합니까? 성전은 하나님의 뜻대로 세워져 가야 함을 성막을 통해서 알려주고 계십니다. 이스라엘 백성이 광야생활을 하면서 천부장 회의를 통해 결정한 것이 아닙니다. 교회는 민주주의로 운영되는 곳이 아닙니다. 인본주의가 아니라 신본주의입니다. 교회는 세상의 방법으로 운영되는 곳이 아닙니다. 세상의 방법으로 운영되었다면 교회는 수없이 사라졌을 것입니다. 교회는 무엇을 따라가야 합니까? 성막이 완성되었을 때에 구름기둥과 불기둥이 그 위에 강림하였습니다. 그리고 그 구름기둥과 불기둥이 이스라엘 백성을 가나안까지 인도하였습니다. 오늘도 교회는 하나님의 말씀을 따라 인도되어야만 가나안 땅에 이를 수가 있습니다.

성막은 하나님의 말씀을 듣는 곳입니다. 하나님의 임재가 있는 곳입니다. "내가 그들 중에 거할 성소를 그들이 나를 위하여 짓되"(출 25:8)라고 하셨습니다. 하나님은 영이시기 때문에 이 성소에 머물러 계시는 분이 아닙니다. 갈 곳이 없으셔서 당신을 위하여 성소를 지으라고 하신 것이 아닙니다. 그러나 "너희가 이 성막을 통하여 하나님을 경외하고 순종하면 이곳을 통하여 말씀을 주고 약속을 이루어 주겠다"는 말씀입니다.

이스라엘 백성을 향한 축복의 장소가 성막입니다. 이스라엘은 목이 곧은 백성입니다. 늘 불평하고 늘 배신하는 사람들이었습니다.

그래서 이들에게 성막을 주셨습니다. 이 성막을 통하여 죄 사함을 얻고 이 성막을 통하여 하나님의 말씀을 들으라고 하십니다.

구약의 성막은 신약의 교회입니다. 교회는 죄 사함의 선포가 있는 곳입니다. 하나님의 말씀이 내려오는 곳입니다. 예수님께서는 교회를 세워주시고 천국열쇠를 주겠다고 하셨습니다. "네가 땅에서 매면 내가 하늘에서 매고 네가 땅에서 풀면 내가 하늘에서 풀겠다"고 하셨습니다. 교회에 이 놀라운 권세를 주셨습니다. 그러므로 이스라엘 백성이 성막을 붙들었던 것처럼 오늘 우리는 교회를 붙들어야 합니다. 교회는 주님의 몸이기 때문입니다. 이스라엘 백성은 하나님과 동행할 수 없는 사람들이었습니다. 그런데 죄 많은 이들에게 성막을 통하여 하나님께서 함께 거하여 주셨습니다. 성막은 은혜의 자리입니다. 교회가 그렇습니다. 우리는 교회를 귀하게 여겨야 합니다. 교회를 감사해야 합니다. 교회를 잘 섬겨야 합니다. 교회를 섬기는 것은 주님의 몸을 섬기는 행위이기 때문입니다.

새 성전을 건축하면서 저는 새 성전 건축의 전체 주제를 '길'(The way)이라고 보았습니다. 예수님께서는 "I am the way" "나는 길이다"라고 하셨습니다. 이 말씀은 예수님께서는 "나는 길이요 진리요 생명"이라고 하신 말씀이 우리 교회 새 성전을 통하여 이루어지기를 바라는 마음에서 지었습니다. 그래서 건축물도 지상에서 옥상까지 외부 계단을 통하여 연결이 됩니다. 그 계단의 이름을 천국으로 가는 계단(The Stairway to Heaven)이라고 지었습니다. 하나님을 알지 못하는 이들이 이 계단을 통하여 생명을 얻게 되는 꿈을 꿉니다. 우리 교회가 세상과 거룩함이 만나는 길이 되고, 성과 속이 만나는 길이 되고, 죄악에서 생명으로 나아가는 길이 되기를 우리가 함께 꿈꾸며 기도하기를 바랍니다. 여러분의 마음속에도 거룩한 성전을 함께 지어 가기를 바랍니다. 그리하여 이 성막에 들어와 예배드릴 때마다 하나님을 뵈옵는 감격과 기쁨이 충만하기를 바랍니다.

에베소서 2장 20-22절 말씀을 함께 읽고 말씀을 마치겠습니다.

"너희는 사도들과 선지자들의 터 위에 세우심을 입은 자라 그리스도 예수께서 친히 모퉁잇돌이 되셨느니라 그의 안에서 건물마다 서로 연결하여 주 안에서 성전이 되어 가고 너희도 성령 안에서 하나님이 거하실 처소가 되기 위하여 그리스도 예수 안에서 함께 지어져 가느니라"(엡 2:20-22).

📝 적용

ⓐ 오늘 말씀의 주제 파악하기

ⓑ 오늘 말씀 중 은혜 받은 부분 나누기

ⓒ 삶에 구체적으로 적용하기

🙌 함께 드리는 기도제목

1. 신앙생활을 하면서 우리 마음속에 하나님께서 거하실 성소를 지어가게 하옵소서.
2. 우리 교회가 세상과 거룩함이 만나는 길이 되고, 죄악에서 생명으로 나아가는 길이 되게 하옵소서.
3. 주의 전에서 예배드릴 때마다 하나님을 뵈옵는 감격과 기쁨이 충만하게 하옵소서.

가나안 정복기 4

32
여리고 정복

- **본 문**: 여호수아 6장 8-16절(구 327쪽)
- **찬 송**: 360장(행군 나팔 소리에, 통 402장)
- **요 절**: "일곱 번째에 제사장들이 나팔을 불 때에 여호수아가 백성에게 이르되 외치라 여호와께서 너희에게 이 성을 주셨느니라"(수 6:16).

여호수아서는 이스라엘 백성이 가나안 땅을 정복한 역사를 기록한 책입니다. 그러면 마땅히 역사서로 분류가 되어야 하는데, 이상하게도 고대 유대인들은 여호수아서를 선지서로 분류했습니다. 그것은 여호수아서가 역사를 기록한 책이 아니라 하나님께서 여호수아라는 선지자를 보내셔서 하나님의 역사를 이루셨음을 고백하는 뜻입니다. 오늘도 우리는 하나님께서 여호수아를 통해 이스라엘 백성에게 전하신 뜻을 깨닫고 우리도 오늘의 가나안 땅을 차지하는 성도들이 되기를 바랍니다.

이스라엘 백성은 지금 가나안 땅 입구에 서 있습니다. 38년 전에도 이곳에 서 있었는데 광야생활을 하다가 지금 다시 그 자리로 돌아왔습니다. 여리고 성은 바뀐 것이 없는데 이스라엘 백성은 38년 동안 많은 것이 달라졌습니다.

첫째, 지도자가 바뀌었습니다.

지난번에는 모세가 지도자였는데 지금은 여호수아가 지도자입니다. 하나님께서는 여호수아를 세우시면서 "모세와 함께했던 것같이 너와 함께한다. 너를 떠나지 않고 버리지 않는다. 마음을 강하게 하고 담대히 하라. 오직 말씀을 지켜 행하고 좌로나 우로나 치우치지 말라. 가나안을 너에게 주겠다. 올라가서 치라"고 하셨습니다.

둘째, 믿음이 바뀌었습니다.

지난번에는 가나안 땅을 정탐하고 우리는 그 백성을 치지 못할 것이라고 불평이 가득하여 모세를 돌로 치려고까지 했습니다. "다시 노예생활로 돌아가자"라고 했습니다. 그래서 하나님의 징벌로 다시 38년의 광야생활을 겪어야 했습니다. 그런데 지금은 달라졌습니다. 이들은 한 사람의 반대도 없이 일사분란하게 가나안 땅을 차지하기 위하여 여호수아의 지휘를 받습니다.

셋째, 사람들이 바뀌었습니다.

성경에 기록된 대로 38년 전 불평했던 사람들 중에 장정은 다 죽었습니다. 장수하지 못했다는 말입니다. 오직 여호수아와 갈렙만이 이 자리에 있었고, 당시의 어린이들이 자라서 가나안 정복을 위하여 이 자리에 서있습니다

여리고 성은 가나안 땅으로 들어가는 입구에 위치해 있었습니다. 이 성을 필두로 앞으로 30여 개의 성을 정복해 나가야 합니다. 여리고 성은 큰 성은 아니었지만 이중으로 쌓아진 강하고 견고한 성이었습니다. 여리고 성을 연구한 고고학자 우드 박사의 논문에 의하면 여리고 성의 외벽은 7m 높이의 돌과 진흙으로 세워졌고 내벽은 지

상으로부터 14m정도 높이로 아파트 5층 높이입니다. 올라가기 힘든 난공불락의 성입니다. 이전에 이스라엘 백성이 가나안 땅을 정탐하고 돌아와 열 명의 정탐꾼이 한 말이 거짓말이 아니었습니다. 그런데 열 명의 정탐꾼은 가나안 땅의 강한 것만 보았지 하나님의 능력이 더 크고 강한 것은 보지 못하였습니다.

여러분, 세상이 강하고 대단한 것이 맞습니다. 우리 힘만으로 보면 안 되는 것도 많습니다. 그러나 하나님의 능력은 더 크고 위대하신 것을 바라볼 수 있어야 합니다.

많은 교회가 전도가 안 된다고 합니다. 전도해도 안 된다고 합니다. 안 되는 교회는 안 된다고 하는 사람들 때문에 하나님께서 은혜를 허락하여 주시지 않는 것을 알아야 합니다. 그들이 변화되어 온 교회가 될 수 있다고 믿을 때에 전도가 되게 하시고 부흥의 역사를 일으켜 주십니다. 우리 교회는 매일같이 많은 성도들이 나와서 전도를 합니다. 비가 오는 날, 너무 더운 날은 제가 걱정이 되어 "오늘은 제발 나가지 마세요" 하고 목사가 하지 말아야 할 말까지 합니다. 성도들이 축복받는 일에 목사가 하지 말라니, 말을 하면서도 제가 안타깝습니다.

우리 성도들이 왜 그렇게 열심히 전도합니까? 전도는 하면 된다는 것을 믿기 때문입니다. 우리가 실력이 있어서 전도가 되는 것이 아닙니다. 그 믿음을 하나님께서 귀하게 보시기 때문에 전도의 문을 열어주시는 줄로 믿으시기 바랍니다. 하나님은 믿음을 최고로 귀하게 여기십니다.

이스라엘 백성이 광야생활 가운데 변화가 되어서 돌아왔습니다. 이전에 부정적인 사람들, 불평하던 사람들이 회개하고 함께 이 자리에 섰더라면 좋았을 텐데, 그러하지 못했던 모양입니다. 믿음의 신앙고백을 하였던 여호수아와 갈렙만이 지도자가 되어 이 자리에 섰습니다. 그런데 하나님께서는 이상한 명령을 내리십니다. 6일 동안 제사장 일곱은 양각나팔을 불며 나아가고 언약궤를 따라 하루에 한 바퀴씩 성을 돌라고 하십니다. 그리고 마지막 날에는 일곱 바퀴를 돌고 나팔을 불 때에 큰 소리로 외쳐 부르라 하십니다. 말이 안 되는 전쟁의 방법입니다.

그런데 보십시오. 8절에 "여호수아가 백성에게 이르기를 마치매", 말이 떨어지자마자 그대로 순종을 합니다. 이전 같으면 별 이야기가 다 나왔을 것입니다. 불평하는 사람들이 있었고 사람들이 웅성거리고 반역하는 무리들이 생겼을 것입니다. 그런데 변하였습니다. 어떻게 변했습니까? 하나님께서 주시는 기적과 축복을 받을 자격이 있는 믿음의 사람들로 변하였습니다.

기독교는 변화되는 종교입니다. 물이 포도주가 되는 것처럼 변화되는 종교입니다. 사도 바울은 "이전 것은 지나갔으니 보라 새것이 되었도다"라고 말합니다. 여러분은 세상의 것을 가지고 와서 그대로 살려고 하면 안 됩니다. 성경 말씀대로 변화되어야 합니다. 말씀을 듣고 변화되면 영혼이 새로워집니다. 악한 죄의 파도가 밀려와도 변화된 성도는 광야 길을 걸으면서도 평안의 길을 걸어가게 됩니다. 말씀이 들어가면 가정이 변화가 됩니다. 서로를 존경하며 긍정으로 변화가 됩니다. 자녀가 좀 모자라도 믿음의 눈으로 보면 문제가 안 됩니다. 공부 잘한 사람이 잘 사는 것이 아닙니다. 사장님들을 보면 공부 안 한 사람들이 더 많습니다. 자녀가 건강하면 감사하고, 자녀가 믿음생활 잘하면 정말 감사합니다.

아기학교를 하는데 교사들이 식당에서 식사를 합니다. 제가 보니 우리 성도님들 가정의 자녀들이 많이 있었습니다. 내 자녀가 믿음으로 교회에서 봉사하는 것만 보아도 감사할 일이 넘치고 넘칩니다. 왜요? 이들은 이미 축복의 자녀이기 때문입니다. 여러분은 우리 교회에서 신앙생활하면서 날마다 복되게 변화하는 성도들이 되기를 바랍니다.

과거 같으면 지금 이스라엘 백성이 여리고 성 밑을 돌면서 불평하는 사람들도 있었을 것입니다. 마음이 불안했을 것입니다. '이러다가 여리고 성 군인들이 갑자기 성문을 열고 돌격해 오면 어쩌나? 화살을 쏘아대면 어쩌나?' 하는 생각을 가졌을지도 모릅니다. 아니, 돌지도 않았을 것입니다. 그런데 지금은 모두가 제사장의 나팔소리를 따라, 법궤를 따라 행진을 합니다. 나팔을 부는 제사장의 앞에는 무장한 자들이 제사장들을 호위했습니다. 이것도 하나님의 명령을 따라서 하는 일입니다. 제사장들이 무슨 힘이 있습니까? 하나님의 일만 하는 사람들입니다. 그래서 무기를 든 자들이 제일 앞장서서 나가며 보호하라고 하셨습니다.

오늘 말씀을 상상해 보시기 바랍니다. 이스라엘 백성이 여리고 성을 도는데 제일 앞에는 무기를 든 자들이 나팔을 부는 제사장들을 호위합니다. 그 뒤에는 하나님의 말씀이 들어 있는 언약궤를 멘 제사장들이 따릅니다. 언약궤 앞에 나팔이 앞서는 것은 말씀이 나아가는 길에 나팔을 불어 영광을 나타내는 것입니다. 하나님의 앞뒤에는 하나님을 찬양하는 천사들이 있는 것과 같은 뜻입니다. 우리가 예배를 드릴 때에도 제일 먼저 찬양이 시작됩니다. 이 찬양은 "하나님, 영광중에 이 예배에 임재하여 주시옵소서" 하는 의미의 찬양입니다. 찬양대는 하나님 앞에서 찬양하는 마음으로 기도하며 찬양하시기 바랍니다.

그다음에는 백성들이 따릅니다. 10절의 말씀은 백성들에게 주시는 말씀입니다.

"여호수아가 백성에게 명령하여 이르되 너희는 외치지 말며 너희 음성을 들리게 하지 말며 너희 입에서 아무 말도 내지 말라 그리하다가 내가 너희에게 명령하여 외치라 하는 날에 외칠지니라 하고."

백성들에게는 외치지 말고 음성도 들리게 하지 말고 입에서 아무 말도 내지 말라고 하셨습니다. 이것은 하나님의 일을 하는 원리를 말해 주는 것입니다. 이스라엘 백성이 38년 전 이곳에 왔다가 실패한 것은 입으로 불평하였기 때문입니다. 하나님께서는 지금 그 사건을 상기시키고 계십니다. 하나님의 일을 할 때에는 입을 닫으라는 말씀입니다. 솔로몬의 성전을 지을 때에도 "연장소리가 나지 않게 하라"고 하셨습니다. 금을 새겨 입히고 돌을 쪼아 건축을 하는데 어떻게 연장소리가 나지 않습니까? 그래서 밖에서 다 만들어 가지고 와서 조립을 했습니다. 하나님의 전에서는 시끄러운 소리를 내지 말라는 말씀입니다.

우리 교회가 은혜로운 이유가 어디에 있습니까? 할 말이 있어도 다 기도하면서 은혜로 보아주니 우리 교회가 은혜롭게 됩니다. 여러분도 서로를 좋게 보아주시기 바랍니다. 장로님들을 보아도 '우리 장로님들 월급도 안 받고 저렇게 매주일 교회를 사랑하시고 헌신하시니 감사하지' 이렇게 생각하면 장로님 얼굴을 보아도 은혜가 됩니다. 권사님, 집사님들을 보면서 '이렇게 우리 교회를 위하여 교회학교에서, 주방에서, 찬양대에서, 디아코니아센터에서 섬기시니 얼마나 귀한가?' 이렇게 생각하면 얼굴만 보아도 은혜가 됩니다.

여러분은 늘 은혜로 서로를 보시기 바랍니다. 이것이 천국의 연습입니다. 천국은 어느 날 갑자기 가는 것이 아닙니다. 천국을 평소에 소유한 자가 천국으로 갑니다. '교회는 이 땅의 천국'이라고 했습니다. 그러므로 교회에서 천국으로 살아가다가 주님이 계시는 천국으로 이사 가는 여러분이 되기를 바랍니다.

    이스라엘 백성이 행진을 하면서 한 사람이라도 불평하였더라면 하나님께서는 아마 "다시 뒤로 돌아-갓!" 하셨을 것입니다. 그래서 광야 길을 또 걸어야 했을 것입니다. 하나님께서는 주의 백성들이 어떠한 모습으로 하나님을 섬겨야 하는지를 지금 여리고 성 전투를 통해 깨닫게 하십니다. "너희들의 힘으로 사는 것이 아니다. 주의 일을 할 때에는 입을 닫고 불평하지 말라"는 것을 가르쳐 주십니다.

    이스라엘 백성이 성을 도는 모습을 상상해 보시기 바랍니다. 이들이 어떤 생각을 하며 하나님의 법궤를 따라 돌았겠습니까? 지금 목숨을 내어놓고 성 주위를 도는데 아무 생각도 없었겠습니까? 이들은 한마음으로 기도하였습니다. 지금 이들은 믿음의 사람들로 변화가 되었습니다. 그래서 한 사람도 빠지지 않고 성을 돕니다. 그 누구도 말 한마디 하지 않습니다. 그러나 그들의 마음속에는 하나님의 보좌를 흔들고 감동시키는 통성기도가 있었을 줄로 믿으시기 바랍니다.

    "하나님, 지금 우리의 목숨을 하나님의 손에 맡깁니다. 내 어린 자식도 지금 함께 돌고 있습니다. 적들이 쳐 내려오면 다 죽습니다. 그러나 전능하신 하나님께서 지켜주실 줄로 믿습니다" 하며 돌고 있습니다. 전쟁하는 사람들이 적의 성 주위를 아무 말 없이 도는 것은 상식 밖의 일이었습니다. 지금 이스라엘 백성의 싸움은 칼과 창으로 싸우는 싸움이 아닙니다. 이스라엘 백성이 가나안 땅을 차지할 자격이 있는지 시험하는 믿음의 싸움입니다. 물리적인 싸움이 아니라 영적인 싸움입니다. 이스라엘 백성은 매일 한 바퀴씩 돌고 진영에 돌아가서 잠을 잤습니다. 다음날도 어김없이 나와서 여리고 성을 돌았습니다.

60만이 넘는 장정들이 여리고 성을 도는 것은 쉬운 일이 아니었습니다. 그런데도 셋째 날도 넷째 날도 계속해도 말없이 돌았습니다. 이미 이들은 믿음의 싸움에서 성공하였습니다. 아마 부정적인 사람들이 있었다면 며칠 돌고 나서 힘 빠지게 하는 이야기를 했을지도 모릅니다.

"봐라, 아무 일도 일어나지 않아. 성벽에 금도 안 갔고 돌 부스러기라도 떨어져 내리지 않았어. 우리 이러다가 다 죽는다."

몇몇 사람들이 이런 이야기를 했더라면 백성들은 또다시 부정적인 분위기가 되고 두려움에 떨었을 것입니다. 또는 "오늘은 다른 길로 갑시다", 아니면 "재미있는데 한 바퀴 더 돕시다" 하는 사람도 없었습니다. 이스라엘 백성은 마지막까지 말없이 순종합니다. 그리고 마지막 날에는 일곱 바퀴를 돌고 나팔소리와 함께 큰 소리로 외칠 때 강하고 견고한 여리고 성이 무너져 내렸습니다. 고고학자들에 의하면, 여리고 성이 지진에 의하여 무너진 것이라고 합니다. 그것도 맞을 수 있습니다. 하나님께서 지진을 내리실 수도 있습니다. 멀쩡하던 성이 지진으로 무너져 내린다면 어떠하겠습니까? 여리고 성의 사람들은 이미 싸울 힘을 잃었을 것이고 이스라엘 백성은 용기백배하여 전투에 임했습니다.

오늘의 말씀을 보면 기드온의 삼백 용사가 떠오릅니다. 미디안과 싸우기 위해 이스라엘의 용사들을 모집하였을 때 삼만 이천의 용사가 자원을 하였습니다. 그런데 하나님께서는 그것이 많다고 하시며 결국 삼백의 용사만 남기셨습니다. 삼만 이천의 군사로 싸워 이기면 우리가 잘 싸워서 이겼다고 교만해질까봐 삼백 명만 남기셨습니다. 삼백 명의 용사는 어떤 사람들입니까? 건장하고 달리기 잘하고 창을 잘 쓰는 사람들만 남긴 것이 아닙니다. 횃불과 항아리와 나팔을 가지고 나오라 했을 때 아무도 불평하지 않고 순종하며 싸움터로 나간 믿음의 사람들이었습니다. 이들이 삼백 대 십삼만 오천의 싸움에서 이겼습니다.

많은 사람들이 있다고 되는 것이 아닙니다. 성도들이 하나가 되어 믿음으로 여리고 성을 도는 믿음의 교회가 되어야 합니다. 합심하여 큰소리로 복음의 나팔을 불고 복음의 소리를 외치는 교회가 되어야 합니다. 그럴 때에 세상의 악한 성벽이 믿음 앞에 무너지게 됩니다.

새 성전 건축을 하는 마무리 시점에서 강한 태풍이 서울을 지나가면서 굉장한 바람이 불었습니다. 저도 걱정이 되어 집에 들어갔다가도 바람이 세게 불면 다시 나와 현장을 지켜보았습니다. "하나님, 이제 얼마 남지 않았는데, 시험꺼리 없도록 도와주세요. 도와주세요" 하면서 기도했습니다. 현장 인부들은 길에 세워놓은 구조물들이 날아갈까 봐 붙들고 앉아 있었습니다. 인테리어를 지휘하는 책임자도 며칠씩 밥을 못 먹으면서도 나와 일을 했고, 공사를 맡은 목사님도 링거를 맞고 와서 일하다가 응급실로 가기도 했었습니다.

여러분, 교회가 하는 이러한 일들을 세상일로 보아서는 안 됩니다. 우리는 지금 영적인 싸움을 하고 있습니다. 하나님께서 우리 교회에 복을 주시는 것은 우리 성도들이 믿음으로 성전 건축을 진행했기 때문입니다. 이제 완성된 새 성전을 바라보면서 이곳을 통하여 부어주실 부흥과 축복을 바라볼 수 있기를 바랍니다. 우리 모두가 여리고 성을 도는 이스라엘 백성의 믿음과 모습으로 우리에게 주실 축복의 성을 차지하는 성도들이 됩시다.

📝 **적용**

ⓐ 오늘 말씀의 주제 파악하기

_____

_____

ⓑ 오늘 말씀 중 은혜 받은 부분 나누기

_____

_____

ⓒ 삶에 구체적으로 적용하기

_____

_____

🙌 **함께 드리는 기도제목**

> 1. 이스라엘 백성에게 전하신 뜻을 깨닫고 우리도 오늘의 가나안 땅을 차지하게 하옵소서.
> 2. 우리 교회에서 신앙생활하면서 날마다 복되게 변화되게 하옵소서.
> 3. 우리 모두가 여리고 성을 도는 이스라엘 백성의 믿음과 모습으로 우리에게 주실 축복의 성을 차지하게 하옵소서.

가나안 정복기 5

33
아이 성의 실패

- **본 문:** 여호수아 7장 1-5절(구 328쪽)
- **찬 송:** 274장(나 행한 것 죄뿐이니, 통 332장)
- **요 절:** "아이 사람이 그들을 삼십육 명쯤 쳐죽이고 성문 앞에서부터 스바림까지 쫓아가 내려가는 비탈에서 쳤으므로 백성의 마음이 녹아 물같이 된지라"(수 7:5).

가나안으로 들어가는 첫 번째 전투인 여리고 성의 전투에서 이스라엘 백성은 기적 같은 승리를 거두었습니다. 법궤를 앞세우고 여리고 성을 돌기만 했는데 여리고 성이 무너져 버렸습니다. 이런 식의 전투라면 가나안 땅을 정복하는 것은 시간문제입니다. 실패도 없고 문제도 없이 늘 잘된다면 얼마나 좋겠습니까? 그런데 이것은 잘되는 것이 아닙니다. 늘 잘되기만 하고 성공만 한다면 실패할 때에 당황하고 좌절하게 됩니다.

자녀를 망하게 하는 방법은 쉽습니다. 실패를 경험하지 않게 하면 됩니다. 어렸을 때부터 용돈 풍족하게 주고, 야단치지 않고, 방청소도 해주고, 자라난 다음에는 사업할 자금도 대어주고…. 그러면 결국은 망하게 됩니다. 돈 때문에 걱정하지 않고 자라면 돈에 대한 생각이 달라집니다. 돈을 사용하는 데 겁이 없어집니다. 야단맞을 일이 있어도 야단치지 않고 키우면 사회생활 하면서 누가 고까운 소리를 하면 받아들이지 못합니다. 내가 평생 남에게 싫은 소리 안 듣고 살았기 때문에 누가 나에게 싫은 소리 하는 것을 받아줄 훈련이 안 되어 있습니다. 그런데 야단도 맞고 싫은 소리도 들으며 자란 사람은 쉽게 넘기는 법을 압니다. 맷집이 강해집니다.

저는 경상도에서 오랫동안 목회하다 보니 재미있는 문화를 발견하게 되었습니다. 연세 드신 경상도 남자들이 무뚝뚝합니다. 원래 문화가 그렇습니다. 그래서 아내가 뭐라고 한 마디 하면 핀잔을 주는데, 제가 옆에서 보아도 무안할 정도입니다. 서울 여자들 같으면 그런 소리 듣고 나서 밥도 안 하고 말도 일주일 동안 안 할 것입니다. 맺힌 것을 풀려면 외식도 하고 선물도 사다 바쳐야 할 것입니다. 그런데 경상도 여자들은 핀잔을 주는데도 기가 죽는 것을 못 보았습니다. 척척 받아넘깁니다. 말솜씨가 얼마나 대단한지 감탄할 지경입니다. 한두 사람만 그런 것이 아니라 거의 다 그렇습니다. '왜 그런가?' 했더니 평소에 단련이 되어 있었습니다. 뉴스에 갑질하는 사람들의 이야기가 나오는 것을 보면 이들의 성장과정에 문제가 있기 때문입니다. "내 돈 내고 내가 쓰는데, 무슨 상관이야?" 하는 생각입니다. 그렇게 보고 배우며 자랐기 때문입니다.

유대인들은 세계에서 가장 부자민족입니다. 미국의 역대 대통령들도 유대인들 앞에서는 쩔쩔맵니다. 여기저기 각 나라를 흔드는 트럼프 대통령도 유대인들에게는 함부로 하지 못합니다. 유대인들의 세계를 움직이는 경제력 때문입니다. 유대인들은 어렸을 때부터 부모로부터 경제훈련을 받습니다. 이것을 '하브루타'라고 합니다. 이들은 어렸을 적부터 불로소득이란 없다는 것을 철저히 가르칩니다. 우리는 자녀들에게 "아빠 엄마가 열심히 돈 벌 테니, 너희는 그저 공부만 열심히 하라"고 하는데, 이들은 그렇게 하지 않습니다. 아버지의 일하는 곳에 가서 물건도 팔고 사고 하면서 일하는 경제의 원리를 배웁니다. 어머니가 일하는 데서 함께 일하게 합니다.

이들은 13세가 되면 성인식을 치르는데 어느 나라에 살든지 일부러 이스라엘까지 가서 성인식을 치르는 가정들도 있습니다. 이때 이들은 율법서를 읽습니다. 성인식 때에 축하금으로 6천만 원 정도를 받는데, 이것을 통장에 넣어놓고 사회생활을 하기 전까지 직접 운용을 합니다. 우리나라는 대학을 졸업할 때 학자금 대출을 받아서 빚을 안고 사회생활을 시작하는데 이들은 1억 원 이상의 자산을 가지고 사회생활을 시작합니다. 훈련의 과정이 우리와 다릅니다.

하나님께서는 이스라엘 백성을 훈련시키시는데 성공도 주시고 실패도 주십니다. 성공을 통해서 하나님의 은혜를 깨닫게 하시고, 실패를 통해서 문제를 깨닫고 다시 실패하지 않도록 일깨워주십니다. 일본의 과학기술청 자문기구인 '21세기 과학기술간담회'가 "실패학을 구축하자"는 보고서를 냈습니다. 기업들이 계획을 세운다고 해서 다 성공하는 것이 아닙니다. '니콜라스 홀'이라는 사람은 1천 개의 사업계획서 가운데 단지 0.6%만이 투자유치에 성공한다고 보고서를 냈습니다. 실패한 내용을 자료화하고 공유하면 그다음 사람들이 실패할 확률이 더 적어진다는 말입니다.

하나님께서는 일꾼을 만드실 때에 성공만 주시는 것이 아닙니다. 때로는 실패하게 하십니다. 성경의 위대한 사람들은 모두 실패를 경험한 사람들이었습니다. 실패하고 잘못되었을 때에 잘 깨달으면 다시는 그런 실패를 하지 않는 성공하는 사람이 됩니다. 아브라함이 믿음의 조상이 된 것도 실패하면서 깨닫고 회개하고 믿음의 길을 걸어갔기 때문입니다. 베드로도 실패한 후에 예수님께서 찾아오셨습니다. '너 혼자서는 안 된다'는 것을 깨닫게 해주셨습니다.

저는 다른 길을 가려고 신학을 그만두었습니다. 제가 하고 싶은 일을 하며 살았습니다. 그런데 어느 날 몸에 힘이 빠지면서 이유 없이 한 달 이상을 꼼짝도 못했습니다. 일어날 수도 없었고 아무것도 할 수 없었습니다. 마음에 힘이 하나도 없는 것이 손가락을 들 의지조차 없었습니다. 식사도 하지 않고 누워만 있다가 '아, 이것은 하나님께로 다시 돌아오라는 사인이구나!' 깨닫고 일어섰을 때에 다시 힘을 주셨습니다. 그다음부터는 다른 길로 가지 않았습니다. 힘든 일이 있어도 "주님, 나를 박대하시면 나는 갈 곳이 없어요" 하고 주님 발을 붙들었습니다. 세상에서 대단하다고 하는 것이 다 부질없는 것임을 깨달았습니다. '하나님께서 복을 주지 아니하시면 아무것도 할 수 없구나!' 하는 귀중한 사실을 그때 깨달았습니다.

여러분, 잘 깨달아야 합니다. 병들었다고 망한 것이 아닙니다. 마귀가 주는 병은 우리를 망하게 합니다. 낙심하게 만들고 세상에서 힘을 잃게 만듭니다. 그러나 믿음의 사람은 질병을 통해 오히려 심령이 강하여지고 일어서게 됩니다. 믿음의 사람은 사업에 문제가 있어도 그것이 망하는 것이 아닙니다. 오히려 하나님께 가까이 나아가는 기회가 되고, 다시 멋지게 일어서는 축복의 출발이 됩니다.

오늘 이스라엘 백성이 실패를 합니다. 실패한 이후에 깨달았어도 성공입니다. 아이 성 전투는 이스라엘 백성이 가나안 땅에서 행한 전투 중에 유일한 패배를 기록한 전투였습니다. 그리고 다시는 패배하지 않았습니다. 이스라엘 백성은 여리고 성의 큰 승리 이후에 두 번째 전투인 아이 성의 전투를 앞두고 자만심에 빠졌습니다. '여리고 성도 쉽게 이겼는데, 아이 성쯤이야…' 하는 생각을 가졌습니다.

'아이'라는 말은 '작은 산'이라는 말입니다. 인구가 만 이천 명쯤 되는 작은 성입니다. 높은 성곽도 없었습니다. '여리고 성도 이겼는데, 이까짓 성쯤이야 문제가 없다'고 생각했습니다. 그래서 아이 성을 정탐한 정탐꾼들은 "백성을 다 올라가게 하지 말고 이삼천 명만 올라가서 아이를 치게 하소서. 그들은 소수이니 모든 백성을 그리로 보내어 수고롭게 하지 마소서"라고 이야기했습니다. 정탐꾼들은 여리고 성의 승리가 자신들의 힘으로 이룬 승리가 아닌 것을 잊어버렸습니다. 일주일 동안 기도하면서 믿음으로 성을 돌았던 그 모습을 벌써 잊어버렸습니다.

우리는 잘될 때 조심해야 합니다. 좋은 옷을 입고 좋은 차를 탈 때 조심해야 합니다. 직장에서 승진하고 사업이 잘될 때 조심해야 합니다. 마귀는 잘될 때를 놓치지 않습니다. 교만하게 만듭니다. 성도들은 잘될 때도 기도하고 작은 일에도 기도해야 합니다. 얼마 전 한국 축구 대표 팀이 약팀을 상대로 어려운 경기를 마친 후에 손흥민 선수가 쓴소리를 했습니다. "호랑이는 토끼 한 마리를 잡을 때에도 죽을힘을 다한다"고 약팀이라고 적당히 뛰는 후배 선수들에게 쓴소리를 했습니다. 손흥민 선수는 작은 일에도 죽을힘을 다하여 세계적인 위치에 오르게 되었습니다.

별일이 아니라고 기도를 대충 해서는 안 됩니다. 아침부터 간절히 기도하고 잠들 때에도 간절히 기도해야 합니다. 운전을 하면서도 간절히 기도하고 평소에 하는 일을 하면서도 간절히 기도해야 합니다. 물건을 팔면서도 간절히 기도해야 합니다. 그래야 마귀가 틈타지 못합니다.

시험은 대부분이 어려운 일이 있을 때 드는 것이 아닙니다. 내가 잘되고 형통할 때 다른 것을 통하여 시험이 들어옵니다. 잘되고 형통할 때에 하나님의 은혜를 잊지 않고 일마다 기도를 잊지 않으면 하나님께서는 더 큰 은혜를 베풀어주십니다. 예배를 드릴 때마다 영적인 은혜가 폭포수와 같이 임합니다. 심령이 뜨거워집니다. 하나님의 임재를 체험하며 삽니다. 그러니 마귀가 뜨거워서 도망갑니다. 그러면 하나님께서 좋아하시는 생각을 하고 하나님께서 기뻐하시는 방향으로 갑니다. 성령님께서 인도하시기 때문입니다. 가는 곳마다 복음의 역사가 일어납니다. 내 직장에서, 내 자녀들에게서 감사할 일들이 자꾸 넘쳐납니다. 이 은혜와 축복의 길을 가는 비결을 놓치지 마시기 바랍니다.

믿음의 사람 여호수아는 보고를 받고 어떻게 해야 합니까? 하나님께 기도했어야 했습니다. 그런데 그들의 판단을 믿었습니다. 참 이상하지요. 여호수아가 그런 사람이 아니었습니다. 이런 실패의 본질적인 원인이 어디에서 온 것인지를 잘 알아야 합니다. 아간의 범죄로 은혜의 햇빛이 가려졌기 때문입니다. 한 사람의 죄가 이스라엘 백성을 자만하게 만들었습니다. 여호수아까지도 기도하는 것을 잊게 만들었습니다. 백성들의 마음이 물같이 녹아버리게 만들었습니다. 죄가 그렇게 무섭습니다. 죄는 전염성이 있기 때문입니다. 그래서 하나님께서는 한 사람의 범죄에 대하여 엄히 벌하셨습니다.

오늘 말씀 1절에 "이스라엘 자손들이 온전히 바친 물건으로 말미암아 범죄하였으니 이는 유다 지파 세라의 증손 삽디의 손자 갈미의 아들 아간이 온전히 바친 물건을 가졌음이라 여호와께서 이스라엘 자손들에게 진노하시니라"(수 7:1)고 하였습니다. 하나님께서 이스라엘에게 진노하신 것은 죄 때문입니다. 죄는 하나님과의 사이를 갈라지게 만듭니다. 하나님께서는 여리고 성을 정복할 때에 금은동철은 하나님께 바치고 나머지는 짐승까지도 다 쳐서 멸하라고 6장에 말씀하셨습니다. 하나님께서는 왜 잔인하게 사람은 물론 짐승까지도 전멸시키라고 하셨습니까?

첫 번째 이유는 이스라엘이 가나안의 우상에 전염될 것을 염려하셨습니다. 그리고 두 번째 중요한 이유가 있습니다. 여리고 성의 전투는 첫 번째 전투요, 첫 열매이기 때문입니다. 하나님은 항상 첫 번째 것은 하나님의 것이라고 하셨습니다. 첫 번째 익은 열매도, 장자도 하나님의 것이니 구별되게 온전히 드리라고 하셨습니다. '우리의 마음의 첫 번째가 어디 있느냐?'입니다.

아브라함은 백 세에 얻은 아들 이삭이 첫 번째가 되었습니다. 아침에 일어나면 이삭부터 찾았습니다. 좋은 것이 있으면 이삭부터 생각이 났습니다. 하나님은 두 번째가 되었습니다. 하나님께서 이삭을 제물로 바치라고 하신 것은 "너의 잘못된 마음을 번제단에 불태우라"는 명령이었습니다. 하나님의 명령을 듣고 아브라함은 즉시 깨달았습니다. "내가 하나님을 첫 번째로 모시고 살지 못했구나!" 깨닫자마자 아들 이삭을 데리고 제사 드리기 위하여 모리아 산으로 올라갔습니다. 깨닫고 돌이키는 아브라함에게 하나님께서는 더 큰 은혜를 베푸시고 그 아들 이삭을 통하여 복을 주셨습니다.

오늘 말씀을 보면 아간이라는 사람이 하나님의 명령을 어겼습니다. 하나님의 명령을 일번으로 여기지 않았습니다. 자기의 욕심이 하나님의 명령보다 위에 있었습니다. 그래서 전투 중에 시날 산의 외투 한 벌, 은 이백 세겔, 금 오십 세겔을 몰래 가져다가 보관했습니다. 하나님께서는 이를 '온전히 바쳐진 물건을 가져가고 도둑질하고 속였다'고 하십니다. 아이 성 패배의 원인은 범죄 때문입니다.

아간이라는 사람은 평생 광야생활을 하면서 고생만 하다 보니 금은보석도 가지고 싶었을 것이고 다 떨어진 의복을 입다 보니 좋은 의복을 보는 순간 한번 입고 싶었을 것입니다. 돈도 보관해 놓으면 나중에 요긴하게 쓸 수 있으리라 생각했을 것입니다. 마음으로는 불쌍한 인간이요, 안타깝기 그지없습니다. 그런데 이 행위는 하나님의 사랑을, 하나님의 은혜를, 하나님의 명령을 배신한 것이었습니다. 이것이 죄입니다. 그래서 하나님은 죄를 깨닫게 하십니다.

죄 없는 이스라엘 백성이 전투에 나가 수십 명이 죽고 쫓겨 오게 되었습니다. 이것은 가나안을 정복하는 전투가 물리적인 힘으로 하는 전투가 아니라 영적 전투임을 말해 주고 있습니다. 가나안 정복이 목적이 아니라 가나안 땅을 정복해 나가는 과정에서 이스라엘 백성을 순결한 하나님의 백성들로 만들어 나가십니다. 성전 건축이 그렇습니다. 세상적으로 건물을 잘 완공시키는 것만이 아닙니다. 그저 멋진 건축물을 짓는 것이 아닙니다. 하나님께서 주실 새로운 축복의 전을 지어가면서 우리는 이미 은혜와 축복을 누렸습니다.

오늘 아간의 범죄로 그의 아들딸들과 소, 나귀, 양에 이르기까지 아골 골짜기로 끌고 가서 온 이스라엘이 돌로 치고 불살랐습니다. 아간의 범죄로 온 가족이 죽임을 당했습니다. 그리고 그곳을 '아골 골짜기'라고 불렀습니다. 아골은 '고통', '괴로움'이라는 뜻인데, 본문 뒤를 보면 여호수아는 아간에게 "어찌하여 네가 우리를 괴롭게 하였느냐. 오늘 여호와께서 너를 괴롭게 하실 것이다"라고 했습니다. 아간 한 사람의 범죄로 모든 이스라엘 백성에게 괴로움이 찾아왔다는 뜻입니다. 여호수아는 옷을 찢고 장로들과 함께 여호와의 궤 앞에 엎드려 머리에 티끌을 뒤집어쓰고 회개합니다. 이것은 "아간의 죄가 그 사람만의 죄가 아니라 우리 모두의 죄입니다"라는 고백입니다.

여러분, 한국교회가 시날 산의 외투와 금은이 좋아 헛된 것을 따라가면 안 됩니다. 영혼 구원하는 일이 뒷전으로 밀려나면 안 됩니다. 한국교회가 부흥이 안 되고 교회마다 분쟁의 영이 일어나 어려움을 겪는 일들이 누구의 죄입니까? 다른 교회가 그런다고, 다른 사람이 그런다고 이야기하면 안 됩니다. 우리의 죄입니다. 여호수아와 이스라엘 백성이 회개하였던 것처럼 내가 회개해야 합니다. 회개하면 공동체를 살려주십니다. 다시 회복시켜 주십니다.

우리는 아간의 범죄를 보면서 이것이 나의 범죄임을 생각해야 합니다. 아간만 하나님의 명령을 어긴 것이 아니었습니다. 아간만 하나님의 것을 도둑질한 것이 아니었습니다. 내가 내 생각으로 살아온 것이 내 인생에 많이 있었습니다. 이것을 회개해야 합니다. 예배는 나의 죄를 회개하는 자리입니다. 회개할 때에 용서해 주시고 새로운 은혜를 부어 주십니다.

우리 교회가 잘되는 일만 있는 것이 아닙니다. 여리고 성의 승리도 있지만 아이 성의 실패도 있습니다. 그러므로 늘 깨어있어 조심해야 합니다. 아간 한 사람의 범죄로 이스라엘 백성이 큰 슬픔을 겪었습니다. 그러나 이들이 회개함으로 다시 회복의 은혜를 입고, 8장에 나옵니다만, 하나님께서 두려워하지 말고 아이 성으로 올라가라고 하십니다. 깨닫고 회개할 때에 회복의 은총을 주셨습니다. 이스라엘 백성이 아이 성에서 끝나면 안 됩니다. 계속해서 30여 개의 성들을 정복해 나가야만 합니다. 이 정도면 되었다고 생각하면 더 큰 은혜가 없습니다. 우리는 하나님 앞에 겸손히 엎드려 더 큰 은혜와 축복을 구하며 달려가야 합니다. 더 많은 영혼을 구원하는 교회가 되게 해달라고 간절히 기도하시기 바랍니다. 한국교회에 꿈을 주는 교회, 한국교회를 다시 살리는 교회가 되게 해달라고 쉬지 않고 기도하시기 바랍니다.

가나안 땅을 차지한 이스라엘 백성을 통하여 영적인 교훈을 배우고 있습니다. 아이 성의 실패를 통해서 범죄한 일이 있으면 먼저 하나님 앞에 내어놓고 회개하는 성도들이 되시기를 바랍니다. 그럴 때에 진정한 가나안의 주인이 될 수가 있습니다. 작은 일에도 하나님의 은총이 없으면 안 된다는 진리를 깨닫고 쉬지 않고 기도하여 내 마음의 성전을 지어가는 성도들이 됩시다.

📝 **적 용**

ⓐ 오늘 말씀의 주제 파악하기

ⓑ 오늘 말씀 중 은혜 받은 부분 나누기

ⓒ 삶에 구체적으로 적용하기

🙌 **함께 드리는 기도제목**

1. 우리 교회가 한국교회에 꿈을 주는 교회, 한국교회를 다시 살리는 교회가 되도록 쉬지 않고 기도하게 하옵소서.
2. 범죄한 일이 있으면 먼저 하나님 앞에 내어놓고 회개하게 하옵소서.
3. 작은 일에도 하나님의 은총이 없으면 안 된다는 진리를 깨닫고 쉬지 않고 기도하여 내 마음의 성전을 지어가게 하옵소서.

가나안 정복기 6

이 산지를 지금 내게 주소서

- **본 문:** 여호수아 14장 6-15절(구 341쪽)
- **찬 송:** 310장(아 하나님의 은혜로, 통 410장)
- **요 절:** "그날에 여호와께서 말씀하신 이 산지를 지금 내게 주소서 당신도 그날에 들으셨거니와 그곳에는 아낙 사람이 있고 그 성읍들은 크고 견고할지라도 여호와께서 나와 함께하시면 내가 여호와께서 말씀하신 대로 그들을 쫓아내리이다 하니"(수 14:12).

갈렙은 나이 40세에 유다 지파의 대표로 가나안 땅을 정탐했던 사람입니다. 가나안 땅을 정탐한 열 명의 정탐꾼은 "그 땅은 거주민을 삼키는 땅이요, 거인 족속인 아낙 자손들이 살고 있어서 우리는 그 앞에 메뚜기에 불과하다. 우리는 결코 그들을 이길 수 없다"고 보고했습니다. 이 부정적인 보고는 백성들의 간담을 녹게 하였고 불평하게 하며 다시 애굽으로 돌아가자고 하였습니다. 하나님의 사람 모세를 돌로 치려고까지 했습니다.

이때에 여호수아와 갈렙은 자신들이 옷을 찢으며 "우리가 두루 다니며 정탐한 땅은 심히 아름다운 땅이라 여호와께서 우리를 기뻐하시면 우리를 그 땅으로 인도하여 들이시고 그 땅을 우리에게 주시리라 이는 과연 젖과 꿀이 흐르는 땅이니라 다만 여호와를 거역하지는 말라 또 그 땅 백성을 두려워하지 말라 그들은 우리의 먹이라"(민 14:7-9)고 믿음의 보고를 했습니다.

이스라엘 백성은 불평의 대가로 광야로 다시 돌아가 40년을 연단 받아야 했습니다. 그리고 40년 후 가나안 땅을 정탐했던 당시의 성인들은 광야에서 다 죽고 여호수아와 갈렙만이 약속의 땅에 들어갈 수가 있었습니다.

갈렙의 나이 80에 가나안과의 첫 전투를 치르고 지금 85세이니 참으로 오랜 세월 동안 가나안 정복 전쟁을 치르고 있었습니다. 5년 이상을 쉬지 않고 전쟁을 하고 있으니 지칠 만도 합니다. 그런데도 오늘 말씀을 보면 45년 전 가졌던 믿음의 모습을 흔들리지 않고 여전히 가지고 있습니다. 그는 40이 될 때까지 이집트의 노예로 살았습니다. 그리고 광야길 40년을 고생했습니다. 가나안 땅에 들어와서 5년간을 전쟁터에서 보냈습니다. 그의 믿음의 보고대로 이스라엘 백성이 가나안 땅을 정탐하고 즉시 정복하였더라면 지금 한창 중년의 때에 가나안 땅을 개척하고 멋진 삶을 누리고 있을 시기입니다.

동족들의 불평 때문에 40년을 허비하면서 억울했을 수도 있습니다. 보통 사람 같으면 40년 동안 무슨 생각을 했겠습니까? '당신들 때문에 광야 길을 이렇게 걷고 있다'고 불평하며 부정적인 삶을 살지 않았겠습니까? 갈렙은 그렇지 않았습니다. 그들의 죄 때문에 광야 길을 걸으면서도 미래의 지도자들을 이끌고 묵묵히 걸었고, 가나안 땅을 정복하는 데에도 앞장섰습니다. 그는 비전의 인물이었습니다.

사람은 나이가 든다고 늙는 것이 아닙니다. 마음이 늙어야 늙은 것입니다. 나이가 아무리 들어도 비전이 있으면 젊은 사람입니다. 반대로 젊어도 비전이 없으면 늙은 것입니다. 사람들은 나이가 들면 새로운 일에 도전하지 않습니다. 그러나 믿음의 사람은 나이가 들어도 늘 새롭습니다. 가만히 보면 우리가 새 성전을 건축하는데 연세 드신 분들이 더 기뻐하는 것 같아요. 이제 천국 갈 날이 얼마 남지 않았는데, 그렇게 기뻐하는 것은 이 새 성전을 통해 수많은 영혼들이 구원을 받고 우리의 후손들이 축복받고 귀히 쓰임 받을 도전하는 비전을 가졌기 때문인 줄로 생각됩니다.

오늘 갈렙은 45년 전 모세가 이야기했던 내용을 그대로 기억하고 있습니다. "그날에 모세가 맹세하여 이르되 네가 내 하나님 여호와께 충성하였은즉 네 발로 밟는 땅은 영원히 너와 네 자손의 기업이 되리라 하였나이다"(수 14:9)라고 말하고 있습니다. 가나안 땅을 정탐하고 난 후에 "네가 내 하나님 여호와께 충성하였은즉 네 발로 밟는 땅은 영원히 너와 네 자손의 기업이 되리라"라는 이 말씀을 늘 기억하고 비전을 품고 살았습니다. 이것은 하나님께서 주신 약속입니다. 그 약속이 나이가 85세가 되도록 잊지 않고 이루어질 줄로 확신하고 있었습니다.

여러분, 주의 종이 성전에서 하나님의 말씀으로 약속한 것을 갈렙처럼 암송하며 이루어질 줄 믿는 소망으로 살아가시기를 바랍니다. 소망이 있으면 가난도 고통도 다 이깁니다. 소망은 병도 이깁니다. 소망은 어려운 환경도 이겨냅니다. 소망이 있는 사람은 포기하지 않습니다. 끝까지 기도하며 하나님께서 약속하신 것을 목도하게 됩니다. 오늘, 갈렙의 이야기를 들어 보십시오.

> "이제 보소서 여호와께서 이 말씀을 모세에게 이르신 때로부터 이스라엘이 광야에서 방황한 이 사십오 년 동안을 여호와께서 말씀하신 대로 나를 생존하게 하셨나이다 오늘 내가 팔십오 세로되 모세가 나를 보내던 날과 같이 오늘도 내가 여전히 강건하니 내 힘이 그때나 지금이나

같아서 싸움에나 출입에 감당할 수 있으니 그날에 여호와께서 말씀하신 이 산지를 지금 내게 주소서 당신도 그날에 들으셨거니와 그곳에는 아낙 사람이 있고 그 성읍들은 크고 견고할지라도 여호와께서 나와 함께하시면 내가 여호와께서 말씀하신 대로 그들을 쫓아내리이다 하니"
(수 14:10-12).

첫째, 갈렙은 내가 지금까지 산 것이 여호와께서 말씀하신 대로, 즉 하나님께서 가나안 땅을 주시기로 약속하셨기 때문에, 하나님께서 나를 생존하게 하셨다고 고백하고 있습니다.

갈렙은 하루하루 이 믿음으로 광야를 걸어왔고 가나안 땅의 전투에 임했습니다. 지금까지 나를 생존하게 하신 것이 하나님의 약속 때문인 줄로 믿는 믿음이 여러분에게도 있기를 바랍니다. 지금까지도 생존하게 하셨으니 앞으로도 하나님의 약속대로 살아갈 줄을 믿어야 합니다. "나의 나 된 것은 다 하나님 은혜라" 하는 찬양이 있습니다. 우리가 특별새벽기도회 때 매일 불렀던 찬양입니다.

> ♪ 나를 지으신 이가 하나님 나를 부르신 이가 하나님
> 나를 보내신 이도 하나님 나의 나 된 것은
> 다 하나님 은혜라…
> 한량없는 은혜 갚을 길 없는 은혜
> 내 삶을 에워싸는 하나님의 은혜
> 나 주저함 없이 그 땅을 밟음도
> 나를 붙드시는 하나님의 은혜

나를 지으신 이가 하나님이십니다. 나를 이 자리로 불러 주신 이도 하나님이십니다. 나를 주의 일꾼으로 보내 주신 이도 하나님이십

니다. 오늘 나의 나 된 것은 다 하나님 은혜입니다. 이 믿음의 고백이 있으면 광야 같은 세상을 걸으면서도 흔들리지 않습니다. 오늘 예배에 나오면서도 나를 생존케 하신 하나님의 약속이 이루어질 줄로 믿는 믿음으로 나옵니다. 이런 사람은 찬송을 불러도 힘이 있습니다. 기도를 해도 능력이 있습니다. 봉사를 해도 감사하며 합니다. 갈렙의 이 고백이 여러분의 고백이 되어 갈렙이 가나안 땅을 주저없이 밟았듯이 우리도 주님 계시는 그 땅을 이 생명 마치는 날에 주저함 없이 밟게 되기를 바랍니다.

둘째, 갈렙은 45년 전 모세가 갈렙을 파송하던 그날이나 지금이나 여전히 강건하니 "그날에 여호와께서 말씀하신 그 산지를 지금 내게 주소서"라고 말합니다.

지금 이스라엘 백성은 가나안 땅을 거의 정복해 나가고 있습니다. 좋은 땅, 정복하기 쉬운 땅은 지난 5년간 거의 다 점령이 되었습니다. 그런 가운데 헤브론 땅을 차지하겠다고 말하는 지파는 없었습니다. 그곳은 해발 1km 가까운 곳의 산악지형이었고, 기골이 장대한 거인족이 살고 있었으며, 철기문화로 무장되어 싸움에 능한 아낙 자손들이 살고 있었기 때문입니다. 그곳은 45년 전 열 명의 정탐꾼이 보고 와서 기가 죽었던 곳입니다. 우리는 그들 앞에서 메뚜기 같다고 두려워했던 강한 족속입니다. 여호수아가 유대의 지도자가 되어 거의 모든 땅을 정복했지만 아직 이곳을 치지 못하였습니다.

그런데 갈렙은 "그 산지 곧 헤브론을 지금 내게 주소서"라고 말합니다. 나이가 85세나 되었지만 아직 싸움에 자신 있다는 말입니다. 그 성읍에 아낙 사람이 살고 성은 크고 강대하지만 '여호와께서 나와 함께하시면 그들은 우리의 밥'이라는 말입니다. 갈렙은 45년 전이나 지금이나 믿음이 변치 않았습니다. 하나님께서 주신다고 약속하셨으니 주실 줄로 믿었습니다.

　우리가 성전 건축을 결정하고 "이 산지를 내게 주소서"라는 표어를 정하고 매주일 "이 산지를 내게 주소서"라는 찬양을 불렀습니다. 참으로 놀라운 일은 우리 교회 새 성전 외벽의 하얀 돌이 판테온인데 어디서 왔는지 아십니까? 우리가 매주일 찬양했던 이 산지인 가나안 땅 헤브론에서 왔습니다. 그리고 가공은 베들레헴에서 했습니다. 중동지역의 돌을 주문했는데 놀랍게도 아브라함의 헤브론에게 구입한 매장지 막벨라 굴이 있는 헤브론에서 더 좋은 돌이 오게 되었습니다. 헤브론은 사라와 이삭과 야곱이 묻힌 곳입니다. 헤브론은 아브라함이 첫 장막을 세우고 축복을 약속받은 곳입니다. 다윗이 이곳에서 7년간 통치하며 건국의 중심이 되었던 곳입니다.

　저는 하나님께서 우리 교회에 선물을 주시려고 하나하나 스토리를 더하여 주신다고 믿습니다. 성전 건축과 함께 우리나라 최고의 십자가 전시실이 우리 교회로 오게 되었습니다. 청년들의 찬양집회로 우리나라에서 가장 대표적인 어노인팅이 우리 교회로 오게 되었습니다. 십자가 때문에 기도했는데 백 년 된 염전의 소금창고에서 나온 소나무를 구하게 되었습니다. 예수님께서 갈릴리 바닷가에서 가난하고 힘들게 살아가는 사람들과 함께하셨는데 우리 교회를 상징하는 십자가도 그저 외국에서 수입해온 나무가 아니라 바닷가 염전의 애환이 함께 묻어 있는 소금창고의 나무로 십자가를 제작하게 되었습니다. 하나같이 의미가 있고 스토리가 담겨 있습니다. 여기에 믿음의 사람들, 누굽니까? 바로 우리의 스토리가 더해지면 하나님께서 가장 귀하게 사용하시는 우리 도림교회가 될 줄로 믿습니다.

셋째, 헤브론 땅은 여분네의 아들 갈렙의 기업이 되었습니다.
　믿음대로 되었습니다. 성경은 갈렙이 헤브론 땅을 차지한 이유를 "이는 그가 이스라엘의 하나님 여호와를 온전히 좇았음이라"라고 말합니다. 우리는 흔히 갈렙이 유다 사람이라고 생각을 하는데, 갈렙은 '그니스 사람 여분네의 아들'이라 기록되어 있습니다. 그니스 사람이라는 것은 에서의 후손으로 에돔 족속이라는 말입니다. 학자들에 의하면 갈렙의 어머니가 유대인이었다고 말합니다. 유대인은 혈통을 중요하게 여기는 민족인데, 이들 가운데에서 이후에 족장이 되고 지도자가 된 것은 갈렙의 믿음 때문이었습니다. 하나님께서는 갈렙이 특출하고 능력이 있어서 선택하신 것이 아닙니다. 믿음을 보시고, 가나안 땅을 정탐한 이후 가나안 땅을 정복하고 들어가는 두 사람 중의 한 사람이 되게 하셨습니다.

믿음은 우리의 기업이 되고 미래가 됩니다. 예수 믿는 사람에게 제일 중요한 것은 믿음입니다. 믿음이 강하면 마귀도 시험하러 왔다가 도망갑니다. 믿음으로 살면 겸손한 사람이 됩니다. 믿음의 사람은 하나님 앞에서 정결합니다. 믿음이 강하면 세상에서는 강해도 하나님 앞에서는 순한 양같이 됩니다.

복싱 세계챔피언으로 8체급을 석권한 전설적인 복서인 필리핀인 파퀴아오는 평소에 신앙고백을 쓴 티셔츠를 입고 나오곤 했는데, 그의 마지막 은퇴경기 때에도 "예수님은 주님의 이름입니다"라고 쓴 티셔츠를 입고 나왔습니다. 교회에서는 말씀을 사모하고 순한 양처럼 교회를 섬긴다고 합니다. 우리 교회에서 초청해 주면 함께 와서 간증하겠다는 이야기를 들은 적이 있습니다.

천국도 다른 것으로 가는 것이 아닙니다. 오직 믿음으로 갑니다. 하나님께서는 다른 것을 보고 "네가 잘했다" 하시는 것이 아니라 믿음을 보고 잘했다고 칭찬해 주십니다. 우리가 이 땅에서 상급을 받는 것도 믿음을 보시고 그 그릇대로 주십니다. 내가 얻으려고 하는 것은 다 빼앗기는 날이 옵니다. 그러나 하나님께서 주신 것은 자손 대대로 영화롭게 이어집니다. 그러므로 우리 교회 성도들은 하나님 앞에 믿음을 보여드리는 성도들이 되시기를 바랍니다.

성경에 나오는 룻이라는 여인은 모압 여인이었습니다. 나오미가 모압 땅에 가서 살다가 남편이 죽고 두 아들이 죽었습니다. 나오미가 고향인 예루살렘으로 돌아가려고 할 때에 두 자부에게 이제 재혼해서 편안히 살 것을 이야기했습니다. 오르바라는 여인은 시어머니의 말을 듣고 돌아갔습니다. 그런데 룻은 "어머니의 하나님이 나의 하나님이 되시리니 어머니께서 죽으시는 곳에서 나도 죽어 거기 묻힐 것이라 만일 내가 죽는 일 외에 어머니를 떠나면 여호와께서 내게 벌을 내리시고 더 내리시기를 원하나이다"(룻 1:16-17)라고 놀라운 신앙고백을 합니다.

시어머니를 따라 예루살렘에 와서 곡식 이삭을 주워 시어머니를 섬기던 룻에게 어떤 일이 일어납니까? 구약성경 룻기의 중심인물로 당당히 소개되고 있습니다. 보아스라는 사람과 결혼하게 되었고, 그의 증손자가 다윗 왕입니다. 다윗 왕의 족보에서 예수님이 오십니다. 놀랍게도 룻은 이방 여인으로 다른 것이 아닌 믿음으로 예수님의 족보에 오르는 영광을 입게 되었습니다.

우리가 사는 세상은 능력이 있어야 뽑습니다. 대학에서도 실력을 보고, 회사에 들어갈 때에도 이것저것을 다 봅니다. 인성도 좋고 말도 예쁘게 하고 지혜가 있어도 토플, 토익 점수가 안 나와서 좋은 회사에 못 들어가는 사람도 많습니다. 회사만 그렇습니까? 교회에서도 사람을 뽑을 때 이것저것을 다 봅니다. 제가 아는 어떤 목사님은 키가 작아서 선을 보러 갈 때에 키높이 구두를 신고 갔습니다. 머리카락이 빠져서 가발을 쓰고 간 사람도 있습니다. 이것저것을 보기 때문입니다.

그런데 우리 하나님은 믿음만을 보십니다. 하나님을 온전히 좇는 믿음이 있으면 이방 여인일지라도 예수님의 족보에 넣어주십니다. 베드로가 실력이 있어서 초대교회 열두 제자 중에 수제자가 된 것이 아닙니다. 어부였지만 예수님을 순수하게 사랑하는 그 믿음을 보시고 초대교회의 기둥으로 삼아주셨습니다.

갈렙은 광야생활을 하면서도 그의 믿음이 변하지 않았고 여호수아와 함께 이스라엘 백성들의 최고령자가 되어서도 마지막까지 아낙 자손과 싸워 헤브론을 차지했습니다. 갈렙의 싸움을 끝으로 그 땅에 전쟁이 그쳤다고 했습니다. 이후에 헤브론 땅에는 도피성이 세워지게 됩니다. 마지막까지 어려움을 당하는 이웃들을 위하여 자신의 것을 희생하는 헤브론이 되었습니다.

여러분이 믿음으로 살다가 우리 교회의 최고령자가 될 때에 이 갈렙의 모습과 믿음이 있기를 원합니다. 사람들은 갈렙을 이야기할 때마다 감명을 받았고 은혜를 받았을 것입니다. 우리도 영적 가나안 땅을 차지하여 우리 후손들에게 자랑이 되고 귀감이 되는 성도들이 됩시다.

📝 적용

ⓐ 오늘 말씀의 주제 파악하기

_____

_____

ⓑ 오늘 말씀 중 은혜 받은 부분 나누기

_____

_____

ⓒ 삶에 구체적으로 적용하기

_____

_____

🙌 함께 드리는 기도제목

1. 하나님께서 말씀으로 약속하신 것을 갈렙처럼 이루어질 줄 믿는 소망으로 살아가게 하옵소서.
2. 갈렙의 고백이 우리의 고백이 되어 갈렙이 가나안 땅을 주저없이 밟았듯이 우리도 주님 계시는 그 땅을 이 생명 마치는 날에 주저함 없이 밟게 하옵소서.
3. 영적 가나안 땅을 차지하여 우리 후손들에게 자랑이 되고 귀감이 되게 하옵소서.

가나안 정복기 7

네가 개척하라

❧ **본 문:** 여호수아 17장 14-18절(구 346쪽)
❧ **찬 송:** 546장(주님 약속하신 말씀 위에서, 통 399장)
❧ **요 절:** "그 산지도 네 것이 되리니 비록 삼림이라도 네가 개척하라 그 끝까지 네 것이 되리라 가나안 족속이 비록 철 병거를 가졌고 강할지라도 네가 능히 그를 쫓아내리라 하였더라"(수 17:18).

여호수아서는 하나님께서 약속하신 대로 이스라엘 백성이 가나안 땅을 차지하게 되는 내용이 기록되어 있습니다. 이들은 제비 뽑아 땅을 나누었습니다. 제비를 뽑는다는 것은 하나님의 뜻을 따르겠다는 믿음의 표현이었습니다. 내가 생각하기에 어느 지파는 전투에 공을 많이 세웠으므로 크고 좋은 땅을 가지고, 어느 지파는 약하니까 작은 땅을 가지는 그런 분배가 아니었습니다. 오늘 말씀은 요셉 자손 즉 에브라임과 므낫세 족속이 땅의 분배에 대하여 이의를 제기한 내용입니다. 창세기 48장을 보면, 하나님께서 요셉의 두 아들인 에브라임과 므낫세에게 다른 야곱의 아들들과 동등한 대우를 하겠다고 하셨는데, 그 이야기를 하고 있습니다.

실제로 이스라엘 백성에게 땅을 분배할 때에 열두 지파에게 분배해 주었습니다. 그런데 레위 지파에게는 땅을 주지 않았습니다. 레위 지파는 하나님의 일을 하는 사람들이기 때문에 온전히 하나님의 일을 하며 다른 지파의 십일조를 통해 생활하도록 하셨습니다. 그러면 나머지 열한 지파가 땅을 분배받아야 하는데 요셉의 아들인 에브라임과 므낫세에게는 다른 지파와 동등하게 분배해 주었으므로 실제로는 열두 지파에게 분배한 것입니다. 요셉의 자손들은 특별한 대우를 받았습니다. 땅을 분배받을 때에 요셉 자손은 조카들이 삼촌들과 동등하게 받았습니다.

요셉의 자손들이 받은 땅도 작은 땅이 아니었습니다. 므낫세 지파는 요단 동편과 서편에 큰 땅을 차지했습니다. 에브라임 지파도 큰 땅을 차지했습니다. 그런데도 땅이 작다고 불평하였습니다. 이것은 불신앙적인 것이었습니다. 이들은 제비 뽑아 땅을 결정했습니다. 그리고 좋은 땅을 받았습니다. 오히려 아직 땅도 받지 못한 지파들이 불평을 할 수 있습니다. 차지할 땅을 제비뽑기로 한 것은 믿음으로 한 것입니다. 하나님께서 섭리하시는 대로 주실 것을 믿는 믿음입니다. 그래서 제비를 뽑고 나서는 우리 땅이 작다고, 더 달라고 하니 이것은 믿음을 벗어난 행위입니다. 나중에 보면 에브라임 지파는 가나안 땅을 정복할 때에 게셀 사람들을 쫓아내지 않았습니다. 그들을 종으로 부리는 것이 더 쓸 만했기 때문입니다.

므낫세 지파도 그렇습니다. 그들은 가나안 거민들을 다 쫓아내지 않았습니다. 그들을 그대로 두었다가 노예로 사용했습니다. 그 결과 가나안의 우상숭배가 이스라엘 백성을 오염시켰습니다. 그들이 섬기는 우상을 섬겼고 결국은 이로 인해 이스라엘 백성이 큰 고통을 겪게 됩니다. 하나님께서 가나안 족속을 멸하라고 하신 것은 이스라엘이 순결한 하나님의 백성으로 살아가기를 원하셨기 때문입니다. 요셉은 형제 중에서 가장 귀한 믿음으로 살았습니다. 그래서 애굽의 총리까지 되는 축복을 받았습니다. 그런데 그 자손들은 그렇지 못했습니다.

여러분, 아버지가 잘 믿었으면 자녀들은 더 잘 믿는 가정이 되어야 합니다. 그래야 대를 이어 축복이 내려갑니다. 성경이 이러한 불편한 사실들을 그대로 기록한 것은 우리에게 교훈을 주기 위함입니다. 말씀을 날마다 듣고 좌로나 우로나 치우치지 말고 축복의 길을 따라가고 저주의 길을 피하라는 말씀입니다.

이스라엘 백성은 수천 년의 훈련을 통해 늘 말씀과 함께 삽니다. 그리고 자녀교육을 성경적으로 시킵니다. 미국에는 750만 명이나 되는 많은 유대인들이 삽니다. 전세계 유대인 인구가 3천만밖에 되지 않습니다. 미국은 다문화 사회로 자기 민족의 독특한 교육을 하기가 너무나 어려운 나라입니다. 미국의 자녀교육에는 일본계와 유대계의 두 모델이 있다고 합니다. 일본계는 빨리 일본말과 일본 습관을 잊어버리고 미국문화에 동화되라고 가르친다고 합니다. 우리 한국인들도 미국에 가서 오래 살면 자녀들이 한국말을 잘 못하는 가정들이 많습니다. 아이들만 그렇습니까? 어른도 한 10년 살고 와서는 "오우 나 한국말 잘 못해요" 그럽니다.

그런데 유대인들은 다릅니다. 수천 년 동안 철저하게 히브리어를 가르치고 성경을 가르칩니다. 미국 사회에 살면서도 자신들의 교육방법으로 가르칩니다. 그렇게 가르쳐서 750만 명밖에 되지 않는 유대인들이 미국 대학교수의 30%를 차지하고 있습니다. 이것은 유대인의 교육방법이 위대하다는 것을 이야기하는 것이 아닙니다. 하나님의 약속이 위대하다는 것입니다. 하나님의 약속은 언제나 불변하고 그 약속대로 살아가면 축복의 사람이 된다는 것입니다.

유대인들은 수많은 실패를 통하여 하나님의 백성으로 훈련되었습니다. 하나님의 말씀을 벗어나면 그 실패로 얼마나 고통스러운지를 이들은 뼈저리게 깨달았습니다. 하나님은 실패를 깨닫게 하시고 돌이키게 해주셨습니다. 오늘의 한국교회는 신앙의 길을 벗어나도 잘 못되었다는 것을 누구도 가르치지 못합니다. 스스로 깨닫는 수밖에 없습니다. 이것이 한국교회에 닥쳐온 위기입니다.

학자들의 연구에 의하면, 요셉 자손들은 특권의식이 있었다고 이야기합니다. 이스라엘 백성이 애굽에 들어가 살 때에 모두가 요셉의 그늘 아래 살았습니다. 요셉이 애굽의 총리였으니 요셉의 신세를 지는 것이 당연했습니다. 더구나 다른 형제들은 요셉을 죽이려 했고 결국은 요셉을 노예로 팔아먹었습니다. 그런데 요셉은 이것도 하나님의 뜻이라고 하며 형제들을 용서해 주었고 먹고 살 수 있게 해주었습니다. 그러다 보니 요셉의 자손들은 특권의식을 가지고 있었습니다. 그래서 이들은 가나안 정복기에도 자신들은 더 많은 땅을 가져야 되겠다고 요구하였습니다.

잘못된 특권의식은 공동체를 아프게 만듭니다. 언론에 나오는 고위층들의 이야기들을 들어 보면 이들은 모두가 그릇된 특권의식을 가지고 있었음을 보게 됩니다. '나 정도 되니 사회적인 특권을 누려도 되고, 너희에게는 이렇게 해도 된다'는 생각입니다. 그래서 사람을 무릎 꿇게 만들고 뺨을 때리고도 자신의 행위가 정당하다고 생각합니다. 많은 사람이 타고 있는 비행기를 사무장이 마음에 들지 않는다고 다시 돌린 일도 있었습니다. 교통법규를 위반하고도 "나는 이런 사람이요" 하는 사람도 있습니다. 청문회에 나오는 이야기들은 거의 다 고위층들이 특권의식을 가지고 법을 어겼던 이야기들입니다.

성경에도 특권의식을 가지고 있었던 사람들이 있습니다. 제사장들이나 바리새인, 사두개인들입니다. 예수님은 이러한 특권의식을 싫어하셨습니다. 아브라함의 자손임을 특권으로 생각하는 이들에게 돌들로도 아브라함의 자손을 만들 수 있다고 하셨습니다. 높은 데로 가려면 낮은 자리로 가라고 하셨습니다.

문제가 있는 교회들을 보면 교회 안에도 특권의식이 있습니다. '나 정도 되니 나는 이런 대우를 받아야 되겠다'고 생각합니다. 교회는 강한 자가 약한 자를 돕는 곳입니다. 믿음이 연약한 자를 위해 믿음생활을 먼저 한 사람들이 희생하는 곳입니다. 성경에 나오는 감동적인 이야기는 모두가 자신을 희생한 이야기입니다. 하나님을 위하여 자신을 희생하고 교회를 위하여 자신을 희생한 이야기입니다. 희생의 최고 정점이 십자가입니다. 예수님께서는 우리를 위하여 자신을 십자가에 내어주셨습니다. 믿음의 사람들의 희생은 하나님의 사랑을 깨달았을 때 시작이 됩니다. 나 같은 죄인이 용서함 받고 구원 얻은 은혜가 감사하여 나의 무엇을 내어주어도 그저 감사할 뿐입니다.

　오늘 우리에게도 바리새인들과 같은 특권의식이 있습니다. 다른 사람의 잘못에 대하여는 기가 막히게 잘 찾아냅니다. 그런데 정작 자기의 죄는 모릅니다. 자기 죄를 애통해하고 회개하려는 사람이 점점 적어집니다. 교회는 내가 죄인이라고, 내가 더 섬겨야 하는데 부족하다고 하는 사람이 많을 때에 은혜로운 교회가 됩니다. 바리새인의 기도는 다른 사람의 죄를 지적하는 기도였습니다. 이런 기도를 주님은 받지 않으셨습니다. 그러나 동전 두 렙돈을 바친 여인의 기도는 나의 죄를 고통스럽게 여기고 회개한 기도였습니다. 우리는 기도할 때마다 마음이 아프기를 바랍니다. 내 죄를 바라볼 수 있기를 바랍니다. 그럴 때에 주님께서 지신 십자가가 나에게 의미가 있습니다.

　요셉의 자손이 더 많은 땅을 달라고 할 때에 믿음의 사람 여호수아는 "네가 큰 민족이 되므로 에브라임 산지가 네게 너무 좁을진대 브리스 족속과 르바임 족속의 땅 삼림에 올라가서 스스로 개척하라"(수 17:15)라고 이야기합니다. "맞다, 네가 큰 민족이 될 것이다. 그러니 에브라임 산지가 너에게는 너무 좁으니 브리스 족속, 르바임 족속이 사는 땅 삼림에 올라가 스스로 개척하라"고 합니다.

그런데 에브라임과 므낫세 족속은 그 산지에 사는 자들은 다 철병거가 있다고 부정적으로 이야기합니다. 바로 얼마 전 14장에서 갈렙은 이와 상반된 이야기를 했습니다.

"그곳에는 아낙 사람이 있고 그 성읍들은 크고 견고할지라도 여호와께서 나와 함께하시면 내가 여호와께서 말씀하신 대로 그들을 쫓아내리이다"(수 14:12).

갈렙은 여호와께서 나와 함께하시면 내가 승리할 수 있음을 믿었습니다. 안 되는 사람에게는 안 되는 길만 크게 보입니다. 그러나 믿음의 사람은 하나님께서 나와 함께하시면 모든 잘되는 길이 크게 열리게 됨을 봅니다. 모든 사업들이 어려워져도 여호와께서 나와 함께하시면 길이 열립니다. 구덩이에 빠져도 나올 길이 보입니다. 예수님의 제자들은 당시 로마가 아무리 강하고 무섭더라도 하나님께서 우리와 함께하시면 될 줄로 믿었습니다. 그래서 핍박을 받으면서도, 순교하면서도 전도를 포기하지 않았습니다. 그래서 어떻게 되었습니까? 불과 300년도 되지 않아 로마가 기독교를 국교로 인정하는 기적이 이루어졌습니다.

여러분, 인생의 문제 해결의 키는 하나님께 있습니다. 하나님을 믿고 살아가는 자에게는 막힌 문을 열어주시는 열쇠를 하나님께서 가지고 계십니다. 여호수아는 "비록 삼림이라도 네가 개척하라 그 끝까지 네 것이 되리라 가나안 족속이 비록 철병거를 가졌고 강할지라도 네가 능히 그를 쫓아내리라"(수 17:18)라고 믿음의 이야기를 합니다. 이스라엘 백성이 지금까지 광야에서 자기 힘으로 산 것이 아닙니다. 크고 강한 성 여리고를 자기들의 힘으로 무너뜨린 것이 아닙니다. 여호수아 12장에서 13장을 보면 이스라엘 백성이 차지한 수많은 땅들에 대한 이야기가 나옵니다. 12장을 보면 이스라엘이 쳐서 멸한 왕이 무려 서른한 명입니다. 자기들의 힘으로 한 것이 아니었습니다. 그런데도 므낫세와 에브라임 족속은 '그들이 강하여 우리가 이길 수 없다'고 이야기합니다.

말씀을 가만히 생각해 보세요. 왜 이런 생각이 들어오게 되었을까요? 므낫세와 에브라임 족속은 우리가 받은 땅이 작다고 불평을 하였습니다. 이들이 모였을 때에 처음에 불평하는 사람이 있었을 것입니다. 이 불평이 므낫세와 에브라임 족속에게 번져나갔습니다. 땅을 작게 받은 어느 지파도 불평함이 없었는데, 정작 많이 받은 므낫세와 에브라임 족속은 불평을 하였습니다. 불평은 하나님을 떠나는 것입니다. 정확히 말하면 하나님께서 떠나십니다. 그래서 이들은 가나안 족속이 가진 철병거가 두려워 벌벌 떨게 되었습니다.

지금까지 이들은 철병거를 가진 가나안 족속들을 무찔러 왔습니다. 크고 강한 아낙 자손들까지도 정복했습니다. 그런데 지금은 두려워하고 있습니다. 이후 가나안 족속을 멸하라는 하나님의 명령에 순종하지 않고 자기들 뜻대로 그들을 종으로 부렸습니다. 므낫세 지파와 에브라임 지파가 행한 이 일은 우연히 일어난 일이 아닙니다. 불평하니 하나님께서 떠나시고 이들은 하나님의 말씀을 떠났습니다. 겉으로 보기에는 좋았습니다. 다른 지파들은 종이 없는데, 이들은 종을 두고 부리면서 은근히 더 교만해졌습니다. 그런데 하나님을 떠난 결과는 이스라엘 전체에 큰 불행을 가져다주었습니다.

여호수아가 죽고 난 후에 이스라엘은 바알과 아스다롯을 섬겼습니다. 여호수아가 죽고 난 후에 가나안 땅을 정복하는 전쟁을 이어가지 못합니다. 스불론, 아셀, 납달리 지파는 가나안을 완전히 멸하지 못하고 그들과 함께 삽니다. 가나안 땅에 남아있던 우상을 섬김으로 하나님께서 진노하셨고 결국 이스라엘은 큰 불행을 자초하게 되었습니다.

여호수아는 므낫세와 에브라임 족속에게 "네가 개척하라 그 끝까지 네 것이 되리라…그들이 강할지라도 네가 능히 그를 쫓아내리라"(수 17:18)고 하였습니다. 얼마나 귀한 믿음입니까? 이스라엘 백성에게 모세는 하나님께서 주신 축복이었습니다. 여호수아도 축복이었습니다. 좋은 지도자를 주시는 것은 축복 중의 큰 축복입니다. 이스라엘 백성은 이 축복을 잘 깨닫지 못했습니다. 모세와 여호수아의 믿음을 본받았더라면 이스라엘 후손들이 행복했을 것입니다.

"네가 개척하라"는 말씀은 오늘도 우리에게 주시는 말씀입니다. 요즈음 교회가 부흥하지 않는다고 합니다. 전도하기를 두려워합니다. 이 모습이 요셉 자손들의 모습이 아닙니까? 여호와께서 나와 함께하시면 능히 정복할 수 있다는 믿음이 우리 교회에 넘치기를 바랍니다. 사람이 없어서 부흥하지 못하는 것이 아닙니다. 구원받지 못한 사람들이 너무 많습니다. 그들에게 담대히 나아가 복음으로 이 산지를 개척하는 우리 모두가 되기를 바랍니다.

오늘 우리가 고백하는 "이 산지를 내게 주소서"라는 말은 교회 터를 달라는 말이 아닙니다. "이 땅의 수많은 영혼들을 우리에게 주소서"라는 말입니다. 우리가 이 산지를 개척하기를 원합니다. 여러분 각자에게 주신 정복해야 할 땅들이 있습니다. 가정의 문제 때문에 두려워하고 불평합니까? "네가 개척하라"는 음성을 들을 수 있기를 바랍니다. 일터의 문제로 두려워하는 것들이 있습니까? 다른 사람이 대신 개척해 주는 것이 아닙니다. 내가 믿음으로 해야 합니다. 실패한 일들도 다시 한 번 해보시기 바랍니다. "여호수아 본받아 앞으로 가세"(찬송 347장)라는 찬송 가사가 있습니다. 우리 교회는 여호수아의 신앙을 본받아 가나안 땅을 향하여 앞으로 나아가는 성도들이 됩시다.

📝 적용

ⓐ 오늘 말씀의 주제 파악하기

ⓑ 오늘 말씀 중 은혜 받은 부분 나누기

ⓒ 삶에 구체적으로 적용하기

🙌 함께 드리는 기도제목

1. 여호와께서 나와 함께하시면 능히 정복할 수 있다는 믿음이 우리에게 넘치게 하옵소서.
2. 담대히 나아가 복음으로 이 산지를 개척하게 하옵소서.
3. 여호수아의 신앙을 본받아 가나안 땅을 향하여 앞으로 나아가게 하옵소서.

| 가나안 정복기 8 |

땅을 그려오라

- **본 문:** 여호수아 18장 1-6절(구 346쪽)
- **찬 송:** 362장(주여 복을 주시기를, 통 481장)
- **요 절:** "너희는 각 지파에 세 사람씩 선정하라 내가 그들을 보내리니 그들은 일어나서 그 땅에 두루 다니며 그들의 기업에 따라 그 땅을 그려 가지고 내게로 돌아올 것이라"(수 18:4).

 이스라엘 백성이 가나안 땅 요단 강을 향하여 나아갈 때에 그들의 앞을 아모리 족속이 가로막았습니다. 이스라엘은 지나가기만 할 터이니 길을 터달라고 요구합니다. 그런데 아모리 왕 시혼은 군대를 데리고 이스라엘을 공격했습니다. 전쟁에 승리한 모세는 이 땅을 르우벤 지파, 갓 지파, 므낫세 반 지파에게 분배를 합니다. 요단 강을 건넌 후 유다 지파와 에브라임 지파 그리고 므낫세 반 지파가 땅을 얻었습니다.
 요셉의 아들인 에브라임 지파와 므낫세 지파는 우선적으로 땅을 얻었습니다. 이것은 그들의 조상 요셉이 뿌려놓은 축복의 씨앗이었습니다. 요셉의 후손들이 먼저 두 몫을 받은 것은 요셉 때문입니다. 이것이 하나님 나라의 법칙입니다. 아버지가 눈물로 씨를 뿌리면 자녀들이 그 열매를 거두게 됩니다. 구원의 은혜는 값없이 받는 것이지만 축복은 거저 얻는 것이 아닙니다. 뿌린 대로 거둡니다.

야곱의 아들들 가운데 가장 믿음으로 살았던 사람이 요셉입니다. 요셉은 노예로 팔려가서도 믿음을 잃지 않았습니다. 주인의 부인이 유혹할 때에도 믿음을 지키기 위해 거절했고 그로 인하여 감옥까지 가게 되었습니다. 그런데도 요셉은 하나님을 원망하지 않았고 믿음을 지켰습니다. 나중에 애굽의 총리가 되어 형들을 만났을 때에도 모든 것이 하나님의 뜻이라고 하며 형들을 용서해 주었습니다. 세상에 그런 사람이 어떻게 있을 수가 있겠습니까? 그 과정이 눈물로 씨를 뿌리는 과정입니다. 씨를 뿌린 것은 반드시 열매를 맺게 되어 있고, 오늘 요셉의 후손들도 요셉이 뿌려놓은 열매를 먹게 되었습니다.

목사님들을 만나 이야기를 하면 늘 교회 이야기입니다. 하루 24시간 관심이 교회에 있습니다. 그런데 이야기를 들어보면 어떤 목사님은 목회 밭이 안 좋습니다. 늘 울어야 하고 늘 금식하며 기도합니다. 그런데 어떤 목사님은 목회의 밭이 너무 좋습니다. 교인들은 목사님을 사랑하고 교회는 늘 부흥합니다. 그런데 결론이 무엇인지 아십니까? 목회의 밭이 좋은 목사님은 능력이 있고, 공부를 많이 한 것이 아닙니다. 목회를 다른 사람보다 잘할 무엇인가가 있는 것이 아닙니다. 간증을 들어보면 한결같이 부모님이 눈물로 교회를 섬겼고 헌신했다는 이야기입니다.

저를 보고 많은 분들이 "정 목사님은 신령하고 지혜가 있고 탁월하여 목회를 잘한다"고 이야기를 했으면 좋겠는데, "정 목사는 부모님이 흘린 눈물로 목회의 밭을 옥토로 만들어 오늘 목회 잘하는 것이다"라고 이야기를 합니다. 사실은 맞는 말입니다. 어떤 분들은 주님의 교회를 위하여 눈물로 헌신하고 억울한 일이 있어도 기도하면서 섬기는데, 그러면 복권이라도 하나 맞으면 좋겠는데, 늘 힘들게 살아갑니다.

며칠 전에 어떤 권사님이 교통사고를 당하게 되었는데 합의금을 받았답니다. 이 권사님이 그 돈을 들고 성전 건축헌금으로 드리겠다고 찾아오셨습니다. 그 권사님은 주의 종이 볼 때에 아주 신실하신 분입니다. 늘 기도하고 늘 긍정적인 마음으로 사시는 분입니다. 오직 교회를 염려하고 사랑하시는 분입니다. 그런데 일이 잘 되지 않습니다. 옆에서 보아도 안 되는 일들이 연거푸 일어납니다. 권사님을 위해 기도하면서 권사님께 하나님의 위로가 반드시 있을 것을 이야기했습니다.

믿음의 사람은 낙심하지 않습니다. 드라마가 끝났다고 다 끝난 것이 아닙니다. 우리 눈으로 바라보지 못하는, 그 다음에 숨겨진 하나님의 뜻이 있습니다. 하나님은 믿음의 사람들을 절대로 손해 보게 하지 않으십니다. 믿음은 지금이 아니라 다음을 바라보는 것입니다. 지금만 바라본다면 순교하는 사람들이 어리석은 사람들입니다. 망한 사람들입니다.

그러나 나중에 보면 주님을 위해 헌신한 사람들은 최고의 축복을 받은 사람들입니다. 이 땅에서도 후손들이 대대로 축복을 받고 하나님 나라에서 특별한 상급을 받고 영광을 누리게 됩니다. 이 세상에서 인기가 있고 권력을 마음대로 휘두르던 사람들이 지금 어디에 있습니까? 힘으로 살던 사람은 힘이 떨어지면 사람들이 다 떠나갑니다. 물질로 살던 사람은 물질이 사라지면 사람들이 다 떠나갑니다. 그러나 믿음으로 살던 사람은 마지막이 행복합니다. 그러므로 우리가 믿을 대상은 오직 하나님이십니다. 여러분, 하나님을 잘 믿으시기 바랍니다.

오늘 말씀은 믿음의 사람 여호수아의 비전의 이야기입니다. 이스라엘 열두 지파 가운데 다섯 지파는 땅을 얻었는데 나머지 일곱 지파는 아직 땅을 얻지 못했습니다. 이미 차지한 땅에서 붙어 살았습니다. 시간이 5년이나 지났는데 나머지 일곱 지파는 아마 마음이 두렵고 나태해졌던 것으로 보입니다. 그저 이대로 지냈으면 좋겠다는 생각을 했던 것으로 보입니다. 이때 여호수아는 "너희가 너희 조상의 하나님 여호와께서 너희에게 주신 땅을 점령하러 가기를 어느 때까지 지체하겠느냐"(수 18:3)라고 말합니다.

사람들은 두려운 상황 아래서 미리 겁을 먹어버립니다. 지금까지 여리고 성을 무너뜨리고 아이 성을 정복하고 서른한 명의 왕을 쳐서 멸한 것이 자신들의 힘이 아니었습니다. 하나님께서 도우셔서 가능했습니다. 그런데 지금 정복한 땅에서 몇 년을 살다 보니 하나님의 은혜를 잊어버렸습니다. 이제는 내가 정복해 보겠다고 합니다. 그러니 상대방과 나를 비교하게 되고 두려워졌습니다. 지금 살고 있는 곳에서 먹고 살 수 있으니 '이 정도면 되지' 하는 생각도 들었습니다.

여러분 직장의 밭이 늘 평안한 것이 좋은 것만은 아닙니다. 우리 교회 성도님 중에 어떤 분은 매일매일 하나님의 도우심을 입어야 살 수 있는 회사를 경영합니다. 거래처가 만만하지 않습니다. 늘 새롭게 계약을 해야 합니다. 그러다 보니 늘 간절하게 기도할 수밖에 없습니다.

"하나님, 이번에도 길이 다 막혔습니다. 회사가 무너지게 생겼습니다. 하나님께서 도와주셔야만 살 수 있습니다."

이렇게 기도하며 살다보니 믿음이 나태해질 시간이 없습니다. 저에게도 "목사님, 우리 회사 위해서 기도해 주세요" 하고 늘 부탁을 합니다. 하나님 앞에 겸손해질 수밖에 없습니다. 하나님의 은혜를 잊지 않아야 합니다.

또 어떤 집사님은 많은 빚을 융자 받아 회사를 시작했습니다. 이분은 회사를 시작하며 첫 기도를 받을 때에 매월 선교지를 도울 수 있게 해달라고 했습니다. 수년이 지나 그 많은 빚을 갚고 서원한 대로 매월 적지 않은 선교헌금을 드립니다. 제가 이분을 볼 때에 더 안타깝습니다. "하나님, 이 회사가 어려움을 겪지 않게 해주세요. 서원이 깨어지지 않게 도와주세요. 하나님의 은혜를 잊지 않고 살아가게 해주세요" 하고 함께 기도하게 됩니다.

이스라엘 백성은 이제 먹고 살 만하게 되었습니다. 그러니까 안타까운 기도도 잊어버리고 그러니 하나님만을 의지하는 믿음이 약해져 버렸습니다. 믿음생활 잘 하다가 믿음이 식어버리는 것도 쉽습니다. 믿음이 식으면 말씀이 맛이 없습니다. 병든 사람은 음식 맛이 없습니다. 입맛이 틀려버렸는데 음식 탓을 합니다. 무엇을 고쳐야 합니까? 음식을 고치는 것이 아니라 병든 몸을 고쳐야 살 길이 열립니다.

지금 여호수아는 이스라엘 백성에게 "너희가 지금 병들었다. 다시 믿음을 회복하라"고 이야기를 합니다. 여호수아는 '하나님 여호와께서 너희에게 주신 땅'이라고 했습니다. 하나님께서 처음에 부르실 때에 주신 약속을 지금도 붙들고 있습니다. "너희들, 믿음으로 차지하러 가면 되는데, 왜 지체하고 있느냐?"라고 책망하고 있습니다.

여호수아 1장을 '여호수아의 소명장'이라고 이야기합니다. 하나님께서는 여호수아를 부르실 때에 "강하고 담대하라"고 세 번씩이나 반복하며 말씀하셨습니다. 이스라엘 백성을 가나안으로 이끌고 전투에 승리하기 위해 필요한 것은 강하고 담대한 믿음이었기 때문입니다. 여호수아는 지금도 강하고 담대합니다. 나가서 전투를 하고 땅을 차지하라고 합니다. 그 땅은 이미 하나님께서 주신 땅이기 때문입니다.

위대한 신앙의 인물은 다른 것으로 일한 것이 아닙니다. 강하고 담대한 믿음입니다. 아브라함도 강하고 담대한 믿음이 있었습니다. 다윗도 강하고 담대한 믿음이 있었습니다. 모세도 여호수아도 강하고 담대한 믿음이 있었습니다. 사도 바울도 베드로도 예수님의 제자들도 죽음을 두려워하지 않고 복음을 전하는 강하고 담대한 믿음이 있었습니다. 하나님께서는 이들을 사용하셔서 역사를 바꾸셨습니다.

우리 교회가 성전 건축을 할 때 우리에게 가장 필요한 것은 강하고 담대한 믿음이었습니다. 그 믿음으로 새 성전을 완공하였고, 지금 새 성전에서 예배를 드리고 있습니다. 여러분, 성전은 물질로 짓는 것이 아니라 믿음으로 지어야 한다고 계속해서 여러분에게 강조했습니다. 또한 눈에 보이는 성전뿐만 아니라 여러분의 마음속에 아름다운 성전이 함께 지어져 가야 한다고 말씀드렸습니다. 그럴 때에 성전의 축복이 여러분에게 임하게 됩니다.

오늘 여호수아는 "그들은 일어나서 그 땅에 두루 다니며 그들의 기업에 따라 그 땅을 그려 가지고 내게로 돌아올 것이라"(수 18:4) 하고 말합니다. 이 말씀이 재미있습니다. 아직 땅을 분배받지 못한 일곱 지파가 받을 땅을 가서 보고 지도를 그려오라는 말씀입니다. 아직 정복하지 않은 땅입니다. 그곳에는 강한 가나안 족속들이 살고 있습니다. 그런데 가서 너희들이 차지할 땅을 일곱 부분으로 나누어 그려오라고 합니다. 그러면 제비뽑아 나누어주겠다는 것입니다. "믿음은 바라는 것들의 실상이요 보이지 않는 것들의 증거니"(히 11:1)라고 하였습니다. 이것이 여호수아의 믿음입니다. '너희가 믿음으로 바라보고 그려온 그 땅들이 너희 땅'이라는 말입니다. 나중에 보면, 하나님께서는 이스라엘 정탐꾼들이 그려온 대로 이 땅들을 정복할 수 있도록 해주셨습니다.

믿음은 비전을 세우고 그것을 바라보고 기도하는 것입니다. 우리는 새 성전을 건축하는 동안 새 성전을 바라보며 기도했습니다. 그리고 7년 만에 기도 응답을 받았습니다. 저는 새 성전 건축을 진행하는 기간 동안 거의 매일 새 성전이 지어질 땅에 가서 바라보며 기도했습니다. 본당을 바라보며 "하나님, 이 전이 곧 가득 차게 하여 주시옵소서" 하고 기도를 했습니다. 카페에 가서는 카페를 바라보며 "이 카페가 날마다 잘되고 복음 전하는 통로로 변치 않고 사용되게 하여 주시옵소서" 하고 기도했습니다.

기도실에 가서는 "이 기도실이 야곱의 사닥다리의 기적이 나타나는 현장이 되게 하여 주시옵소서" 하고 기도했습니다. 소예배실에 가서도 "이 예배실에 날마다 기도하는 사람들이 끊어지지 않게 하여 주시옵소서" 하고 기도했습니다. 6층의 종탑을 바라보며 "하나님, 언젠가 이 종탑을 보며 기도하는 사람들이 서울 전역을 바라보며 서울을 품고 기도하게 하여 주시옵소서" 하고 기도했습니다. 땅의 기초를 팔 때부터 도면을 보면서 하나하나 방을 위하여 기도했습니다. 그런데 그 기도가 응답을 받게 되었습니다.

《바라봄의 법칙》이라는 책이 있습니다. 이 책의 저자인 주대준 장로님은 고아로 미국인 선교사가 세운 고아원에서 자랐습니다. 어느 날 교회에 처음 갔을 때 "주 예수를 믿으라 그리하면 너와 네 집이 구원을 받으리라"(행 16:31)는 현판을 보고 '예수님도 나와 같은 주 씨구나!'라는 생각을 하고 친근감을 가지고 교회에 나가기 시작했습니다. 이분은 예수님을 바라보며 살았습니다. 그래서 청와대에 전산실 창설 멤버로 들어가게 되었고 불신자들이 많은 청와대에서 남들은 기독교인인 것을 숨기는데, 이분은 청와대 기독신우회까지 만들었습니다. 청와대 행정본부장까지 지내고, 다섯 분의 대통령을 보좌했습니다. 이후에 카이스트 교수가 되고 카이스트 부총장과 선린대학교 총장까지 지냈습니다.

주대준 장로님은 "하나님은 바라보는 대로 인도하신다. 내 자녀를, 내 일터를, 교회를 믿음으로 바라보라"고 이야기합니다. "내 능력대로 바라보는 것이 아니라 하나님의 능력을 믿음으로 바라보라"고 이야기합니다.

'바라봄의 법칙'은 원래 하나님께서 아브라함에게 가르쳐 주셨습니다. 하나님께서는 아브라함을 데리고 밖으로 나가셔서 "아브라함아, 너 하늘의 별을 바라보아라. 바다의 모래를 바라보아라. 네 자손을 하늘의 별과 같이 바다의 모래와 같이 많게 하겠다" 약속을 주셨습니다. "동서남북을 바라보아라. 네가 보는 그 땅을 너와 네 자손에게 주겠다" 약속하셨습니다. 아브라함은 100세가 될 때까지 자식이 없었습니다. 그러나 하늘의 별을 보며 바다의 모래를 바라보며 믿음으로 기도하였고 마침내 믿음의 조상이 되었습니다. 하나님께서 약속하신 땅을 차지했습니다.

여호수아는 지금 믿음을 잃어버린 이스라엘 백성에게 하나님께서 그 땅을 이미 우리에게 주셨으니 너희의 눈으로 직접 바라보고 차지할 땅을 지도로 그려오라고 말합니다. 눈으로 보고 온 땅을 보며 기도하라는 말입니다. 그리고 나아가서 차지하라고 하십니다.

여러분, 하나님께서 주실 은혜를 그려보며 기도하시기 바랍니다. 축복을 지도처럼 구체적으로 그려보며 기도하고, 나아가 차지하시기 바랍니다. 내 자녀들이 어떻게 될지 그려보며 기도하시기 바랍니다. 우리 교회가 복음을 전하는 교회로 우뚝 서고 한국교회를 어떻게 살려나갈지 믿음의 눈으로 바라보고 구체적으로 그림을 그리며 기도하시기 바랍니다. 하다못해 옷을 하나 사더라도 마음에 드는 옷을 매일같이 가서 바라보고 오다 보면 결국은 사게 되어 있습니다. 아내들이 옷을 사고 싶습니까? 남편을 데리고 백화점에 가서 매일 마음에 둔 그 옷을 바라보고 와보세요. 기적이 나타나지 않아도 포기하지 말고 매일같이 남편을 데리고 가서 바라보고 오세요. 어느 날 보면 집안에 옷이 걸려 있는 것을 보게 되는 역사가 일어납니다.

전도를 할 때에도 바라보지 않으면 잊어버립니다. 그래서 그 이름을 수첩에 적어놓고 바라보며 기도해야 합니다. 제 사무실 방에 들어오면 우리 교인들의 기도 제목이 곳곳에 붙어 있습니다. 지저분해도 할 수 없습니다. 여러분의 기도카드는 제 책상 옆에 늘 올려놓습니다. 그것을 매일 손을 얹고 기도하고 바라보며 기도합니다.

여러분이 바라보아야 할 것 중에 가장 중요한 것이 있습니다. 매일 주 예수를 바라보셔야 합니다. 십자가를 바라보셔야 합니다. 날 위해 주님께서 달리신 십자가를 매일 바라보면 주님의 은혜를 잊지 않습니다. 가롯 유다는 예수님을 바라보지 않고 돈을 바라보았기 때문에 예수님을 팔아먹고 그의 영혼을 팔아먹었습니다. 베드로는 예수님만 바라보아야 하는데, 바다물결을 바라보았기 때문에 바다 속으로 빠져 들어갔습니다.

예수님을 바라보면 시험에 빠지지 않습니다. 왜 시험에 듭니까? 그 이유를 분명히 알아야 합니다. 예수님을 바라보지 못했기 때문입니다. 십자가를 바라보며 날 위해 십자가에 달리신 주님을 바라보고, 그 사랑을 바라보고, 주님의 약속을 바라보고, 명령을 바라보고 하늘의 면류관을 바라보는 성도들이 되시기를 바랍니다.

여러분, 바라보며 기도할 때에 하나님의 권세가 임하기 시작합니다. 하나님은 이미 움직이고 계십니다. "비전을 디자인하고 이루라"는 목회표어를 정한 때가 있었습니다. 꿈꾸는 것을 구체적으로 그려놓고 나아가라는 말입니다. 길이 막혀도 문제가 있어도 비전을 가지고 바라보며 구체적으로 기도하면 응답이 있습니다. 여러분, 여러분이 정복해야 할 영적인 목표가 있지요? 여러분이 차지해야 할 이 땅의 축복이 있지요? 우리 교회가 담당해야 할 믿음의 목표가 있지요? 여러분, 모두가 그려 오시기 바랍니다. 그리고 기도하면서 하나하나 응답받는 성도들이 됩시다.

📝 적용

ⓐ 오늘 말씀의 주제 파악하기

_____

_____

ⓑ 오늘 말씀 중 은혜 받은 부분 나누기

_____

_____

ⓒ 삶에 구체적으로 적용하기

_____

_____

🙌 함께 드리는 기도제목

1. 강하고 담대한 믿음을 주셔서 우리가 차지해야 할 축복의 땅을 차지하게 하옵소서.
2. 주님의 약속을 바라보고, 명령을 바라보고, 하늘의 면류관을 바라보게 하옵소서.
3. 우리가 차지해야 할 축복의 지경을 그려보고 기도하면서 하나하나 응답받게 하옵소서.

가나안 정복기 9

오직 여호와

- **본 문:** 여호수아 24장 14-18절(구 358쪽)
- **찬 송:** 197장(은혜가 풍성한 하나님은, 통 178장)
- **요 절:** "만일 여호와를 섬기는 것이 너희에게 좋지 않게 보이거든 너희 조상들이 강 저쪽에서 섬기던 신들이든지 또는 너희가 거주하는 땅에 있는 아모리 족속의 신들이든지 너희가 섬길 자를 오늘 택하라 오직 나와 내 집은 여호와를 섬기겠노라 하니" (수 24:15).

우리 인생은 늘 새로운 일들의 연속입니다. 어제와 변함없이 태양이 떠올라도 오늘은 다른 하루를 살아가야 합니다. 오늘 같은 태양 아래서 어떠한 일들이 일어날지 우리는 아무도 모릅니다.

새 성전 건축 중에 교회 마당을 파다 보니 황토가 나왔습니다. 작업을 하고 이 황토 흙을 그대로 덮으면 시간이 지나면서 땅이 가라앉는다고 합니다. 그냥 공사를 하게 되면 나중에 다시 해야 합니다. 건축위원 중에 우리나라 3대 감리회사의 중역인 분이 계셨는데 이 분이 시간이 더 걸리더라도 미래를 위해 흙을 사다가 덮는 것이 좋겠다고 하셨습니다. 그래서 교육관으로 가는 길에 신발에 흙이 묻지 않도록 흙길 위에 통로를 천으로 깔아놓았습니다.

그때 제가 그 길을 걸어보니 마치 신랑 신부가 결혼식을 위해 입장할 때 꽃길을 걷는 것 같았습니다. 그래서 우리 성도들에게 불편하시더라도 부부가 같이 걸어가며 옛날에 결혼식장에 입장하던 그 시간들을 회상해 보시고 행복한 결혼생활을 이어 가시라고 말씀을 드렸습니다. 불평하는 사람은 "왜 길이 울퉁불퉁하냐?"고 말하지만 감사하는 사람은 오늘 특별히 꽃길을 깔아놓았다고, 옛날 있었던 결혼식을 생각하며 다시 행복을 꿈꿉니다. 생각의 차이입니다.

여호수아는 이스라엘 백성을 위해 평생을 고생만 한 사람입니다. 그러나 여호수아는 긍정의 아이콘입니다. 가나안을 정탐할 때에도 여호수아와 갈렙만이 하나님의 말씀을 믿고 긍정적으로 생각했습니다. 모세의 수종자의 아들로서 출발하여 지금은 이스라엘 최고의 지도자가 되어 가나안 땅을 하나하나 점령하고 이스라엘 백성에게 나누어 주었습니다. 우리 지파가 땅을 받았으니 이제 나도 좀 쉬겠다고 하지 않았습니다. 마지막까지 전투에 참여했습니다. 마지막에도 가나안 정복을 마치지 못하고 안주하는 이스라엘 백성을 향하여 "너희들, 언제까지 그러고 있겠느냐? 하나님께서 이미 이 땅을 우리에게 주셨으니 가서 차지하라"고 믿음의 이야기를 했습니다.

그런데 이제 하나님 앞으로 갈 날이 얼마 남지 않았음을 안 여호수아는 이스라엘 백성을 불러놓고 마지막 고별설교를 합니다. 이 설교 후에 여호수아는 세상을 떠납니다.

오늘 말씀은 여호수아의 고별설교 가운데 최고의 클라이맥스에 이르는 말씀입니다. 여호수아는 마지막 유언을 하며 땅 문제를 이야기하지 않습니다. 가족 걱정이나 후계자 문제를 이야기한 것도 아닙니다. 여호수아가 강조하는 오늘 말씀의 핵심은 "오직 여호와만 섬기라"는 말씀입니다. 이 말씀을 보면, 엘리야 선지자가 이스라엘 백성을 향하여 외치던 광경이 떠오릅니다. 엘리야 선지자는 바알과 아세라를 섬기는 제사장 850인과 대결하며 백성들에게 외쳤습니다.

> "엘리야가 모든 백성에게 가까이 나아가 이르되 너희가 어느 때까지 둘 사이에서 머뭇머뭇 하려느냐 여호와가 만일 하나님이면 그를 따르고 바알이 만일 하나님이면 그를 따를지니라"(왕상 18:21).

지금 여호수아도 이스라엘 백성을 향하여 "너희들, 둘 사이에서 머뭇거리지 말고 하나님 편에 서라"고 말합니다. 그동안 이스라엘은 하나님을 섬겼지만 온전히 섬기지 못했습니다. 애굽에 노예로 있을 때에는 애굽 사람들이 믿는 우상을 함께 믿었습니다. '그들이 강하고 잘사니 그들의 신을 믿어야 되겠다' 생각했을 것입니다. 가나안 땅에 들어오니 가나안 사람들이 섬기는 우상이 매력이 있게 보였습니다. 가나안은 죄악의 도성이었습니다. 이들은 풍요와 성의 신을 섬겼습니다. 풍요가 얼마나 매력이 있습니까? 성적인 것은 사람을 끌어당기는 힘이 있습니다. 그래서 우상을 숭배하는 이들과 교류하다 보니 자기도 모르게 우상을 받아들이게 되었습니다. 이스라엘 백성이 지금 왜 머뭇거리고 있습니까? 오직 여호와만을 섬겨야 하는데 우상을 죄의식 없이 받아들이다 보니 마음이 변해버렸기 때문입니다.

1. 여호수아는 먼저 "여호와를 경외하며"라고 말합니다.

영어성경에는 "여호와를 두려워하라"고 번역했습니다. 하나님을 경외한다는 것은 하나님의 전능하심과 우리 인생을 섭리하심을 믿는 데서 시작됩니다. 하나님은 이 세상 만물을 창조하셨습니다. 태양빛을 주시고 공기를 주시고 바람을 주시고 달과 별을 주셨습니다.

이 모든 것이 우리에게 필요한 것들입니다. 달이 없으면 괜찮겠습니까? 아닙니다. 달이 없으면 지구의 자전이 요동치게 됩니다. 밀물 썰물도 없어집니다. 과학자들은 달이 없으면 지구에는 생명체가 살 수 없게 된다고 말합니다. 이 세상의 모든 것들이 하나님의 오묘하신 섭리 가운데 움직입니다. 그러므로 우리는 일어나서 잠드는 시간까지 하나님의 섭리 가운데 살아갑니다. 이 사실을 기억하고 사는 사람들은 하나님을 경외할 수밖에 없습니다.

우리가 사도신경을 고백할 때에 제일 먼저 "나는 전능하신 아버지 하나님, 천지의 창조주를 믿습니다"라고 고백합니다. 그것은 "하나님께서 모든 것을 주관하십니다"라는 고백입니다. 사람들은 우습게 생각하면 함부로 행동을 합니다. 인사를 하거나 악수를 할 때에는 가장 윗사람에게 먼저 합니다. 사람을 만날 때 다른 사람들을 다 만나 먼저 인사하고 나중에 윗사람에게 가서 인사하면 뭐라고 생각하겠습니까? 윗사람도 그 사람을 귀하게 생각하지 않습니다.

여러분, 하나님께서도 그러십니다. 우리 믿음의 사람은 내가 식사를 해도 하나님께 먼저 인사를 합니다. "하나님, 음식 주셔서 감사하고, 먹을 수 있는 건강 주셔서 감사하고, 이 음식 먹고 하나님을 위해 일하게 해주십시오" 하고 기도를 합니다. 아침에 일어나서 "아이고 잘 잤다" 그러는 것이 아니라 "하나님, 일어나게 해주셔서 감사합니다" 하는 마음이 먼저 들어야 이것이 하나님을 경외하는 마음입니다.

이스라엘 백성이 지금까지 자신들의 힘으로 살아온 것이 아니었습니다. 애굽에서 나온 것도, 광야에서 굶어죽지 않고 먹고 산 것도, 가나안 땅을 차지한 것도 다 하나님의 능력이었습니다. 그런데 편안하게 살다 보니 하나님을 잊어버리고 우상을 숭배하였습니다. 하나님을 두려워하지 않았기 때문입니다. 이것은 일찍이 가나안 땅에 들어가기 전에 하나님께서 귀에 못이 박히도록 들려주신 말씀이었습니다. '너희가 편안히 먹고 살게 되었을 때에 그 땅의 신을 섬기지 말라'는 말씀이었습니다.

오늘 우리는 어떻습니까? 하나님을 찾을 때마다 만나주셨습니다. 힘들 때 위로를 주시고 힘을 주셔서 지금까지 믿음으로 살게 해주셨습니다. 길이 막힐 때 길을 열어주셨습니다. 사탄이 주장하지 못하도록 성령님께서 여러분을 지켜 주셨습니다. 내 힘으로 산 것이 아닙니다. 그런데 우리가 편안히 먹고 살게 되었을 때에 하나님보다 다른 것을 더 좇아가지는 않습니까?

하나님을 경외하는 성도는 지금 내가 사는 모습을 보며 마지막을 바라보는 성도입니다. 우리는 언젠가 다 하나님 앞에 서게 됩니다. 한 번 죽는 것은 사람에게 정해진 것이요 그 후에는 심판이 있다고 히브리서 9장에서 말하였습니다. 그러나 하나님을 경외하고 살아간 믿음의 사람은 심판을 받지 않습니다. 그때에 하나님의 위로가 있습니다. '네가 나를 위하여 고생했구나! 믿음을 잘 지켰구나!' 하고 칭찬해 주시고 상급을 주십니다. 그러므로 하나님을 경외하는 성도들이 되시기를 바랍니다.

2. "온전함과 진실함으로 그를 섬기라"고 말합니다.

'온전함'이란 '흠이 없는 제물'을 말할 때 사용하는 단어입니다. '진실함'은 '거짓이 들어가지 않은 순수한 마음'을 말합니다. 온전함과 진실함이란 백점짜리를 말하는 것이 아닙니다. 흠이 없는 완벽한 상태를 말하는 것이 아닙니다. 하나님께서는 우리의 연약함을 다 아십니다. 부족함도 아십니다. 그렇지 않다면 누가 하나님 앞에 설 수가 있겠습니까? 성경이 말하는 온전함과 진실함이란 하나님 앞에 어린아이와 같은 마음으로 "하나님, 저는 부족해요, 하나님 도우심이 없으면 살 수 없어요, 내 삶의 주인은 하나님이십니다" 하는 뜻입니다.

우리 성도님들 가운데 어린 아기들을 키우는 가정들이 많이 있습니다. 아기가 너무 귀여워서 한번 안아보자고 해서 안아보면 아기가 생글생글 웃어주면 좋을 텐데 대부분이 그렇지 않아요. 엄마를 향해 팔을 뻗칩니다. "이 모르는 사람이 나를 안고 있으니 내가 불안합니다. 빨리 나를 데려가세요"라는 뜻입니다. 또 어떤 아기는 인상이 찡그러지기 시작합니다. 그러면 빨리 엄마에게 돌려주어야지 조금 더 있으면 "으앙-" 하고 폭발을 합니다. 아기가 엄마를 의지하고 신뢰하는 모습, 그것이 바로 온전함과 진실함입니다.

하나님께서 이스라엘 백성에게 지금 요구하시는 것은 거대한 성전도 아니었습니다. 많은 제물을 바라시는 것도 아니었습니다. 여호수아는 이스라엘 백성에게 "너희를 지금까지 인도하신 분이 여호와이시다. 너희들을 사랑하여 지금까지 훈련시키고 너희들이 살 축복의 땅으로 인도하셨다. 그러니 이곳에서 오직 여호와만을 섬기고 복되게 살아야 한다. 그러기 위해서 온전함과 진실함으로 하나님을 섬겨야 한다"라고 외치고 있습니다.

여러분, 하나님께서 진정으로 우리에게 원하시는 것은 하나님을 어린아이와 같이 온전함과 진실함으로 바라보는 것입니다. 이런 성도는 하나님의 집을 늘 그리워하며 어린 아기가 젖을 사모하는 것처럼 말씀을 사모합니다. 하나님의 품안에 있으면 늘 행복하고 안심이 됩니다. 세상에 아무리 좋은 것이 있어도 하나님 곁에 있는 것만 못합니다. 다윗은 시편 84편 10절에서 "악인의 장막에 사는 것보다 내 하나님의 성전 문지기로 있는 것이 좋사오니"라고 고백했습니다. 이것이 다윗이 온전하고 진실하게 하나님을 섬긴 모습입니다.

오늘의 한국교회의 모습을 보면서 가나안 땅에 들어가 정착한 이스라엘 백성의 모습과 교차가 됩니다. 이스라엘 백성이 노예생활을 하고 광야생활을 했던 것처럼 우리 민족도 역사적으로 노예생활을 하고 광야생활을 했습니다. 그때에 우리 믿음의 선조들은 이스라엘 백성처럼 하나님 앞에 부르짖었습니다. 밤마다 피곤해도 교회에 나와 밤을 새우며 부르짖었습니다. 말씀을 사모했습니다. 부흥회를 한다고 하면 수십 리 길을 걸어서 쫓아다녔습니다.

저도 어머니를 따라 부흥회를 따라다녔습니다. 어머니는 신령한 목사님이 오시면 늘 저를 데리고 들어가 안수기도를 받게 하셨습니다. 주의 종에게 축복받는 것이 가장 귀한 것임을 알고 있었습니다. 우리 대한민국이 이스라엘 백성이 가나안 땅에 들어간 것처럼 이제 처음으로 잘살게 되었는데, 지금은 오직 여호와만 섬기는 것이 아니라는 말입니다. 우리는 여호수아를 통해 이스라엘 백성에게 주셨던 말씀이 오늘 우리 한국교회에 주시는 말씀으로 들려져야 합니다. "강 저쪽에서 섬기던 신들이든지 아니면 지금 살고 있는 땅에 함께 거주하는 아모리 족속의 신들이든지 너희가 섬길 자를 택하라"는 말씀이 우리에게 들려지는 말씀입니다.

지금 이스라엘 백성은 자신들의 상태를 모르고 있습니다. 영적으로 병든 상태에 이른 것도 모르고 있습니다. 암 중에 무서운 암이 간암이라고 합니다. 간은 다 망가질 때까지 눈치 채지 못합니다. 병원에 가서 검사하다가 간에 문제가 있다 그러면 이미 거의 다 망가진 상태입니다. 치료도 잘 되지 않습니다. 엊그제도 누가 암에 걸렸다고 해서 몇 기냐고 물어보았더니 말기라고 합니다. 죄의 병도 그렇습니다. 마귀는 우리 속에 들어와 똬리를 틀고 앉아서 자신의 정체를 숨깁니다. "잘한다, 잘한다, 잘한다" 그럽니다. 그래서 잘하는 줄 알고 가다 보면 죄가 깊어지고 말기가 됩니다.

무엇으로 발견할 수 있습니까? 오직 말씀입니다. 말씀을 순전하게 듣고 말씀을 진실함으로 받아먹어야 합니다. 그러면 말씀이 우리의 죄를 깨닫게 해줍니다. 세상의 명약도, 최고의 석학도 발견할 수 없는 죄의 병을 하나님의 말씀이 다 드러나게 해줍니다. 그러므로 여러분은 말씀을 사모하시고 말씀 앞에 늘 겸손하시기 바랍니다. 또 죄의 무서운 병을 무엇으로 치료할 수 있습니까? 그것도 오직 살아계신 하나님의 말씀만이 치료합니다. 하나님의 말씀은 우리의 병든 심령골수를 쪼개고 새롭게 해줍니다.

병든 사람이 수술을 하면 아픕니다. 죄의 병도 그렇습니다. 하나님의 말씀으로 우리를 수술할 때 심령이 아파 와야 합니다. "하나님, 이렇게 내 속에 또 큰 죄가 있었군요"라는 회개의 기도가 있어야 치료가 됩니다. 구원의 시작은 나 자신을 아는 데서부터 출발합니다. 내가 얼마나 죄인이고 하나님의 은혜가 없다면 살 수 없는 존재인지를 깨달을 때에 구원의 역사가 시작됩니다.

3. "오직 나와 내 집은 여호와를 섬기겠노라"고 말합니다.

여호수아는 이스라엘 백성을 향해 "너희들이 지금 심각한 병이 들었다. 그러니 하나님께로 돌아와야 산다" 하고 외치고 있습니다. "너희들, 우상을 섬길 것인가? 오늘 택하라. 오직 나와 내 집은 여호와를 섬기겠노라"라고 말합니다. 여러분, 이 여호수아의 고백이 우리의 고백이 되기를 원합니다.

지금 우리의 자녀들은 가나안 땅의 이스라엘 백성의 자녀들과 같이 과거와 같은 고생을 모르고 삽니다. 식민지 생활을 해본 경험도 없고, 전쟁도 겪어보지 않았습니다. 우리나라도 동네에 전화기 한 대 없었고, 온 동네 사람들이 텔레비전 있는 집에 몰려가 연속극을 보던 때가 그리 오래되지 않았습니다. 그런데 지금은 초등학교 아이들까지 휴대폰을 들고 다닙니다. 배고파서 우는 아이들이 없습니다.

이들에게 "오직 나와 내 집은 여호와를 섬기겠노라"고 가르치시기 바랍니다. 그러면 가나안 땅에 약속해 주셨던 축복을 우리 자녀들이 누리게 될 줄로 믿습니다.

사람들은 젊어졌다는 이야기를 들으면 그렇게 좋아합니다. 40세 되신 분에게 나이가 50쯤 되느냐고 물으면 될 일도 안 됩니다. 그런데 스물다섯으로 보인다고 하면 너무 좋아합니다. 여러분은 제가 몇 살쯤 되어 보이십니까? 저보고 40대로 보인다고 하면 기분이 좋습니다. 그런데 하나님께서는 오직 여호와만을 섬기겠다고 하면 좋아서 어쩔 줄 몰라 하십니다. 그런 사람을 좋게 보십니다. 여러분, 하나님께서 좋게 보시면 인생이 형통하게 됩니다. 하나님께서 좋게 보시는 자는 세상이 어떻게 하지 못합니다.

하나님께서는 다윗을 좋게 보셨습니다. 아브라함을 좋게 보셨습니다. 욥을 좋게 보셨습니다. 따라 합시다.

"오직 나와 내 집은 여호와를 섬기겠노라."

그러면 하나님께서 여러분도 좋게 보십니다. 여호수아의 이 고백을 듣고 이스라엘 백성도 과거를 회상합니다. 하나님께서 우리를 애굽의 노예에서 해방시켜 주셨습니다. 큰 이적들을 행하여 주셨습니다. 우리를 보호해 주셨습니다. 적들을 이기게 해주셨습니다. 그러므로 우리도 "여호와를 섬기겠습니다"라고 고백을 합니다.

여호수아는 선한 영향력을 전하는 사람이었습니다. 과거에도 그랬고 지금 마지막 유언과도 같은 고별설교를 하면서도 이스라엘 백성이 하나님을 바라보는 데 선한 영향력을 미치고 있습니다. 여러분, 세상이 어떻게 변하더라도, 사람들이 어떤 것을 쫓아가더라도 "오직 나와 내 집은 여호와를 섬기겠노라"는 고백이 여러분의 입술에서 떠나지 않기를 바랍니다. 오직 여호와, 오직 여호와 하나님만 섬기고 살아가는 성도들이 됩시다.

📝 적 용

ⓐ 오늘 말씀의 주제 파악하기

ⓑ 오늘 말씀 중 은혜 받은 부분 나누기

ⓒ 삶에 구체적으로 적용하기

🙌 함께 드리는 기도제목

1. 하나님을 경외하며 세상을 살아가는 성도들이 되게 하옵소서.
2. 말씀을 사모하고, 말씀 앞에 늘 겸손하게 하옵소서.
3. "여호와를 섬기겠습니다"라는 여호수아의 고백이 우리의 고백이 되게 하시고, 우리 모두가 오직 여호와 하나님만 섬기고 살아가게 하옵소서.

38
기드온의 삼백 용사들처럼

- **본 문**: 사사기 7장 1-3, 16-18절(구 372쪽)
- **찬 송**: 204장(주의 말씀 듣고서, 통 379장)
- **요 절**: "나와 나를 따르는 자가 다 나팔을 불거든 너희도 모든 진영 주위에서 나팔을 불며 이르기를 여호와를 위하라, 기드온을 위하라 하라 하니라"(삿 7:18).

이스라엘 백성의 가나안 정복은 여호수아 시대에 끝난 것이 아닙니다. 여호수아가 죽고 난 후에도 이스라엘 백성은 계속해서 가나안 족속들과 싸워나가고 있습니다. 이 싸움은 끝이 없는 싸움입니다. 사사시대에도 싸우고 왕조시대에도 싸웁니다. 그리고 이스라엘은 지금도 중동지역에서 사방의 적들과 싸우고 있습니다. 이것은 영적인 의미를 우리에게 주고 있습니다. 이스라엘 백성의 적은 사람이 아닙니다. 하나님의 질서에 반대하는 세력과의 싸움입니다. 하나님께서는 가나안을 멸하라고 하셨는데 그 의미는 죄악과 함께 지내지 말라는 뜻입니다.

죄는 늘 우리 속에서 솟아납니다. 곡식밭에 잡초를 다 뽑았는데도 어느 날 보면 또 잡초가 솟아오르는 것과 같습니다. 이것은 우연이 아닙니다. 우리 속에는 늘 죄와 함께하고 싶은 욕망이 있습니다. 겸손하려고 하지만 교만하고 싶은 욕망이 있습니다. 말씀대로 살려고 하지만 말씀을 거부하는 모습이 내 속에 있습니다. 긍정적인 삶을 살려고 하지만 내 입술에는 부정적인 언어가 나와 다른 이들을 고통스럽게 만듭니다. 왜 그렇습니까? 사탄이 그렇게 하기 때문입니다.

사도 바울은 "우리의 씨름은 혈과 육을 상대하는 것이 아니요 통치자들과 권세들과 이 어둠의 세상 주관자들과 하늘에 있는 악의 영들을 상대함이라"(엡 6:12)고 했습니다. 예수님께서도 밭에 대한 비유를 말씀하시면서 사람들이 잘 때에 원수가 와서 가라지를 뿌려놓고 갔다고 하셨습니다. "왜 가라지를 안 뽑습니까?" 하고 물을 때에 이들을 뽑다 보면 곡식들이 다칠 것이니, 심판 때에 불사를 것이라고 하셨습니다. 사탄이 자꾸 뿌려놓습니다. 하나님의 자녀들은 이스라엘 백성처럼 계속해서 사탄과 싸워야 합니다.

여호수아 때에도 이스라엘 백성은 가나안을 완전히 제압하지 못했습니다. 하나님의 명령을 어기고 이들을 남겨두었습니다. 종으로 부리기 위해서 남겨둔 일도 있고 상대방이 너무 강해서 정복하지 못한 일도 있었습니다. 또 속아서 남겨둔 일도 있었습니다.

기브온 사람들은 다 해어진 전대와 찢어진 가죽 포도주 부대를 가지고 낡은 옷과 낡아 기운 신발을 신고 찾아왔습니다. 마르고 곰팡이가 난 빵을 가지고 와서 '우리는 먼 곳에서 왔다'고 거짓말을 했습니다. 당신들이 한 일도 들었고 여호와 하나님을 인하여 왔다고 거짓말을 했습니다. 그래서 이들과 서로 공격하지 않기로 맹세하고 약조를 맺었습니다. 알고 보니 그들은 가나안 거민이었습니다. 이들과 이미 맹세하고 약조를 맺었으므로 이들을 공격하지 못하고 이들과 함께 가나안에 거하게 되었습니다. 이것이 이스라엘 백성에게는 옆구리의 가시가 되었고 올무가 되었다고 했습니다. 사탄은 이렇게 교묘합니다. 거짓말로 사람들을 속입니다.

오늘 우리도 매일같이 싸움을 하고 있습니다. 이 싸움은 천국 문에 들어갈 때까지 계속됩니다. 오늘로써 가나안 정복기에 대한 말씀을 마칩니다. 그러면 가나안 정복이 끝난 것입니까? 아닙니다. 하나님께서 주신 가나안을 정복하기 위한 싸움은 계속됩니다. 오늘까지 가나안 정복기에 대한 말씀을 전했으니 은혜 받은 만큼 여러분의 마음을, 가정을, 일터를 주장하던 악한 사탄의 세력과 싸워 이겼을 줄로 믿습니다. 신앙은 날마다 진보가 있어야 합니다. 우리 도림교회 성도들은 처음 믿음보다 나중 믿음이 더 순결하고 더 굳건해지기를 바랍니다.

사사기는 이스라엘 백성이 가나안 땅에 들어가 약 삼백 년 정도 왕 없이 지내던 기간에 있었던 일을 기록해 놓은 책입니다. 주변의 국가들에는 왕이 있었습니다. 그런데 이스라엘에는 왕이 없었습니다. 하나님께서는 사사들을 세우시고 사사를 통해 나라를 이끄셨습니다. 사사시대에는 하나님이 왕이셨습니다. 사사기에는 열두 명의 사사의 이름이 기록되어 있는데, 사무엘이나 그 아들들까지 하면 더 많습니다.

오늘 말씀에 나오는 기드온도 사사입니다. 기드온은 농부 출신이었는데 하나님께서 기드온을 부르셨습니다. 성경은 사람들을 미화시키지 않습니다. 역사책이나 위인전들을 보면 사람들을 미화시키는 일들이 많습니다. 교회도 목사님들이 위대하다고 생각하면 착각입니다. 이단들은 하나같이 교주들을 미화시킵니다. 그러나 목회자는 주의 종입니다. 하나님께서 일하라고 보내주신 일터에서 순종하다가 일이 끝나면 가면 되는 종입니다. 연극에서 주인공을 맡았다고 해서 연극이 끝난 후에도 계속 무엇을 하려고 하면 안 됩니다. 끝나면 빨리 퇴장해야 합니다.

이스라엘 백성이 그동안 모세와 여호수아라는 믿음의 지도자들을 통해 인도함을 받았습니다. 이 지도자들은 목숨을 걸고 이스라엘 백성이 순결함을 유지하도록 애를 썼습니다. 그런데 여호수아가 죽고 나서 처음에는 믿음으로 살더니 이스라엘 백성이 다시 죄를 범하기 시작합니다. 베냐민 지파도 므낫세 지파도 에브라임 지파도 스불론 지파도 아셀 지파도 납달리 지파도 가나안 족속을 쫓아내지 못하고 그들과 함께 살았습니다. 그리고 그들 속에 들어온 가나안 족속들을 통하여 우상을 받아들이게 되었습니다.

이스라엘 백성이 신이 났습니다. 전쟁을 하지 않아도 되고 이방인들과 교제하니 그들의 문화가 재미있습니다. 죄 짓는 것도 재미가 있었습니다. 여호수아의 후손들은 바알 신을 섬기고, 아스다롯을 섬기고, 여호와를 알지 못했다고 성경은 기록하고 있습니다. 그 짧은 40여 년의 시간 동안에 후손들은 믿음의 길을 떠났습니다. 여러분, 하나님과 멀어지는 것이 순식간에 이루어지는 것을 잊지 말아야 합니다.

이스라엘 백성이 하나님의 뜻을 떠나가고 있을 때 하나님은 무엇을 하고 계시는 줄 아십니까? 다 준비하고 계십니다. 미디안이라고 하는 나라를 강성하게 하십니다. 그래서 이들이 심심하면 쳐들어와 이스라엘 백성이 농사지은 것을 약탈해 갑니다. 단 지파 자손들은 오히려 미디안 족속에게 쫓겨 산지로 들어갔습니다. 여호수아 때에는 전쟁만 하면 승리했는데, 가나안 족속들이 벌벌 떨었는데 왜 이렇게 되었습니까? 하나님의 뜻을 떠나니 하나님의 능력도 함께 떠나갔기 때문입니다. 이스라엘 백성은 고통을 당하며 슬피 울며 부르짖었습니다.

이때에 하나님은 기드온을 포도주 틀에서 밀을 타작할 때 부르셨습니다. 기드온이 원래 용감하고 굉장한 사람이라고 생각하는데 그렇지 않습니다. 기드온은 농사의 열매를 거두었는데 마당에서 타작을 해야 합니다. 그러면 그 소리를 듣고 미디안에서 또 쫓아와 곡식을 빼앗아갈 것입니다. 그래서 포도주 틀에 넣고 소리 안 나게 숨어서 타작을 하고 있었다는 말입니다. 그런데 왜 이런 소심한 기드온에게 찾아오셨습니까?

첫째, 기드온은 믿음을 지키고 있는 사람이었습니다.
그래서 하나님께 "하나님이 살아계시는데 왜 이런 일이 우리 민족에게 일어납니까?" 하고 질문했던 것입니다.

둘째, 겸손한 사람이었습니다.
하나님께서는 기드온에게 '큰 용사'라고 하시는데 기드온은 "우리 집은 므낫세 집 중에서도 제일 약하고 나는 아들들 가운데서도 제일 보잘것없는 자입니다"라고 고백했습니다.

셋째, 우상을 타파하는 자였습니다.
하나님의 부르심을 받은 후에 하나님의 뜻을 따라 바알의 단을 헐고 아세라 목상을 찍어 버렸습니다. 그래서 난리가 났습니다. 사람들이 기드온을 죽이려 했습니다. 하나님의 백성들이 우상을 헐어 버린 기드온을 죽이려고 모여들었으니 이스라엘이 이렇게 타락했습니다.

넷째, 예배하는 자였습니다.
사사기 6장은 기드온의 소명장인데, 기드온은 하나님의 사자에게 '내가 예물을 가지고 돌아올 때까지 이곳을 떠나지 마시고 기다려 달라'고 합니다. 하나님의 사람은 기드온에게 "고기와 무교전병 위에 국을 쏟아놓으라" 하고 지팡이로 가리킬 때에 불이 나와 그 모든 것을 불살랐습니다. 기드온은 그곳에 단을 쌓고 그곳 이름을 '여호와 샬롬'이라 불렀습니다. '여호와 샬롬'이란 말이 여기서 시작되었습니다. '여호와는 평강이시다'라는 뜻입니다. 여호와께서 함께하시면 우리 민족에게 평안을 주신다는 신앙고백입니다.

여러분, 미디안과 같이 우리를 괴롭히는 많은 일들이 있습니다. 그들이 나보다 강합니다. 능력이 있습니다. 그러나 하나님께서 나와 함께하시면 여호와 샬롬의 역사가 일어납니다.

기드온은 하나님의 말씀을 따라 전쟁에 나갈 용사를 모집합니다. 그래서 삼만 이천의 병사들이 모집되었습니다. 하나님은 너무 많다고 하십니다. 아니 적들은 십삼만 명이 넘는데 삼만 이천 명이 어떻게 많습니까? 하나님께서는 '너희가 수가 많으면 너희 힘으로 이겼다고 교만해할 것'이라고 하십니다. 여러분, 내가 하는 것이 아닙니다. 내가 능력이 있어서 직장생활을 잘하고 내가 잘해서 사업이 잘되고 내가 교회 봉사하고 내가 주의 일을 하는 것이 아닙니다. 하나님의 은혜로 살아갑니다. 하나님께서는 우리가 교만하여지는 것을 싫어하십니다.

성전 건축을 진행하면서 눈물 나는 일들이 많았습니다. 매일같이 싸울 일들이 생깁니다. 법은 왜 그렇게 자주 바뀝니까? 문 하나 내는 것도 쉽지 않습니다. 민원은 얼마나 많습니까? 어떤 장로님이 "목사님, 작은 집 하나 지어보았더니 진저리가 납니다. 힘내세요" 그럽니다. 그러면서 하시는 말씀이 '앞으로는 절대 집을 짓지 않겠다'고 하셨습니다. 힘든 일이 있을 때마다 "하나님, 도와주세요, 하나님, 은혜 주세요" 하고 엎드릴 수밖에 없었습니다. 왜 이런 일이 있습니까? "너희들이 하나님의 집을 짓는 것이 아니다"라는 것을 깨닫게 해주셨습니다.

하나님께서 두려워하는 자들은 모두 전쟁터를 떠나 돌아가라 하시니 이만 이천 명이 돌아가고 일만 명이 남게 되었습니다. 다 싸우러 나온 것이 아니었습니다. 마음속에 두려워하는 사람도 있었고 전쟁이 내키지 않는 사람도 있었다는 말입니다. 하나님께서는 이런 사람들에게 하나님의 일을 맡기는 것을 원하시지 않았습니다. 이런 사람들을 통하여 기적을 베푸는 것도 원하시지 않았습니다. 하나님께서는 일만 명도 많다고 하십니다. 그래서 물로 데리고 가서 물을 마실 때에 개처럼 엎드려 마시는 자는 돌려보내고 물을 손으로 떠서 마시는 자를 구분하라 하셨습니다. 기드온이 하나님의 명령대로 했더니 물을 손으로 떠 마신 자들은 단 삼백 명이었습니다. 왜 하나님께서 손으로 움켜 물을 마신 자들만 택하셨는지 성경에 기록되지 않아 이유는 알 수가 없습니다.

저는 성경의 이 말씀이 떠올라 산에 가서 계곡의 물을 마실 때에도 꼭 손으로 움켜 마셨습니다. 하나님께서 나를 택하시라고…. 학자들은 무릎을 꿇고 손을 움켜 마신 사람들은 사주경계를 철저히 한 사람들이라고 말하는데, 그것은 모릅니다. 하나님께서 사람을 택하시는 뜻을 우리가 어떻게 알 수 있습니까? 주의 종을 세우실 때에도 좀 멋진 사람을 뽑으면 좋을 텐데, 왜 나 같은 사람을 세우시는지 그 뜻을 알 수가 없습니다. 하나님께서는 좋은 사람들만 만나게 하시면 좋을 텐데, 그렇지 않은 사람들을 만나게 하셔서 왜 힘들게 하시는지도 그 뜻을 알 수가 없습니다. 그러나 하나님은 분명한 뜻을 가지고 계십니다. 그러므로 우리가 하나님을 믿고 순종하면 그것이 유익합니다.

삼백 명의 용사라고 우리는 이야기하는데 정말 용사인가 생각이 들어 성경을 살펴보니 '용사'라는 말이 없습니다. 그저 '삼백 명'이라고만 나옵니다. 삼백 명이 주변을 경계하며 마셨다는 말씀도 없고 이들이 특별히 건장하다거나 빠르다거나 칼을 잘 쓴다거나 하는 내용도 없습니다. 성경은 이들을 영웅시하지 않았다는 말입니다. 이름 없는 병사들이 나라를 구하고 가족을 구했습니다. 이 전투 이후에 이리저리 쫓겨 다니며 살던 이스라엘이 주도권을 잡게 됩니다.

이들은 무엇을 잘했습니까? 순종을 잘했습니다. 골짜기가 가득하도록 메뚜기 떼처럼 바닷가의 모래처럼 많은 미디안 군대를 상대하러 갈 때에 횃불과 항아리와 나팔을 가지고 싸우러 가자 하니 한 사람도 말하지 않고 순종했습니다. 이것이 놀라운 일입니다. 죽으러 가는 일입니다. 삼백 명이 무기도 제대로 들지 않고 적지로 향하는 것은 죽겠다는 이야기입니다. 그런데 하나님께서 그런 순종하는 사람들만 선택하여 쓰셨다는 말입니다.

여러분, 여러분이 삼백 용사와 같이 죽으러 가면 어떠한 적들도 이길 수가 있습니다. 그러한 사람들을 하나님께서 특별히 사용하시기 때문입니다. 삼백 명의 용사가 한 일은 밤중에 항아리를 깨트리고 그 속에 들어있던 횃불을 꺼내들고 나팔을 불며 "여호와를 위하라, 기드온을 위하라, 여호와와 기드온의 칼이다" 하고 외친 것밖에는 한 일이 없습니다. 적들은 밤중에 서로 놀라 서로를 죽였습니다. 이것이 하나님의 방법입니다. 믿음으로 이 위대한 승리를 한 삼백 용사는 그 이름이 기록되어 있지 않습니다. 그러나 이들은 십삼만 오천의 미디안을 이기는 역사적인 현장에 서 있었고 주인공들이 되었습니다. 이들은 자손들에게 그때 있었던 장면들을 늘 이야기했을 것입니다. 그리고 그 자녀들도 믿음의 길을 걸어갔을 것입니다. 하나님의 일은 믿음으로 하는 것입니다.

요즘 한국교회가 왜 어려움을 당하고 줄어들고 있습니까? 내가 무엇을 해보겠다고 합니다. 목사님을 청빙해도 내가 골라보겠다고 합니다. 공부를 얼마나 했는지 성적도 보고, 설교는 얼마나 잘하는지 들어보고 결정하겠다고 합니다. 여기에는 부흥이 없습니다. 하나님의 기적도 없습니다. 하나님께서 골라주실 줄로 믿고 인물 보지 말고, 키 같은 것 보지 말고, 오직 믿음으로 우리를 천국까지 이끌 목회자인가를 바라보게 해달라고 기도할 때 그 교회가 삽니다. 교회의 부흥이 왜 안 일어납니까? 횃불과 항아리와 나팔을 가지고 적지로 향하는 순종하는 성도들이 있을 때 미디안을 격퇴하는 기적을 허락해 주십니다. 우리는 오늘도 우상을 깨트리고 복음의 횃불을 들고 예수를 외칠 때 우리로 인하여 모두가 살게 되는 역사가 일어날 줄로 믿습니다.

우리 교회는 7년 동안의 성전 건축을 마무리하고 새 성전에서 예배를 드리고 있습니다. 십자가도 멋진 작품이 들어왔습니다. 스카이라운지 같은 1천 석의 넓은 식당도 생겼습니다. 구석구석 그저 쉽게 공사하지 않고 최고의 작품으로 만들었습니다. 우리 성도들이 역사적인 기념비적인 건축물이 되게 해달라고 기도했는데, 그 믿음대로 이루어 주셨습니다. 성전 건축이 기적이었습니다. 그 기나긴 건축 중에 교회가 부흥한 것도 기적이었습니다. 우리 교회 성도들이 불평하지 않고 믿음으로 놀라운 일을 시작할 때에 하나님께서 우리에게 은혜를 주시고 복을 주셨습니다.

여러분, 누가 오늘의 삼백 용사입니까? 바로 여러분입니다. 하나님께서는 여러분을 통하여 놀라운 일들을 만들어 나가실 줄로 믿습니다. 여러분이 삼백 용사로 오늘의 영적 싸움을 싸워나가야 합니다. 그래서 우리 가족을 살리고, 우리 교회를 살리고, 더 나아가 이 민족의 교회들을 살리는 비전과 꿈을 주는 우리 교회와 성도들이 됩시다.

📝 적용

ⓐ 오늘 말씀의 주제 파악하기

_____

_____

ⓑ 오늘 말씀 중 은혜 받은 부분 나누기

_____

_____

ⓒ 삶에 구체적으로 적용하기

_____

_____

🙌 함께 드리는 기도제목

1. 처음 믿음보다 나중 믿음이 더 순결하고 더 굳건하게 하옵소서.
2. 우상을 깨트리고 복음의 햇불을 들고 예수를 외칠 때 우리로 인하여 모두가 살게 되는 역사가 일어나게 하옵소서.
3. 우리 모두가 삼백 용사로 오늘의 영적 싸움을 싸워나가게 하옵소서.

내 아버지의 집

- **본 문**: 요한복음 2장 13-17절(신 145쪽)
- **찬 송**: 585장(내 주는 강한 성이요, 통 384장)
- **요 절**: "노끈으로 채찍을 만드사 양이나 소를 다 성전에서 내쫓으시고 돈 바꾸는 사람들의 돈을 쏟으시며 상을 엎으시고 비둘기 파는 사람들에게 이르시되 이것을 여기서 가져가라 내 아버지의 집으로 장사하는 집을 만들지 말라 하시니"(요 2:15-16).

오늘 말씀은 예수님께서 성전에 들어가셔서 성전 안에서 제물이 될 짐승을 파는 사람들, 환전하는 사람들을 내쫓으시고 상을 엎으시고 하신 말씀입니다. "내 아버지의 집으로 장사하는 집을 만들지 말라" 하셨습니다.

당시에 유대인 남성들은 절기마다 성전에 올라와 제사를 드려야 했습니다. 이것은 하나님의 명령이기 때문입니다. 그런데 종교가 타락하면서 하나님의 집이 타락하게 되었습니다. 짐승을 파는 사람들은 처음에는 멀리서 오는 사람들이 짐승을 데리고 오는 것이 힘이 들기에 미리 성전에서 준비하여 편리하게 하겠다는 발상에서 시작되었습니다. 요즘처럼 승용차를 타고 오는 것이 아닙니다. 며칠씩 걸어서 와야 했습니다.

그런데 시간이 흐르면서 편법을 사용하기 시작합니다. 짐승을 파는 자들이 성전에서 일하는 자들과 결탁을 합니다. 그래서 집에서 가져온 짐승에 대하여는 온전하지 못하다고 불합격 판정을 내렸습니다. 그리고 몇 배의 가격으로 양과 비둘기를 팔았습니다. 무려 열 배까지 폭리를 취했다는 기록이 나옵니다. 휴가철에 휴양지에서 하는 것은 비교도 안 됩니다. 그러나 울며 겨자 먹기로 제물을 사야 했습니다. 성전에 헌금을 드리려면 성전 화폐로 바꾸어 드려야 했습니다. 여기에도 환전하는 자들이 꾀를 썼습니다. 환전을 하면서 수수료를 턱없이 많이 받았습니다. 무려 절반 데나리온의, 즉 하루 임금 절반의 수수료를 받았다고 하는 기록이 있습니다.

예수님께서 성전에 들어가셨을 때에 성전 마당에는 짐승들의 울음소리, 매매하는 자들의 떠드는 소리, 여기저기서 환전하는 사람들의 시끄러운 모습을 보면서 예수님은 분노하셨습니다. 노끈을 가져다가 채찍을 만드십니다. 준비를 하셨습니다.

저는 말씀을 준비할 때에 늘 그 장면을 영화처럼 상상을 해봅니다. 예수님께서 분노하시며 구석에서 새끼를 꼬고 계셨습니다. 그리고 그 채찍을 들고 휘두르며 사람들을 내어 쫓으셨습니다. 돈 바꾸는 자들의 상을 엎으셨습니다. 돈이 이리저리 튀어나가고, 새장 속의 비둘기는 이리저리 날아갈 것입니다. 그 기세가 얼마나 굉장했던지 사람들이 꼼짝을 못했습니다. 예수님의 모습은 평상시의 모습이 아니었습니다. 아픈 자들을 하나하나 만져주시고 어린아이를 품에 안고 기도해 주시는, 그런 인자한 모습이 아니었습니다.

저는 오늘 성경의 내용을 상상해 보면서 심판날의 예수님의 모습을 보았습니다. 오늘날 한국교회를 보면 교인들이 얼마나 착합니까? 예배드리고 은혜 받기 위해 교회를 찾아 나옵니다. 하루 종일 일에 힘들고 지쳐도, 병이 들어 아파도 예배드리고 은혜 받기 위해 교회로 나옵니다. 어느 교회나 대부분의 교인들은 착합니다. 그런데 대한민국의 교인들이 교회마다 아파합니다. 자기도 모르게 싸움에 끼어들어 은혜 받지 못하는 교회생활을 합니다. 누구 때문입니까? 지도자들 때문입니다.

　이스라엘 백성이 그랬습니다. 그 먼 거리를 주먹밥을 싸서 들고 양을 어깨에 메고 혹은 끌고 예배드리기 위해 찾아왔습니다. 하나님 만나고 사죄의 은총을 입기 위해서 뜨겁고 먼지 나는 길을 터벅터벅 걸어 찾아왔습니다. 그런데 이 아름다운 예배를 방해한 자들이 누구입니까? 당시 종교지도자들이었습니다. 그래서 예수님의 성전 정화 사건이 있은 후 제자들은 "제자들이 성경 말씀에 주의 전을 사모하는 열심이 나를 삼키리라 한 것을 기억하더라"(요 2:17)고 했습니다.
　열심을 내다 보니 왜 하나님을 섬기는지 잊어버리고 다른 길로 갔습니다. 이 말씀이 오늘 한국교회에 그대로 적용되는 말씀입니다. 우리 민족은 하나님의 은혜로 기적 같은 구원을 입은 민족입니다. 그래서 우리는 감사하고 또 감사해도 모자랍니다. 이 은혜를 갚을 길이 없어 예수님께서 최후로 맡겨주신 사명인 복음을 전하기 위해 힘을 씁니다. 그런데 이 복음을 방해하는 일이 교회 내부에서 일어납니다. 이것이 성경에 예언하신 말씀입니다.
　오늘은 마틴 루터에 의하여 일어난 종교개혁을 기념하여 지키는 종교개혁기념주일입니다. 종교를 개혁한다는 것이 무슨 뜻일까요? 기독교가 지금 어떤 불의함을 가지고 있으니 이것을 고쳐야 한다고 말을 합니다. 맞는 말입니다. 잘못된 것을 고쳐야 합니다. 개신교를 '개혁교회'라고 하는데, 이 말은 '고칠 개(改)' 자에 '고칠 혁(革)' 자를 씁니다. 고친다는 뜻입니다. 영어로는 리폼드 처치(Reformed Church)라고 하는데 이 말 역시 '새롭게 고친다'는 뜻입니다. 잘못된 것을 고쳐 하나님 중심으로 다시 돌아가자는 것이 종교개혁입니다. 그런데 누가 누구를 고치겠다는 것이 되어서는 안 됩니다. 종교개혁의 본질은 우리가 하나님께로 돌아가는 것이어야 합니다.

구약에 종교개혁의 원형이 나와 있습니다. 히스기야와 요시아의 종교개혁은 우리의 죄를 회개하고 우리가 하나님께로 돌아가자는 것이었습니다. 당시 유다에는 많은 우상들이 있었습니다. 이들은 종교개혁을 하면서 첫째로 우상을 먼저 타파했습니다. 오늘 우리가 종교개혁기념주일을 맞이하여 먼저 우리 안에 있는 세속적인 우상을 타파하고 하나님께로 돌아가는 모습이 있어야 하겠습니다.

둘째로 성전을 정화했습니다. 이사야 56장 7절에 하나님께서는 "내 집은 만민이 기도하는 집이라" 말씀하셨고, 오늘 본문과 같은 내용이 기록된 마태복음 21장 13절에 예수님께서는 성전에서 장사하는 무리들을 채찍으로 내어 쫓으시며 "기록된 바 내 집은 기도하는 집이라" 말씀하셨습니다.

성전은 하나님의 백성들이 하나님께 나아가 하나님을 대면하는 곳입니다. 하나님을 만나는 곳은 거룩한 곳입니다. 구약에 하나님을 만나는 사람들은 그 발의 신을 벗었습니다. 우리는 하나님의 집이 거룩한 곳임을 잊지 않고 거룩한 주일을 지켜야 합니다.

셋째로 이들은 하나님의 말씀을 읽고 울면서 회개하고 말씀으로 다시 돌아갔습니다. 그리고 십일조를 드렸습니다. 이러한 사실이 역대하 31장에 기록되어 있습니다. 오늘 한국교회에 고쳐야 할 것들이 많이 있습니다. 얼마나 많은지 세상 사람들이 교회를 향하여 고치라고 합니다. 우리는 그 교회들과 다르다고, 우리 교회는 이웃을 돕고 칭찬을 받는 교회라고, 복음만을 위해 힘쓰는 교회라고, 그 잘못된 교회들이 고쳐야 한다고 말할 수 있겠습니까? 오늘 왜 이렇게 많은 이단들이 생겼습니까? 교회가 하나라면 이단이 생겨나올 수가 없습니다. 수많은 교단들이 나오고 거기다가 잘못하는 일들이 보도가 되고 그러니 그 틈을 비집고 이단들이 나왔습니다.

　우리나라는 개신교 역사 100년밖에 안 되는데 걸핏하면 서로 싸웠습니다. 심지어는 '피아노를 놓아야 되느냐? 오르간을 놓아야 하느냐?'의 문제 가지고도 싸우다가 교단이 갈라졌습니다. 서로 높은 자리를 차지하려고 하다가 싸우고 신학이 다르다고 핑계를 댔습니다. 그래서 예수교장로회가 나오고, 기독교장로회가 나오고, 예수교성결교가 나오고, 기독교성결교가 나왔습니다. 교단마다 예수님과 그리스도가 싸웠습니다. 그러면서도 "교회가 갈라지니 교회가 두 개가 되었고, 두 개 교회가 다 부흥했으니 이것도 하나님의 역사다"라고 어처구니없는 말을 했습니다.

　하나님의 영은 하나 되게 하시는 영입니다. 분열의 영은 마귀의 영입니다. 한국교회에 분열의 영이 들어와 시험 들게 하였습니다. 예수님께서 공생애를 시작하시기 전 마귀의 시험을 받으셨습니다. 예수님의 시험은 하나님의 일을 하려고 하면 이와 같은 시험이 있을 것을 우리에게 보여주었습니다. 그리고 '내가 시험을 이겼으니 너희도 이길 것'이라는 약속을 주셨습니다.

　예수님은 세 가지 시험을 받으셨는데, 첫째는 '돌들로 떡덩이가 되게 하라'는 시험이었습니다. 예수님께서는 "떡으로만 살 것이 아니요 말씀으로 살 것이다"라고 하셨습니다. 예수 믿으면서도 물질의 유혹 때문에 시험받는 경우가 많습니다. 둘째는 성전 꼭대기에서 뛰어 내리라는 것이었습니다. '그러면 땅에 떨어지기 전에 천사들이 너를 받들고 사람들은 박수를 칠 것'이라는 시험이었습니다. 우리도 예수 믿으면서 유명해지고 박수 받고 싶은 욕망 때문에 시험에 들 수 있습니다. 셋째는 '내게 경배하면 천하만국과 영광을 주리라'는 시험입니다. 예수 믿으면서 권력욕으로 시험에 들 수 있습니다.

한국교회는 이 세 가지 시험에 빠져버렸습니다. 교회가 물질을 좋아하게 되었습니다. 유명해지고 박수 받고 싶은 사람들이 교회의 지도자들이 되었습니다. 마지막에는 힘까지 가지고 싶어 했습니다. 그래서 마음에 드는 사람들끼리 나뉘고 수없이 분열되고 이리저리 찢어졌습니다. 예수님을 시험했던 그 마귀의 시험을 우리는 이기지 못하고 그대로 빠져버렸습니다. 그 결과로 교회 몇만 모여도 교단이 되었고 무슨 일을 벌여도 통제가 되지 않습니다. 통신으로, 속성으로 목사 안수를 주는 교단들도 생겨났습니다. 그러니 한국교회는 통제가 안 됩니다. 이단들이 나와도 통제가 안 됩니다. 왜 이렇게 이단이 많습니까?

우리는 지금 죄의 값을 치르고 있습니다. 교회마다 분열이 일어나고, 세상 사람들에게 손가락질을 받는 일들이 일어나고 예수 믿는 사람들이 점점 줄어듭니다. 그러면 그다음에는 어떤 일이 일어나는지 우리는 성경의 역사를 통해 잘 알고 있지 않습니까? 그러면 어떻게 해야 합니까? 회개해야 합니다. 이 민족의 죄가 나의 죄임을, 한국교회가 지은 죄가 바로 나의 죄임을 회개해야 살 길이 열립니다.

종교개혁은 다른 교회가 틀렸으니 고치라고 해서 되는 것이 아닙니다. '너는 틀렸고 나는 맞다'는 것이 아닙니다. 나로부터 회개의 개혁이 시작될 때 오늘의 종교개혁이 이루어집니다. 우리는 종교개혁 기념주일을 맞이하면서 나로부터 개혁이 일어나기를 바랍니다. 내가 아침부터 말씀을 얼마나 떠나 있었는지 돌이켜보며 하나님께로 다시 돌아갑시다. 내가 오늘도 얼마나 기도하며 나의 일을 해왔는지 돌이켜 보며 하나님께로 돌아갑시다. 내가 오늘도 얼마나 하나님의 영광을 먼저 생각하고 살았는지 돌이켜 보고 하나님께로 돌아갑시다.

오늘은 특별히 성찬의 예식을 행합니다. 예수님께서 제자들과 마지막 유월절 식사를 하시면서 떡과 잔을 주셨습니다. 떡을 떼어 나누어 주시면서 "받아서 먹어라. 이것은 너희를 위하여 찢긴 내 살이다"라고 말씀하셨고 식후에 잔을 주시며 "받아서 마셔라. 이것은 너희를 위하여 흘리는 바 나의 피다"라고 말씀하셨습니다. 그리고 "이를 영원히 기념하라"고 하셨습니다.

예수님의 '기념하라'는 말씀은 "너희는 나의 피와 살을 나눈 나와 한 몸이니 내가 산 삶을 너희도 살라"는 말씀입니다. "내가 세상을 이겼으니 너희도 세상을 이기고, 내가 부활하였으니 너희도 부활하고, 내가 천국에서 영원한 삶을 누릴 것이니 너희도 나와 함께 천국에서 영원한 삶을 누리라"는 뜻입니다.

여러분, 종교개혁기념주일을 맞이하여 예수님을 다시 한 번 바라보고 예수님을 따라 사는 성도들이 됩시다.

📝 적용

ⓐ 오늘 말씀의 주제 파악하기

_____

_____

ⓑ 오늘 말씀 중 은혜 받은 부분 나누기

_____

_____

ⓒ 삶에 구체적으로 적용하기

_____

_____

🙌 함께 드리는 기도제목

1. 우리의 죄를 회개하고 우리가 하나님께로 돌아가게 하옵소서.
2. 이 민족의 죄가 나의 죄임을, 한국교회가 지은 죄가 바로 나의 죄임을 깨닫고 회개하게 하옵소서.
3. 종교개혁기념주일을 맞이하여 예수님을 다시 한 번 바라보고 예수님을 따라 살게 하옵소서.

40

감사로 그의 문에 들어가라

- **본 문:** 시편 100편 1-5절 (구 876쪽)
- **찬 송:** 날 구원하신 주 감사
- **요 절:** "감사함으로 그의 문에 들어가며 찬송함으로 그의 궁정에 들어가서 그에게 감사하며 그의 이름을 송축할지어다"(시 100:4).

    하나님께서는 유월절과 맥추절, 수장절을 반드시 지키라고 명하셨습니다. 우리는 오늘도 현대적인 의미로서의 이 세 가지 절기를 지키고 있습니다. 수장절은 모든 추수를 마치고 곡식을 창고에 저장한 후 들판에 나가 풀로 집을 짓고 그곳에 일주일 동안 살면서 하나님께 감사하는 절기입니다. "추수한 것을 감사하면 되는데 꼭 그렇게 풀로 집을 짓고 나가 살면서 감사해야 합니까? 하나님께서는 왜 그렇게 유치하게 절기를 지키라고 하십니까?" 하고 질문할 수 있습니다. 우리 인간은 늘 망각하는 존재이기 때문에 하나님께서는 이렇게 특별한 행사를 통하여 하나님께 감사하라고 하셨습니다. "너희 인생이 풀과 같은 인생이다"라는 것을 가르쳐주고 계십니다.

    사람들은 내 손에 가진 것이 풍성하면 그것이 내 것인 줄 압니다. 그래서 물질이 조금만 많아도 교만해지고, 공부를 남들보다 좀 더 하고 나면 교만해집니다. 좋은 집에 살며 우쭐대고 명품 가방을 들고 다니며 자랑스러워합니다. 인간이 대단한 존재인 것 같지만 가만히 보면 동물의 세계와 다를 바가 없습니다. 야생의 사나운 동물의 세계를 보면 좀 더 힘센 짐승이 얼마나 득세하는지 모릅니다. 밥도 자기가 먼저 먹어야 합니다. 옛날에 진돗개를 두 마리 키워본 적이 있는데 어릴 때부터 한 마리가 다른 한 마리를 꼼짝 못하게 합니다. 먹을 것을 주면 자기가 식사를 마칠 때까지 가까이 오지도 못하게 합니다. 그런데 몇 달이 지나면서 작은 놈이 갑자기 덩치가 커졌습니다. 그랬더니 상황이 역전이 되어 그 구박받던 강아지가 이번에는 다른 강아지를 그렇게 심하게 못살게 구는 것이었습니다. 짐승은 자기가 구박받고 살던 시절을 생각하며 '나는 나중에 안 그래야지' 하는 법이 없습니다.

저는 군 생활 할 때에 이등병 시절에 참 많이 맞았습니다. 평균적으로 일주일에 한 번씩은 자다가 단체로 밖에 끌려 나가 두드려 맞습니다. 군대 조금 먼저 왔다고 그렇게 사람을 때리는 것이었습니다. 맞아서 제대한 사람도 있었고 불구가 된 사람도 있었습니다. 옛날 군대는 얼마나 많이 맞았습니까? 맞을 때는 너무 힘이 들어 '제발 때리지 않았으면 좋겠다'고 생각했습니다. 그러면서 '나는 절대로 때리지 않아야지' 하고 다짐을 했는데, 나중에 제가 하급자들을 때렸겠습니까? 안 때렸겠습니까? 저는 군 생활을 하면서 하급자들을 한 대도 때리지 않았습니다. "때리지 않게 해주세요" 하고 기도했더니 하나님께서는 때리고 맞지 않아도 되는 교회로 보내주셨습니다.

동물의 세계나 인간의 세계나 비슷합니다. 내가 힘이 있으면 그 힘을 마구 쓰려 합니다. 정치하는 사람들도 서로 가진 힘을 상대방에게 쓰려고 합니다. 경제계도 마찬가지입니다. 강자가 약자를 보호하지 않습니다. 더 많이 빼앗으려고 합니다.

그러나 하나님 나라는 그렇지 않습니다. 강한 자가 약한 자를 보살펴줍니다. 넉넉한 자가 부족한 자를 도와줍니다. 동물의 세계는 병이 들면 불쌍해집니다. 누가 지켜주고 돌보아주지 않습니다. 누 떼가 사나운 짐승들의 공격을 받았습니다. 그래서 새끼가 물렸는데 다리를 다쳤는지 일어나도 자꾸 넘어집니다. 어미가 안타깝게 옆에 있더니 결국은 버리고 갑니다. 하지만 우리 하나님은 우리를 버리시는 법이 없습니다. 우리가 죽을죄의 병에 들었어도 붙들어 주시고 치료하여 주시다가 안 되니 대신 십자가를 져주신 주님이십니다.

우리 하나님은 인간을 너무나 잘 아시기 때문에 잊지 말라고 이벤트를 명하셨습니다. 추수를 마치고 많은 곡식을 거둔 후에 "너희들은 교만하여질 것이다. 내가 농사를 잘 지었다고 생각할 것이다. 그러므로 추수가 끝나자마자 들판에 나가 풀로 집을 짓고 거기서 일주일을 살면서 하나님께 감사해라. 찬송을 부르고 말씀을 들으면서 온전히 일주일을 하나님께 드리라"는 것이었습니다. 풀로 집을 짓고 들판에 살면서 너희가 광야생활 할 때에 그렇게 살았던 것을 잊지 말라는 뜻입니다.

우리 교회는 일 년에 두 차례 특별새벽기도회 기간을 갖습니다. 고난주간에는 예수님의 고난에 함께 동참하며 기억하자는 의미로 특별새벽기도회를 갖고, 추수감사절에는 하나님께서 일 년 동안 인도하셨음을 잊지 말라고 특별새벽기도회를 갖습니다. 특별새벽기도회는 하나님께서 가르쳐주신 방법입니다. 특별한 이벤트를 통하여 우리도 하나님의 뜻을 잊지 않고자 특별새벽기도회를 갖습니다.

이번 특별새벽기도회에는 어린아이들도 많이 나왔습니다. 유대인들은 어린아이들까지 들판에 데리고 나가 감사절을 지키며 자녀교육을 시켰습니다. 그래서 하나님 없이는 살 수 없다는 것을 자녀들에게 가르쳤습니다. 이 실물교육이 오늘의 유대인을 만들었습니다. 특별새벽기도회에 어린 자녀들을 깨워 데리고 나오는 것이 힘이 들지만 그러나 이것이 유대인의 교육방법이요, 성경의 교육방법입니다. 어린아이들이 자라 앞으로 인생을 살아가면서 어렸을 적에 특별새벽기도회에 나와 특별한 이벤트를 경험한 것을 기억하게 되고 하나님을 찾게 될 것입니다. 하나님 말씀대로 살면 그것이 반드시 복이 됩니다.

하나님께서 절기를 명하신 것은 감사하라는 뜻입니다. 세 가지 절기가 모두 감사하라는 절기입니다. 그만큼 하나님께서는 감사를 귀하게 여겨주십니다. 자녀들을 키울 때 가장 보기 싫은 것이 무엇입니까? 불평하는 자녀입니다. 불평하는 자녀를 보면 안타깝습니다. 저렇게 불평하고 살면 인생을 제대로 살 수 없다는 것을 아는데, 불평하는 자녀들은 고쳐지지를 않습니다. 그런데 감사하는 자녀를 보면 부모의 가슴속에는 행복한 눈물이 흐릅니다.

언젠가 우리 교인이 이야기하는 것을 들었는데 어릴 적에 너무 가난하여 고구마 감자를 먹고 살았다고 합니다. 어떤 날은 고구마, 한 개 먹고 산 날도 있었는데 어머니는 자식들 먹이려고 그것도 잡수시지 못했다고 합니다. 그러면서 어머니를 그리워하십니다. 이런 마음을 가진 사람은 효자가 될 수밖에 없습니다. 부모님께 불평하는 사람은 불효자인 것처럼, 불평하는 사람은 하나님께 충성스런 일꾼이 절대 될 수가 없습니다. 그러나 감사하는 사람은 충성하는 사람이 됩니다. 우리 교회에는 많은 일꾼들이 있습니다. 교회학교에서, 구역에서, 찬양대에서, 디아코니아센터에서, 노인학교로, 한글학교로, 식당에서, 차량부에서, 봉사부에서, 전도대로, 기도대로, 그 외에도 각양 모양으로 주의 전을 섬깁니다. 돈을 받고 하는 일이 아닙니다. 감사하는 사람만이 일을 할 수 있습니다.

오늘 읽은 시편은 감사의 시편이라고 부릅니다. 오늘 성경은 왜 감사하라고 말합니까?

> "여호와가 우리 하나님이신 줄 너희는 알지어다 그는 우리를 지으신 이요 우리는 그의 것이니 그의 백성이요 그의 기르시는 양이로다"(시 100:3).

하나님께서 우리를 지으셨고 인도하시고 지켜주시기 때문입니다. 우리 인생은 하나님의 보호를 받아야 행복합니다. 하나님의 품안에 있는 것이 안전합니다. 하나님께서 함께하시면 악한 영이 찾아오지 못합니다. 내가 잘났다고 하나님의 품을 떠나면 그 순간 불행한 인생이 되고 맙니다. 사람들은 내가 하나님이 되려고 합니다. 교회에서도 내가 주인이 되려 하는 사람들 때문에 문제가 일어납니다.

 탕자는 아버지 품을 떠나 도시로 나갔습니다. 거기서 무슨 일을 겪습니까? 아버지의 보호가 없기 때문에 재산을 노리는 사람들에 의해 모든 것을 잃고 돼지 치는 신세가 되고 말았습니다. 오늘 성경은 "여호와 하나님은 우리를 지으셨습니다. 그러므로 우리의 주인이 되십니다"라고 고백합니다. 우리가 '주님'이라고 하는 것은 다른 말이 아닙니다. 바로 '주인님'이라는 뜻입니다. 그런데 하나님을 주인님으로 모시지 않으려 하고 내가 주장하고 내가 무엇인가 해보려 하니 문제가 발생합니다.

 오늘 성경말씀은 '우리는 그의 것'이라고 분명히 고백합니다. 이것은 자존심 상하는 것이 아닙니다. 자랑해야 할 일입니다. 감사해야 할 일입니다. 하나님의 소유는 하나님께서 보호하시기 때문입니다. 여러분은 하나님의 택함 받은 백성임을 잊지 않고 늘 감사하시기 바랍니다. 더 나아가서 "우리는 그의 양이로다"라고 했습니다. "내가 하나님의 짐승 정도밖에 안 되나?" 하는 뜻이 아닙니다. 우리 주님은 선한 목자장이 되십니다. 예수님께서는 "나는 선한 목자라 선한 목자는 양들을 위하여 목숨을 버리거니와"라고 하셨습니다. 우리 주님이 목숨을 걸고 지켜주시는 주님의 양이라니 감사해야 합니다. 주님은 우리를 친구로 불러 주셨습니다. 친구를 위하여 목숨을 버리는 좋은 친구라고 하셨습니다. 이러한 하나님이심을 깨달을 때 우리는 감사할 수밖에 없습니다.

오늘 성경은 "감사함으로 그의 문에 들어가며 찬송함으로 그의 궁정에 들어가라"고 합니다(시 100:4). 우리는 이번 특별새벽기도회 주제를 "감사함으로 그의 문에 들어가라"로 정했습니다. '그의 문'이 어디에 있습니까? 주님은 '나는 양의 문'이라고 하셨습니다. 양은 어느 문으로 들어가야 살 수가 있습니까? 양의 문으로 들어가야 삽니다. 주님 앞에 오면 언제나 문이 열려 있습니다. 교회는 주님께로 가는 문입니다. 우리에게는 많은 문들이 있습니다. 문을 잘 열고 들어가야 합니다. 감옥 문을 열고 들어가면 안 됩니다. 우리 주님께로 나오면 그 문은 행복으로 가는 문입니다.

이번에 새 성전을 건축할 때에 대부분의 문들이 철문으로 제작되었습니다. 강철판을 사서 잘라서 만든 문입니다. 나무처럼 보이는 문도 속에는 다 강철판이 들어 있습니다. "다른 교회들을 보면 다 나무문인데, 왜 이렇게 돈도 많이 들고 힘들게 만듭니까?" 하고 질문했더니 "나무문은 오래 못 갑니다. 그러나 강철문은 이 교회가 유지될 때까지 거의 함께 갈 수 있습니다"라고 이야기를 합니다. 주님께로 나오는 문은 강철문과 비교할 수 없습니다. 강철문이라서 좋은 것이 아니라 교회의 문은 주님께로 오는 문이기 때문에 좋은 문입니다. 여러분, 평생에 주의 집의 문을 감사함으로 들어오시기 바랍니다. 그러면 마지막에는 천국 문으로 인도하실 것입니다.

오늘은 추수감사절입니다. 하나님께서 구약에 수장절 즉 추수감사절을 명하신 이유는 감사를 잊지 말라는 뜻에서입니다. 왜요? 우리에게 복을 주시기 위해서입니다. 감사는 하나님의 축복을 받는 비결입니다. 감사는 씨앗을 심는 것과 같습니다. 하나님 앞에서 감사를 자꾸 심으면 감사의 열매를 주십니다. 심은 대로 거두리라고 하셨습니다. 감사와 은혜는 우리나라에서는 다른 단어이지만 사실 같은 말입니다. 성경에 많이 나오는 단어인 '카리스'(χάρις)라는 단어는 '감사'라는 말로도 번역이 되고, '은혜'라는 말로도 번역이 됩니다. 말 그대로 감사하는 자가 은혜를 받습니다. 신앙생활은 은혜 받아야 성공합니다. 은혜 받지 못하면 마지막에 그의 문에 들어가지 못합니다.

> "가르침을 받는 자는 말씀을 가르치는 자와 모든 좋은 것을 함께하라 스스로 속이지 말라 하나님은 업신여김을 받지 아니하시나니 사람이 무엇으로 심든지 그대로 거두리라 자기의 육체를 위하여 심는 자는 육체로부터 썩어질 것을 거두고 성령을 위하여 심는 자는 성령으로부터 영생을 거두리라"(갈 6:6-8).

"가르침을 받는 자는 말씀을 가르치는 자와 모든 좋은 것을 함께하라"는 말씀이 무엇입니까? 주의 종은 여러분에게 말씀을 가르치는 자입니다. 여러분은 주의 종을 좋아하셔야 합니다. 그러면 은혜를 받습니다. 은혜를 받으면 감사를 심게 됩니다. 교회에서 봉사하는 것도 은혜 받아야 할 수 있습니다. 감사를 심으면 감사의 열매가 열립니다. 감사하면서 계속 그 길을 가다 보면 천국 문까지 가게 됩니다. 이것을 성경은 육체를 위하여 심는 자는 육체로부터 썩어질 것을 거두고 성령을 위하여 심는 자는 성령으로부터 영생을 거둔다고 하셨습니다.

여러분은 무엇을 심는 자가 될 것입니까? 소는 소를 낳고, 염소는 염소를 낳습니다. 어항에 있는 금붕어가 독수리를 낳는 일은 없습니다. 그렇습니다. 감사를 심는 자는 감사를 거두게 됩니다. 곳곳마다 감사할 일들이 생겨납니다. 그러나 불평하는 자는 불평의 열매를 거두게 됩니다. 하나님께서 그렇게 만드셨습니다. 성경은 "범사에 감사하라"고 하였습니다. 힘든 일이 있어도 감사하고, 속상한 일이 있어도 감사하고, 내 마음에 들지 않는 일이 있어도 감사하라는 말씀입니다. 그러면 축복의 문을 열고 들어가게 되고, 행복의 문을 열고 들어가게 되고, 마지막에는 영생의 문을 열고 들어가게 됩니다.

여러분, 감사는 누구나 할 수 있는 하나님의 선물입니다. 어린아이도 감사할 수 있고, 노인도 감사할 수 있습니다. 부자도 감사할 수 있고, 가난한 자도 감사할 수 있습니다. 입술에 감사가 부족했다면 지금부터라도 감사하시기 바랍니다. 감사할 것이 얼마나 많습니까? 감사할 것이 없다고 하는 것은 핑계입니다. 핑계하는 사람은 절대로 행복하지 못하고 성공하지 못합니다. "핑계로 성공한 사람은 가수 김건모밖에 없다"라는 이야기를 들었습니다. 감사는 없어서 못하는 것이 아니라 감사하지 않아서 못합니다.

특별새벽기도회 때 감사헌금을 드리면서 집사람에게 오늘 드릴 감사헌금에 내용을 쓰라고 했더니 "하나님 은혜 감사합니다" 그리고 더 안 쓰는 거예요. 더 쓰라고 했더니 감사할 것이 너무 많아서 못 쓰겠대요. 그 말이 정답입니다. 우리는 감사할 것이 너무 많습니다. 불평하는 사람은 '장미꽃은 좋은데 가시가 있다'고 불평합니다. 그러나 감사하는 사람은 길가의 장미꽃을 감사하고 장미꽃 가시도 감사합니다. 불평하는 사람은 '내 인생은 왜 이리 힘들었는가?' 불평하지만, 감사하는 사람은 헤쳐 나온 풍랑을 감사합니다.

여러분, 감사하며 살아야 합니다. 감사의 길로 자꾸 깊이 들어가야 합니다. 지금 감사하지 않는데 나이가 더 들어가며 감사할 수 있다고 생각하십니까? 멀리 가면 돌아오는 것이 쉽지 않습니다. 천국 문에 설 때에 여러분이 아끼던 자동차 타고 가겠습니까? 좋은 가방 들고 가겠습니까? 좋은 옷을 입고 가겠습니까? 그러한 것도 하나도 쓸데가 없습니다. 다 버리고 갑니다. 내 몸조차도 화장터로 가든지 무덤으로 가고 맙니다. 그러나 천국 문에 설 때에 가지고 가는 것이 있습니다. 바로 감사입니다. 우리 주님이 문 앞에서 "수고했다. 너는 나의 문으로 들어오너라" 하실 때에 무슨 말을 하겠습니까? "감사합니다. 주님" 이 말밖에 없습니다.

여러분, 우리 성도들은 모두가 감사하는 성도들이기를 원합니다. 만나면 서로 감사하고, 교회에 나오면 하나님께 감사하고, 감사로 살다가 천국 문에 감사로 들어가는 성도들이 됩시다.

📝 적용

ⓐ 오늘 말씀의 주제 파악하기

_____

_____

ⓑ 오늘 말씀 중 은혜 받은 부분 나누기

_____

_____

ⓒ 삶에 구체적으로 적용하기

_____

_____

🙏 함께 드리는 기도제목

1. 하나님의 택함 받은 백성임을 잊지 않고 늘 감사하게 하옵소서.
2. 평생에 주의 집의 문을 감사함으로 들어와 마지막에는 천국 문으로 들어가게 하옵소서.
3. 만나면 서로 감사하고, 교회에 나오면 하나님께 감사하고, 감사로 살다가 천국 문에 감사로 들어가게 하옵소서.

감사하십니까?

- **본 문:** 골로새서 3장 15-17절(신 327쪽)
- **찬 송:** 66장(다 감사드리세, 통 20장)
- **요 절:** "그리스도의 평강이 너희 마음을 주장하게 하라 너희는 평강을 위하여 한 몸으로 부르심을 받았나니 너희는 또한 감사하는 자가 되라"(골 3:15).

하나님께서는 1년 3차 절기를 반드시 지키라고 명하셨는데 이 절기는 모두가 감사의 절기입니다. 하나님께서 감사의 절기를 어떻게 지켜야 할 것인지 구체적으로 지시하신 이유는 반드시 지켜야 하는 것이기 때문입니다. 그것은 사람은 감사를 잊어버리는 존재이기 때문에 이렇게 절기를 지키면서 "하나님의 은혜를 잊지 말고 감사하는 자가 되라"는 뜻입니다.

히브리어에 '야다'(יהד)라는 단어는 '감사'라고 번역이 되었는데, '하나님을 찬송하는 것, 하나님께 고백하는 것, 예배드리는 것, 예물을 드리는 것'이라는 뜻을 가지고 있습니다. 누가 하나님을 찬송하고, 누가 하나님께 고백하고, 어떤 사람이 하나님께 예물을 드립니까? 하나님의 은혜를 잊지 않는 사람이 하는 행위입니다.

오늘 말씀에 나오는 '감사'라는 단어는 헬라어로 '유카리스티아'(εὐχαριστία)입니다. '감사, 은혜, 기쁨, 은사' 모두 같은 어원에서 나왔습니다. '카라'(χαρά)는 '기쁨'이란 뜻입니다. '카리스'(χάρις)는 '은혜'라는 뜻입니다. '카리스마'(χάρισμα)는 '은사'라는 뜻입니다. 그리고 '유카리스토스'(εὐχάριστος)는 '감사하는'이라는 뜻입니다. 그러니까 신앙생활에 카라, 곧 기쁨이 넘치는 사람은 카리스, 은혜를 받습니다. 은혜 받은 사람은 카리스마, 은사를 받습니다. 이렇게 감사하면 기쁨이 넘치고, 은혜가 넘치고, 은사까지 받습니다. 그리고 은사를 받은 사람은 유카리스토스, 감사하는 신앙생활을 합니다. 거꾸로 하면 감사하지 못하는 사람은 은혜가 없고, 기쁨이 없고, 거기다가 그리스도인의 은사가 없다는 말입니다. 감사가 이렇게 중요합니다. 그래서 하나님께서는 이스라엘 백성에게 끊임없이 감사를 명하셨습니다.

이스라엘의 역사는 하나님께서 하나님의 은혜를 깨닫고 감사하는 백성으로 훈련시키는 내용입니다. "너희들 불평하면 망한다. 그러나 감사하면 산다"는 것을 역사를 통해 가르쳐 주셨습니다.

감사는 신앙생활의 기둥과 같습니다. 집의 기둥이 무너지면 온 집이 다 무너집니다. 그렇습니다. 감사가 무너지면 신앙생활이 무너져 버리는 것을 깨달아야 합니다. 예배드릴 때에 무엇으로 드립니까? 예배는 하나님께 감사로 드려야 합니다. 예배에 감사가 없으면 예배가 되지 않습니다. 아무리 많은 예물을 드려도, 아무리 멋진 찬양대가 있어도, 아무리 많은 사람이 모여 예배를 드려도 감사가 없으면 그것은 예배가 되지 않습니다. 감사로 예배드리는 성도들이 되기를 바랍니다.

예배를 드리고 은혜 받은 자가 세상에 나가 어떻게 살아야 합니까? 감사하며 살아야 합니다. 감사하면 삶이 변합니다. 내가 변하고 가정이 변하고 이웃이 변합니다. 행복한 가정과 불행한 가정의 차이점이 감사하는 데에 있습니다. 남편에 대해, 아내에 대해 서로 감사하는 가정은 무조건 행복합니다. 그러나 아무리 많은 물질이 있고 높은 자리에 있어도 서로에게 불평하게 되면 그 가정은 무조건 불행하게 됩니다. 교회도 그렇습니다. 상가에, 개척교회에 에어컨도 없이 예배드려도 감사하는 교인들은 행복합니다. 그러나 아무리 좋은 시설에 은혜로운 설교를 들어도 내가 감사하지 못하면 불행하게 됩니다. 여러분은 감사하는 성도들이 되기를 바랍니다.

어떤 집사님이 부부싸움을 하고 마음이 답답하여 시장에 갔는데, 누가 뒤에서 "아주머니, 사과하고 감사하세요"라고 말하더랍니다. 사실은 "사과하고 감 사세요" 그랬는데 "사과하고 감사하세요"로 들렸습니다. 그런데 이 말이 은혜가 되었습니다. '그렇다. 내가 사과하고 감사해야지' 하는 마음이 들었습니다. 그래서 사과하고 감을 사서 집에 돌아가 남편에게 사과를 깎아주면서 "사과하니 사과 드세요" 그랬답니다. 또 감을 주면서 "감사하니 감 드세요" 그랬답니다. "아까 내가 괜히 심통 부렸어요. 사과하고 감사해요" 그랬더니 남편이 사과하고 감을 먹더니 신이 나서 설거지까지 하더랍니다. 감사하면 내 주변의 사람이 변하고 환경이 변하게 됩니다. 감사해서 손해 볼 것이 없습니다. 그런데도 사람들은 감사하지 못하고 불평합니다.

우리 교회에 이사 오신 분들이 와서 세상에 '이렇게 좋은 교회가 있는 줄 몰랐다'고, '교회생활이 너무 감사하다'고 이야기하는 것을 들었습니다. 매일같이 싸우는 교회에 있다 보니 주일날 은혜도 못 받고, 그러니 심령이 황폐해지고, 그러니 마귀가 틈타고 모든 것이 불평으로 변했는데, 우리 교회에 와서 감사하는 생활로 변화가 되었다고 합니다. 그래서 목사님께 너무 감사하다고 하셨습니다. 이분은 광야생활을 해보았으니 지금 감사할 것이 보입니다. 이 감사하는 마음을 마귀에게 빼앗기지 말고 잘 지키시기 바랍니다.

감사를 잃어버린 사람들은 이미 벌을 받은 사람입니다. 감사하지 못하니 은혜를 받지 못합니다. 그러니 계속해서 은혜와 축복에서 멀어지고, 심령의 밭이 딱딱해져 갑니다.

예수님께서 심령의 밭의 비유를 말씀해 주셨는데 밭이 딱딱하여 돌짝밭과 같이 되어 있으면 말씀의 씨가 뿌려져도 자라지 못합니다. 시험들 일이 있으면 말씀의 씨앗이 말라버립니다. 더 딱딱해져서 길과 같이 되면 예수님께서 뭐라고 하셨습니까? 새가 와서 먹어버린다고 하셨습니다. 새는 사탄을 뜻한다고 하셨습니다. 은혜의 말씀을 받아도 마귀에게 다 빼앗겨 버리고 마귀를 따라가는 자가 되고 맙니다. 그러므로 억지로라도 감사하시기 바랍니다. '그리 아니하실지라도' 감사하시기 바랍니다.

왜 감사하지 못합니까? 감사할 조건이 없어서가 아닙니다. 마귀가 감사하는 것을 가로막고 훼방하기 때문입니다. 주의 종이 여러분에 가르치는 것은 하나님께 감사하라는 명령입니다. 마귀에게 빼앗기지 말라고 가르칩니다. 주변의 분쟁으로 어려움을 겪는 교회들을 보면 교회 안에 감사가 없습니다. 마귀에게 감사를 빼앗겼습니다. 하나님께서 하나님의 백성인 여러분에게 주신 감사의 축복을 빼앗기지 않는 성도들이 되시기를 바랍니다.

오늘 말씀은 사도 바울이 로마의 감옥에서 사형을 기다리면서 기록한 편지입니다. 습기가 차고, 어둡고 먹을 것조차 제대로 주어지지 않는 감옥에서 죽을 날을 기다리면서 무슨 감사할 것이 있겠습니까? 그럼에도 사도 바울은 감옥에서 감사하면서 "너희도 감사하라"고 편지를 쓰고 있습니다. 감사는 조건이 아니라 마땅히 해야 할 명령이기 때문입니다. 그 이유를 오늘 성경은 "그리스도의 평강이 너희 마음을 주장하게 하라 너희는 평강을 위하여 한 몸으로 부르심을 받았나니 너희는 또한 감사하는 자가 되라"(골 3:15)고 말합니다.

그리스도 안에 있으면 저절로 그리스도의 평강이 여러분에게 임합니다. 교회는 평강을 위하여 한 몸으로 부르심을 입은 공동체입니다. 교회는 예수님의 십자가의 희생으로 하나님과 우리를 화목하게 하셨고, 성도들 간에 화목하고 하나가 되라고 세워주신 선물입니다. 그런데 사탄 마귀에게 사로잡히면 늘 불안하고 원망하고 불평하고 미워하고 분쟁을 일으킵니다. 그래서 우리를 불행하게 만들고, 우리를 축복받지 못하게 하고, 멸망으로 이끌고 갑니다. 이것을 이길 수 있는 능력이 어디에 있습니까? 오직 하나님의 말씀에 있습니다.

그러므로 말씀을 듣고 따라가면 말씀의 능력이 사탄 마귀를 이깁니다. 주님은 우리에게 평강을 주시는 분입니다. "그리스도의 평강이 너희 마음을 주장하게 하라"는 말씀은 "주님의 영이 우리 마음을 주장하게 하라"는 말씀입니다. 주님의 영이 우리를 주장하면 저절로 감사하는 자가 됩니다. 영국의 트리니티 감독은 "하나님께서 주신 모든 은혜를 일일이 감사하고 나면 불평거리가 사라진다"고 했습니다. 어떤 성도님이 며칠 전에 감사할 거리를 찾아보니 이백 가지도 넘게 쓰겠더라고 말했습니다.

이스라엘 백성이 광야 길을 갈 때에 감사거리를 이렇게 찾았더라면 모두 가나안 땅에 들어갈 수 있었을 것입니다. 광야에서 굶어죽지 않고 산 것도 감사하고 물을 먹고 산 것도 얼마나 감사한 일입니까? 그런데도 감사하지 못하고 불평거리를 찾아 불평을 했습니다. 불평하니 불평할 인생이 되고 맙니다. 불평하는 사람은 천국에 가도 불평할 수밖에 없습니다.

비가 오지 않으면 비가 오지 않아 걱정을 합니다. 하지만 정작 비가 올 때는 감사를 잘 모릅니다. 일 년 동안 내리는 비의 가치는 액수로 환산할 수 없을 정도라고 합니다. 일 년 동안 비가 내리지 않으면 그 피해는 어마어마하고 끔찍한 일입니다. 그런데 여러분, 우리는 날마다 은혜의 비를 맞고 있습니다. 교회를 통하여 주시는 하나님의 은혜의 단비를 맞고 있습니다. 이 은혜의 단비가 내려오지 아니하면 그 손해는 액수로 상상할 수 없을 만큼 어마어마하고 끔찍합니다. 그러므로 우리는 은혜 주시는 주님께 감사를 잊지 않아야 합니다. 하나님께서는 감사하는 자에게 더 많은 감사할 것들을 주십니다.

감사는 씨앗과 같습니다. 그래서 감사하는 자는 심은 대로 때가 되면 열매를 거둡니다. 하나님의 농원에 심은 것은 반드시 거둡니다. 여기에는 황충과 가라지가 없습니다. 성도 여러분, 여러분은 날마다 감사를 많이 심어 감사할 열매를 풍성히 거두는 성도들이 되기를 바랍니다.

오늘 성경말씀은 "그리스도의 은혜의 말씀이 풍성히 거하여 이러한 자가 되라"고 명령하고 있습니다.

첫째, "지혜로 피차 가르치며 권면하라."

세상의 지혜로 가르치라는 말이 아닙니다. 똑똑해서 권면하라는 뜻이 아닙니다. 그리스도의 은혜의 말씀이 풍성히 임하게 되면 그 결과로 나오는 것이 가르치며 권면하는 말씀입니다. 믿음이 약한 자를 말씀으로 가르쳐야 합니다. 말씀에서 어긋난 자를 말씀으로 권면해야 합니다. 그래서 말씀 안에 거하면 더욱 은혜로운 교회가 되어갑니다. 여러분, 우리 교회는 오직 말씀으로 세워져 가는 교회가 되기를 원합니다. 말씀을 따라가고 말씀으로 승리하는 교회가 되기를 원합니다.

둘째, "시와 찬송과 신령한 노래를 부르며 감사하는 마음으로 하나

님을 찬양하라."

주님의 말씀이 내 안에 거하시면 찬양이 울려나오게 됩니다.

♪ 평화 평화로다 하늘 위에서 내려오네
　그 사랑의 물결이 영원토록 내 영혼을 덮으소서 (찬송 412장)

우리 교회에는 늘 감사하는 찬송이 울려 퍼지기를 원합니다. 감사하는 찬송에는 능력이 있습니다. 저는 암에 걸린 성도에게나, 우울증에 걸린 성도들에게, 낙심한 성도들에게 찬송을 뜨겁게 부르라고 합니다. 하나님께서 찬송 중에 영광을 받으시고 은혜를 베풀어 주시기 때문입니다. 성도 여러분, 찬송을 부를 때에도 뜨겁게 감사하며 부르시고, 찬송 가사의 기적과 역사가 여러분 가운데 임하기를 바랍니다.

셋째, "무엇을 하든지 말에나 일에나 다 주 예수의 이름으로 하라."
은혜로운 교회, 부흥하는 교회는 '주' 씨가 많습니다. "주가 하셨습니다", "주님께서 하라고 하셨습니다", "주의 은혜입니다" 이렇게 주를 앞세웁니다. 그런데 안 되는 교회, 싸움이 많은 교회는 '내' 씨가 많습니다. 내가 해야 하고, 내가 했다고 주장하는 사람들이 많습니다. 우리 교회에는 내가는 다 사라지고 주가 하셨다는 은혜의 고백이 늘 있기를 원합니다.

넷째, "주 예수를 힘입어 하나님 아버지께 감사하라."
결론이 감사입니다. 누구에게 감사합니까? 하나님 아버지께 감사합니다. 하나님 아버지께 감사하면 놀라운 일들이 생깁니다. 우리 마음이 천국이 됩니다. 교회도 천국이 됩니다. 감사하면 마귀가 틈타지 못합니다. 감사가 가득 차면 교회를 괴롭게 하는 일들이 사라집니다. 감사하면 기도 응답을 받습니다.

> "아무것도 염려하지 말고 다만 모든 일에 기도와 간구로, 너희 구할 것을 감사함으로 하나님께 아뢰라 그리하면 모든 지각에 뛰어난 하나님의 평강이 그리스도 예수 안에서 너희 마음과 생각을 지키시리라"(빌 4:6-7).

감사로 드리는 예배는 하나님을 영화롭게 합니다. 그래서 감사가 중요합니다. 내 마음속에 감사하지 못한 것들이 있었다면 다 내려놓으시기 바랍니다. 감사를 훈련하시기 바랍니다. 아니 정확히 말하면 감사하라는 하나님의 명령에 순종하는 훈련을 하시기 바랍니다. '오늘 하루라도 내 입술에서 감사만 하겠다, 불평의 말은 마귀에게 다 돌려주겠다' 다짐하고 실천해 보시기 바랍니다. 그렇게 하루하루 살아가면 점점 감사하는 축복의 사람으로 변화되어 갈 것입니다. 감사는 하나님의 뜻이요, 명령입니다. 그러므로 하나님께 감사하여 하나님께서 주시는 은혜와 축복의 성도들이 됩시다.

적용

ⓐ 오늘 말씀의 주제 파악하기

ⓑ 오늘 말씀 중 은혜 받은 부분 나누기

ⓒ 삶에 구체적으로 적용하기

함께 드리는 기도제목

1. 우리에게 주신 감사의 축복을 빼앗기지 않게 하옵소서.
2. 날마다 감사를 많이 심어 감사할 열매를 풍성히 거두게 하옵소서.
3. 하나님께 감사하여 하나님께서 주시는 은혜를 받는 축복의 사람이 되게 하옵소서.

좋은 땅이 되십시오

- **본 문:** 마태복음 13장 18-23절(신 21쪽)
- **찬 송:** 332장(우리는 부지런한)
- **요 절:** "좋은 땅에 뿌려졌다는 것은 말씀을 듣고 깨닫는 자니 결실하여 어떤 것은 백 배, 어떤 것은 육십 배, 어떤 것은 삼십 배가 되느니라 하시더라"(마 13:23).

마태복음 13장에는 일곱 가지의 비유가 나오는데 그 첫 번째가 씨 뿌리는 비유입니다. 예수님께서 비유로 말씀하신 이유가 본문 앞 13절에 나오는데 "그러므로 내가 그들에게 비유로 말하는 것은 그들이 보아도 보지 못하며 들어도 듣지 못하며 깨닫지 못함이니라"라고 하셨습니다. 예수님께서 이 세상에 오신 이유가 많은 사람으로 구원을 얻게 하시기 위해서인데, 아무리 말씀을 전하여도 사람들은 깨닫지를 못했습니다. 그래서 예수님께서는 들을 귀 있는 자는 복이 있다고 하셨습니다. 비유를 듣고 뜻을 묻는 제자들에게 "너희는 깨닫고 천국의 비밀을 아는 자들이 되었으니 복이 있다"고 하셨습니다. 우리도 말씀을 듣고 깨닫는 자들이 되기를 원합니다.

예수님께서는 말씀을 듣고도 깨닫지 못하는 이유를 세 가지로 말씀해 주셨는데, 돌밭에 뿌려진 씨앗과 길가에 뿌려진 씨앗, 가시떨기에 뿌려진 씨앗이 있다고 말씀하셨습니다. 이 평범한 사실을 모르는 사람이 어디 있겠습니까? 누구나 다 아는 사실입니다. 그런데 이 말씀 속에는 천국의 비밀이 들어 있습니다. 이단에서는 "천국의 비밀을 깨달아서는 안 되는 사람들이 있기 때문에 비유로 말씀하셨고, 우리만이 그 비밀을 아는 자들이다"라고 거짓된 말로 현혹합니다. 이것은 거짓말입니다. 예수님께서는 이 세상 모든 사람들이 다 구원을 얻기를 원하십니다. 예수님께서 비유로 말씀하신 이유는 제자들은 이미 깨닫는 자가 되었으니 '너희는 복이 있다'고 하시면서 깨닫지 못하는 자들을 위하여 비유로 쉽게 말씀해 주셨습니다.

니느웨 성같이 악하고 음란한 사람들도 하나님의 말씀을 듣고 회개할 때에 이들에게 구원의 은총을 주셨습니다. 선교사들이 아프리카의 오지에까지 가서 복음을 전하는 이유가 어디에 있습니까? 핍박을 받고 생명의 위협을 느끼면서 이슬람 지역에 가서 복음을 전하는 이유가 어디에 있습니까? 공산국가에 가서 복음을 전하는 이유가 어디에 있습니까? "땅 끝까지 가서 복음을 전하여 구원하라"는 예수님의 말씀에 순종하기 위함입니다.

> "주 예수를 믿으라 그리하면 너와 네 집이 구원을 얻으리라"(행 16:31).
> "누구든지 주의 이름을 부르는 자는 구원을 받으리라"(행 2:21; 롬 10:13).
> "누구든지 사람 앞에서 나를 시인하면 나도 하늘에 계신 내 아버지 앞에서 그를 시인할 것이요"(마 10:32).
> "누구든지 예수를 하나님의 아들이라 시인하면 하나님이 그의 안에 거하시고 그도 하나님 안에 거하느니라"(요일 4:15).
> "누구든지 여호와의 이름을 부르는 자는 구원을 얻으리니"(욜 2:32).

'누구든지'입니다. 복음에는 차별이 없습니다. 빈부나 귀천의 차별이 없습니다. 그래서 이 복된 소식을 우리는 모든 사람에게 안타깝게 전하는 것입니다. 씨앗은 하나님의 말씀을 의미하는데, 씨앗인 하나님의 말씀은 언제나 좋은 것입니다. 문제는 밭입니다. 밭은 우리의 마음을 의미합니다. 하나님의 말씀이 우리 마음의 밭에 떨어질 때에 어떻게 받아들이는가에 따라서 다른 결과를 가져오게 됨을 예수님께서 말씀하셨습니다. 마음이 악한 사람들은 말씀을 받아들이지 않습니다. 예수님께서 말씀을 전하셔도 악한 자들은 말씀을 받아들이지 않았고 오히려 예수님을 십자가에 못 박았습니다. 능력이 있는 사도 바울이 말씀을 전하여도, 베드로가 전하여도 이들은 사도들을 미워하며 목숨을 빼앗았습니다.

오늘 예수님께서 말씀하신 잘못된 밭은 한마디로 천국 말씀을 듣고 깨닫지 못하는 자입니다. 하나님의 말씀을 듣고도 깨닫지 못할 때에 사탄이 와서 그 마음에 뿌려진 것을 빼앗아버린다고 했습니다. 말씀을 들을 때에 '아멘' 하라고 했습니다. 아멘은 "내가 하나님의 그 말씀을 믿습니다"라는 표현입니다.

말씀을 사모하고 신뢰하면 하나님의 말씀이 우리 가운데 거합니다. 말씀이 우리 가운데 임하면 그 말씀이 우리의 마음을 주장합니다. 말씀이 거하면 사탄이 우리를 흔들지 못합니다. 말씀은 우리 인생의 길이 되고 빛이 됩니다. 그러므로 평안의 삶을 살게 되고 복된 길로 가다가 천국으로 인도함을 받습니다. 내가 내 인생을 스스로의 힘으로 살겠다는 사람보다 어리석은 사람은 없습니다. 내 힘으로 살겠다는 사람이 바로 교만한 사람입니다. 그래서 하나님은 교만한 자를 미워하십니다. 하나님을 의지하지 않는 사람이기 때문입니다. 우리는 늘 하나님의 도우심을 구하여야 합니다.

내 마음조차 내 마음대로 할 수 있는 것이 아닙니다. 우울증이 찾아오고 염려가 찾아오고 근심이 찾아오고 부정적인 생각이 찾아오는데 이런 것들이 내 마음대로 됩니까? 내 마음대로 된다면 마음의 병을 앓을 이유가 없습니다. 내 직장은 내 마음대로 됩니까? 부도가 나는 것을 내 마음대로 막을 수가 있습니까? 내 자녀는 내 마음대로 됩니까? 천국은 내 마음대로 갈 수 있습니까? 아닙니다. 그러므로 우리는 하나님의 도우심과 은혜를 구하여야 합니다.

기도는 하나님의 은혜가 내려오는 통로입니다. 나의 약함을 고백하는 것이 기도입니다. 기도하면서 나를 드러내는 것은 바리새인의 기도입니다. 내가 무엇을 했다는 기도입니다. 우리의 기도는 나를 드러내는 기도가 아니라 나의 약함을 고백하는 기도여야 합니다.

예수님은 말씀을 받는 우리의 마음 밭을 네 가지로 말씀하셨습니다. 그리고 18절 이하에 비유로 말씀하신 것을 해석해 주셨습니다. 먼저 나쁜 밭 세 가지입니다. 만약 우리의 마음에 이와 같은 것이 있다면 말씀을 깨닫고 마음의 밭을 기경하여 옥토로 만드는 여러분이 되기를 바랍니다. 이것이 말씀을 깨닫는 자입니다.

1. 길가에 뿌려진 씨앗입니다.

길은 많은 사람들이 밟고 다니는 곳입니다. 딱딱하여져서 씨가 땅속으로 들어가지 못합니다. 마음이 딱딱하다는 것은 내 생각이 너무 강하다는 뜻입니다. 요즘 우리나라를 보면 서로 다른 사상을 가지고 분열되어 있습니다. 야당도 때로는 옳을 수 있고, 여당도 옳을 수 있는데 무조건 우리 것만 옳다고 합니다. 노회나 총회를 하면서 안타까운 것은 좋은 제안을 해도 우리 편이 아니면 무조건 반대하는 사람들이 있습니다. 복음을 전하는 자로 부름을 받은 사람들이 우리 편이 어디 있고, 적이 어디에 있습니까? 누가 제안을 하든지 맞으면 "좋습니다. 함께하겠습니다" 하는 것이 정상이 아닙니까? 마음의 밭이 딱딱해지면 내 생각만 주장하게 됩니다.

　대표적인 사람들이 바리새인들입니다. 이들은 자기 신념이 너무나 확고했습니다. 예수님께서 말씀하시는 것을 들으면서도 이들은 교만하여 자신들의 생각만 주장했습니다. 그러니 말씀이 뿌리를 내리지 못하였습니다. 공산주의자들은 자신의 유물론에 대하여 확고한 신념을 가지고 있습니다. 유물론은 하나님을 거부합니다. 모든 것이 물질에서 나왔다고 믿는 데서 출발했는데 여기에 하나님이 없습니다. 이런 사람들은 마음의 밭이 딱딱해서 말씀의 씨를 뿌려도 깨닫지 못하고 뿌리를 내리지 못합니다. 사상의 노예가 된 사람들도 있습니다. 성경의 말씀이 우리 마음의 생각을 주장해야 하는데 세상 이론이 내 생각을 지배하며 살아가는 사람들이 있습니다. 이런 사람들도 자신의 사상에 맞지 않으면 무조건 반대합니다. 들어갈 틈이 없습니다. 그러니 이러한 사람의 마음 밭에 말씀이 뿌리 내리지 못합니다.

　길가에 뿌려진 씨는 새들의 먹이가 되고 맙니다. 길가에 뿌려진 씨는 누구의 보호도 받지 못합니다. "날 잡아 잡수!" 하고 있는 것과 같습니다. 여기서 새는 사탄을 상징한다고 했습니다. 사탄의 먹잇감이 되는 불행한 인생이 되고 맙니다.

2. 돌밭에 뿌려진 씨앗입니다.

　예수님의 해석을 보십시오. "말씀을 듣고 즉시 기쁨으로 받되 그 속에 뿌리가 없어 잠시 견디다가 말씀으로 말미암아 환난이나 박해가 일어날 때에는 곧 넘어지는 자요"(마 13:20-21)라고 하셨습니다. 예수님은 앞에서 "더러는 흙이 얕은 돌밭에 떨어지매 흙이 깊지 아니하므로 곧 싹이 나오나 해가 돋은 후에 타서 뿌리가 없으므로 말랐고"(마 13:5-6)라고 하셨습니다. 말씀을 듣고 받기는 받습니다. '아멘' 합니다. 기뻐합니다. 그런데 문제는 뿌리가 깊게 자라지 못합니다. 우리는 믿음의 뿌리를 깊이 내려야 합니다. 그래야 환난이나 박해가 와도 흔들리지 않습니다. 뿌리가 약하면 시험에 쉽게 넘어집니다.

얼마 전에도 우리 교회에 나오신 지 얼마 안 된 분이 상담을 요청했는데 예수 믿고 어려움이 왔다고 합니다. 새신자들에게 이런 일이 일어나면 걱정이 됩니다. 특히 무당이라든지 점을 치는 집이라든지 이런 가정에서 자란 자녀들이 예수를 믿으면 더 어려움이 찾아오는 것을 볼 수가 있습니다. 그러면 두려워집니다. '예수 믿다가 잘못되는 것 아닌가?' 하는 생각이 들 수 있습니다. 그러나 두려워하지 마십시오. 사탄이 방해하는 것입니다. '내 뿌리가 깊지 못하구나!' 하는 사실을 깨달아야 합니다.

그러면 어떻게 해야 합니까? 말씀의 뿌리를 깊이 내려야 합니다. 그럴수록 수요예배에도 나오고, 금요심야기도회에도 나오고, 새벽에도 나와 말씀을 더 사모해야 합니다. 신앙의 뿌리가 없으니 사탄이 이런 사람을 흔듭니다. 신앙의 뿌리가 없는 사람은 쉽게 흔들립니다. '교회 나가니까 헌금하라고 하니 안 되겠다' 생각합니다. 심지어 오래된 교인들도 그런 이야기를 합니다. 뿌리가 깊지 못해서 그렇습니다.

신앙생활은 몸으로도 봉사해야 하고 물질로도 봉사해야 합니다. 주의 종은 성경대로 전하고 성도들은 성경대로 살면 그것이 맞습니다. 그래서 복음을 위해 자신을 희생하는 것이 아름다운 신앙생활입니다. 내가 잘되고 내가 잘 살자고 믿는 것은 우상을 믿는 신앙입니다. 기독교는 자기 십자가를 지고 예수님을 따르는 종교입니다. 나를 위한 것이 아니라 다른 사람들을 위해 목숨을 바치는 것이 기독교 신앙입니다.

우리 교회는 헌금설교 안 하고 강요하지 않아서 편하다고 하는 것은 뿌리가 약한 신앙입니다. 제가 헌금에 관한 설교를 하지 않는 것은 뿌리가 연약한 신자들이 시험에 들까봐 하지 않고 있습니다. 예수 믿고 뿌리가 깊어지면 예수님을 위해 삽니다. 땅 끝까지 복음을 전하고 한 영혼이라도 더 구원하기 위해 헌신하게 됩니다. 신앙의 뿌리가 약한 신자는 열심히 말씀을 듣다 보면 그 말씀이 그 사람의 마음의 밭을 옥토로 만들어줍니다. 그래서 뿌리를 깊이 내리게 되고, 사탄이 흔들지 못하는 축복받는 하나님의 자녀가 되는 것입니다.

3. 가시떨기에 뿌려진 씨앗입니다.

예수님께서는 "더러는 가시떨기 위에 떨어지매 가시가 자라서 기운을 막았고"(마 13:7)라고 하셨습니다. 예수님께서는 이 비유를 해석하시기를 "가시떨기에 뿌려졌다는 것은 말씀을 들으나 세상의 염려와 재물의 유혹에 말씀이 막혀 결실하지 못하는 자요"(마 13:22)라고 하셨습니다. 가시떨기에 떨어진 씨앗과 같은 사람은 돌밭에 떨어진 씨앗과 같이 환난이나 박해가 없습니다. 그런데 세상에 대한 염려도 많고 재물에 대한 욕심도 많습니다. 이것도 너무 어려운 과제입니다.

세상이 우리를 얼마나 힘들게 합니까? 아이 낳아 어린이집 보내는 것도 어렵습니다. 아이들을 학대하는 어린이집이 뉴스에 자주 나오니 요즘은 선생님도 믿지 못합니다. 또 물질이 없으면 하루하루가 힘이 듭니다. '목사님은 정직하게 살고 남 속이지 말고 빛으로 소금으로 살라고 하시는데 요즘 같은 세상에 그렇게 해서 어떻게 살 수 있나?' 생각합니다. 그래서 교회에서는 적당히 신자생활을 하고 세상에서는 또 다른 방법으로 세상 사람들을 따라 삽니다. 그러니 시험에 빠지게 됩니다. 이러한 사람을 '결실하지 못하는 자'라고 했습니다. 예수는 믿지만 열매가 없는 신앙입니다. 모양은 있지만 알맹이가 없는 신자입니다.

4. 좋은 땅에 뿌려진 씨앗입니다.

좋은 땅은 좋은 마음의 밭입니다. 좋은 씨앗이 좋은 땅에 떨어지면 30배, 60배, 100배의 결실을 맺습니다. 처음부터 좋은 땅은 없습니다. 좋은 땅이 되려면 밭을 잘 일구고 가꾸어야 합니다. 돌을 들어내고, 잡초를 뽑고, 거름을 주어야 합니다. 그러면 박토도 옥토가 될 수 있습니다.

우리 교회 현관 옆에 화초들이 자라고 있습니다. 우리 교회에 부임하여 보니 화단이 있는데 꽃나무가 자라지 못하여 다 말라버리고 있었습니다. 가만히 보니 흙이 문제였습니다. 영양분이 하나도 없었습니다. 그래서 꽃나무를 심어도 말라버리고 맙니다. 생각을 하다가 기도원에 있는 수십 년, 수백 년 낙엽이 썩어 퇴적된 검은 흙을 퍼다가 뿌렸습니다. 나무 주위에도 뿌렸습니다. 그랬더니 금방 나무가 살아나고 꽃들이 탐스럽게 피었습니다. 땅이 문제였습니다.

내가 열매 맺지 못하는 인생은 아닙니까? 예수 믿어도 행복하지 못하고, 사람들 사이에 늘 갈등이 있고 미움이 있습니까? 축복받아야 할 때에 축복받지 못하고 살고 있지는 않습니까? 땅이 문제입니다. 여러분의 마음의 땅을 옥토로 만드시기 바랍니다. 이것은 말씀이 잘 들어가도록 내 마음이 늘 하나님 말씀 앞에 엎드리는 자세를 의미합니다. 겸손한 사람이 말씀의 열매를 맺습니다.

제가 언젠가 감옥에 심방을 간 적이 있었습니다. 이 사람이 사기죄를 짓고 감옥에 갔는데 직분자여서 하나님의 말씀을 전하고 기도해 주기 위해 감옥에 심방을 갔습니다. 그런데 그 짧은 면회시간에 하나님의 말씀을 전하고 기도해 주기에도 시간이 짧은데 이분은 자기 이야기만 합니다. 자신이 감옥에서 있었던 일을 책으로 내겠다고 이야기를 합니다. 그래서 기도도 제대로 못 해주고 나왔습니다.

제가 세상 이야기를 하러 그곳에 찾아간 것이 아닙니다. 하나님의 말씀을 들고 찾아갔습니다. 하나님의 은혜와 위로가 임하기를 기도하기 위해 찾아갔습니다. 심방을 하거나 상담을 할 때에도 마찬가지입니다. 주의 종은 하나님의 말씀을 전하기 위해 만나고 기도해 주기 위해 만나는 것입니다. 그런데 자기 이야기만 하는 사람들이 간혹 있습니다. 그러니 말씀의 씨앗이 어떻게 뿌리를 내리겠습니까?

예수님께서는 네 가지 신앙의 유형을 말씀하셨습니다. 2천 년 전에 주신 말씀이 어떻게 현대를 살아가는 오늘의 우리들에게 딱 들어맞는 말씀인지 모릅니다. 오늘의 말씀을 듣고 나의 마음 밭을 살펴보시기 바랍니다. 그리고 깨달으시기 바랍니다. 나의 마음 밭에도 이런 모습이 있었다면 하나님의 은혜를 구하고, 말씀으로 마음 밭을 기경하여 옥토로 만드시기 바랍니다. 하나님께서 주시는 말씀의 씨는 언제나 좋은 것입니다. 하나님께서 주시는 말씀의 씨앗은 병든 것도 없고 쭉정이도 없습니다. 우리의 마음 밭이 옥토가 되면 그 그릇에 따라 언제든지 30배, 60배, 100배로 결실을 거두게 하시는 하나님이십니다. 우리 모두가 말씀을 받아들여 마음의 밭이 옥토가 되어 좋은 인생의 열매를 거두는 성도들이 됩시다.

📝 적용

ⓐ 오늘 말씀의 주제 파악하기

_____

_____

ⓑ 오늘 말씀 중 은혜 받은 부분 나누기

_____

_____

ⓒ 삶에 구체적으로 적용하기

_____

_____

🙌 함께 드리는 기도제목

1. 하나님의 은혜를 구하고, 하나님의 말씀으로 우리 마음의 밭을 기경하여 옥토가 되게 하옵소서.
2. 우리 마음의 밭이 옥토가 되어 30배, 60배, 100배의 결실을 맺게 하옵소서.
3. 우리 모두가 하나님의 말씀을 받아들여 우리 마음의 밭이 옥토가 되고, 좋은 인생의 열매를 많이 거두게 하옵소서.

나의 구유는 어디에?

- 본 문: 누가복음 2장 1-7절(신 89쪽)
- 찬 송: 104장(곧 오소서 임마누엘, 통 104장)
- 요 절: "거기 있을 그때에 해산할 날이 차서 첫아들을 낳아 강보로 싸서 구유에 뉘었으니 이는 여관에 있을 곳이 없음이러라" (눅 2:6-7).

예수님께서 탄생하신 성탄절이 다가오고 우리는 지금 대림절을 보내고 있습니다. 대림절은 예수님의 오심을 기다리는 절기입니다. 신학자 몰트만은 예수님의 재림을 "미래의 것이 아니라 지금 내게 찾아오신 예수님이어야 한다"라고 했습니다. 예수님은 구원의 메시지를 전하실 때에 "네가 장차 천국에 갈 것이다"라고 말씀하시지 않고 "지금 네게 천국이 임하였다"고 하셨습니다. 즉 천국은 미래에 오실 예수님을 기다리는 것이 아니라 지금 내 마음속에 오신 예수님을 모시고 살다가, 계속해서 예수님과 동행하다가 차지하는 축복이란 말씀입니다. 오늘 대림절 절기에 주님을 만나러 오신 여러분의 마음속마다 천국이 임하기를 바랍니다.

오늘 말씀 1절에 나오는 가이사 아구스도는 "천하로 다 호적하라"는 명을 내렸습니다. 성경에 '가이사'로 번역되었는데, 학교에서 역사 시간에 배운 '케사르'입니다. 영어로는 '시저'입니다. 러시아어로는 '차르'라고 하는데, 다 '왕'을 뜻하는 단어입니다. 가룟 유다와 함께 배신의 대명사로 불리는 부르터스에게 배신당하여 죽은 케사르를 기념하여 그 이후의 모든 왕들의 이름 앞에 케사르를 붙였습니다.

오늘 성경에 나오는 케사르는 '아구스도'라 나옵니다. 아구스도는 역사시간에 배운 '아우구스투스'입니다. 영어로는 '어거스트'로 불리는데 이 왕의 이름을 기념한 달이 8월입니다. 그래서 8월을 영어로 '어거스트'라 부릅니다. 아구스도는 로마의 제정시대를 연 아주 강력한 왕입니다. 즉 황제가 되었다는 말입니다. 동양에서도 진시황이 스스로 황제라 칭하고 제정시대를 열었습니다. 주변의 국가들은 자신들의 왕을 황제라 부를 수 없었고 그 아래인 '왕'이라 불렀습니다. 부르는 이름도 다르죠. 황제에게는 '폐하'라고 부르지만 왕에게는 '전하'라고 부릅니다. 이후에 일본도 자신들의 왕을 황제로 세웠습니다. 그리고 '천황 폐하'라고 했습니다.

아구스도가 황제가 된 후 먼저 한 일이 전국에 명을 내려 호적조사를 하는 것이었습니다. 왜냐하면 인두세를 거두기 위해서입니다. 약소국 유다는 이 명을 거부할 수가 없었습니다. 그래서 요셉도 고향에 호적을 하러 돌아갔습니다. 아기를 낳을 때가 되었다고 봐달라고 할 수가 없었습니다. 무조건 가야만 했습니다. 이것이 약소국의 설움이었습니다. 예수님의 육신의 아버지 요셉도 이런 약한 사람이었습니다. 만삭이 된 아내 마리아를 데리고 먼 길을 가슴 아파하면서 가야만 하는 약한 사람이었습니다. 겉으로 볼 때에 요셉은 황제와 상대할 수 없는 약자입니다. 가이사의 명에 따라 베들레헴으로 발을 옮기고 있는 로마의 식민지인 유대인 목수에 불과했습니다. 세상의 눈으로 보면 가이사가 이긴 자 같습니다.

그런데 사실은 요셉이 이기고 있습니다. 하나님께서는 유대 땅 베들레헴에 메시아가 태어날 것을 예고해 놓으셨습니다. 그 말씀을 이루시기 위해 가이사 아구스도의 마음을 움직여 호적령을 내리시고 요셉을 베들레헴으로 보내셨습니다. 가이사가 힘이 있는 것 같았고, 자기의 뜻을 이루는 것 같았지만 사실은 하나님의 말씀을 이루기 위한 도구로 사용되었습니다. 요셉은 자신은 알지 못했지만 하나님의 뜻을 이루기 위해 동정녀 마리아와 함께 베들레헴으로 갔습니다.

여러분, 하나님께서 귀하게 쓰시는 사람들은 명예도 있고, 말도 잘하고, 부유하고, 힘이 있는 사람들이라고 생각하는데, 요셉은 그런 사람이 아니었습니다. 내가 가진 힘이 없어 아파하고, 날씨 때문에 추위하고, 병들면 힘들어하는 우리와 같은 사람이었습니다. 하나님께서는 이렇게 약한 사람들을 통하여 일을 이루어 나가십니다.

'나는 부족하다'고 생각하십니까? '내가 하는 일이 요셉처럼 힘이 없고 미약하다'고 생각하십니까? '내가 죄가 많다'고 생각하십니까? '내 힘으로 살 수 없다'고 생각하십니까? 하나님은 낮아지는 그런 사람에게 찾아오십니다. 그리고 그런 사람을 통하여 하나님의 일을 이루어 나가십니다. 이것은 세상의 방법과는 다릅니다. 왜 그렇습니까? 하나님께서는 영광을 받기를 기뻐하시기 때문입니다. 사람들이 내가 잘나서 잘하면 내 능력인 줄 압니다. 여기에는 하나님께 돌릴 영광이 없습니다. 우리가 잘 깨달아야 합니다. 하나님께서 우리를 왜 지으셨다고 했습니까? "이 백성은 내가 나를 위하여 지었나니 나를 찬송하게 하려 함이니라"(사 43:21) 말씀하셨습니다. 내가 사는 이유를 분명히 깨달아야 합니다. 우리는 하나님을 찬송하기 위해 지으심을 받은 존재입니다. 이것을 잊으면 안 됩니다.

저는 우리 교회에서 고향 교회를 위해 헌금을 보내드리려는 성도들을 보면 "조용히 교회를 통해 하십시오"라고 권면합니다. 고향의 작은 교회를 보고 안타까워한다는 것은 귀한 일입니다. 그러나 그곳에 헌금을 보내고 싶으면 조용히 우리 교회에 목적헌금을 드리라고 합니다. 그러면 교회에서는 그곳 목사님께 전화를 걸어 "익명의 어느 분이 그 교회를 위해 헌금을 보냅니다. 그분을 위해 기도해 주시기 바랍니다" 하고 연락을 합니다. 그러면 영광을 누가 받습니까? 하나님께서 받으시고 주님의 몸된 교회가 받습니다. 그러나 내가 하면 내가 영광을 받았기에 받을 상급이 적습니다. 우리는 눈에 보이는 것보다 보이지 않는 하나님의 나라를 더 크게 보아야 합니다.

저는 세상의 상을 받으러 다니지 않았습니다. 상을 준다고 하는 곳이 왜 그렇게 많은지 몰라요. 우리 교회에 준다고 하면 받겠지만 개인에게 주는 상은 잘 받지 않습니다. 왜냐하면 내 상은 하늘에 있음을 분명히 믿기 때문입니다. 그 상이 훨씬 더 크고, 그 상이 영원할 것임을 알기 때문입니다. 하늘의 상급을 바라면서 살아가는 성도들이 됩시다.

아내 마리아를 데리고 베들레헴을 찾은 요셉은 마음이 고통스러웠을 것입니다. 마리아에게 산통이 찾아오고 아기를 낳아야 하는데 묵을 여관이 없었습니다. 이미 다른 사람들이 다 차지하고 있었기 때문입니다. 아마 요셉은 여관 주인에게 사정을 했을 것입니다. "내 아내가 지금 출산을 하려고 하는데, 이 추운 날씨에 길거리에서 아기를 낳을 수는 없지 않소. 좀 도와주시오" 하고 간청을 했을 것입니다. 그런데 아무도 그 간청을 받아들이지 않았습니다. 왜요? 여관에 묵지 않은 것을 보면 알 수가 있습니다. 옛날 사람이나 지금 사람이나 본성은 다 똑같습니다. 돈이 우선입니다. 주인은 지금 간만에 찾아온 돈을 벌 기회를 얻었습니다. 방마다 손님이 가득 차고 손님들이 이리저리 부릅니다. 그러니까 돈에 정신이 팔려 잘못하면 길거리에서 아기를 낳다가 죽을 수 있는 임산부를 외면하였습니다.

요셉은 힘이 없었습니다. 그래서 아마 사정하다가 아기가 나올 것 같으니까 여관 문 앞에 있는 마구간이라도 묵게 해달라고 했을 것입니다. 그리고는 마구간으로 들어가 아기를 낳고 강보에 싸서 구유에 아기를 누였습니다. 요셉은 그 추하고 더러운 마구간이라도 묵게 해달라고 했을 것입니다. 그리고는 마구간에서 아기를 낳고 힘겨워하는 마리아를 보면서 아기를 들고 있을 수도 없고, 아내를 챙겨줄 수도 없고, 아내를 도와줄 방법이 없어서 궁여지책으로 아기를 구유에 눕혔습니다. 이 상황을 그림으로 상상해 보면 이 그림에는 아름다움도 낭만도 없습니다.

아기 예수 탄생에 대한 명화집을 보면 모두가 화려한 배경에 멋진 사람들 틈에서 아기 예수가 빛나고 있습니다. 예수님은 그렇게 오신 것이 아닙니다. 아기 예수 탄생의 명화집을 살펴보다가 렘브란트의 그림에서 예수님의 탄생과 비슷한 광경을 보았습니다. 제 가슴에 '쾅' 하는 충격이 왔습니다. 이 그림은 그야말로 마구간이었습니다. 창문도 없습니다. 컴컴합니다. 바로 등뒤에는 큰 짐승이 서 있습니다. 위에는 망태기가 걸려있습니다. 아래에는 목자가 무릎을 꿇고 기도하는 모습이 나옵니다. 그 옆에 서서 등불을 한 손에 들고, 다른 한 손을 들어 경건하게 기도하는 목자의 모습도 나옵니다. 우리가 그토록 기대하고 기다리던 메시아를 만났다는 의미입니다.

그 옆에는 깜짝 놀라는 모습의 목자가 나옵니다. 예수님을 보았습니다. 다른 사람이 보지 못하는 예수님이 어떤 분이신지를 보았기에 깜짝 놀라고 있습니다. 아이도 함께 예수님을 바라봅니다. 개가 아기에게 가까이 가지 못하도록 멀찍이 떨어져서 개를 꼭 잡고 예수님을 뚫어지게 바라보고 있습니다. 오른쪽 옆의 두 사람은 아기가 깰까봐 조심스럽게 소곤거리고 있습니다. 이 그림에서 오직 아기 예수만이 빛나고 있습니다. 목자가 든 등불보다 더 환하게 예수님의 빛이 이 그림을 압도하고 있습니다. 이 빛은 스가랴서를 인용하여 마태복음 4장 16절에 기록한 "흑암에 앉은 백성이 큰 빛을 보았고 사망의 땅과 그늘에 앉은 자들에게 빛이 비치었도다 하였느니라"는 말씀에 나오는 바로 그 빛이었습니다.

예수님께서 보잘것없는 말구유에 오셨을 때 이미 천국은 그곳에서 시작되었습니다. 이 그림을 가만히 살펴보면 '거장 렘브란트가 기도하면서 이 그림을 그렸구나!' 하는 것을 느낄 수가 있었습니다.

예수님께서 이렇게 오셨습니다. 사람들은 위엄 있고 화려하고 부한 것을 좋아하고 천국도 그러한 곳이라고 생각합니다. 그런데 예수님은 그러한 곳에 오신 것이 아닙니다. 말구유에 오셨습니다. 이름이 좋아 말구유지 말구유는 말 그대로 말의 밥그릇입니다. 찌꺼기가 묻어 있고 냄새가 나는 나무로 깎아 만든 통입니다. 말구유에 오신 예수님은 상상하면 멋진 그림의 한 폭 같습니다만 사실은 바닥에는 말똥이 묻어 있고 질퍽거려서 아기 예수님을 그곳에 눕힐 수가 없습니다. 무엇인가 더러운 것이 아기에게 묻을 것도 같고, 벌레들이 올라올 것도 같은 그런 환경이었습니다. 그래서 말구유에 눕힐 수밖에 없었습니다.

오늘 노숙자들이 쉬는 허름한 쉼터나, 판잣집들이 줄지어 있는 골목어귀에는 화려한 성탄의 기쁨이 없습니다. 지금도 2천 년 전의 마리아와 요셉처럼 사람들이 외면한 가운데 추운 겨울을 맞이하는 사람들이 우리의 주변에는 많이 있습니다. 저는 여러분에게 성탄절에 예수님을 생각하며 '사랑의 저금통'을 준비하라고 합니다. 내가 쓰지 않는 동전들, 굴러다니는 십 원짜리 동전들을 모아오라는 이야기가 아닙니다. 추운 겨울 마구간의 말구유에 몸을 눕히신 예수님을 생각하며 여러분의 사랑을 모아 예수님의 이름으로 이웃들에게 복음을 전하자는 말씀입니다.

오늘 말씀을 보면서 '그곳 마구간에 말구유가 비워져 있었기 때문에 예수님을 눕힐 수 있었던 것이 얼마나 감사한 일인가?' 하는 생각이 들었습니다. 말구유에 무언가 들어 있었다면 예수님을 그곳에 눕힐 수가 없었을 것입니다. 비워진 말구유이기 때문에 예수님을 그곳에 눕힐 수가 있었습니다. 말구유가 이 땅에 빛으로 오시는 메시아를 처음으로 받아 눕히는 영광스런 자리가 된 것은 비워져 있었기 때문입니다.

여러분, 오늘 말씀의 제목을 묵상하다가 "나의 구유는 어디에?"라고 정했습니다. 이 땅에 찾아오시는 예수님을 맞이할 수 있는 나의 구유는 어디에 있는가 하는 말입니다. 메시아가 구유에 오실 줄 알았더라면 그 구유를 정성스럽게 닦아 놓지 않았겠습니까? 귀한 손님이 오게 되면 방을 청소합니다. 꽃도 꽂아놓고 향수도 뿌려놓습니다. 음식을 정성껏 준비하고, 차를 대접하기 위해 보글보글 끓이고 있습니다.

대림절이 이런 것입니다. 예수님께서 언제 오실지 모르지만 불현듯 오시더라도 언제든지 맞이할 수 있기 위해 준비하는 절기가 바로 대림절입니다. 말씀을 듣고 우리의 심령을 정결하게 씻어 놓습니다. 여러분의 심령은 다른 것으로 씻을 수 있는 것이 아닙니다. 죄를 무엇으로 씻습니까? 노력하고 애를 써도 안 되는 일입니다. 그러나 하나님의 말씀을 듣고 '아멘' 하고 믿으면 우리의 죄가 다 씻겨 나갑니다. 내가 내 힘으로 믿어보겠다는 사람들은 죄 속에 빠져 있는 것을 모릅니다. 우리의 죄는 하나님께서 씻어주셔야 합니다.

손님이 와서 방바닥이 차가우면 어떻게 합니까? 앉을 자리가 없습니다. 그래서 기도와 찬송으로 불을 때야 합니다. 뜨겁게 찬송을 부르고 뜨겁게 기도하면서 예수님께서 기쁘게 오시도록 우리의 방을 준비해야 합니다. 헌금으로 봉사로 향기가 나게 해야 합니다. 이것이 예수님의 다시 오심을 준비하며 기다리는 성도의 모습입니다.

역사적으로 믿음이 뜨겁고 교회가 부흥할 때를 보면 한결같이 예수님의 임박한 재림을 기다리는 때였습니다. 초대교회 성도들은 예수님의 임박한 재림을 기다렸습니다. 그러니까 깨끗해질 수밖에 없었고, 뜨거워질 수밖에 없었습니다. 유럽에 무디를 중심으로 부흥이 일어날 때에도, 미국에 아주사 스트리트를 중심으로 부흥운동이 일어날 때에도, 대한민국에 1907년 평양 원산을 중심으로 부흥운동이 일어날 때에도, 서울에서 1973년 부흥운동이 일어날 때에도 한 가지 똑같은 현상이 있었습니다. 그것은 회개를 동반한 주님의 재림신앙을 확고히 한 것입니다.

한국교회가 부흥해야 된다고 하는 데에 이견은 없습니다. 그런데 이것을 인위적으로 만들려고 하는 시도는 어리석은 일입니다. 몇백만의 숫자를 늘리겠다는 것보다 어리석은 것은 없습니다. 부흥은 우리가 우리의 죄를 보고 두려워하고 부끄러워하며 하나님 앞에 회개할 때 저절로 찾아오는 것임을 믿으시기 바랍니다. 죄를 깨달은 성도는 예수님을 만나기를 사모합니다. 그래서 재림의 신앙을 갖게 됩니다.

이제 우리는 예수님이 찾아오실 성탄절을 기다리고 있습니다. 예수님이 오시면 어디에 예수님을 모실 것입니까? 여러분의 구유는 어디에 있습니까? 예수님을 위하여 준비되어 있습니까? 깨끗이 비워져 있습니까? 예수님을 모실 만합니까? 여러분의 심령의 빈 구유에 이 땅에 오신 예수님을 모시는 대림절 절기가 되기를 바랍니다.

적용

ⓐ 오늘 말씀의 주제 파악하기

_____

_____

ⓑ 오늘 말씀 중 은혜 받은 부분 나누기

_____

_____

ⓒ 삶에 구체적으로 적용하기

_____

_____

함께 드리는 기도제목

1. 하늘의 상급을 바라면서 살아가게 하옵소서.
2. 언제든지 예수님을 맞이하기 위해 준비하는 대림절이 되게 하옵소서.
3. 우리 심령의 빈 구유에 이 땅에 오신 예수님을 모시는 대림절이 되게 하옵소서.

작은 구름에서 큰 비를 보라

- **본 문:** 열왕기상 18장 41-46절(구 549쪽)
- **찬 송:** 363장(내가 깊은 곳에서, 통 479장)
- **요 절:** "일곱 번째 이르러서는 그가 말하되 바다에서 사람의 손만한 작은 구름이 일어나나이다 이르되 올라가 아합에게 말하기를 비에 막히지 아니하도록 마차를 갖추고 내려가소서 하라 하니라"(왕상 18:44).

    북이스라엘에 이세벨이라는 시돈의 공주가 시집을 왔습니다. 하나님께서 이방인과 혼인을 금하신 것은 이스라엘 백성이 타락할 것을 아시기 때문이었습니다. 이세벨은 자신이 섬기던 바알과 아세라 신을 이스라엘에 들여와 이스라엘을 온통 우상의 천지로 만들었습니다. 바알과 아세라 신을 섬기는 선지자들만 850인에 달했습니다. 왜 이스라엘이 이 지경이 되었습니까? 아합 왕이 이세벨을 왕비로 택하였기 때문입니다.

    하나님께서는 아합 왕에게 많은 기회를 주셨습니다. 엘리야나 미가야 같은 위대한 선지자들이 당시대에 있었습니다. 하나님을 경외하는 오바댜 같은 사람도 왕의 옆에 있었습니다. 유다의 선한 왕인 여호사밧 왕도 사돈지간이었습니다. 그런데 아합 왕은 이들을 버리고 대신 요부 이세벨을 선택했습니다. 하나님께서 좋은 사람들을 주시는 것도 굉장한 선물입니다. 이 선물을 잘 깨달아야 복된 인생을 살 수가 있습니다. 사람을 잘못 선택하면 국가나 회사가 어려움을 당하게 되는 것을 봅니다. 어리석은 지도자들은 충성스런 신하들을 버리고 간신들을 곁에 둡니다.

하나님께서는 모든 사람에게 기회를 주십니다. 여러분에게도 예수 잘 믿을 수 있는 기회를 주십니다. 지금이 바로 그때입니다. 기회를 잘 깨달아야 복된 삶을 살 수 있습니다. 교회에도 기회를 주십니다. 은혜 받을 기회를 주십니다. 부흥할 기회를 주십니다. 그 기회를 놓치지 않아야 하는데 많은 교회들이 그 기회를 깨닫지를 못합니다. 기회가 늘 기다리고 있는 것이 아닙니다. 여러분은 하나님께서 사람을 보내주시고 기회를 주실 때에 그 기회를 놓치지 마시기 바랍니다.

아합 왕은 머리가 좋고 정치를 잘하는 왕이었습니다. 그래서 교만해졌습니다. 시돈이라는 주변 국가를 왕비를 통해 견제하려고 이세벨을 왕비로 맞았습니다. 유다나 이스라엘의 좋은 아내감이 얼마든지 있었을 텐데 우상을 섬기는 이방 여인을 왕비로 취합니다. 하나님을 의지한 것이 아니라 자신의 방법을 의지했습니다. 이것이 불행의 시초였습니다.

이세벨은 목적을 가지고 이스라엘에 시집온 여인입니다. 남자는 세계를 움직이고 여자는 그 남자를 움직인다고 하는 말이 있는데 이세벨은 아합 왕을 이용하여 바알과 아세라 신을 퍼뜨렸습니다. 그리고 수많은 선지자들을 죽였습니다. 하나님께서는 이스라엘에 사인을 보내셨습니다. 3년 6개월 동안 비도 이슬도 내리지 않을 것이라고 하셨습니다. 3년 6개월 동안이나 비가 내리지 않으니 기근이 얼마나 극심하겠습니까? 잘못된 지도자 때문에 백성들이 고통을 당하게 되었습니다. 그런데도 아합은 깨닫지를 못합니다. 이때에 하나님께서는 엘리야 선지자를 아합 왕에게 보냅니다. 엘리야는 하나님이 진짜 신인지, 바알과 아세라가 진짜 신인지 대결하자고 제안합니다. 바알과 아세라 신을 섬기는 선지자 850인을 갈멜 산으로 불러 모으고 온 백성들이 보는 앞에서 대결을 벌입니다.

엘리야는 이들에게 송아지 둘을 가져오게 한 후 한 마리를 택하여 나무 위에 올려놓고 "너희들의 신이 불로 응답하게 하라"고 합니다. 이들이 아침부터 낮까지 자기들의 신을 부르고 기도하였지만 응답이 없었습니다. 칼과 창으로 자신들의 몸을 상하게 하며 부르짖었지만 응답이 없습니다. 이제 엘리야의 차례가 되었습니다. 엘리야는 먼저 무너진 여호와의 제단을 수축합니다. 그리고 그곳에 번제단을 쌓고 주변에 고랑을 팝니다. 번제단 위에 송아지의 각을 떠서 나무 위에 놓고 물을 붓습니다. 그리고 간절히 기도할 때에 하늘에서 불이 내려와 번제물과 나무와 돌과 흙까지 태우고 도랑에 흥건하게 부어진 물까지 태워버렸습니다. 백성들이 엎드려 '여호와가 하나님이시라'고 고백할 때에 엘리야는 우상을 숭배하는 선지자들을 잡아 죽이라 명하고 하나님께 엎드려 기도합니다.

오늘 읽은 성경말씀이 엘리야가 이때 기도한 내용입니다. 오늘의 시대는 하나님이 없다고 합니다. 교회는 많지만 세상 사람들에게 하나님께서 참 하나님이신 것을 보여주지 못합니다. 오히려 교회 안에 분쟁이 있습니다. 하나님을 섬기는 것이 아니라 내가 하나님의 자리에 올라가려고 합니다. 엘리야가 백성들을 불러 모으고 한 일이 무엇입니까? 먼저 무너진 여호와의 제단을 다시 수축했습니다. 그럴 때에 하나님께서는 불로 응답해 주셨습니다. 오늘 말씀은 이스라엘의 죄악으로 말미암아 3년 6개월 동안 비가 내리지 않았는데 다시 비가 내리는 능력의 기도를 기록하고 있습니다. 우리에게 이 기도가 있어야 할 줄로 압니다. 엘리야의 기도의 모습을 봅시다.

1. 엘리야는 간절한 기도를 드렸습니다.

엘리야는 갈멜 산 꼭대기로 올라가 땅에 엎드려 그의 얼굴을 무릎 사이에 넣고 기도합니다. 이것은 간절한 기도의 자세입니다. 오늘 말씀을 준비하며 얼굴이 무릎 사이에 들어갈까 시험을 해보았습니다. 머리가 땅에 닿는 것은 어렵지 않은데, 머리가 무릎 근처로 오지를 않습니다. 그래서 뒷머리를 잡고 무릎 사이에 머리를 당겨보았더니 들어가기는 들어가는데 갑자기 배에 쥐가 났습니다. 유연한 어린이나 젊은이들은 잘 될지 모르지만 나이가 든 남성들은 잘 되지 않습니다.

이것은 무엇을 말합니까? 평소에 엘리야는 이런 간절한 기도를 드렸다는 말입니다. 그릿 시냇가에 숨어 있으면서 "하나님, 언제까지 이렇게 살아야 합니까? 언제까지 이 민족을 이대로 두시겠습니까?" 하고 간절한 기도를 드렸다는 말입니다. 예수님도 십자가를 지기 위하여 마지막 기도를 드리실 때에 땅에 얼굴을 대고 땀이 피같이 흘러내리는 결사적인 기도를 하셨습니다.

기도하지 않는 사람은 없습니다. 우리는 다 기도합니다. 그런데 이런 결사적인 기도를 언제 드렸습니까? 사람들은 결사적인 문제를 만날 때에 결사적인 기도를 드립니다. 성전을 건축하면서 많은 장애물들이 생깁니다. 이번에 우리 새 성전에 의자를 납품하는 성구사 사장님이 이야기하기를 요즘 대형교회에 세 군데 의자를 납품하고 있는데 우리 교회 빼고 모두 문제가 생겨 어려움을 당하고 있다고 하였습니다. 공사가 중단되고 있다는 이야기입니다. 우리는 흔히 '하나님의 집을 짓는데, 모든 일이 순조롭게 되겠지' 하고 생각을 하는데, 그런 교회는 없습니다. 성전을 짓는 데 거의 대부분 어려움이 있습니다.

우리 교회도 기도할 제목들이 있었습니다. 그래서 저도 오랫동안 강단에서 밤에 자면서 기도한 적도 있습니다. 여름에는 모기가 날아옵니다. 방 안 같으면 모기약을 뿌리면 되는데 이 넓은 교회당에 어떻게 모기약을 뿌립니까? 저는 모기를 참 싫어합니다. '앵-' 하고 날갯짓 소리가 나면 자다가도 일어나 모기를 잡아야 합니다. 그런데 예배당에서 잘 때에는 포기하고 잡니다. "하나님, 다리만 물고 얼굴은 안 물게 해주세요"라고 기도하고 잡니다. 겨울에는 또 얼마나 춥습니까?

　그런데 왜 그렇게 기도하게 됩니까? 간절하니까 그렇게 기도하게 됩니다. 기도는 하나님께서 시키십니다. 그래서 간절히 기도하면 영성이 충만해집니다. 기도하면 내가 복을 받습니다. 기도해야 새 성전을 받을 축복을 차지할 수 있습니다. 저는 교회에서 자면서 기도할 때가 가장 평안했습니다. 뜨거웠습니다. 여러분은 그때 가장 풍성한 영의 양식을 먹을 수가 있었을 것입니다. 이런 이야기를 하면 "목사님, 그러면 목사님은 교회에서 사시지요?" 그러는 분도 있을 것입니다. 그렇습니다. 그래서 새 성전을 건축하면서 '교회에서 살아야겠다' 생각하고 제 목양실 옆에 간단한 살림살이를 할 수 있도록 했습니다.

　엘리야는 머리를 부여잡고 땅에 얼굴을 비비며 있는 힘을 다해 하나님께 부르짖었습니다. 성도 여러분, 우리 인생을 살다 보면 결사적인 기도를 드려야 할 시간들이 있습니다. 나에게도 그런 시간이 반드시 찾아옵니다. 그때에 울고불고 해야 소용이 없습니다. 그때에 엘리야의 기도를 생각하시기 바랍니다. 간절한 기도는 문제 해결의 열쇠입니다. 우리의 답답한 인생의 문제 해결의 방법입니다. 엘리야의 기도로 응답받는 여러분이 되시기를 바랍니다.

2. 엘리야는 응답받을 때까지 기도했습니다.

　많은 사람들이 기도하다가 중단합니다. 건강을 위하여 기도하다가 조금 건강해지면 건강을 위한 기도를 잊어버립니다. 자녀가 대학시험을 치를 때에 자녀를 위해 기도하다가 대학에 들어가 학교 잘 다니게 되면 기도를 잊어버립니다. 하나님께서 왜 기도를 주십니까? 계속 기도하라는 뜻입니다. 그래서 쉬지 말고 기도하라고 하셨습니다. 응답받을 때까지 기도하라는 뜻입니다. 아침부터 저녁까지 기도하는 것을 잊지 않아야 합니다.

　그런데 공중기도는 좀 짧게 하셔야 합니다. 공중기도할 때는 믿음이 약한 사람들을 생각하셔야 합니다. 옛날 어느 교회의 장로님이 기도를 오래 하시는데 기도를 했다 하면 창세기부터 시작을 하십니다. 그래서 학생들이 그 장로님이 기도를 시작하면 참다가, 참다가 그냥 나옵니다. 그래서 서로 하는 말이 "넌 언제 나왔니?", "난 노아의 홍수 때 나왔다" "넌?", "나는 그래도 다윗이 골리앗과 싸울 때 나왔다" 그러더랍니다. 옛날 신학교 옆에 있는 광성교회의 수요예배에 참석해 보니 기도하다가 시간이 지나가면 목사님이 종을 '땡-' 하고 쳤습니다. 너무한다 하는 생각이 들었지만 가만히 생각하면 훈련을 시키셨던 것이었습니다. 공중기도를 할 때에 기도 오래 하는 것은 믿음이 좋은 것이 아니라 준비가 부족해서입니다. 기도는 예배를 위한 기도여야 합니다.

　식사기도도 오래 하면 안 됩니다. 옛날 어느 시골에서 있었던 일입니다. 목사님이 심방을 갔는데 성도님 집 마당에서 콩을 털고 있었습니다. 그때 마침 아이스께끼를 파는 장수가 지나가기에 목사님이 불러서 아이스께끼를 샀습니다. 그리고 구역장 집사님께 기도하라고 했는데 집사님이 아이스크림을 앞에 놓고 기도를 너무 오래 했습니다. 눈을 떠서 보니 아이스께끼는 간 곳이 없고 젓가락만 몇 개 남아있더랍니다.

병원에 심방 가서 기도를 오래하면 안 됩니다. 장례식장에서도 기도를 오래하면 안 됩니다. 저는 장례식장에서 설교도 5분에서 10분 사이에 하기 위해 늘 준비합니다. 짧은 시간에 위로를 받고 성령님의 임재하심을 느끼는 것이 더 어렵습니다. 그래서 장례식 기도도 준비 많이 하셔야 합니다. 준비 많이 하라는 말은 짧고, 은혜 되게 하라는 말입니다. 주일학교나 학생들 앞에서 기도할 때도 짧게 하셔야 합니다. 초신자들 앞에서도 짧게 하셔야 합니다. 그것이 잘하는 기도입니다.

새가족들이 도림교회 나오며 하는 이야기가 도림교회 목사님은 설교를 정확하게 시간을 지켜주셔서 좋다고 합니다. 저는 제가 설교하는 데 정한 시간의 2-3분을 초과하지 않으려 애를 씁니다. 성도들이 그렇게 몸에 세팅되어 있기 때문입니다. 시간이 지나면 몸이 뒤틀리고 받은 은혜도 까먹기 때문입니다. 그런데 개인기도는 다릅니다. 개인기도는 아무리 오래해도 괜찮습니다. 오래하면 할수록 더 좋습니다. 마틴 루터는 바쁠수록 더 많이 기도했다고 합니다.

오늘 엘리야는 사환에게 바다 쪽을 바라보라고 이야기하며 계속 기도했습니다. 바다 쪽을 바라보아도 아무것도 없습니다. 그런데 엘리야는 일곱 번까지 가라고 합니다. 일곱은 완전수입니다. 계속해서 가라는 말입니다. 응답이 있을 때까지 가라는 말입니다. 우리의 기도가 그래야 합니다. 응답의 확신이 없으면 몇 번 가서 확인하다가 중단합니다. 일곱 번까지 가는 기도는 언젠가 반드시 응답을 주실 줄로 믿고 하는 기도입니다. 그래서 엘리야는 기도도 시작하기 전에 아합 왕에게 뭐라고 했습니까?

"엘리야가 아합에게 이르되 올라가서 먹고 마시소서 큰 비 소리가 있나이다"(왕상 18:41).

이미 큰 비 소리가 있다고 이야기하고 확신을 가지고 기도하러 갔습니다. 여러분, 믿음은 내가 기도하고 바라는 것이 실상으로 보여집니다. 믿음은 내 눈으로 보이지는 않아도 이미 증거를 보고 있습니다. 이것이 히브리서 11장이 말하는 믿음입니다. 우리는 새 성전을 건축하면서 완성되어 가는 새 성전을 우리의 눈으로 바라보았습니다. 우리는 설계할 때부터 이미 새 성전을 분명히 믿음의 눈으로 바라보고 지금까지 달려왔습니다. 이제 우리는 완성된 새 성전을 바라보며 큰 비의 소리를 모두가 들을 수 있기를 바랍니다. 완성된 새 성전을 통하여 은혜의 큰 비, 축복의 큰 비, 성령의 큰 비가 임하는 소리를 듣는 성도들이 됩시다.

3. 작은 구름에서 큰 비를 보아야 합니다.

사환이 일곱 번째 가서 보고난 후에 "바다에서 사람의 손만한 작은 구름이 일어나나이다"(왕상 18:44)라고 보고를 합니다. 이때 엘리야는 사환에게 이르기를 아합 왕에게 가서 "비에 막히지 아니하도록 마차를 갖추고 내려가소서 하라"(왕상 18:44)고 합니다. 손바닥만한 구름이 일어나는 것을 보며 큰 비가 올 것을 바라보았습니다. 이미 기도의 응답이 이루어진 것을 바라보았습니다. 겨자씨만한 믿음이 산을 옮깁니다. 하나님께서 우리에게 주신 것이 작다고, 한 달란트밖에 되지 않는다고 불평하지 마시기 바랍니다. 그 한 달란트 속에서 일만 달란트를 바라볼 수 있어야 합니다.

저는 새 성전을 건축할 때에 현장에 매일 들어가서 본당을 바라보며 "이 넓은 성전이 가득 차게 하여 주시옵소서" 하고 기도할 때에 새 성전이 가득 차 있는 것을 보았습니다. 상상으로 보았습니다. 그 넓은 전에서 성도들이 손을 들고 찬양하는 것을 보았습니다. 식당에 올라가서 기도할 때에는 그 넓은 식당이 가득 차고 그 속에서 맛있게 식사하는 성도들의 웃음을 보았습니다. 옥상에 올라가면 멀리 남산과 관악산을 바라보고, 또 목동을 바라보며 "이 산지를 내게 주소서!" 하고 기도하였습니다. 수많은 성도들이 오는 것을 보며 기도하였습니다.

여러분, 지금 가진 것이 작습니까? 그것을 붙들고 끝까지 기도하십시오. 손바닥만한 구름이 큰 비가 되는 것을 믿음의 눈으로 바라보며 기도합니다. 내 자녀가 일터가 약합니까? 붙들고 엘리야처럼 기도하십시오. 그리고 하나님께서 손바닥만한 구름을 통해서도 큰 비를 주시는 것을 바라보십시오. 하나님은 기도하는 사람을 귀하게 여기십니다. 기도하는 사람에게 길을 열어주십니다.

예수님을 찾아온 사람들은 거의 모두가 세상에서는 더 이상 길이 없는 사람들이었습니다. 그러나 예수님을 붙잡고 간청할 때에 놀라운 일들이 일어났습니다. 새로운 길들을 열어주셨습니다. 오늘도 우리 주님 외에는 길이 없다고 믿고 나아갈 때에 그런 교회를 통하여, 그런 성도들을 통하여 위대한 일들을 이루어 주십니다. 엘리야의 기도로 큰 비의 축복을 얻는 성도들이 됩시다.

📝 적용

ⓐ 오늘 말씀의 주제 파악하기

_____

_____

ⓑ 오늘 말씀 중 은혜 받은 부분 나누기

_____

_____

ⓒ 삶에 구체적으로 적용하기

_____

_____

🙏 함께 드리는 기도제목

1. 간절한 엘리야의 기도의 응답이 우리의 응답이 되게 하옵소서.
2. 은혜의 큰 비, 축복의 큰 비, 성령의 큰 비가 임하는 소리를 듣게 하옵소서.
3. 우리 모두가 엘리야의 기도로 큰 비의 축복을 얻게 하옵소서.

마귀에게 틈을 주지 말라

- **본 문:** 에베소서 4장 25-27절(신 314쪽)
- **찬 송:** 342장(너 시험을 당해, 통 395장)
- **요 절:** "그런즉 거짓을 버리고 각각 그 이웃과 더불어 참된 것을 말하라 이는 우리가 서로 지체가 됨이라 분을 내어도 죄를 짓지 말며 해가 지도록 분을 품지 말고 마귀에게 틈을 주지 말라"(엡 4:25-27).

오늘 말씀은 '그런즉'이라는 단어로 시작합니다. '그런즉'이라는 말은 헬라어로 '디오'(διό)인데 앞에 어떤 중요한 내용이 있다는 것을 시사하는 접속사입니다. 오늘 읽은 말씀 바로 앞 23-24절을 보면 "오직 너희의 심령이 새롭게 되어 하나님을 따라 의와 진리의 거룩함으로 지으심을 받은 새 사람을 입으라"고 말합니다. 인간은 모두 옛사람 아니면 새사람입니다. 중간은 없습니다. 우리가 예수님을 나의 구주로 고백하는 순간 하나님께서는 "그래, 너는 나의 것이다"라고 말씀하시면서 우리를 하나님의 자녀로 삼아주시고, 새사람이 되게 하여 주십니다.

우리가 하나님의 자녀가 되는 그 순간 우리에게 하나님의 자녀의 새 옷을 입혀 주십니다. 그리고 영의 양식을 주시고, 하나님의 군사답게 살 수 있도록 훈련을 시켜 주십니다. 군인이 군대에서 주는 밥을 열심히 먹고, 열심히 훈련을 해야만 훌륭한 군인이 될 수 있는 것처럼 우리 성도들도 영의 양식을 열심히 먹고 영적인 훈련을 열심히 해야만 훌륭한 성도가 될 수 있습니다. 우리는 모두가 하나님의 자녀로 인치심을 받았으니 새사람답게 살아야 합니다. 에베소서 4장의 말씀은 새사람답게 사는 것이 무엇인지 우리에게 가르쳐 줍니다.

1. "그런즉 거짓을 버리고 각각 그 이웃과 더불어 참된 것을 말하라" (엡 4:25).

거짓을 버리지 아니하면 마귀가 틈을 탄다는 말입니다. 우리는 옛사람에서 새사람으로 이사를 왔으니 새사람의 법대로 살아야 합니다. 그 첫 번째가 거짓을 버리라는 말씀입니다. 여기서 말하는 거짓은 윤리적이거나 도덕적인 의미를 말하는 것이 아닙니다. 예수 믿는 사람은 거짓말하지 않아야 한다는 단순한 의미의 거짓이 아닙니다. 신학자 불트만은 이 구절을 해석하면서 "거짓은 하나님께서 주신 성품을 빼앗아가는 것이다"라고 했습니다. 위선이나 거짓 때문에 사람과 사람과의 관계가 파괴됩니다. 요즘 뉴스에서 나오는 이야기들을 보면 어느 한편은 거짓인 이야기를 서로가 진실인 것처럼 말을 합니다. 아니 둘 다 거짓말일 수 있습니다. 자신들의 행위를 정당화하기 위하여 주장을 하는데, 그 이야기가 사실일지라도 상대방을 파괴하기 위해서 하는 말이라면 성경은 이것을 거짓이라고 말합니다.

왜 거짓이 우리 가운데 있습니까? 여러 가지 원인이 있는데 남의 것을 차지하기 위해 거짓을 행합니다. 내가 남보다 더 우위에 있음을 증명하고 나타내기 위해 거짓을 행합니다. 나를 자랑하기 위해 거짓을 행합니다. 이러한 일들은 모두가 악한 본성에서 나오는 것들입니다. 그래서 성경은 "악은 모양이라도 버리라"고 말하였습니다.

"나는 거짓말을 한 번도 해본 적이 없다"고 이야기하는 사람이 있습니다. 성경의 관점에서 보면 이것은 잘못된 말입니다. 하나님을 떠나는 것이 거짓입니다. 하나님의 마음을 아프게 하는 것이 거짓입니다. 바리새인들은 "나는 거짓을 행하지 않는다"고 자랑했습니다. 그런데 예수님은 이들의 행위를 가장 역겨워하셨습니다. 사람은 거짓을 행하지 않을 수가 없습니다. 나도 모르게 거짓이 속에서 솟아오릅니다. 그래서 하지 말라고 하셨습니다. 마귀는 거짓의 영이라고 했습니다. 마귀는 거짓의 영을 우리에게 불어넣어 관계를 깨트립니다.

에덴동산의 평화를 깨트린 것도 마귀의 거짓말이었습니다. "네가 선악과를 먹으면 하나님과 같아질 수 있다"고 아담과 하와에게 거짓말을 했습니다. 아마 아담과 하와의 마음속에 하나님의 자리를 부러워하는 마음이 있었을 것입니다. 마귀는 정확하게 그 틈을 비집고 들어갔습니다.

교회 안에도 분열이 일어나는 이유가 다른 것이 아니라 거짓 때문입니다. '내가 당신보다 낫다'고 합니다. 내가 대접받아야 한다고 합니다. 당신이 그 사람보다 못한 것이 무엇이 있느냐고 합니다. 그래서 상대방을 해하는 말을 합니다. 그 말이 맞는 말일지라도 성경은 이것을 거짓이라고 말합니다. "거짓을 버리고 이웃과 더불어 참된 것을 말하라"고 오늘 성경은 말합니다. 참된 것을 말하려면 내가 먼저 참이 되어야 합니다. 똑같은 장미꽃을 보면서도 '하필이면 왜 이렇게 아름다운 장미꽃에 가시가 달려있는가?' 하고 부정적으로 생각할 수 있지만 '이렇게 험한 가시덩굴 가운데 어쩌면 이렇게 아름다운 장미꽃이 피어났을까?' 하고 좋게 볼 수가 있습니다.

행복과 불행은 한 동네에 살고 있다고 이야기합니다. 우리가 먼저 행복한 동네에 살아야 합니다. 참된 것이 무엇입니까? 거짓이 마귀가 주는 것이라면 참된 것은 성령님께서 주십니다. 성경은 하나님의 평강이 그리스도 예수 안에서 "네 마음과 생각을 지키시리라"고 했습니다. 마음과 생각에서 말이 나옵니다. 성령님께서 주시는 마음, 성령님께서 주시는 생각에서 참된 말이 나옵니다.

우리가 아침에 일어나면 "하나님, 내 마음과 생각을 지켜주시고 걸음을 인도해 주세요"라는 간절한 기도를 드려야 합니다. 내 마음과 생각에 어두운 것이 들어오고, 부정적인 것이 들어오면 나도 모르게 내 속에서 어두운 말이 나가게 되고, 부정적인 말이 나가게 됩니다. 이것을 내가 막을 수 있는 사람은 없습니다. 그러므로 하나님 앞에 겸손한 사람만이 성령님께서 지켜주시는 은혜 가운데 살아가게 됩니다.

'참된 것'의 헬라어 '알레데이아'($\alpha\lambda\eta\theta\epsilon\iota\alpha$)는 '진리'라는 뜻입니다. 이 세상의 진리는 하나님밖에 없습니다. 그래서 예수님께서는 "내가 곧 길이요 진리요 생명이다"라고 하셨습니다. 우리가 참된 것을 말해야 하는 이유를 성경은 "이는 우리가 서로 지체가 됨이라"고 말하였습니다. 우리가 한 몸이라는 말씀입니다. 결국 이 말씀은 에베소 교회 안에 있는 성도들을 향한 말씀입니다. 성도들은 하나님의 자녀로 그리스도와 한 몸이기 때문에 서로에게 참된 것을 하라는 말씀입니다. 자기 몸에 악하게 하는 사람은 없습니다. 자기 눈에 상처를 내고 즐거워하는 사람은 없습니다. 온몸이 함께 고통스러워합니다. 지체이기 때문입니다. 그렇습니다. 우리 교회가 한 지체임을 말씀을 통해서 깨닫고 서로를 축복하며 살아가는 공동체가 될 수 있기 바랍니다.

여러분, 교회에 나오는 이유는 하나님의 말씀을 듣고 순종하기 위해서입니다. 우리는 모두가 거짓을 버리고 하나님의 인도하심에 따라 서로에게 참된 것을 말하는 성도들이 되기를 바랍니다. 그러면 이 교회에 하나님의 기뻐하심이 임하고 은혜가 임하고 상급이 있습니다. 우리 교회는 서로가 만나면 "잘하셨습니다. 축복합니다. 사랑합니다. 기도하겠습니다. 함께 힘을 냅시다"라는 선한 말만이 오고 가기를 바랍니다.

2. "분을 내어도 죄를 짓지 말며 해가 지도록 분을 품지 말고"(엡 4:26).

사람은 누구나 분을 낼 수가 있습니다. 그래서 성경은 "분을 내어도"라고 하였습니다. 자기도 모르게 분이 날 수가 있다는 말입니다. 그런데 성경은 "그러나 죄는 짓지 말라"고 하였습니다. 사람들이 분을 내는 이유는 여러 가지가 있습니다. 나를 무시하니까, 내 뜻대로 되지 않아서, 나의 것을 빼앗아가기 때문에, 약을 올리니까 등 여러 가지가 있습니다. 분을 참는 방법도 여러 가지가 있는데, 분노를 누르고 조절하라고 하는 일반적인 방법이 있습니다. 요즘 심리학자들은 참으면 스트레스가 쌓이고 병이 되니까 참지 말라고 합니다. 옛날에 도인들은 분노할 일이 있어도 다 흘려버렸습니다.

하지만 분노를 참으면 스트레스가 오는 것이 사실입니다. 분노하면 혈압이 올라갑니다. 더 분명한 것은 분노할 때 밥을 먹으면 체합니다. 분노하면 정신뿐 아니라 육체도 함께 반응합니다. 분노를 계속 내 속에 저장하고 살면 나중에 화병이 됩니다. 암을 연구하는 학자들 중에는 암은 분노를 참지 못하고 스트레스로 쌓이게 되었을 때에 내 몸으로 찾아온다고 이야기합니다.

분노를 참으면 이상성격을 만들기도 합니다. 세상을 삐딱하게 바라봅니다. 사람들도 삐딱하게 봅니다. 다른 사람은 좋게 보는데, 나는 나쁘게 보는 것입니다. 그러니 인생이 행복해질 수가 없습니다. 마음속에 분노하는 사람들은 인상도 좋지 않습니다. 잘 웃지도 않습니다. 분노가 잠재되어 있으면 얼굴에 나타납니다. 그렇다고 분노를 밖으로 폭발시킨다고 해서 좋을 것도 없습니다. 열심히 살던 사람들이 일순간의 분노로 인생을 망치는 경우들을 자주 보게 됩니다. 부부간에 싸우다가 칼부림이 나기도 하고, 길거리에서 한번 부딪쳤다고 칼을 들고 나가기도 합니다. 차를 운전하다가 서로 부딪쳐 싸우는 경우가 있습니다. 그 결과 인생을 감옥에서 보내고 불행한 결말을 맺는 사람들이 많습니다.

그러면 어떻게 해야 합니까? 오늘 성경은 "해가 지도록 분을 품지 말고"라고 말합니다. 이것이 성경이 가르쳐 주는 방법입니다. 그 분노를 계속 가지고 가면 내가 분노의 노예가 됩니다. 우리가 사는 이 세상에는 분을 품을 일들이 많이 있습니다. 분을 품고 살아가는 가정들도 많습니다.

옛날 미국에서 있었던 일입니다. 어떤 젊은 사람이 새 차를 샀는데 험한 길을 빨리 달리면 트렁크 뒤쪽에서 '따르륵' 하고 소리가 납니다. 여러분도 그런 경험이 있지 않습니까? 이분도 아무리 정비업소에 들어가 방법을 찾아보아도 해답이 없자 부인에게 "내가 트렁크에 들어가 살펴볼 테니 당신이 운전을 하라"고 했습니다. 남편은 트렁크 속에 플래시를 들고 들어가 있고 아내가 운전을 시작했습니다. 차가 달리기 시작하자 트렁크 속에서 남편이 어떻게 되겠습니까? 트렁크에는 쿠션이 없습니다. 이리저리 튀고 머리가 부딪치고 너무나 고통스러웠습니다. 그래서 멈추어 달라고 트렁크 안에서 자동차 뒷면을 마구 두드렸습니다. 아내는 그 사인을 더 빨리 달리라는 신호로 알고 더 빨리 달렸습니다.

집에 도달했을 때 남편은 거의 실신상태가 되었습니다. 집에 도착한 아내는 '덜컹' 하고 트렁크 손잡이를 통해 트렁크를 열어주고는 집안으로 들어갔습니다. 남편은 그날부터 너무나 분하여 아내가 잠들기 전까지는 집에 들어가지 않았다고 합니다. 남편이 죽은 후 부인은 남편이 목사님과 상담한 이야기를 듣고 그 사실을 알게 되었고 후회했다는 이야기입니다.

분노 때문에 이 가정이 불행해졌습니다. 회사에서도 분을 품을 일들이 생겨나고 교회에서도 분을 품을 일들이 생겨납니다. 가인은 제사를 드리다가 분노하여 동생을 죽이는 살인자가 되었습니다. 모세도 분노하다가 가나안 땅에 들어가지 못했습니다. 분노하면 육체적으로 손해가 오고, 관계에 손해가 오고, 내 인생에 손해가 옵니다. 분노를 잘하는 사람이 '나는 뒤끝이 없다'고 말하는 것을 보았습니다. 분노를 하는 사람은 이미 다른 사람에게 선인장을 집어 던진 것과 같습니다. 다른 사람은 이미 나로 인해 상처를 입었는데, 나는 아무렇지도 않다고 말하는 것은 어리석은 사람입니다. 크리스천은 다른 사람의 마음에 상처를 주는 사람이 되어서는 안 됩니다.

여러분, 분노는 자신뿐 아니라 공동체에 상처를 입히는 무서운 무기입니다. 그래서 성경은 "해가 지도록 분을 품지 말라"고 하였습니다. 여러분은 분노를 품고 사는 사람이 되지 않기를 바랍니다.

3. "마귀에게 틈을 주지 말라"(엡 4:27).

큰 돌을 뽑아내기 위해서는 작은 틈을 먼저 만들어야 합니다. 틈을 만들고, 그 속에 지렛대를 넣고 흔들면 큰 돌도 캐낼 수 있습니다. 큰 댐도 작은 구멍이 생기면 위험해집니다. UFC라는 격투기 경기를 보면 굉장한 선수들이 싸웁니다. 아무리 위대한 선수도 잠시만 방심하면 큰 일이 납니다. 다 이겨놓은 경기를 한순간 방심하여 빈틈을 주어 KO로 지는 경우들이 종종 있습니다. 굉장한 선수들이 이기고 지는 것은 작은 빈틈에 있습니다. 그 빈틈을 놓치지 않고 들어갑니다.

마귀는 빈틈을 노리고 공격하는 데에 최고의 선수입니다. 내가 빈틈이 있으면 절대로 놓치지 않습니다. 내가 정욕에 약하면 정욕으로 공격을 합니다. 내가 물질에 약하면 물질을 이용해서 공격을 합니다. 내가 명예욕에 약하면 명예욕을 이용하여 빈틈을 놓치지 않고 공격하여 쓰러뜨리는 무서운 선수가 마귀입니다. 옛날에 연탄을 때던 시절에 연탄가스 중독으로 많은 사람들이 죽었습니다. 연탄가스는 조그만 틈이 있어도 놓치지 않고 들어와 사람을 죽게 만듭니다. 사람들은 연탄가스의 틈은 두려워하면서 마귀에게 틈을 주는 것이 얼마나 더 무서운 것인지를 잘 알지 못합니다.

마귀에게 틈을 주는 것이 여러 가지가 있는데, 오늘 성경 본문은 '분노는 마귀에게 틈을 주는 것'이라고 말합니다. 마귀는 분을 내게 하여 사람을 조종하려고 합니다. 자주 분노하는 사람은 '마귀가 나를 가지고 흔들고 있구나!' 하는 사실을 깨달아야 합니다. 분노는 성령님을 떠나시게 하기 때문입니다. 하나님의 사람이 평소에는 성령님의 말을 하지만, 분노하면 성령님 대신에 귀신이 나를 통해 말하게 합니다. 분노할 때에 귀신이 내 속에 들어왔다 나갔다 합니다.

그리스 로마 신화에 나오는 '아킬레스'라는 용사는 온몸에 약점이 없었습니다. 왜냐하면 그의 어머니가 아킬레스가 태어났을 때 불사의 능력이 있는 강물에 몸을 담갔기 때문입니다. 그런데 한 곳에 약점이 있었습니다. 발목입니다. 그의 어머니가 발목을 잡고 강물에 담갔기 때문에 발목에 약점이 있었습니다. 트로이전쟁에서 이 발목에 독화살을 맞고 죽게 됩니다. 그래서 치명적인 약점을 '아킬레스건'이라고 부릅니다. 물론 신화의 이야기이지만 불사의 몸으로 태어난 아킬레스는 발목에 틈이 있어 죽음을 당했습니다.

"하나님의 전신갑주를 입으라"고 하였는데, 전신갑주를 입은 사람도 틈이 있으면 소용이 없습니다. 마귀는 그곳을 정확하게 알고 공격해 들어오옵니다. 오늘 성경 본문에서도 '분은 마귀가 좋아하는 틈'인 것을 말합니다. 우리가 분노할 때에 마귀는 절대로 놓치지 않습니다. 나를 상처 입히고 공동체를 넘어뜨립니다. 그러므로 우리는 분을 이겨야 합니다. 무엇으로 이깁니까? 말씀으로 이깁니다. 예수님께서도 마귀가 거짓말로 시험을 할 때에 하나님의 말씀으로 시험을 이기셨습니다.

여러분, 우리는 예수 그리스도를 믿음으로 말미암아 모두가 새사람이 되었습니다. 그런데 마귀가 그대로 내버려두지 않습니다. 계속해서 여러분을 흔들어 빈틈을 만들고, 거짓을 행하게 하고, 분노하게 만듭니다. 이것은 내 힘으로 이기는 것이 아닙니다. 말씀으로 이겨야 합니다.

여러분이 하나님과 동행하며 마귀와 싸워 이기는 삶을 원하십니까? 그러면 아침부터 하나님의 말씀을 묵상하면서 하루를 시작하시기 바랍니다. "하나님의 말씀으로 인도해 주십시오" 하고 겸손히 말씀 앞에 엎드리십시오. 그러면 그 말씀이 여러분을 바른 길로 인도할 것입니다. 무슨 일을 만나든지 늘 말씀을 암송하며 말씀을 생각하시기 바랍니다. 그 말씀이 우리의 인생을 지켜줍니다.

어려운 일을 만날 때 하나님의 말씀이 먼저 생각나는 여러분이 되기를 바랍니다. 분이 날 때에도 하나님의 말씀이 기억나게 되기를 바랍니다. 이 세상을 떠날 때에도 하나님의 말씀이 여러분의 입술과 마음속에 떠나지 않기를 간절히 바랍니다. 이제부터 영원까지 하나님의 말씀과 동행하며 마귀가 틈타지 못하는 복된 사람들이 됩시다.

📝 적용

ⓐ 오늘 말씀의 주제 파악하기

ⓑ 오늘 말씀 중 은혜 받은 부분 나누기

ⓒ 삶에 구체적으로 적용하기

🙌 함께 드리는 기도제목

1. 거짓을 버리고 하나님의 인도하심에 따라 서로에게 참된 것을 말하는 성도들이 되게 하옵소서.
2. 분노를 품고 사는 사람이 되지 않게 하옵소서.
3. 하나님의 말씀과 동행하며 마귀가 틈타지 못하는 복된 사람들이 되게 하옵소서.

하나님의 성령을 근심하게 하지 말라

- **본 문:** 에베소서 4장 28-30절(신 314쪽)
- **찬 송:** 190장(성령이여 강림하사, 통 177장)
- **요 절:** "하나님의 성령을 근심하게 하지 말라 그 안에서 너희가 구원의 날까지 인치심을 받았느니라"(엡 4:30).

존 번연의 《천로역정》을 보면 크리스천이 천국에 가기까지 수많은 일들을 겪는 내용이 나옵니다. 《천로역정》은 아마 크리스천들이 성경 다음으로 많이 읽은 책이고, 영화로도 나오고, 자녀들과 함께 볼 수 있는 애니메이션 영화로도 상영이 되었습니다. 저는 어릴 적에 번역된 책을 수십 번 이상 읽어보았습니다. 제가 어릴 적부터 믿음이 대단해서 그렇게 신앙서적을 반복해서 읽어 보았으면 좋았겠지만 사실 그때에는 읽을 동화책이 거의 없었고, 집에 이 책이 있어서 읽었습니다. 그런데 그렇게 읽은 책들이 지금의 내가 긍정적이고 신앙적인 삶을 사는 데에 도움이 많이 되었습니다.

《천로역정》은 늘 읽어도 흥미진진하고 재미가 있습니다. 우리나라에서는 크리스천을 '김믿음'이라고 번역을 했는데, 천국에 가는 동안 낙심할 일도 만나고, 시험도 당하고 하면서 천국 문에 들어가게 되는 이야기입니다. 천국에 가는 길이 예수님을 영접하고 나서 그저 모든 일이 술술 풀리고 신이 나게 예수 믿고 그러면 얼마나 좋겠습니까? 그런데 마귀가 방해합니다. 여러분이 천국에 가는 길을 방해하는 마귀의 공격은 집요하고 대단합니다. 그러므로 매일 매순간 성경의 말씀을 따라 한 걸음 한 걸음 주님께로 걸어가다 보면 우리는 주님 앞에 서게 됩니다. 오늘 성경은 말합니다.

1. "도둑질하는 자는 다시 도둑질하지 말고 돌이켜 가난한 자에게 구제할 수 있도록 자기 손으로 수고하여 선한 일을 하라"(엡 4:28).

우리가 예수 믿는 사람인데 도둑질하지 말라니 이상하지 않습니까? 그러나 당시에도 도둑질하는 크리스천이 있었고 지금도 있다는 말입니다. 도둑질이라는 것이 꼭 남의 물건을 몰래 훔쳐오는 것만이 아닙니다. 28절 말씀은 도둑질하지 말라고 하면서 그 말씀 뒷부분을 보면 가난한 자에게 구제할 수 있도록 자기 손으로 수고하여 선한 일을 하라고 말합니다. 왜 이 말씀을 한 문장으로 하였는지 이유를 깨달아야 합니다.

내가 내 손으로 열심히 일하지 않는 것도 도둑질하는 것이란 말씀입니다. 사람이 하루를 살려면 먹고, 입고, 불을 때고, 물을 마시고, 소비하는 것이 많습니다. 그러면 나는 아무것도 하지 않으면서 이러한 일을 한다면 다른 사람이 일한 것으로 나는 그저 먹고 마시는 것입니다. 다른 사람이 두 사람 몫의 일을 해야 한다는 말입니다. 나는 아무 일도 하지 않으면서 먹고 마시면 다른 사람의 노동을 내가 가져가는 것입니다. 그러므로 성경은 일하라고 합니다. "일하기 싫어하거든 먹지도 말게 하라"(살후 3:10)고 하였습니다.

기독교는 일하는 종교입니다. 유교는 일하는 것은 천민들이 하는 것이고, 양반이 일을 하면 천한 행위라고 가르쳤습니다. 유교의 영향을 받은 우리나라는 일하는 것을 싫어했기 때문에 가난했습니다. 그런데 기독교가 들어와 나라의 정신을 바꾸었습니다. 일하는 것이 아름답습니다. 우리나라는 아직도 육체로 일하는 것을 천하게 생각하는 경향이 있습니다. 그러나 그렇지 않습니다. 하나님께서도 일하셨습니다. 우리 예수님께서도 목수로 일하셨습니다. 사도 바울도 천막 만드는 일을 했습니다. 우리는 일해야 하고, 가능하면 다른 사람의 몫까지 일할 때 그것이 아름답습니다.

아는 목사님 중에 목회를 그만둔 다음에 그냥 쉬고 있는 분이 있었습니다. 그러니 늘 주변의 도움을 받아야 합니다. 주변에서 이야기를 할 때에 좋게 보지를 않습니다. 그런 반면에 어떤 목사님은 원치 않는 일로 목회를 쉬게 되었는데 건물 경비도 하고 여관의 심부름도 합니다. 이분은 사람들이 자기를 부를 때에 "김 씨", "김 씨" 하는 것이 처음에는 힘들었답니다. 강남의 큰 교회 목회를 했었는데 젊은 사람들조차 "김 씨" 하고 부르는 것을 듣고 가만히 생각해 보니 자신이 '김 씨'였답니다. 우리는 하나님 앞에서 내가 '김 씨'인 줄 알아야 종의 일을 감당할 수가 있습니다. 저는 이분을 보면서 이런 정도의 정신이면 다시 할 수 있다고 보았습니다. 그래서 얼마 전에 교회를 추천하여 보낸 적이 있습니다.

우리 교회가 협력선교사로 섬겼던 어떤 목사님은 중국에서 쫓겨나게 되어 강제 귀국당하면서 한국에 들어와 여러 가지 일을 했습니다. 지금도 문산의 시골교회를 섬기고 있는데 사모님이 일을 좋아하십니다. 그 사모님은 하지 말라고 해도 전도하는 일에 도움이 된다고 초등학교 버스 안내를 하십니다. 아이들을 태우고 내리며 "오라이, 스톱" 하면서 신나게 일을 하십니다. 그 통학버스의 기사는 대기업 부장을 하신 분인데 시골에 내려와 집을 장만하고 놀지 않고 버스 운전을 하십니다. 그러면서 사모님이 하시는 말씀이 "우리 버스가 전국에서 학력이 제일 높아요"라고 자랑을 합니다.

일하는 것이 아름답습니다. 일을 해야 건강합니다. 일을 하는 것이 자랑스럽습니다. 그러면 '나는 나이 많아 늙어서 일할 수가 없는데 나는 도둑질하는 것인가?' 하고 생각할 수 있습니다. 일이란 육체노동만 있는 것이 아닙니다. 가사노동도 있습니다. 세상 사람들은 내 남는 시간들을 통해 이웃을 향해 섬길 일들이 많습니다. 더구나 우리 기독교인들은 일이 너무 많습니다. 주님을 위한 일이 얼마나 많습니까? 전도하는 일, 기도하는 일, 봉사하는 일 등 아주 많습니다. 얼마 전부터는 '내가 이런 일에 주님을 위해 섬기겠다'는 자원서를 주보를 통해 받았습니다.

"나는 차량봉사로 섬기겠습니다. 일 년 열두 달 섬기지는 못해도 한 달은 해보겠습니다." "나는 식당 봉사를 하겠습니다." "나는 교회에 나와 몇 시간씩 기도로 섬기겠습니다."

앞으로 계속해서 이렇게 작정하셔서 섬기는 일에 동참해 주시기 바랍니다.

신학자들은 "도둑질하지 말라"는 구절을 사람들에게 대한 것뿐 아니라 하나님께 대한 것도 있다고 말합니다.

> "사람이 어찌 하나님의 것을 도둑질하겠느냐 그러나 너희는 나의 것을 도둑질하고도 말하기를 우리가 어떻게 주의 것을 도둑질하였나이까 하는도다 이는 곧 십일조와 봉헌물이라"(말 3:8).

내 몫의 바쳐야 할 십일조와 봉헌을 바치지 않는 것도 하나님께 대한 도둑질이라 했습니다. 십일조는 믿음 좋은 사람들만 드리는 것이 아니라 내가 하나님의 자녀임을 고백하는 예물이기 때문입니다.

내가 하나님의 나라에 사는 백성임을 고백하며 원래부터 나의 모든 것이 하나님의 것임을 고백하는 것이 십일조입니다.

성경은 열심히 일을 하라고 했습니다. 그리고 가난한 자들을 위하여 선한 일을 하라고 합니다. 성도 여러분, 우리 도림교회 성도들은 열심히 일하시기 바랍니다. 그저 일하지 말고 노력하며 일하시고, 하나님의 도우심을 구하며 일하시고, 축복을 사모하며 일합시다. 그리하여 이웃들에게 베풀어 주고 나누어주는 여러분과 우리 교회가 되기 바랍니다.

2. "무릇 더러운 말은 너희 입 밖에도 내지 말고 오직 덕을 세우는 데 소용되는 대로 선한 말을 하여 듣는 자들에게 은혜를 끼치게 하라"(엡 4:29).

"너희가 새사람이 되었으니 이제 너희의 말이 바뀌어야 한다"고 말씀하십니다. 여기에서 '더러운 말'이란 부패했다는 뜻입니다. 썩어서 냄새나는 말이 다른 사람들에게 전해지면 냄새가 나고 해를 주게 됩니다. 얼마 전 인터넷상의 악플로 고통받던 유명한 여가수가 스스로 목숨을 끊었습니다. 인터넷을 보면 내 얼굴이 보이지 않는다고 무조건 악한 말을 하는 사람들이 있습니다. 이것은 상대방을 칼로 찢고, 화살을 쏘아 상처를 입히는 것과 같은 행위입니다. 칼로 난 상처는 치료하면 되지만 마음에 입은 상처는 잊을 만하면 또 다시 생각나고, 평생을 괴롭힙니다. 우리 교인들은 내가 드러나지 않는다고 하여 그런 일을 하지 마시기 바랍니다.

한번은 현대인은 카톡을 해야 한다고 해서 카톡을 신청했는데, 신청하자마자 전화기에서 수없이 '카톡, 카톡' 소리가 납니다. 토요일 설교 준비를 하는데 밤에도 열두 시가 다 되어가는데도 전화기에서 계속 '카톡, 카톡' 하니 신경이 쓰여서 아무 일도 할 수가 없었습니다. 더구나 어떤 사람이 집요하게 선거에 무슨 정당을 찍으라고 카톡을 계속 보내는데 집중을 할 수 없어서 나중에는 화가 나서 답장을 했습니다. "밤중에 그렇게 계속 보내면 안 찍는다" 그랬습니다. 그랬더니 세상에, "도림교회 정명철 목사님이시죠? 목사님이 그럴 수 있습니까?" 하면서 공격을 합니다.

'우리 교인이면 그럴 수는 없는데, 어떻게 내 전화번호를 알았을까? 내 번호는 전국의 목사님들도, 노회의 목사님들도 모르고 우리 교인들에게만 신년 초에 공개하는데, 어떻게 알았을까?' 그러면서 "우리 교인입니까?" 하고 물으니 아니래요. 우리 교인이 알려줬대요. 그래서 그 말 한마디 했다가 죄송하다고, 다시는 안 그러겠다고 싹싹 빌었습니다. 사실 자꾸 밤에 보내면 안 찍는다고 한마디밖에 한 것이 없는데 빌었습니다. 그리고 제가 그 정당을 찍었겠어요? 안 찍었겠어요? 그날 즉시 카톡을 탈퇴하고 지금까지 카톡 같은 것 안 합니다.

문제가 될 소지가 있으면 불편해도 빨리 떠나야 합니다. 말은 속에서 나오는 것이라고 예수님께서 말씀하셨습니다. 부패한 말이 나오는 것은 내가 부패했다는 뜻입니다. 그러므로 크리스천은 내 속을 성령의 불로 태워내고 씻어내야 합니다. 더러운 세균들은 불로 태워버리면 꼼짝을 못합니다. 그렇습니다. 내 속에 더러운 생각들이 일어날 때에 성령의 불로 태워내야 합니다.

예수님께서는 귀신들린 사람들에게서 귀신을 쫓아내실 때에 늘 "더러운 귀신아"라고 명하셨습니다. 복음서에도 귀신을 말할 때에 항상 '더럽다'라는 형용사를 함께 사용합니다. 귀신의 속성이 더럽습니다. 부패하여 냄새가 납니다. 이 귀신의 속성이 가는 곳마다 이 세상을 부패하게 만들고 더럽게 만들고 냄새나게 만듭니다. 여러분, 예수님께서 오시면 더럽고 냄새나는 귀신이 물러나갑니다. 예수님께서 귀신을 내어 쫓으실 때에 귀신은 항상 뭐라고 합니까? "왜 나를 멸하러 왔나이까, 나를 떠나소서"라고 합니다. 여러분, 예수님께서 우리에게 오시면 귀신은 전멸하여 떠나가게 됩니다. 여러분 속에 더럽고 냄새나게 만들고 여러분을 유혹하는 귀신의 역사가 호시탐탐 노리고 있습니까? 이 시간 명령합니다.

"더러운 귀신이 떠나갈지어다."

선한 입에서 선한 말이 나오고 악한 입에서 악한 말이 나옵니다. 그래서 성경은 항상 입술의 열매를 말합니다. 하나님의 뜻대로 살아가는 사람에게는 하나님께서 선물을 주십니다. 그 마음속에 선한 것을 가득 채워 주십니다. 그래서 선한 말이 나오게 하십니다.

오늘 성경은 "덕을 세우는 선한 말을 하라"고 하였습니다. 그러면 사람들이 은혜를 받습니다. 우리는 사람들에게 칭찬하는 말, 기쁨을 주는 말, 소망을 주는 말을 하시기 바랍니다. 상대방을 배려하는 말을 합시다. 긍정적인 말을 합시다. 믿음의 말을 합시다. 안 좋은 말은 입 밖에 내지 맙시다. 우리가 늘 말 때문에 후회하지 않습니까? 차라리 말을 하지 않았더라면 아무 문제도 없을 것을, 말을 해놓고 문제를 일으키는 경우들이 많습니다. 더구나 분노하는 말, 저주하는 말, 악한 말은 여러분이 사용하는 단어의 사전에서 아예 빼버리시기 바랍니다. 가장 귀한 말, 가장 선한 말이 무엇입니까? 복음을 전하는 말입니다. 예수 믿고 새 삶을 살자는 말이 최고의 선한 말이요, 상대방을 살리는 말입니다. 따라 합시다.

"사랑합니다.", "축복합니다.", "행복하게 삽시다."

3. "하나님의 성령을 근심하게 하지 말라 그 안에서 너희가 구원의 날까지 인치심을 받았느니라"(엡 4:30).

우리가 죄를 지을 때에 성령님은 근심하십니다. 그리고 계속해서 죄 가운데 머물러 있을 때에 성령님께서 떠나가십니다. 우리의 옛사람이 어떤 사람입니까? 거짓말하는 사람입니다. 분을 내는 사람입니다. 도둑질하는 사람입니다. 더러운 말을 하는 사람입니다. 이러한 일을 행할 때에 성령님께서 근심하십니다. 오늘 말씀은 한 절 한 절마다 대구로 되어 있습니다. 30절 말씀도 그렇게 이해하시면 좋습니다. 왜 성령을 근심하게 하지 말라고 하였습니까? 우리는 구원의 날까지 인치심을 받은 자녀이기 때문입니다.

'인친다'는 말은 도장을 찍는다는 뜻입니다. 옛날에 소나 말 같은 짐승에 인을 쳤습니다. 불로 시뻘겋게 달군 쇠붙이로 짐승의 몸에 인을 찍습니다. 그렇게 해서 내 짐승을 구별합니다. 인은 사라지지 않는 강한 표시입니다. "하나님께서 우리를 구원의 날까지 인치셨다"는 말은 "이렇게 너는 내 자녀다" 하고 인을 쳐주셨다는 말입니다. 그래서 하나님의 우리 안에 보호해 주십니다. 우리는 하나님의 자녀이기 때문에 마귀가 훔쳐가지 못합니다. 그런데 인을 친 짐승도 우리 밖으로 나가면 소용이 없습니다. 예수님의 잃어버린 양의 비유가 그렇습니다. 우리를 나간 양은 어디에서 짐승의 밥이 될지 모릅니다. 그래서 목자는 골짜기로, 가시덤불로 더러운 곳을 찾아다니며 잃은 양을 찾습니다. 잃은 양을 찾아다니는 목자의 심정이 바로 성령님의 마음입니다.

우리는 구원받은 백성들인데 죄의 길에 빠져 돌아다니고 있으니 성령님께서 근심하며 찾으십니다. 그러므로 여러분은 주님의 우리 안에 있어야 합니다. 교회는 하나님께서 정해주신 안전한 우리입니다. 이 우리를 벗어나면 안 됩니다. 얼마 전에도 어떤 교인이 신천지에 빠져들어 갔다고 하여 걱정이 되었습니다. 교회에 나오고 봉사도 하던 사람입니다. 그런데 왜 신천지에 빠져들어 갔습니까? 우리 주님께서는 재림의 날 하늘에서 구름 타고 오신다고 했는데, 속지 말라고 했는데, 왜 속았습니까? 똑똑한 사람이 왜 망하는 길로 갔습니까? 우리를 벗어났기 때문입니다. 공부하러 오라고 하면서 아무에게도 알리지 말라고 하는 것이 더 이상한 것이 아닙니까? 밖으로 나가지 말라고 그렇게 이야기했는데도 나가니 성령님께서 근심하다가 떠나가셨습니다. 우리는 그들이 돌아오기를, 잃은 양을 다시 찾게 되기를 기도해야 합니다.

   성령님을 근심하게 하면 떠나가십니다. 그러면 주님의 보호하심을 입지 못합니다. 물고기는 물속에 있을 때 싱싱하고 날쌔게 다닙니다. 어릴 적에 보니 물고기를 잡아 물 밖에 던져두면 금세 상해 먹을 수가 없습니다. 부패하여 금방 냄새가 납니다. 여러분은 주님의 품안에 있어야 삽니다. 내가 약해도 주님께서 강하시니 두려울 것이 없습니다. 내가 잘 몰라도 주님께서 잘 아시니 걱정이 없습니다. 우리가 성령님을 기쁘시게 하면 성령님께서 좋은 곳으로 인도하시고 좋은 것을 주십니다. 여러분, 날마다 말씀으로 새롭게 되어 주님께서 주시는 은혜를 누리는 축복의 주인공이 되는 성도들이 됩시다.

📝 적용

ⓐ 오늘 말씀의 주제 파악하기

ⓑ 오늘 말씀 중 은혜 받은 부분 나누기

ⓒ 삶에 구체적으로 적용하기

🙌 함께 드리는 기도제목

1. 이웃들에게 베풀어 주고 나누어 주는 우리 교회가 되게 하옵소서.
2. 세상에서 가장 귀한 말, 가장 선한 말인 복음 전하는 말을 하게 하옵소서.
3. 날마다 말씀으로 새롭게 되어 주님께서 주시는 은혜를 누리는 축복의 주인공이 되게 하옵소서.

지금까지 은혜입니다

- **본 문:** 고린도전서 15장 10절(신 282쪽)
- **찬 송:** 301장(지금까지 지내온 것, 통 460장)
- **요 절:** "그러나 내가 나 된 것은 하나님의 은혜로 된 것이니 내게 주신 그의 은혜가 헛되지 아니하여 내가 모든 사도보다 더 많이 수고 하였으나 내가 한 것이 아니요 오직 나와 함께하신 하나님의 은 혜로라"(고전 15:10).

예상치 못한 좋은 결과를 얻었을 때 질문을 하면 두 가지의 답변을 들을 수 있습니다. 하나는 "재수가 좋았습니다"라는 말입니다. 다른 하나는 "하나님의 은혜였습니다"라는 말입니다. 이제 한 해를 마치는 마지막 주일에 여러분에게 묻습니다. "지난 일 년을 어떻게 지내오셨습니까?" "하나님의 은혜였습니다"라고 대답하는 여러분이 되시기를 바랍니다.

재수가 좋았다고 답변하는 사람은 다음에는 재수가 안 좋을 수도 있다는 말입니다. 그러나 은혜로 사는 사람은 내 힘으로 사는 사람이 아닙니다. 은혜는 하나님의 능력이요 선물입니다. 하나님께서는 늘 우리를 도우시고 인도해 주십니다. 그러므로 은혜로 사는 사람은 늘 은혜로 끝이 납니다. 어려움을 만난 사람도 두 가지 대답이 있습니다. "팔자가 안 좋아서, 내가 전생에 무슨 죄를 많이 지어서…"라고 대답하는 사람이 있습니다. 또 하나의 사람은 "제게 주신 시험입니다"라고 대답을 합니다. "전생에 죄를 많이 지어서…"라고 대답한 사람은 어차피 내가 당할 업보이니 이길 필요도 없고 이기려고 도전도 하지 않습니다. 그러나 이것을 시험이라고 믿는 사람은 시험을 이길 힘을 달라고 하나님께 기도하고 이기기 위해 애를 씁니다. 그러니 결과가 달라질 수밖에 없습니다.

오늘 본문에 나오는 바울은 은혜가 아니라 자기 힘으로 사는 사람이었습니다. 그는 굉장한 지식을 가지고 있었습니다. 가문도 훌륭했고 권세도 가지고 있었습니다. 그는 자기 힘으로 살면서 박수도 받았고 잘 사는 줄 알았습니다. 그러나 그의 인생은 실패한 인생이었습니다. 그것을 언제 깨닫게 되었습니까? 예수님을 만난 후에 깨닫게 되었습니다. 오늘 말씀 바로 앞을 보면 부활하신 예수님께서 베드로를 만나시고 열두 제자들을 만나시고 이어서 오백여 제자들을 만나시고 그 후에 사도들을 만나시고 "맨 나중에 만삭되지 못하여 난 자 같은 내게도 보이셨느니라"(고전 15:8)고 고백합니다.

하나님께서 주시는 축복 중에 큰 축복이 '만남'이라는 축복입니다. 사람은 만남을 통하여 인생이 바뀝니다. 어떤 남편, 아내를 만나느냐에 따라 인생이 바뀝니다. 어떤 친구를 만나느냐에 따라 인생이 바뀝니다. 내 자식을 내가 붙들 수 있습니까? 좋은 친구를 만나야 합니다. 친구들이 안 좋으면 내 자식도 그 친구들을 따라가는 것을 막을 수가 없습니다.

교회도 만남이 중요합니다. 엊그제 다른 지역으로 이사 간 교인과 상담을 했습니다. 이분이 다른 지역으로 이사 가서 교회 봉사를 했는데, 교회가 분쟁을 겪으며 신앙생활이 행복하지 못했습니다. 교회의 모든 중책을 내려놓으려 했는데 교회에서 내년에 또 다시 중요한 직책을 맡겨 어떻게 해야 좋을지 상담을 했습니다. "그 교회 목사님께서 얼마나 집사님이 필요하면 그러시겠느냐?"고 "하나님께서 필요로 하시니 감사한 일이 아니냐?"고 이야기를 했습니다. 그러나 직분을 다 마치면 평생 은혜 되는 교회에서 신앙생활을 하시라고 했습니다. 이분은 제가 돌아오라고 이야기를 할 줄 알았겠지만 저는 다 마치고 오라고 했습니다. 그러면서 마음이 짠했습니다. 은혜 되지 못한 신앙생활을 하는 것이 얼마나 고통스러운 것입니까? 은혜 받는 교회를 만나 신앙생활을 하는 것이 얼마나 큰 축복인지 알아야 합니다.

바울은 이전에는 만나는 사람들이 멋진 사람들이었습니다. 유대 사회의 지도급 인사들을 만났고 상류층의 사람들과 만나 교제를 했습니다. 그러나 그 만남이 잘못된 만남이었습니다. 예수 믿는 사람들을 핍박할 때 그들은 박수를 쳤습니다. 바울은 예수 믿는 사람들을 핍박하고 잡아 감옥에 가두려고 가다가 다메섹 도상에서 예수님을 만났습니다. 다메섹 도상에서 예수님을 만난 사건이 사도 바울의 인생을 바꾸었습니다. "만삭되지 못하여 난 자 같은 내게도 보이셨느니라"는 고백입니다.

사실 바울은 예수님을 직접 만나지 못했습니다. 환상 가운데 만났습니다. 사람들은 바울이 직접 예수님을 만나지 않았다고 문제를 삼았습니다. 그런데 바울은 예수님께서 내게 찾아와 만나주셨다고 고백합니다. 이것이 은혜라는 고백입니다. 내가 받을 만해서 받으면 은혜라고 하지 않습니다. 나는 자격이 없는데 받은 것이 은혜입니다.

여러분도 예수님께서 찾아오셔서 예수님을 보여주셨습니까? 예수님을 만났습니까? 그러니까 우리는 모두가 은혜 받은 자입니다. 신앙생활을 하면서 이 은혜를 잊어버리면 안 됩니다. 사도 바울은 이 은혜를 잊지 않았기 때문에 "나는 사도 중에 가장 작은 자"라고 했습니다. "사도라 칭함 받기를 감당하지 못할 자니라"고 고백했습니다. 이 고백이 우리에게 있으면 신앙생활에 성공합니다. "나는 집사 중에 가장 작은 자입니다, 나는 구역장 중에 가장 작은 자입니다. 나는 교사라고 칭함 받기를 감당하지 못할 자입니다", 이 고백이 사도 바울의 고백입니다.

왜 큰소리가 나오고 불만이 나옵니까? '내가 하고 있다'는 이야기입니다. '내가 큰 자'라는 이야기입니다. 여러분, 우리 교회는 모두가 "나는 가장 작은 자입니다", "나는 칭함 받기를 감당하지 못할 자입니다"라고 사도 바울처럼 고백할 수 있기를 바랍니다. 사도 바울은 다른 사람들보다 더 많이 복음을 전하고 수고도 하였는데 그것이 은혜라고 고백합니다. 사람들은 자기가 더 많은 수고를 하고 봉사를 하면 나를 내세웁니다.

그런데 사도 바울은 그것이 은혜였다고 말합니다. 은혜는 히브리어로 '헨'(חן)이란 단어입니다. '헨'은 '불쌍히 여기다'라는 뜻입니다. 하나님께서 불쌍히 여기셔서 우리를 일하도록 불러주셨습니다. 내가 다른 사람보다 더 많이 수고하고 봉사하였다면 그것은 하나님께서 나에게 다른 사람보다 더 많은 은혜를 주셨기 때문입니다. 그것은 사도 바울의 고백처럼 내가 한 것이 아닙니다. 오직 나와 함께하신 하나님의 은혜입니다.

여러분, 은혜를 깨달아야 주의 일을 할 수가 있습니다. 은혜 없이 일을 하면 기계에 기름이 없는 것과 같습니다. 그래서 삐걱대는 소리가 납니다. 자동차 엔진이 기름이 새어 빠져나가면 처음에는 모릅니다. 그런데 자동차 엔진이 고장이 납니다. 엔진이 붙어버립니다. 힘차게 돌아가는 엔진도 기름이 없으면 망가지는 것처럼 은혜 받지 못하고 일을 하면 망가집니다. 그래서 하나님의 일을 하는 데에는 항상 은혜 받은 사람들이 있어야 합니다. 하나님의 일은 실력으로 하는 것이 아닙니다. 실력이 있어도 은혜가 없으면 삐걱댑니다. 교회학교 교사가 실력을 쌓아 잘 가르치려고만 하면 안 됩니다. 은혜로 가르쳐야 합니다.

찬양대가 왜 찬양을 합니까? "하나님 앞에서 우리가 이렇게 찬양을 잘합니다" 하는 것이 아닙니다. 은혜 받자고 합니다. 똑똑한 사람들이 많이 모인 교회가 잘됩니까? 은혜로 하지 않으면 더 시끄럽습니다. 서울의 모 교회는 한국의 똑똑한 사람들은 다 모인 교회인데, 제직회를 하거나 당회를 하거나 하면 늘 시끄럽습니다. 교회에 은혜 받으려고 왔다가 시끄러우니까 받은 은혜 다 쏟아버리고 갑니다. 그 교회는 교회 회칙이 헌법책만큼이나 두껍습니다.

좋은 가정은 회칙이 필요 없습니다. 식구끼리는 잘못해도 용서하고 부족해도 감싸줍니다. 아내가 식사를 늦게 준비한다고 가정회칙 몇 조 몇 항으로 벌칙을 내리면 그 가정이 어떻겠습니까? "여보, 식사가 늦었어요? 내가 뭘 도와줄까?" 하면서 온 가족이 함께 팔을 걷어붙이고 나서는 가정이 행복한 가정입니다.

여러분은 늘 은혜를 사모하셔야 합니다. 은혜가 얼마나 중요한지 성경에도 찬송가에도 은혜라는 단어가 수백 번 이상 나옵니다. 예배를 마치며 마지막 축도를 할 때에도 제일 먼저 은혜를 선포합니다. "이제는 우리 주 예수 그리스도의 은혜와…"라고 하지 않습니까? 사도 바울은 교회에 편지를 보내며 말미에 늘 "은혜가 있을지어다"라고 썼습니다. 은혜가 중요하기 때문입니다. 은혜는 하나님께서 주십니다. 은혜는 모자란 사람을 넉넉하게 해줍니다. 은혜는 문제가 있는 가정도 희망의 가정으로 바꾸어 줍니다. 그래서 다윗은 "주의 은혜를 내게서 거두지 마소서"라고 간구했습니다.

어떤 사람이 은혜를 받고 은혜의 삶을 살 수가 있습니까? 하나님은 우리에게 은혜 주기를 원하십니다. 은혜는 비와 같습니다. 은혜는 항상 낮은 곳으로만 흐릅니다. 교만한 자에게 은혜가 임하는 법은 없습니다.

하나님의 사자가 마리아에게 나타나 "은혜가 있을지어다" 하고 수태고지를 했을 때에 마리아는 "나같이 비천한 자가 어찌 그럴 수 있습니까?" 하고 가장 낮은 자세를 취했습니다. 은혜는 낮은 자에게 임합니다. 하나님께서 은혜를 주실 때에는 사람을 항상 낮추셨습니다. 사도 바울도 교만하고 잘나갈 때에는 은혜가 없었습니다. 그러다가 다메섹에서 예수님을 만나고 장님이 되어 거꾸러졌습니다.

우리 교회에 바닥까지 내려갔다가 올라오신 분들이 있습니다. 이분들이 언제 은혜를 받았는가 하면 바닥까지 내려갔을 때입니다. 요나도 물고기 뱃속에 들어가 은혜를 깨달았습니다. 내가 하나님 앞에 낮추어 은혜를 받는 사람도 있고, 하나님께서 강제로 낮추셔서 은혜를 받는 사람도 있습니다. 내가 미리 낮추는 사람이 제일 지혜로운 성도입니다. 그러면 늘 은혜가 흘러들어옵니다. 여러분이 지금 잘 있습니까? 평안합니까? 자꾸 낮은 자리로 가는 영적인 습관을 가지시기 바랍니다. 그러면 은혜가 늘 쉬지 않고 임합니다. 또한 강제로 하나님께서 낮추시는 사람이 있습니다. 사업에 어려움을 겪기도 합니다. 감옥에 가기도 합니다. 사람들에게 어려움을 당하기도 합니다. 내가 낮은 자리로 갔을 때에 빨리 깨닫고 은혜를 구하는 것이 지혜로운 성도입니다.

하나님께서는 엎드려 은혜를 구하는 자를 외면하시지 않습니다. 늘 은혜를 주십니다. 은혜를 받으면 그다음에는 복의 문이 열리게 됩니다. 여러분은 은혜를 사모하고 은혜 받는 성도들이 되기를 바랍니다.

은혜를 받으면 그 옆에 있는 사람도 함께 복을 받습니다. 남편이 은혜를 받으면 아내가 복을 함께 받습니다. 부모가 은혜를 받으면 자녀가 복을 함께 받습니다. 은혜는 차고 넘치기 때문입니다. 은혜의 비가 내리고 계속해서 은혜를 받으면 은혜의 물줄기가 흘러 시내가 되고, 강물이 되고, 바다가 되는 것처럼 큰 은혜 받은 사람 옆에 있으면 함께 은혜를 받습니다. 교회에 큰 은혜 받은 사람이 있으면 그 교회가 함께 복을 받습니다.

여러분은 주의 종이 은혜 풍성하기를 기도해 주셔야 합니다. 이 종이 은혜가 차고 넘치면 그 은혜가 여러분에게 흘러갑니다. 사업하는 사람이 큰 은혜를 받으면 그 회사가 함께 복을 받습니다. 정치하는 사람이 큰 은혜를 받으면 국민들이 함께 은혜를 받습니다. 은혜는 흘러넘치기 때문입니다.

교회의 지도자인 장로님들이 은혜를 못 받으면 그 교회는 늘 삭막합니다. 그러나 장로님들이 은혜가 넘치면 교회가 함께 은혜가 넘칩니다. 다른 교회 목사님들이 우리 교회를 보면서 부러워하는 것이 있습니다. 장로님들이 전도지를 들고 전도하러 나가는 것을 보며 깜짝 놀랍니다. 장로님들이 전도하는 것이 당연한데, 그 교회들은 장로님들이 전도를 하지 않으니, 지도자들이 전도를 하지 않으니 하나님께서 그 교회에 전도의 문을 막아 버리십니다. 우리는 장로님들에게 은혜가 차고 넘치기를 기도해야 합니다. 사업에도 지경이 넓어지고 가정이 평안하기를 기도해야 합니다. 그러면 그 은혜의 물줄기가 점점 커지고 우리 교회 성도들이 잘되는 은혜 가운데 살아가게 되는 것입니다.

어느 목사님이 "정 목사님은 대단하십니다. 우리 교인은 몇백 명도 안 되는데 그 교인들이 얼마나 속을 썩이는지 죽을 지경입니다. 그런데 목사님은 교인이 그렇게 많으니 얼마나 골치 아픈 일이 많습니까?" 그럽니다. 여러분, 은혜가 없으면 10명 모이는 교회도 골치가 아프지만, 은혜가 넘치면 10만 명 모이는 교회도 행복합니다. 우리 교회라고 문제가 없겠습니까? 마음에 안 드는 일들이 없겠습니까? 사람 사는 곳은 다 문제가 있고 마음에 안 드는 일들이 생겨납니다. 그러나 은혜의 눈으로 보니 모든 것이 풀려나갑니다. 그러니 더 잘 될 수밖에 없습니다.

여러분, 올 한 해 힘드셨습니까? 뉴스에서는 늘 불경기라고 합니다. 늘 힘들다고 합니다. 그런데 생각해보면 언제 안 힘든 때가 있었습니까? 조선시대에도 힘들었고 일제 강점기에도 힘들었고 6·25전쟁 시기에도 힘들었습니다. 군사정권 시절에도 힘들었습니다. 그렇다고 문민정부 시절에는 다 좋았습니까? 여전히 힘든 문제들이 있습니다. IMF 때도 힘들었습니다. 그런데도 우리는 모두 잘 살아왔고 올 한 해도 벌써 마지막 주일을 맞이하고 있습니다.

사람들은 지난 한 해를 돌이켜보면 재수가 좋았다고 하기도 하고, 내가 수고했다고 하며 망년회를 준비하기도 합니다. 여러분, 내가 한 것이 아닙니다. 하나님의 은혜입니다. 그러므로 우리는 주의 성전으로 은혜를 구하며 나와야 합니다. 하나님께서 지난 일 년 동안에도 이 성전을 통하여 늘 은혜를 부어주셨습니다. 주의 종이 부족하여 말씀을 잘 준비하지 못해도 성령님께서 안타깝게 역사하여 주셔서 은혜를 사모하며 나온 자마다 그냥 돌아가지 않게 해주셨습니다. 올 한 해 살아온 것도 주님의 은혜입니다. 지금까지 내가 똑똑해서 살아온 줄 알았고, 내가 사람 잘 만나서, 좋은 선배 만나서, 줄을 잘 서서 일이 풀린 줄 알았습니다. 그런데 모든 것이 하나님의 은혜였습니다.

복음성가에 "은혜 아니면 나 서지 못하네 놀라운 사랑 그 은혜 아니면 나 서지 못하네" 하는 찬양이 있습니다. 은혜 때문에 오늘도 내가 서있습니다. 은혜가 있으면 메마른 세상에서도 메마르지 않습니다. 은혜가 있으면 넘어져도 다시 일어납니다. 은혜가 있으면 멸망하는 길로 가지 않습니다. 은혜가 있으면 미래가 있습니다. 이 마지막 주일에 우리의 마지막 고백이 무슨 말이 되어야 하겠습니까? "지금까지 한 해 동안 하나님의 은혜였습니다"라고 고백하는 성도들이 됩시다.

📝 적용

ⓐ 오늘 말씀의 주제 파악하기

_____

_____

ⓑ 오늘 말씀 중 은혜 받은 부분 나누기

_____

_____

ⓒ 삶에 구체적으로 적용하기

_____

_____

🙏 함께 드리는 기도제목

1. 우리 모두가 은혜 받은 자임을 기억하고, 신앙생활을 하면서 이 은혜를 잊어버리지 않게 하옵소서.
2. 은혜를 사모하고 은혜 받는 성도들이 되게 하옵소서.
3. "지금까지 한 해 동안 하나님의 은혜였습니다"라고 고백하게 하옵소서.

말씀과 기도가 있는 구역 만들기 12
경건을 훈련하는 사람들

1판 1쇄 인쇄 _ 2021년 1월 15일
1판 1쇄 발행 _ 2021년 1월 25일

엮은이 _ 정명철
펴낸이 _ 이형규
펴낸곳 _ 쿰란출판사

주소 _ 서울특별시 종로구 이화장길 6
편집부 _ 745-1007, 745-1301~2, 747-1212, 743-1300
영업부 _ 747-1004, FAX 745-8490
본사평생전화번호 _ 0502-756-1004
홈페이지 _ http://www.qumran.co.kr
E-mail _ qrbooks@daum.net / qrbooks@gmail.com
한글인터넷주소 _ 쿰란, 쿰란출판사
페이스북 _ www.facebook.com/qumranpeople
인스타그램 _ www.instagram.com/qrbooks
등록 _ 제1-670호(1988.2.27)
책임교열 _ 김영미·송은주

ⓒ 정명철 2021   ISBN 979-11-6143-512-1 93230

책값은 뒤표지에 있습니다.
이 출판물은 저작권법에 의해 보호를 받는 저작물이므로 무단 복제할 수 없습니다.
파본(破本)은 구입처에서 교환해 드립니다.